高等院校公共基础课系列教材

创新创业基础

王 涛 主 编

虞苍璧 马小田 徐杨巧 副主编

清华大学出版社

北 京

内 容 简 介

本书依循教育部《普通本科学校创业教育教学基本要求(试行)》的规定,在编写过程中,遵循面向全体、注重引导、分类施教、结合专业、强化实践的原则,紧密结合推进深化高校创新创业教育改革的实际需求和新时代大学生创新创业学习的新特点,基于科学化、系统化的创新创业教育原理进行编写。本书的内容包括:大学生与创新创业,创新的源泉及方法,创新能力与提升,创业团队的组建及企业的社会责任,创业机会识别与创业风险评估,创业项目来源与产品设计保护,商业模式设计与创业计划书撰写,资源整合、创业融资与新企业设立,双创大赛赛事解读等。

本书涵盖了前沿行业、企业在创新创业实践方面的大量新案例,设计了引例、拓展阅读、回顾与思考、课后训练等内容,帮助读者理论联系实际、拓宽思路、扩展知识面,为提升创新创业能力提供了理论和实践指导。

本书配套的电子课件、教学大纲和电子教案可以到 http://www.tupwk.com.cn/downpage 网站下载,也可以扫描前言中的二维码获取。

图书在版编目(CIP)数据

创新创业基础 / 王涛主编. —北京:清华大学出版社,2023.1(2025.1重印)
高等院校公共基础课系列教材
ISBN 978-7-302-62114-0

Ⅰ. ①创… Ⅱ. ①王… Ⅲ. ①大学生—创业—高等学校—教材 Ⅳ. ①G647.38

中国版本图书馆 CIP 数据核字(2022) 第 200219 号

责任编辑: 胡辰浩
封面设计: 周晓亮
版式设计: 孔祥峰
责任校对: 成凤进
责任印制: 沈 露

出版发行: 清华大学出版社
      网　　址:https://www.tup.con.cn,https://www.wqxuetang.com
      地　　址:北京清华大学学研大厦 A 座　　　　邮　编:100084
      社 总 机:010-83470000　　　　　　　　　邮　购:010-62786544
      投稿与读者服务:010-62776969,c-service@tup.tsinghua.edu.cn
      质 量 反 馈:010-62772015,zhiliang@tup.tsinghua.edu.cn
印 装 者: 三河市人民印务有限公司
经　　销: 全国新华书店
开　　本: 185mm×260mm　　　**印　张:** 18.5　　　**字　数:** 473 千字
版　　次: 2023 年 1 月第 1 版　　　**印　次:** 2025 年 1 月第 8 次印刷
定　　价: 59.00 元

产品编号:097711-01

前 言

习近平总书记在党的二十大报告中指出，要坚持教育优先发展、科技自立自强、人才引领驱动，加快建设教育强国、科技强国、人才强国，坚持为党育人、为国育才，全面提高人才自主培养质量，着力造就拔尖创新人才，聚天下英才而用之。高校应深入学习领会党的二十大精神，积极贯彻习近平总书记提出的"教育、科技、人才是全面建设社会主义现代化国家的基础性、战略性支撑"的战略擘划。国务院办公厅《关于进一步支持大学生创新创业的指导意见》(国办发〔2021〕35号)明确了纵深推进大众创业万众创新是深入实施创新驱动发展战略的重要支撑，大学生是大众创业万众创新的生力军，支持大学生创新创业具有重要意义。国务院办公厅《关于深化高等学校创新创业教育改革的实施意见》(国办发〔2015〕36号)明确指出深化高校创新创业教育改革是推进高等教育综合改革的重要举措，树立先进的创新创业教育理念，努力造就大众创业、万众创新的生力军，要求各高校要加快培养规模宏大、富有创新精神、勇于投身实践的创新创业人才队伍，不断提高高等教育对稳增长促改革调结构惠民生防风险的贡献度，为建设创新型国家、实现"两个一百年"奋斗目标和中华民族伟大复兴的中国梦提供强大的人才智力支撑。

近年来，河南省高等院校认真贯彻落实"国办发〔2015〕36号""国办发〔2021〕35号"等文件精神，结合自身实际，统一思想，汇聚力量，专注探索河南省本科院校大学生创新创业培育新路径，逐步构建了较为成熟的大学生创新创业教育体系，为培养综合素质高、实践能力强的创新创业人才创造了条件。

教材是课程建设的基础，随着大学生创新创业教育的深入推进，大学创新创业教材建设应运而生。为了切实保障高质量的教材编写，我们特邀中国高校创新创业教育联盟秘书处、清华大学、郑州大学、许昌学院、郑州工业应用技术学院、河南金源创业孵化器股份有限公司的专家联合打造本书，旨在以此为起点，进一步完善学校创新创业课程体系建设，提升创新创业教育水平，助力河南省高校创新创业人才培育水平的提高。

本书在教育部颁发的"创业基础"课程教学大纲基础上，紧密结合推进深化高校创新创业教育改革的实际需求和新时代大学生创新创业学习的新特点，基于科学化、系统化的创新创业教育原理进行编写，内容包括：大学生与创新创业，创新的源泉及方法，创新能力与提升，创业团队的组建及企业的社会责任，创业机会识别与创业风险评估，创业项目来源与产品设计保护，商业模式设计与创业计划书撰写，资源整合、创业融资与新企业设立，双创大赛赛事解读等。

为了让学生更加直观地认知创新创业过程，增强学生创新创业的信心，激发学生投身创新创业实践的热情，本书设置了引例、拓展阅读、回顾与思考、课后训练等栏目，并特别提供经过精心设计和实际教学验证的教学组织与考核方法。

本书注重与河南省经济社会发展实际相结合，在选择案例方面，更加关注大学生创新创业的案例和河南本土案例，并注重考虑案例层次的适用性，以便读者能更容易理解与借鉴，也更有助于大学生自学时的理解与掌握。

"创新创业基础"课程学习需要学生从"老师的课堂"中走出来，将理论与实际案例相结合，将思想碰撞与角色体验相结合，积极拓展有效的实践途径，主动参与创业项目设计、创新创业大赛及创业社团活动，开展创业者访谈，进行创业项目考察，尝试创办企业，学会将课堂知识理论应用于创新创业实践，在实践中发现和解决实际问题。学生不仅要重视学到了什么，更要重视体验和感悟到了什么，要在学习过程中发挥最大潜能，树立自信心和使命感，并找到自我能力提升和社会价值实现的途径。

本书编写团队由在创新创业和其他相关研究领域颇有建树的资深专家、骨干学者及优秀青年学者等组成。他们常年在一线开展研究，理论基础深厚，学术思想活跃，具有敏锐的学术判断力和洞察力。本书由王涛担任主编，虞苍璧、马小田、徐杨巧担任副主编。全书共分为九章，其中，第一章和第五章由王涛编写，第二章由虞苍璧、马小田、徐杨巧编写，第三章由姬莉霞、闫爱敏编写，第四章由张慧敏、王美英编写，第六章由申晓东编写，第七章和第八章由刘妍编写，第九章由郑大欢编写，经编者反复讨论修改，最终由李利民、王涛统筹定稿。

本书在编写过程中借鉴和参考了大量国内外创新创业教育方面的文献资料，吸纳了一些专家学者的理论和观点，在此一并向这些内容的作者深表感谢。由于受资料、编者水平及其他条件所限，书中难免有不足之处，恳请专家和广大读者批评指正。我们的电话是010-62796045，信箱是992116@qq.com。

本书配套的电子课件、教学大纲和电子教案可以到http://www.tupwk.com.cn/downpage网站下载，也可以扫描下方的二维码获取。

编 者

2022年10月

目录

第一章

大学生与创新创业

学习目标

- 了解高校创新创业教育任务
- 了解创新的概念
- 了解创业的概念
- 掌握创新与创业之间的关系

引例

交叉双旋翼复合推力尾桨无人直升机

"我是从小地方走出来的，小时候看着头顶飞过的飞机，我就会想，我什么时候能坐上飞机？"或许从那时起，与飞机相关的理想就在李京阳的心里扎下了根。2006年，考入清华大学的李京阳带着扎了根的理想，选择飞行器设计专业学习，直至博士毕业，9年初心未改。

博士毕业后，李京阳做了一份调研——现代军事要求快机动、全疆域、智能化，而国内无人机飞行高度低、飞行速度慢、载重能力小，在功率、载重、突防性能方面都无法达到军用需求，尤其在交叉双旋翼无人机领域，一直被美国所垄断。于是，李京阳决定找师弟组团"造飞机"，希望用专业知识改变技术瓶颈，打破垄断。他们致力于先进无人飞行器研发，这一造，就是4年。"造飞机"，听起来很有意思，也很高端，但过程有多艰苦只有他们自己知道。

所有的创意绝非来自空想，创新也不是空穴来风。经过广泛调研，最终，他们将目标锁定在军用无人直升机领域。在前期调研的基础上，李京阳团队进一步查阅国内外文献，决定突破常规，将传统的直升机设计中既提供推力又提供升力、不能耦合的主旋翼改变为采用功能解耦，以交叉旋翼提供升力，并增加新式尾桨，保证推力，即交叉双旋翼复合推力尾桨无人直升机。

想法一旦确认，就不能做行动的矮子。李京阳和研发成员从一开始便分工明确，动力系统、飞控系统、机械系统、测试系统和总体设计，每人负责一部分，各司其职，通力合作。为了检验无人直升机在各种极端气候环境下的性能，他们带着无人机体验了高温、高寒、高原、中雨、中雪、吞沙、湿热、盐雾和海洋性气候等各种恶劣环境，还经历了电磁抗干扰、涂层信号屏蔽、数据链加密等试验。

一款无人机从下线到正式定型，至少需要1年时间试飞才能保证产品的可靠性。四年如一日，这群想造世界最先进飞行器的清华工科男，风雨兼程，顽强拼搏，历经多次尝试，终于研制出了世界首架交叉双旋翼复合推力尾桨无人直升机。该直升机具有载重大、操控稳、突防快的优势。"相比传统直升机，载重提高30%；相比同级机型，速度提升100km/h，打破了国外在复合推进高性能直升机领域的垄断，填补了国内空白。"李京阳介绍道。

"现在，清航装备已经在技术上构筑起三大核心竞争力：一是交叉双旋翼的构型设计；二是刚性旋翼；三是高性能电传飞控系统。""目前，我们已完成60千克、100千克、300千克级交叉双旋翼复合推力尾桨无人直升机的首飞和500千克级的研制，在军工、工业消防、应急救援等领域都将有着广阔的应用空间。""近3年3轮融资1.2亿元，获专利69项，基地占地100亩，空域52.7万亩；提出世界首架交叉双旋翼复合推进无人直升机概念，受到我军该领域首个装备科研支持，并纳入全军武器系统采购网，等等。"在第五届中国"互联网+"大学生创新创业大赛全国总决赛的路演舞台上，李京阳带着他们引以为傲的研发成果，滔滔不绝地讲述着他们的产品优势，也分享着他们的创业经验和创新精神。

(资料来源：根据网络资料整理)

第一节　时代呼唤大学生创新创业教育

"创新创业教育"既内在地包含了"创新教育""创业教育"的科学内涵，又不与两者简单等同。"创新创业教育"是一个综合的教育系统，在这个系统中，"创新教育"与"创业教育"在国家实施创新驱动发展战略、促进经济提质增效升级、推进高等教育综合改革、促进高校毕业生更高质量创业就业，创新引领创业、创业带动就业，主动适应经济发展新常态，加快培养规模宏大、富有创新精神、勇于投身实践的大众创业、万众创新生力军的战略旗帜下实现了高度统一。"创新创业教育"既彰显了国家战略，又表达了社会需求；既突出了本质属性，又明确了价值取向，成为新时期科学引领高等教育改革与发展方向的全新教育理念和模式。

习近平总书记强调："创新是社会进步的灵魂，创业是推动经济社会发展、改善民生的重要途径。青年学生富有想象力和创造力，是创新创业的有生力量。"加强创新创业教育，是推进高等教育综合改革、提高人才培养质量的重要举措。

一、创新创业教育的重要性

教育部在《关于大力推进高等学校创新创业教育和大学生自主创业工作的意见》(教办〔2010〕3号)中指出，在高等学校开展创新创业教育，积极鼓励高校学生自主创业，是教育系统深入学习实践科学发展观，服务于创新型国家建设的重大战略举措；是深化高等教育教学改革，培养学生创新精神和实践能力的重要途径；是落实以创业带动就业，促进高校毕业生充分就业的重要措施。创新创业教育要面向全体学生，融入人才培养全过程。要在专业教育基础上，以转变教育思想、更新教育观念为先导，以提升学生的社会责任感、创新精神、创业意识和创业能力为核心，以改革人才培养模式和课程体系为重点，大力推进高等学校创新创业教育工作，不断提高人才培养质量。

到2035年中国要基本实现社会主义现代化。创新创业教育作为教育现代化的重要组成部分，不仅关系百年树人的教育大计，更与创新型国家战略紧密相关。站在新时代，我们有必要从更高远的视角来审视创新创业教育的历史作用和未来方位，走出一条有大国特色的中国道路。

面向2035年，创新创业教育应该基于人的现代化，着力发展人的个性并培养应对未来不确定性的能力。在现代化进程中，人既是实践主体，也是价值主体。现代化的核心在于人的现代化，没有人的现代化就没有真正意义上的现代化，而创新创业教育的实质就是释放个体的天性，鼓励个体的自我实现。与此同时，站在科技变革的前沿，知识在碎片化的同时流动得更快，技术在不可预测的同时交叉融合得比以往任何时候更深。长期以来的以专业知识、职业能力和确定性思维为主的人才培养模式走到了尾声，基于跨学科、跨专业知识，把握机会能力、领导力及不确定性应对思维为主的新型人才培养模式正在重塑教育的未来。这一切，最终都应落实在提升"基于创造而不是预测，基于个性而不是共性"的人的核心素养上。

面向2035年，创新创业教育应该基于校企、校地协同，着力重构未来教育新生态。在现代化进程中，学校只是知识传播的一个界面，不再是全部，企业、社区和各类专业组织是知识的新策源地。未来，学生来学校更多是为了寄托精神和结交伙伴。创新创业教育因其天然的实践基因，成为教育综合改革的一扇窗口。借助这扇窗口，企业、社区和众创空间开始成为新的课堂，企业家和社会创客成为新的导师。教育的任务不再是被动式学习，而是主动性的任务生成和实现。人工智能和知识簇群开始取代教师成为传统意义上的"传道授业解惑者"，教师则是"学生梦想实现的陪伴者"和"学习场景开发的研究者"。所以，我们有理由相信创新创业教育担负着智能化时代的教育变革新任务。

面向2035年，创新创业教育更应该基于现代化强国目标，着力提供新技术和高端人才的战略支撑。在任何国家的现代化进程中，人才和技术都是不可逾越的鸿沟，大国更是如此。技术进步是累积性的，但是技术创新却有可能弯道超车。尤其是新技术，其往往在交叉中孕育，在融合中产生，因而也隐含了很多颠覆式创新的机会。创新创业教育的跨界特点恰恰为新技术的产生提供了丰富的土壤，所以完全可以为大国复兴提供大量新技术的储备。此外，创新创业教育强调基于发明、技术和商业化的综合性教育，强调产学研的最后一公里落地。所以这些受过创新创业教育的人才也是社会上不可多得的应用型人才，必将在现代化强国中因其卓越的行动力而备受期待。

二、创新创业教育有助于大学生的自我实现

面对日趋严峻的就业形势，在大学生中开展创新创业教育，帮助大学生树立正确的职业理想和择业观念，开发创造性思维，提高综合素质、创新意识和创业能力，对于大学生参与社会生活，应对必要的竞争，具有很强的现实意义。创新创业已经成为当代大学生的新选择，不但可以满足大学生的心理需求，有助于其自我价值的实现，还可以缓解大学生的就业压力，帮助其积累经验、回馈社会。

(一) 创新创业教育能够张扬大学生的个性

大学生正处于人生的黄金时期，他们精力充沛，接受能力强，思想活跃，富有创新精神，敢闯敢拼，勇于接受挑战，不喜欢被束缚。这些特点符合创新创业对从业者的需要，也给有理想的大学生提供了自我实现的机会。当今中国为大学生提供了越来越多的追求自我发展、创业就业的选择机会与支持环境，创业领域是创业者的主动选择，创业者可以在创业活动中将自己的才华和个性展现得淋漓尽致，还可以把个人的价值与社会价值统一起来。有创业理想的大学生应把握这一历史机遇，在为国家、为社会做出贡献的同时，体现自己的人生价值。

(二) 创新创业有助于缓解就业压力，成为大学生择业的新动向

进入2022年，就业竞争比以往来得更加激烈。根据中国教育部的统计，2022年中国高校毕业生已达到1076万人，比2021年增长167万人，规模和数量均创历史新高，这也是年度毕业生人数首次突破千万大关，如表1-1所示。另外，近两年的海归留学生越来越多，高校毕业生的竞争更加激烈。2022年国内的庞大求职阵容可能是1000万应届毕业生加80万海归留学生加百万考研落榜者加百万考编落选者。在这样的情况下，大学生的就业压力可想而知。而大学生创业不仅解决了大学生自己的就业问题，还能为更多的人创造就业机会，从而实现人生追求及价值。

表1-1　2010—2022年高校毕业生人数

年份	人数/万人
2010	631
2011	660
2012	680
2013	699
2014	727
2015	749
2016	765
2017	795
2018	820
2019	834
2020	874
2021	909
2022	1076

在大众创业、万众创新不断向纵深发展的今天，大学生创新创业已不仅是个人的选择，而且成了社会认同的一种有价值的行为。特别是伴随着风险投资、互联网和电子商务在中国的迅猛发展，越来越多的大学生创业企业诞生。成功创业者的奋斗经历正感染并激励着当代大学生在创新创业的道路上不断前行。

(三) 创新创业可以帮助大学生积累经验与贡献社会

大学生是大众创业、万众创新的主力军，正如"星星之火，可以燎原"。大学生要充分利用双创平台，在实践中积累经验，更好地把握市场经济规律和社会发展需求，在实现社会价值的同时实现自我价值。无论大学生们是否创业成功，这种创新能力和创新意识都可以影响终

身，当学子们带着这笔宝贵的财富走出校门时，他们便未来可期。创业也是一种社会活动，在实现个人理想和价值的同时，能够解决社会的就业压力，还能够培养年轻的接班人，为祖国未来的稳定发展做贡献。

拓展阅读 1-1

青春最是创业时

他是董事长，但曾经身无分文，靠透支信用卡为公司唯一的员工发工资。创业的艰辛一次次把他抛向失败的绝境，但坚持，让他最终赢得了成功。

杨健的创业意识始于大学二年级。那时，他和同学一起做学校的学生门户网站，随后又创办了自己的网站，一度成为校内规模最大的学生网站。本科毕业后他以综合排名第一的成绩被保送读研究生，同时，还获得了出国留学的机会。但杨健却做了一个令人意想不到的决定——参加中国青年志愿者扶贫接力计划研究生支教团，远赴青海做一年的志愿者。他认为，创业需要经过基层的磨炼，需要经受艰苦的洗礼，需要培养百折不挠的精神。2005年夏天，志愿服务结束，杨健回校读研究生，也踌躇满志地开始了创业生涯。在政府提供的4万元创业资金的扶持下，杨健创办了他的第一家公司，可因为摊子铺得太大，不但没有迅速打开局面，还在现实中碰得头破血流。更可怕的是，就在公司举步维艰的时候，更大的打击接踵而至：网站服务器磁盘阵列出错，丢失了多年积累下的大量网络资源；租赁的写字楼到期；公司从鼎盛时的六十多人衰落到只剩下一名员工。

就这样半途而废吗？"不！要坚持下去。"不曾泯灭的创业理想让杨健心中充满对成功的渴望。他没有被困难打倒，反而比任何时候都更加努力。

杨健把公司搬到了学校临时借给他的一间旧房子里。在这里，他和他唯一的员工夜以继日地做开发、测试，几天几夜没合眼。他把所学的法学专业知识和软件开发结合起来，开发出了国内首套具有自主知识产权的律师事务所信息管理系统。由于适应了市场的需求，他的产品在很短时间内就卖出了二十多套，使濒临死亡的公司重获新生。

2008年，与一家文化传媒企业合作的不顺利，再一次把杨健抛进了失败的境地。但这一次，他在失败中看到了动漫产业的前景，一鼓作气创办和并购了多家动漫公司。由于抓住了动漫产业快速发展的先机，公司在短短的两年时间里，迅速发展成为动漫领域的知名企业。后来，公司的动画产能达到了每年5000分钟以上，原创漫画产能每年超过20部，公司的十几部原创动漫作品在法国、德国、英国、新加坡等地发行。如今，拼搏创业的经历让杨健获得了辽宁省大学生自主创业先进个人等多项荣誉。

"青春最是创业时！"尝过失败的滋味，此时的杨健更懂得成功的真谛。他无限感慨地说："我们是风华正茂的大学生，我们精力充沛，我们拥有知识，我们就该敢闯敢拼。"

(资料来源：李家华.创业基础[M].2版.北京：清华大学出版社，2015.)

三、创新创业教育是新时期高校的历史使命

高等学校作为创业精神的培养地和培养高素质创新人才的主要场所，必须肩负起实施双创教育的重任。毫无疑问，发展创业经济需要双创教育作为智力支持和保障，高校要把创新创业

教育作为推进高等教育综合改革的重要抓手，将创新创业教育贯穿人才培养全过程，面向全体大学生开发开设创新创业教育专门课程，并纳入学分管理。推进双创教育，是适应经济社会和国家发展战略需要而产生的一种教学理念与模式，对于促进高等教育科学发展，深化教育教学改革，提高人才培养质量具有重大的现实意义和长远的战略意义。由此看来，大力推进高校双创教育，是国家实施创新驱动发展战略、促进经济提质增效升级的迫切需要，是推进高等教育综合改革、促进高校毕业生更高质量创业就业的重要举措。

(一) 创新创业教育与高校科学研究工作

大众创业、万众创新离不开人民群众的积极参与，作为技术、知识和创造力聚集的高校科研系统，需要在创新创业教育过程中发挥更大的作用。高校科研平台拥有丰富的创业人才与智力资源，承担着大量可创新的科研项目，拥有先进的设备，与诸多企业有着良好的合作关系，具有创业孵化器的作用。除了从事基础研究和应用研究，高校科研人员还需要对大学生创新创业进行指导，承担着培养创新思维和创业领军人才的工作。创新创业的机遇给高校科学研究工作提供了新的市场需求和诸多新的挑战，高校应抓住机遇，利用自身在知识创造方面的优势进行知识转移和学术创业等；创办一批高新技术企业，在推动区域经济发展的同时彰显高校的独特价值。

(二) 创新创业教育与高校人才培养

创新创业教育本身的教育属性决定了其价值的基础性和未来性。教育不像造机器和盖房子那样立竿见影，而是通过开发受教育者的潜能，使其具备未来生存和发展所需的知识、技能和创造力。创新创业教育涉及的不仅是"如何创办企业"，更重要的核心知识和能力主要包括：辨别生活中机遇的能力；通过产生新想法和组合必需资源来寻找机遇的能力；创业和管理新企业的能力；富有远见和具备批判思维的能力。在此基础上，创新创业教育通过培养创业意识、了解创业知识、体验创业过程，使大学生能像企业家一样决策，具备将来从事不同职业所需的知识、技能和特质。因此，创新创业教育的非功利性战略目标是使受教育者具有创业意识、创业个性心理品质和创业能力，以适应社会的发展和变革，而不再以岗位职业培训为内涵，或以企业加速成为导向。创新创业教育可以提升学生学习的内在动力，使其学会如何主动地获取新知、创造新知并通过有效配置自身的各种资源，将知识转化成现实的个人价值和社会价值，最终实现知识的最大效用。

(三) 创新创业教育与高校社会服务及文化传承

作为国家和民族文化传承的重要载体之一，当今创新创业教育越来越受到重视，高校需要拓展相关业务，完善创业咨询功能，推进创业模拟体验，丰富创业见习实践，同时通过提高利用社会资源的效率，通过校友基金会、大学生创业园和中小企业项目交易平台等多种形式的扶持，进一步服务大学生创新创业。高校也有责任在文化传承、文化传媒和创意传播等方面有所作为。有人说，美国的硅谷与斯坦福大学是与学生创业公司及美国的风险投资公司一起成长起来的。如今，高校推进大众创业、万众创新，就是要通过加强以创新为核心的创业教育，弘扬"敢为人先、追求创新、百折不挠"的创业精神，厚植创新文化，不断增强学生的创新创业意识，使创新创业成为全社会共同的价值追求和行为习惯。

第二节 创新概述

当前世界经济正处于第三次技术革命和第四次技术革命的交汇期，这个阶段的创新竞争异常激烈，各个国家普遍都将创新作为国际竞争优势的决定性力量。习近平总书记明确指出："即将出现的新一轮科技革命和产业变革与我国加快转变经济发展方式形成历史性交汇，为我们实施创新驱动发展战略提供了难得的重大机遇。"科技创新是提高社会生产力和综合国力的战略支撑，必须摆在国家发展全局的核心位置。解决新时代发展不平衡不充分的问题，关键是要深入贯彻新发展理念，着力抓重点、补短板、强弱项，这一切都需要进一步走创新之路。

创新是一个系统工程，包括理论创新、制度创新、科技创新、文化创新等各方面创新。在所有的创新活动中，要重视科技创新和人才在国家发展全局的突出作用，要充分利用改革和开放这两个利器推进国家自主创新。人才是创新的根基，是创新的核心要素。创新驱动实质上是人才驱动，加快形成一支创新型人才队伍，重点要在吸引、培养、用好上下功夫。创新链、产业链、资金链、政策链相互交织、相互支撑，改革只在一个环节或几个环节进行是不够的，必须全面部署，并坚定不移地推进。只有全方位的改革才能焕发制度的活力，推进自主创新的自觉深入，让人才创新创造活力充分迸发。当前世界正进入以创新要素全球流动为特征的开放创新时代，自主创新也不能闭门造车，只有更深层次的开放才能谋划更高起点的自主创新。

一、创新的概念

"创新"一词最早是1912年由美籍奥地利经济学家约瑟夫·熊彼特在《经济发展理论》一书中提出的。创新是以现有的思维模式提出有别于常规或者常人思路的见解作为导向，利用现有的知识和物质，在特定的环境中，本着理想化需要或者为满足社会需求，而改进或者创造新的事物(包括但不限于各种方法、元素、路径、环境等)，并能获得一定有益效果的行为。

创新的含义有广义和狭义之分。最广义的创新是指破旧基础上的立新，这与创造的概念是相同的，即所有的创新都属于创造的范畴，创新的核心在于创造。次广义的创新(社会意义上的创新)是指人的创造性劳动及其价值的实现，强调实现价值，具体包括：科学创新、知识创新、技术创新；管理创新、制度创新、体制创新、发展模式创新；观念创新、思维创新、理论创新等。狭义的创新(学术意义上规定的创新)是指一项发明的首次商业化应用成功，显然，这里的创新不仅仅是有新设想，更要产生商业化价值。可见，次广义的创新与狭义的创新比较接近，而更狭义的创新就等同于技术发明。按照次广义和狭义的创新概念，创造和发明不一定都是创新。创造和发明可以产生一定的经济效益，这时的创造可以称为"成功了的创造"，即创新，但还有大量失败了的创造、失误的创造，以及因各种原因而一时还难以产生经济效益的创造，这些就不能说是创新。一个人初步构思某种新产品的大致结构，这只能说是一个创造或者创意，但并不能算创新，因为这个想法还没有绘成图纸，也没有制造成产品，当然就更不用说进入市场产生经济效益了。

此外，创新不单指技术创新，还包括市场创新，即将已有技术在新的领域进行应用。苹果手机问世时，80%左右的技术并非新技术，有的技术甚至已存在10年以上，但苹果将这些技术在新的领域合理地加以整合应用，由此实现旧技术的"华丽转身"。这种把已有技术、工艺或原料应用到新载体上，形成新产品、新市场就是市场创新。

二、创新的类型、特征与作用

(一) 创新的类型

如图1-1所示，本书将创新分为产品创新、技术创新、市场创新、资源配置创新、组织创新这五大类型。

图1-1　创新的类型

1. 产品创新

产品创新就是生产出消费者还不熟悉的产品，或创造产品的一种新特性。换言之，产品创新是指将新产品、新工艺、新服务引入市场，以实现商业价值。如果企业推出的新产品不能为企业带来利润等商业价值，那就算不上真正的创新。产品创新通常为技术上的创新，但是产品创新不限于技术创新，因为新材料、新工艺、现有技术的组合和新应用都可以实现产品创新。

2. 技术创新

技术创新是指将新设备、新方法、新材料应用于商业生产实践。技术创新的目的是满足市场需求，提高企业在市场中的竞争力。

3. 市场创新

市场创新是指在产品推向市场阶段，基于现有的核心产品，针对市场定位、渠道策略、营销传播沟通(品牌、广告、公关和促销等)，为取得最大化的市场效果或突破销售困境所进行的创新活动。

4. 资源配置创新

资源配置创新是指控制原材料或半制成品的新的供应来源。资源配置创新不追究这种来源是已经存在的，还是第一次创造出来的。

5. 组织创新

组织创新是指为了全面系统地解决企业组织结构、企业运行及企业间组织联系等方面所存在的问题，使企业适应发展的需要，执行组织结构的显著变革，进行管理技术的升级及实施新的组织战略，其结果表现为采用新方法处理、组织日常事务和流程。

(二) 创新的特征

创新需要具备的三个基本特征为：差异性、价值性和可行性。

1. 差异性

创新要改变产品和服务。每一项创新一定要有所改变，要有自己独特的、不可替代的地方，要创造出新的东西，这就是"山寨""复制"和创新的本质差别所在。

2. 价值性

创新要为客户提供价值和满意度。创新提供的价值既可以体现为经济价值，也可以体现为社会价值，因为创新最终的价值是"让世界因为创新变得更美好！"

3. 可行性

创新就是通过改变产品和服务，为客户提供价值和满意度。创新是一个把改变转变成价值的过程，必须具有可行性和可操作性。解决方案和途径可以有很多，但是仅仅停留在纸上谈兵层面的方案、幻想和意念等是不可能为客户提供价值和满意度的，这就是"创意和创新的差别"，也是"科幻和科学的差别"。创意和科幻都不要求可行性和可操作性，而创新和科学则要求可行性和可操作性。

创新的三个特征是互相支撑、缺一不可的。没有差异性就没有创新的起点，有了差异性但是仅仅停留在概念阶段是纸上谈兵，只有努力去把具有差异性的创新做出来并成功实现，这样的创新才可能给我们带来物质和精神方面的价值。

(三) 创新的作用

第一，创新意识是决定一个国家、一个民族创新能力最直接的精神力量。在当下，创新能力实际就是国家、民族发展能力的代名词，是一个国家和民族解决自身生存、发展问题能力大小的最客观和最重要的标志。

第二，创新意识促成社会多种因素的变化，推动社会的全面进步。创新意识根源于社会生产方式，它的形成和发展必然进一步推动社会生产方式的进步，从而带动经济的飞速发展，促进上层建筑的进步。创新意识能进一步推动人的思想解放，有利于人们形成开拓意识、领先意识等先进观念。创新意识可以促进社会政治向更加民主、宽容的方向发展，这是创新发展需要的基本社会条件。这些条件反过来又会促进创新意识的扩展，更有利于创新活动的进行。

第三，创新意识能促成人才素质结构的变化，提升人的本质力量。创新实质上确定了一种新的人才标准，它代表着人才素质变化的性质和方向，它输出着一种重要的信息：社会需要充满生机和活力的人、有开拓精神的人、有新思想道德素质和现代科学文化素质的人。它在客观上引导人们朝这个目标提高自己的素质，使人的本质力量在更高的层次上得以确认。它激发人进一步发挥主体性、能动性和创造性，从而使人自身的内涵获得极大丰富和扩展。

三、创新的模式

科技创新是指通过科学研究解决某个领域或者行业的问题，形成论文、专利或者其他知识产权的过程。科技创新区分为科学创新、技术创新、工程创新。从科技创新的角度来看，创新包含三种模式：发现、发明和革新。

发现与科学相关联，指观察事物而发现其原理或法则，即发现已经存在但不为人知的规律、法则或结构、功能。

发明与技术和工艺相关联，发明是根据发现的原理而进行制造或运用，产生一种新的物质或行动。根据发明性质的不同，发明又可以分为基本发明和改良发明两类。

革新即变革或改变原有的观念、制度和习俗，提出与前人不同的新思想、新学说、新观点，创立与前人不同的艺术形式等。

从企业创新的角度来看，创新包含二种模式：从无到有、从有到优、重新定义和组合。

从无到有是指那些提供从"0"到"1"的产品和服务，诞生新的行业和领域。一个企业如果能独家开发出一项革命性的技术成果并且广受市场欢迎的话，那么其竞争力可想而知。正因如此，很多企业致力于做技术开发并申请专利，但不是所有技术专利都有资格叫作创新。另外，有些发明虽然无害，但也没有带来太大的益处，所以很多的企业专利只停留在公司内部，并没有广为人知，更无法引爆市场需求。

从有到优是指那些从"1"到"∞"的产品和服务，在已有的行业和领域里产生和创造更多的价值。线下的购买变成了电商送货到家，下馆子变成了外卖到家，手机听书App更是把阅读变成了收听……无论是汽车住房还是服饰餐饮，无论是工业设备还是化工医疗，无不在持续优化中。就单独某个事物而言，优化的工作会逐渐接近天花板。凡事越接近完美，优化它的成本就越大，而进步却越不明显。

重新定义和组合是指那些把不同的行业和领域里已有的产品和服务进行重新定义和组合，从而产生新价值的产品和服务。凉茶王老吉早在数百年前就有了，技术上没有太大的创新空间，然而在营销定位上，一句"怕上火喝王老吉"奠定了消费者认知，直接避开了和其他饮品的竞争。在奔驰、宝马、大众、奥迪等品牌大行其道的汽车市场，沃尔沃把自己定义为"最安全"，同样在中高端市场获得了一席之地，这就是定义的力量。

1997年，哈佛商学院的克莱顿·克里斯坦森在《创新者的窘境》一书中把创新分为颠覆性创新和可持续创新两类。2012年威廉·泰勒出版了《颠覆性创新》一书，针对颠覆性创新对企业和社会的影响进行了更加深入的研究和分析。也有学者提出了根本性创新、渐进性创新、突变性创新、破坏性创新、突破性创新、集成创新、消化吸收再创新等概念。经过分析，克莱顿·克里斯坦森提出的颠覆性创新模式和可持续创新模式可以涵盖以上不同的观点。从颠覆性的角度来看，创新分为颠覆性创新和可持续创新。

颠覆性创新包括发现、基本发明、原始创新、根本性创新，以及突变、突破、破坏性创新等在内的从无到有的多种创新模式。这种创新模式的特点是创造出原本没有的东西，改变人类的生产与生活方式，让世人受益。比较典型的例子有爱因斯坦提出相对论(原始理论创新)，王选提出汉字的激光照排(原始技术创新)，以及乔布斯发明iPhone智能手机(原始产品创新)等，他们都实现了在领域或者行业内从无到有的发明，启发了一系列后续的发明和改进，创造出了新的行业和领域。

拓展阅读 | 1-2

❧ 纳米材料的发现 ❧

1980年的一天，格莱特到澳大利亚旅游，当他独自驾车横穿澳大利亚的大沙漠时，空旷、寂寞和孤独的环境反而使他的思维特别活跃和敏锐。他长期从事晶体材料的研究，了解晶体的晶粒大小对材料的性能有很大的影响：晶粒越小，强度越高。

格莱特上面的设想只是材料的一般规律，随着他想法的进一步深入，他设想：如果组成材料的晶体的晶粒细到只有几个纳米大小，材料会是什么样子呢？或许会发生"翻天覆地"的变化吧！

格莱特带着这些想法回国后，立即开始试验。经过将近4年的努力，他终于在1984年制得了只有几个纳米大小的超细粉末，包括各种金属、无机化合物和有机化合物的超细粉末。

格莱特在研究这些超细粉末时发现了一个十分有趣的现象。众所周知，金属具有各种不同的颜色，如金子是金黄色的，银子是银白色的，铁是灰黑色的。至于金属以外的材料如无机化合物和有机化合物，它们也可以带着不同的色彩，例如，瓷器上面的釉历来都是多彩的，由各种有机化合物组成的染料更是鲜艳无比。

可是，一旦所有这些材料都被制成超细粉末，它们的颜色便一律都是黑色，瓷器上的釉、染料及各种金属统统变成了一种颜色——黑色。正如格莱特想象的那样，"小不点"与"大个子"相比，性能上发生了"翻天覆地"的变化。

为什么无论什么材料，一旦制成纳米"小不点"，就都成了黑色呢？原来，当材料的颗粒尺寸变小到小于光波的波长(1×10^{-7}m左右)时，它对光的反射能力会变得非常低，大约低到小于1%。由于超细粉末对光的反射能力很小，因此我们见到的纳米材料便都是黑色。

"小不点"性质上的变化确实是令人难以置信的。美国阿贡国家实验室制备出了一种纳米金属，使金属从导电体变成了绝缘体，用纳米大小的陶瓷粉末烧结成的陶瓷制品再也不会一摔就破。

格莱特的发现正在改变科学技术中的一些传统概念。因此，纳米材料成为世界备受瞩目的一种高新技术产品。

可持续创新包括改良性发明、革新、更新、改变、重新定义和组合等集成创新，以及消化吸收再创新等的多种创新模式。这种创新模式的特点是，它可以是一些观念、做法甚至是手段的改变，或者外观设计的不同及新功能的组合等。

一般说来，颠覆性创新居于最高层次，难度最大；可持续创新则相对来说表现形式更加多样化，难度小一些。企业在追求新的增长业务时，往往有两种选择：一种选择是通过可持续创新从市场领导者手中抢夺现有市场，另一种选择是通过颠覆性创新开辟新的市场。

(资料来源：根据网络资料整理)

第三节　创业概述

创业是将科技与资本、设备、人才等生产要素结合起来，它实质上是对科技创新的综合应用和产业化。因此，要让市场真正成为配置创新资源的力量，让企业真正成为技术创新的主体；要推进以科技创新为基础的创业，推动以制造业创新为主走向制造业与服务业齐头并进；要打通科技创新和经济社会发展之间的通道，让一切劳动、知识、技术、管理、资本的活力竞相迸发，释放巨大发展潜能。全社会的创业活动将聚合新的市场主体，激活新的消费潜力，形成新的商业模式，由此广大中小民营企业将逐步成为市场活力的新的重要源泉，带动中国新一轮高质量发展。

一、创业的概念

在我国，创业一词最早出现于《孟子·梁惠王下》："君子创业垂统，为可继也。"故《辞海》将创业解释为"开创基业"。

创业有广义和狭义之分，广义的创业是指所有具有开拓性和创新性特征的、能够增加经济价值或社会价值的活动，或指开创新的事业。除创业行为外，广义的创业更强调行为休现的创新创业精神。狭义的创业是指个人或团队自主创办企业，实现谋划、创建和运营企业(组织、管理)的过程。

按照广义的创业定义，创业不一定是自己真的去投资一个企业或者公司。创业是一种人生，是一种态度，是一种经历，是一种精神。只要你有了这样一种精神，在任何环境条件状况下，通过众多可能的形式或方式，你总能在这个世界上闯出一片展现你独特个性、人格、能力和魅力的新空间和新天地。所以创业的意义在于："济天下"——创业对社会的意义；"善其身"——创业对创业者的意义。

此外，我们还可以从以下几个方面来描述创业。

(1) 创业是创造出某种有价值的新东西的过程，是一个创造财富的过程。创业与创新是不可分割的一对概念。

(2) 创业是不拘泥于当前资源约束，寻求机会，进行价值创造的行为过程。

(3) 创业离不开创业主体，创业过程与创业者的行动高度相关。

(4) 创业就是具有创业精神的创业者、机会或项目、组织与技术、资金、团队等要素相互作用、相互配合，以创造产品和服务的动态过程。

(5) 创业是一种独特的管理活动，是一个承担风险的过程，是一种不确定的管理。

(6) 创业是一个寻找机会、开发产品、利用资源、制订和实施计划的，不断试验和往复循环的过程。

二、创业的要素与类型

(一) 创业的要素

迄今为止，在人们对创业要素的认知和分析中，最为典型和公认的创业要素模型为蒂蒙斯创业过程模型，如图1-2所示。该模型提炼出了创业的三大关键要素，即创业机会、创业者及其创业团队、创业资源。一般认为，这三个核心要素是创业活动中不可或缺的。如果没有机会，创业活动就成了盲动，难以创造真正的价值。应该说机会是普遍存在的，关键要看创业者及其创业团队能否有效识别和开发机会，如果没有创业者及其创业团队的主观努力，创业活动是不可能发生的。创业者及其创业团队把握住合适的机会后，还需要有相应的资金和设备等资源，因为如果没有必要的资源，机会也就难以被开发和实现。

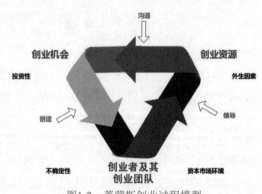

图1-2　蒂蒙斯创业过程模型

蒂蒙斯创业过程模型具有动态性的特征，认为创业过程实际上是三个要素之间相互作用，由不平衡向平衡方向发展的过程。随着创业过程的展开，其重点也会相应地发生变化，创业要能将创业机会、创业者及其创业团队、创业资源三者做出动态的调整，因此，该模型还要求三要素之间的匹配和平衡。创业现象也被认为是三要素之间的有效链接，其中，创业者及其创业团队是创业的核心，是使机会识别利用与资源获取组合得以实现的驱动者。

(二) 创业的类型

创业活动涉及各行各业，创业者的创业动机千差万别，创业项目和领域多种多样，创业的类型也因此呈现多样化，如图1-3所示，可以从不同角度进行分类。

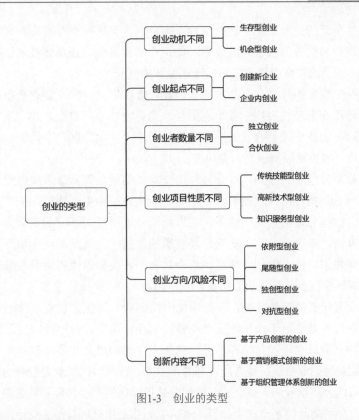

图1-3　创业的类型

一是基于创业动机的分类，可分为生存型创业与机会型创业。2001年，全球创业观察(GEM)报告最先提出了生存型创业和机会型创业的概念，并逐年对生存型创业和机会型创业的概念进行丰富。生存型创业是指创业者为了生计而相对被动进行的创业，其主要特征为：创业者受生活所迫，物质资源贫乏，在现有市场中捕捉机会，低成本、低门槛、低风险、低利润。机会型创业是指创业者为了追求商业机会，谋求更多发展而从事的创业活动。机会型创业具有创造新产品和新市场的功能，能够开辟市场、形成新产业、带动经济发展，被誉为经济发展的引擎。

机会型创业与生存型创业的主要区别如下。①创业者的个人特征，创业者个人特征是影响创业动机的主要因素，对机会型创业与生存型创业的区分起显著影响。相对而言，年轻和学历高的创业者更有可能进行机会型创业。②创业投资回报预期，创业投资回报与创业风险相关，因此生存型创业者期望低一些的投资回报，也承担小一些的创业风险。机会型创业者往往期望较高的投资回报，也会承担更大的创业风险。③创业壁垒，生存型创业者更多地受到创业资金、技术和人才等的限制，会更多地回避技术壁垒较高的行业。机会型创业者拥有一定的资金、技术和人才优势，会更关注新的市场机会，选择有一定技术壁垒的行业。④创业资金来源，生存型创业者的资金主要来源于个人和家庭。机会型创业者能比生存型创业者获得更多的贷款机会、政府政策支持及创业资金支持。⑤拉动就业，相比生存型创业，机会型创业不仅能解决创业者自己的就业问题，而且能解决更多人的就业问题。⑥机会型创业更着眼于新的市场机会，拥有更高的技术含量，有可能创造更大的经济效益，从而改善经济结构。无论是从缓解就业压力还是改善经济结构的目的出发，政府和社会都应该更加关注机会型创业，大力倡导机会型创业。

二是基于创业起点的分类，可分为创建新企业和企业内创业。创建新企业是指创业者或团队从无到有地创建全新的企业组织。这个过程充满机遇，但风险和难度也很大。企业内创业是指在已有公司或企业内进行创新创建的过程，如企业流程再造。正是通过两次、三次乃至连续不断的创新创业，企业的生命周期才能不断地在循环中延长。

三是基于创业者数量的分类，可分为独立创业和合伙创业。独立创业是指创业者独立创办自己的企业。其特点在于产权归创业者个人所有，企业由创业者自由掌控，决策迅速，但创业者要独自承担风险，创业资源整合比较困难，并且受个人才能限制。合伙创业是指与他人共同创办企业，其优势、劣势正好与独立创业相反。

四是基于创业项目性质的分类，可分为传统技能型创业、高新技术型创业和知识服务型创业。传统技能型创业是指使用传统技术、工艺的创业项目，如生产饮料、工艺美术品，以及服装与食品加工等。这些独特的传统技能项目在市场上表现出经久不衰的竞争力。高新技术型创业是指知识密集度高，带有前沿性、研究开发性质的新技术、新产品创业项目。知识服务型创业是指为人们提供知识、信息的创业项目。当今社会，各类知识性咨询服务机构不断细化和增加，其中有不少项目投资少、见效快、市场前景广阔。

五是基于创业方向或风险的分类，可分为依附型创业、尾随型创业、独创型创业和对抗型创业。依附型创业可以是依附于大企业或产业链而生存，在产业链中确定自己的角色，为大企业提供配套服务的创业；也可以是特许经营权的使用，如利用某些品牌效应和成熟的经营管理模式进行创业。尾随型创业指模仿他人所开办的企业或经营项目，一般是行业内已经有许多同类企业，创业者尾随他人，学着别人做。独创型创业是指提供的产品和服务能够填补市场空白，大到商品完全独创，小到商品的某个技术独创。对抗型创业是指进入其他企业已形成垄断地位的某个市场，与之对抗较量。例如，针对20世纪90年代初外商在中国市场大量销售合成饲料的情况，希望集团建立了西南最大的饲料研究所，定位于与外国饲料争市场，最终取得了成功。

六是基于创新内容的分类，可分为基于产品创新的创业、基于营销模式创新的创业和基于组织管理体系创新的创业。基于产品创新的创业是指基于技术创新或工艺创新的成果，产生了新的消费者群体，从而产生的创业行为。基于营销模式创新的创业是指采取了一种有别于其他厂商的市场营销模式，因而可能给消费者带来更高的满足感。基于组织管理体系创新的创业是指采取一种有别于其他厂商的企业组织管理体系，因而能更有效地实现产品的商业化和产业化。

拓展阅读 | 1-3

❧ 创业的基本条件 ❧

1. 有效的资源(resources)：包括人力和财力。

2. 可行的概念(ideas)：商业概念要可行，并可扩展。

3. 适当的技能(skills)：通常性的企业管理技能。

4. 有关行业的知识(knowledge)：能帮助进入相关领域。

5. 才智(intelligence)：善于把握时机做决定。

6. 网络和关系(network)：不断扩大朋友网络和建立良好人际关系。

7. 确定的目标(goal)：有奋斗方向，少走弯路。

将七个条件的首个英文字母串在一起，恰好是英文"risking"(冒险)一词，这也说明创业是伴随风险的。

(资料来源：根据百度百科内容整理)

三、创业的过程与阶段

(一) 创业的过程

创业过程是创业者从产生创业想法到创建新企业或开创新事业并获取回报，涉及识别机会、组建团队、寻求融资等一系列活动的过程，如图1-4所示。通常分为以下六个主要环节。

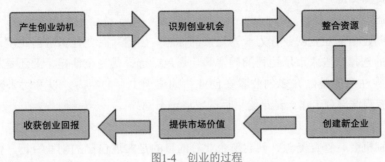

图1-4 创业的过程

1. 产生创业动机

创业动机是创业机会识别的前提，是创业的原动力，它推动创业者去发现和识别市场机会。创业活动的主体是创业者，创业活动首先取决于个人是否希望成为创业者。当然，不少人是因为看到了创业机会，由于潜在收益的诱惑，才产生了创业动机，进而成为一名创业者或创业团队中的成员。一个人能否成为创业者，会受三方面因素的影响。一是个人特质。每个人都可能具有创业精神，但其创业精神的强度不同，强度的大小有遗传的成分，更受环境的影响。比如温州人的创业意愿相对强烈，其中人文环境起到了很大的作用。放眼全球，近70万温州人在世界131个国家发展创业，其中有38万温州人活跃在"一带一路"沿线57个国家；放眼全国，有175万温州人在各地发展创业，268个城市建有温州商会。这相当于，每4个温州人中就有1个在外发展创业。二是创业机会。创业机会的增多会形成巨大的利益驱动，促使更多的人尝试创业。社会经济转型、技术进步等多方面的因素在使创业机会增多的同时，也会降低创业门槛，进而促成更大的创业热潮。三是创业的机会成本。人们能从其他工作中获得高收入和满足需求，创业意愿便会降低。

2. 识别创业机会

识别创业机会是创业过程的核心环节。识别创业机会包括发现机会来源和评价机会价值，一般应澄清四个基本问题。第一，机会何来？即创业者应该找到创业机会的来源在哪里。第二，受何影响？即创业者应该找到影响创业机会的相关因素。第三，有何价值？即创业者应该找到创业机会所具有的并能被评价的价值。第四，如何实现？即创业者应该明了能通过什么形式或途径使机会变成实际价值。围绕这些问题，创业者在识别创业机会阶段需要多交流、多观察、多获取、多思考、多分析，最终抓住创业机会。

3. 整合资源

整合资源是创业者开发机会的重要手段。一般情况下，创业者可以直接控制的可用资源较少，创业几乎都会经历白手起家、从无到有的过程。对创业者来说，整合资源往往意味着需要"借船出海"，要善于尝试靠整合他人掌握的资源来帮助和实现自己的创业起步。人、财、物都是开展创业活动所必需的基本生产要素。创业者需要整合的资源，首先是组建团队，凝聚志同道合的人；其次要进行有效的创业融资；再则，要有创业的基础设施，包括创业活动的场地和平台。创业是在创业者面对资源约束情况下开展的具有创造性的工作，一定会面临很大的不确定性，所以，创业者在创业初期乃至新企业成长的很长一段时间里，都要把主要精力放在资源的获取上，以解决企业的生存问题。此外，创业者还需要围绕创业机会设计出清晰的、有吸引力的商业模式，有时还需要制订详细的创业计划，以此向潜在的资源提供者陈述或者展示，以获取更多的资源支持。

4. 创建新企业

新企业的创建是创业者创业行为最为直接的标志。创建新企业包括公司制度设计、企业注册、经营地址的选择、进入市场途径的确定等，还包括选择是完全新建企业还是加入或收购现有企业等。值得注意的是，许多创业者在创业初期迫于生存的压力，以及对未来缺乏准确预期，往往容易忽视这部分工作，结果给以后的发展留下隐患。

5. 提供市场价值

创业者识别机会、整合资源、创建新企业等的目的是实现自己的创业目标，但真正能促成创业目标最终实现的是创业者能够提供市场价值。这是创业过程中的重要环节，关系新企业的生存与成长。因此，创业者必须面对挑战，采取有效措施，使创业的市场价值得到充分涌流和实现，不断让客户获得收益，从而获得企业的长期利润，逐步把企业做活、做好、做大、做强。

6. 收获创业回报

收获回报是创业活动的主要目的，对回报的获取有助于促进创业者的事业发展。回报可能是多种多样的，对回报的满意程度在很大程度上取决于创业者的创业动机。调查发现，创业者的创业动机不同，对收获创业回报的态度和想法也有所不同。对多数年轻创业者来说，获取回报最为理想的途径之一，是把自己创建的企业尽快发展成为一家快速成长企业，并成功上市。

(二) 创业的阶段

我们通过对以上创业的过程进行分析和对大量创业实践案例进行研究，可以归纳出，一次全过程的创业可大致划分为四个主要阶段，即机会识别、资源整合、创办新企业、新企业生存和成长。上述介绍的创业过程所包含的环节中，产生创业动机、识别创业机会属于机会识别阶段；整合资源、创建新企业属于资源整合阶段；而提供市场价值、收获创业回报则属于新企业的生存和成长阶段。

创业的阶段也可以从公司发展的性质方面进行划分，其四个基本阶段如下。

第一阶段，即生存阶段。该阶段以产品、技术和服务来占领市场，重点是要有想法、会销售。

第二阶段，即公司化阶段。该阶段以规范管理来增加企业效益，这需要创业者提高思维层次，从基本想法提升到企业战略思考的高度。

第三阶段，即集团化阶段。该阶段以产业化的核心竞争力为硬实力，依靠一个个团队的合作，构建子公司和整个集团的系统平台，通过系统平台来完成管理，把销售变成营销，把区域性渠道转变成地区性网络。

第四阶段，即总部阶段。该阶段以一种无国界的经营方式构建集团总部，依靠一种可跨越行业边界的无边界核心竞争力，使企业发展达到最高层级。

拓展阅读 1-4

∽ 中国创业浪潮的"五部曲" ∽

创业浪潮的第一阶段：1978—1983年。1978年12月，党的十一届三中全会做出了把工作重点转移到社会主义现代化建设上来的战略决策，掀开了以农村改革为重点的改革序幕，极大地解放了农村生产力，家庭联产承包责任制的推行点燃了民营经济之火，使得当时农村地区和偏远城市的商业迅速发展，许多农民成为改革开放后的第一批创业者。例如，杭州万向集团的创始人鲁冠球是第一位登上《商业周刊》的中国企业家，他就是在那个时候开始创业的；年广久是当时中国的第一个个体户，他创立了"傻子瓜子"企业。

创业浪潮的第二阶段：1984—1991年。1984年10月，党的十二届三中全会提出了发展"有计划的商品经济"的改革模式。这一阶段的改革重点由农村转向城市，以放开国有企业自主经营权为核心，同时个体经济、私营经济和外资企业等非国有经济成分迅速发展起来，诞生了海尔等一大批企业。

创业浪潮的第三阶段：1992—1998年。1992年10月，党的十四大确定了"建立社会主义市场经济体制"的改革目标。以邓小平的南方谈话为契机，掀起了第二轮改革开放浪潮。例如，1993年，36岁的陈东升创办了泰康人寿公司。从这一年开始，大批知识分子通过创办企业追求他们的人生理想，并成为中国新一代企业家中的佼佼者，他们后来被称为"92派"创业者。

创业浪潮的第四阶段：1998—2011年。随着知识经济的到来，以互联网为代表的信息技术迅速发展，推动人类进入信息时代。在这个互联网创业的机会窗口，诞生了新浪、搜狐、网易、腾讯、阿里巴巴、百度、京东等互联网创业型企业。

创业浪潮的第五阶段：2012年至今。2012年4月，以《国务院关于进一步支持小型微型企业健康发展的意见》的颁布为契机，财政部、国家税务总局、人力资源和社会保障部、教育部等部门先后出台了大学生创业扶持政策，大大激发了青年创业者的创业激情。随着高校对创业教育的高度重视，大学生创业成为中国创业经济的主力军。《2014全球创业观察中国报告：创业环境与政策》显示，80后是青年创业者的主体，创业活动最为活跃；31.1%的90后认为在未来三年内有创业意愿，且不惧失败，认为创业是好的职业选择；高中和大学本科学历的创业者占机会型创业者的比重在70%以上。

总之，在过去的几十年里，中国已经培养出一大批最具创新创业精神的创业者。新的创新创业者们将彻底改变中国和世界的经济与社会结构，并为未来的几代人设立了"创业遗传代码"。他们将比其他任何一种推动力量更能决定中国乃至世界人民的生活、工作和学习方式，并将继续成为引领世界经济发展的领导力量。

(资料来源：吴晓波：中国正在迎来第五次创业大浪潮[EB/OL]. [2015-01-25].

第四节 创新与创业的关系

在大众创业、万众创新的时代背景下，创业是实现创新的过程，创新是创业的本质特征，两者相辅相成，无法割裂。近年来，大众创业、万众创新蓬勃兴起，催生了数量众多的市场新生力量，促进了观念更新、制度创新和生产经营管理方式的深刻变革；有效提高了创新效率，缩短了创新路径，已成为稳定和扩大就业的重要支撑；推动了新旧动能转换和结构转型升级的重要力量，正在成为中国经济行稳致远的活力之源。

首先，任何创新及创新在社会实践中的运用和实现，都会引发新的生产方式和生活方式的出现，从而为创业提供前提。其次，任何创新只有用于社会、用于人们的生活才有现实的意义。所以，创新是创业的先导和基础，创业是创新的载体和表现形式，创新价值实现的途径就是创业，如图1-5所示，创业的成败取决于创新的程度。再次，从本质上来看，创业是创业者的一种能动的、开创性的实践活动，至少对创业者本身而言，创业是一种新的尝试。创业是创业机会识别和开发的动态过程，是创业者主导下的高度综合的复杂管理过程。可见，创业的前提是要打破规则和资源约束，即创业的本质是创新。创业的关键是机会的发掘与把握，创业过程必然要求创造价值、转移价值和获取价值。最后，创业者可以是创新者，也可以不是创新者，但创业者必须能够发现社会需求，并将他人的创新与社会需求有效地结合；创新者可能是创业者，也可能不是创业者，但其创新的成果必须要经过创业者才能推向社会，实现其价值。

图1-5 创新与创业的关系

同时，创业对创新具有反向推动力。创新是创业的基础，创业也反过来推动创意和创新。所以，创新创业教育既培养了大学生的创新精神，也培养了大学生的开拓进取精神。创新就是要做前人从来没有做过的事情，而创业就是要以独立、自我的精神做自己从未做过的事情。如果把创新和创业有效地结合在一起，就意味着大学生以独立、自我的精神做人们从来没有做过的事情。

一、创新引领创业

发达国家的创业研究表明，成功的初创企业具有以下几个特点。

(1) 创新是与成功相关的最重要的因素之一。

(2) 创新型企业通常比不创新的企业具有更强劲的增长力。

(3) 创新型企业能赢得市场份额，其赢利能力持续增强。

从世界经济发展史来看，经济不断发展的核心动力本质上是创新，是创新促使经济发展，使其不断从已有的层次上升到更高的层次。从企业视角来看，创新如何引领创业，可从以下四方面来认识和理解。

第一，创新以内生变化加外部投入的方式引领创业。创新是从经济体系内部发生的，这种内生变化往往会引起市场的关注，从而获得资本和劳动力的相应投入，并促进创业进程。

第二，创新以"革命性"的变化引领创业。熊彼特曾做过这样一个形象的比喻：你不管把多大数量的驿路马车或邮车连续相加，也决不能得到一条铁路。而恰恰就是这种"革命性"变化的发生，才是我们要关注的问题。这就充分强调了创新的突发性和间断性特点，正是这些特点为创业铺就了道路。

第三，创造新价值的必然性使得创新引领创业。先有发明，后有创新；发明是新工具或新方法的发现，而创新是新工具或新方法的应用。新工具或新方法的使用在经济发展中起作用，创造出新的价值，这种创造新价值的必然性使得创新可以引领创业。

第四，创新以企业家这一主体引领创业。熊彼特将"新组合"的实现称为"企业"，那么以实现这种"新组合"为职业的人们便是"企业家"。因此，企业家的核心职能不是经营或管理，而是看其是否能够实现这种"新组合"。这个核心职能又将真正的企业家活动与其他活动区别开来，因为每个企业家只有实现了某种"新组合"时，才是一个名副其实的企业家。于是，企业家成为创新与创业的共同主体，而创新活动就其发生时间点来看，出现在创业之前的概率更大。

二、创业深化创新

1985年，被誉为"现代管理学之父"的彼得·德鲁克发展了创新理论。他提出，任何使现有资源的财富创造潜力发生改变的行为，都可以称为创新。彼得·德鲁克主张，创新不仅仅是创造，而且并非一定是技术上的；对创新的检验并不在于它的新奇性、它的科学内涵或它的小聪明，而在于推出市场后的成功程度，也就是能否为大众创造出新的价值。而要真正实现创新的价值，就应该借助创业过程。因此，有学者直接将创业定义为"实现创新的过程"，这是创业深化创新的主要方面。

从管理学的角度来看，资源是指企业作为一个经济实体，在向社会提供产品和服务的过程中，拥有或者能够支配的、能够实现企业战略目标的各种要素及要素组合。

创新资源是指企业技术创新所需要的各种投入，可以将其分为两大类，一类是间接资源，另一类是直接资源。间接资源包括政策资源、行业市场信息资源和行业科技资源，这三种资源要素对新创企业成长的影响更多的是提供便利和支持。直接资源包括资金资源、管理资源和人才资源，这三种资源则是直接参与企业战略规划的资源要素，故而作用更为重要、突出。

创业的过程就是积累资源的过程，其中最为宝贵的是创新资源的积累，这是企业可持续发展的重要保障。创新资源的积累，体现了创业对创新的深化作用。

关于创意、创新与创业的关系可以用图1-6来呈现。如果从左侧向右侧看，该图显示了从创意到创新，从创新到创业；如果从右侧向左侧看，则表现了创业深化创新，创新深化创意。

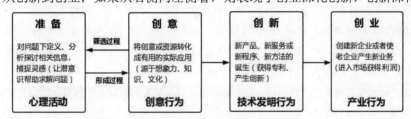

图1-6 从创意、创新到创业

瑞典马兰达伦大学的学者卡伊·米高博士认为，创业不是创新，创新也不是创业；创业可能涉及创新，或者也并不涉及；创新可涉及创业，或者也并不涉及。实际上，对于创新者和创业者而言，不论是个人素质、所关注的问题、思维方式、行为方式，还是市场特性都存在非常大的差异，如表1-2所示。

表1-2 创新者和创业者的比较

项目	创新者	创业者
个人素质	创造性的技术能力	识别、把握机会的能力
所关注的问题	技术或方法的新发展	机会与价值创造
思维方式	逻辑思维	多重思维方式并存
行为方式	技术的先进性	企业的成功
市场特性	知识产权	盈利

拓展阅读｜1-5

"有速度"：创新是企业唯一的生存之道

所谓"有速度"，用乔松涛的话来讲，就是"比别人快一点"。这种理念在"UU跑腿"成立时就已经得到充分体现。在"UU跑腿"之前，乔松涛还创立了"爱时间"App，虽然最后失败了，但是他从"爱时间"App的最终结果中看到了快速送货的商机，于是当机立断决定尝试该项目，预估半个月能够建好的程序被压缩到10天制作完成，经过6天的测试后就开始发布。发布后，他给公司一位员工下了"死命令"，让他迅速找来100位摩的师傅。现实证明，这些貌似不可能完成的任务，最后都奇迹般地顺利完成了。

今天，"UU跑腿"的"有速度"体现了送达速度快，做到了最快3分钟内上门、平均37分钟即可送达。"有速度"体现于发展速度快，平台合作"跑男"超过320万人，覆盖了全国176座城市。"有速度"体现于企业可以在一个半月的时间迭代34个版本，通过不断试错，最终确定自己的价格和发展方向。

正是这种"有速度"的企业价值观，秉承"天下武功唯快不破"的理念，"UU跑腿"才能够成为互联网行业的一个速度传奇。为什么能够比别人快？速度的背后其实是创新。虽然成立只有短短五年，"UU跑腿"的企业创新成就却令人刮目相看。2018年12月，"UU跑腿"入选由创业邦评选的"中国创新成长企业100强"。2019年12月，"UU跑腿"获得"2019年度最具独角兽潜力创新企业"荣誉。2020年12月，"UU跑腿"获工信部组织评选的信息消费应用创新奖。

"UU跑腿"是一个互联网企业，互联网企业最大的特点就是更新迭代快，所以对创新的要求也特别高，这也是"UU跑腿"最为注重的一个方面。当然，乔松涛本人的节奏是非常快的，那么该如何激励员工创新呢？在"UU跑腿"有一个理念，就是人人都有"科技芯"，公司认为团队才是创新的源泉和动力，也是公司的核心。例如，当一个小职员有创意时，他可以自己成立一个小组，可以把任何一个领导拉进去，但在这个组里面他就是老大。这种做法激励每一个员工大胆创新，企业也会成为一个具有创新力的企业。

(资料来源：喻新安，胡大白，杨雪梅. 河南双创蓝皮书：河南创新创业发展报告(2021)创新创业带动就业[M]. 北京：社会科学文献出版社，2021：284-285)

回顾与思考

1. 为什么要研究和学习创新创业？创新和创业之间的关系是什么？

2. 创业的一般过程有哪些？分为哪几个阶段？

3. 结合本章介绍的创业分类，你还可以说出哪些创业类型？在众多的创业活动中，你喜欢哪些类型的创业，为什么？

课后训练

2015年发布的全球创业观察报告(2014)——中国青年创业报告显示，我国青年创业活跃程度在全球创业观察的70个参与国家和地区中排在第22位，属于活跃的国家。80后是青年创业者的主体，创业活动最为活跃。

报告指出，中国青年创业者的受教育程度是：没有受过高等教育的占60%，拥有本科学历的创业者仅占12.2%；美国的情况与中国相反，创业者51.7%拥有本科学历，高中以下学历的创业者不到15%。

不同青年人群对生活的满意度不同，调查显示，中国青年创业者对生活和工作收入的满意度高于非创业者，超过50%的青年创业者对生活是满意的，而非创业者低于50%；青年创业者对工作收入的满意度，在还是初生型创业者时略高于40%，在成为初创企业后达50%，而非创业者对工作收入的满意度低于40%。

报告还表明，80后是青年创业者的主体，创业活动最为活跃。80后创业者的早期创业指数为21.34%，90后创业者的早期创业指数为14.32%。

相对于80后而言，有31.1%的被访90后认为在未来三年内有创业意愿且不惧失败；但在创业能力方面，认为自己具备创业能力的90后少于80后。但无论是80后还是90后，他们都认为创业是好的职业选择。在创业动机方面，80后和90后没有区别，都以机会型创业为主要动机，分别达到66.5%和68.9%。

中国青年创业者的成长性具有一定质量。有77.7%的青年创业者的产品具有新颖性，高于全员创业者的62.7%。青年创业者较有成长潜力，有新技术和一定增长潜力的青年创业者为6.2%，全员创业者为5.7%。另外，青年创业者更有可能创造就业，并且更关注国际市场。

讨论题：

1. 根据你的观察，我国是一个创业活跃的国家吗？

2. 为什么80后会成为青年创业者的主体？

3. 为什么我国青年创业者的受教育程度普遍偏低？

4. 为什么青年创业者的生活满意度更高？

5. 你周围是否有人创业，有的话其成长性如何，属于机会型创业还是生存型创业？

第二章

创新的源泉及方法

- 了解创新的来源
- 掌握用户参与创新的方法
- 掌握供应商参与创新的主要形式
- 了解创新的风险及误区
- 掌握获得创新的方法
- 掌握常用的设计思维的方法及工具

引例

❧ 小米口碑的核心关键词是"参与感" ❧

互联网思维的核心是"口碑为王"，口碑的本质是用户思维，即让用户有参与感。

消费者选择商品的决策心理在这几十年发生了巨大的转变。用户购买一件商品，从最早的功能式消费，到后来的品牌式消费，再到近年流行起来的体验式消费，而小米发现和正在参与其中的是全新的"参与式消费"。

为了让用户有更深入的体验，小米一开始就让用户参与产品的研发过程，包括市场运营。

让用户参与，能满足年轻人"在场介入"的心理需求，抒发"影响世界"的热情。在此之前，用户参与多见于内容型UGC(用户产生内容)模式的产品，比如在动漫文化圈，著名的"B站"(哔哩哔哩)就是典型例子。在这里，爱好动漫和创作的年轻人通过吐槽、转发、戏仿式的再创作等诸多方式进行投稿，营造出独有的亚文化话语体系。

在企业运营过程中，如何快速构建参与感？

构建参与感，就是把做产品、做服务、做品牌、做销售的过程开放，让用户参与进来，建立一个可触碰、可拥有，和用户共同成长的品牌。该过程可总结为三个战略和三个战术，内部称之为"参与感三三法则"。

三个战略：做爆品、做粉丝、做自媒体。

三个战术：开放参与节点、设计互动方式、扩散口碑事件。

开放参与节点即把做产品、做服务、做品牌、做销售的过程开放，筛选出使企业和用户双方都获益的节点，使双方的参与互动具有可持续性。开放的节点应该基于功能需求，越是刚需，参与的人越多。

设计互动方式即根据开放的节点进行相应设计，互动建议遵循"简单、获益、有趣和真实"的设计思路，把互动方式像做产品一样持续改进。2014年春节开始流行的"微信红包"活动就是极好的互动设计案例，大家可以通过抢红包获益，有趣而且简单。

扩散口碑事件即先筛选出第一批对产品最大的认同者，小范围发酵参与感，把基于互动产生的内容做成话题、可传播的事件，让口碑产生裂变，影响数十万人甚至数百万人参与，同时放大已参与用户的成就感，让参与感形成螺旋扩散的风暴效应。

小米内部完整地建立了一套依靠用户的反馈来改进产品的系统。小米没有关键绩效指标和考勤制度，工作的驱动并不来自业绩考核，也不基于老板"拍脑袋"的灵感，而是来自用户的真实反馈。

(资料来源：黎万强. 参与感：小米口碑营销内部手册[M]. 北京：中信出版社，2014.)

第一节 创新的源泉

一、创新的信息来源

(一) 创新的主导源泉

我们在第一章对创新的类型进行了明确的界定。创新不单指技术创新，还包括产品创新、市场创新、资源配置创新、组织创新，也可统称为技术创新和非技术创新。与技术创新相比，非技术创新比较缺乏范式化，包括的内容也比较宽泛，因此本章主要针对技术创新展开。

传统观点认为，技术创新主要由科学技术本身发展的要求所引起和推动。而对大量资料的分析表明，情况往往不是这样。根据表2-1，我们认为需求是保证创新活动获得成功的更为重要的因素，市场与生产需求的推动力大大超过了科学技术本身发展的推动力，人们将它概括为"需求是技术创新之母"。因此，创新者必须有较强的市场洞察力，从而超前把握市场与用户的潜在需求，这是技术创新成功的关键。

表2-1 技术创新的来源

来源	美国	英国
科学与技术的推进	22%	27%
市场需求	47%	48%
生产上的需求	31%	25%

(资料来源：许庆瑞. 研究、发展与技术创新管理[M]. 北京：高等教育出版社，2012.)

近年来，由于科技的迅速发展，掌握日新月异的科学技术知识，特别是信息技术、生物技术、材料科学与技术等方面的知识，对开展创新是十分必要的。因此，具备较完备的市场知识和科技知识的人才,对企业技术创新至关重要。

从客观来看,技术创新来源于社会需要、市场需要的拉动,以及科学技术发展本身的推动。能够同时拥有科技和市场知识的复合型人才,是善于创新的人才,也是一个国家和企业应刻意寻求和培养的人才。

(二) 技术创新的信息来源

产品创新始于构思形成,即系统化地搜寻新产品主意。为了找到几个好主意,企业一般要进行许多构思。统计表明,100个新产品构思中,有39个能开始产品开发程序,17个能通过开发程序,8个能真正进入市场,只有1个能最终实现商业目标。对新产品构思的搜寻必须系统地进行而不能随意化。

根据麻省理工学院希普尔等人的研究,不同的行业和创新种类,其创新源有着极其显著的差异,除了企业内部的研发机构,用户、制造商、供应商、竞争对手等都可能是重要的创新源,如表2-2所示。

表2-2 职能式创新源数据表

创新类型样本	创新开发者/%				创新样本数/个	
	用户	制造商	供应商	其他	未计入	总计
科学仪器	77	23	0	0	17	111
半导体和印刷电路板工艺	67	21	0	12	6	49
Poltrusin工艺—纤维产品生产	90	10	0	0	0	10
铲车相关创新	6	94	0	0	0	16
工程塑料	10	90	0	0	0	5
塑料助剂	8	92	33	8	4	16
工业气体使用	42	17	33	8	0	12
热塑料使用	43	14	36	7	0	14
电缆终端设备	11	33	56	0	2	20

(资料来源:埃里克·冯·希普尔.创新的源泉[M].柳御林、陈道斌,译.北京:知识产权出版社,2006.)

创新思路的信息来源可以分为内部来源与外部来源。内部来源包括企业内部R&D部门,以及营销、生产等其他部门。外部来源包括商业来源(顾客、供应商、竞争对手、咨询公司等),教育与研究机构(学校、科研机构等),一般信息源(学术会议、期刊、展览会等),以及政府计划等。

总结起来,常见的创新来源主要如下。

(1) 科学技术的新突破(如石墨烯、页岩气技术)。

(2) 现实生活中的矛盾或痛点(如方便打车需求催生了打车App)。

(3) 用户、领先用户(如小米1/3创意来用户)。

(4) 政府政策推动(如政府鼓励自主创新的政策带来很多本土创新需求)。

(5) 国防、军工部门需求推动(如很多国防创新项目)。

(6) 行业或市场的结构性变化(如电商直播等电商新模式带来新的创新机会)。

(7) 人口结构的变化(如人口老龄化、开放三胎带来的新创新需求)。

(8) 新知识、新认知(如新零售、数字货币)。

(9) 反常、意外事件(如因开水烫伤事件启发创新灵感,而创造出的快速变温水杯——55度杯；再如袁隆平早年在海南发现的一株野生杂交稻，成为后来他发明人工杂交水稻的关键)。

(10) 竞争对手(如三星率先推出折叠屏手机，引来竞争对手跟进推出创新产品)。

(11) 高校、科研机构的科技成果、专利等(如北大方正的激光照排技术)。

(12) 灵感、顿悟(如牛顿因苹果从树上坠落而产生有关万有引力的灵感)。

(13) 跨界新用途(如3M受兽医和好莱坞化妆师启发，发明了低成本抗感染手术膜)。

二、用户参与创新

现代企业为增强其竞争优势而日益重视产品和服务的创新。环境的高度不确定性使得技术创新日益成为一种复杂性活动，深入了解潜在或正在出现的市场需求的重要性越来越凸显出来。用户，尤其是领先用户，在创新过程中的作用越来越显著。

(一) 用户创新的概念

用户创新是企业创新理论中一个非常重要的研究领域。希普尔早在20世纪70年代就提出了"用户是创新者"的革命性观点，并根据创新者与创新之间的联系将创新分为用户创新、制造商创新和供应商创新。

用户创新是指用户对其所使用的产品或工艺的创新，包括出于自己的使用目的而提出的新创意、新设想及实施首创的设备、工具、材料、工艺等，以及对制造商提供的产品或工艺的改进。许多经验研究表明，一些用户对创新项目有重要贡献，发挥着发明者或合作开发者的作用，这一现象在许多领域被证实。

希普尔把这种创新过程称为"用户支配的创新"，其中创新用户的作用表现为：①觉察到某创新产品的需要；②给出一个解决方案；③建构一个原型计划；④通过使用确定这种原型的价值；⑤扩散有关这种创新产品的价值和产品原型如何仿制的详细信息。

希普尔在《创新的民主化》这本书中进一步认为，随着知识经济时代的到来及先进技术的大量涌现，用户创新将进一步得到发展。

(二) 用户创新的动机

熊彼特认为，成功的创新者可以从他们对创新的暂时垄断控制中获得回报。这种能力随后将发挥一种杠杆作用，使创新者在市场中占有优势，从创新中获取暂时的创新租金。当用户预计创新的收益会超过成本时，他就可能进行创新。

希普尔从经济学的角度对用户创新现象给予了合理的解释。在创新的早期阶段，由于突破性技术的复杂性引起设计的不稳定和市场的高度不确定，制造商没有足够的动力去开发。用户作为创新者可以从使用该项创新中获益，而不需要采用将创新推向市场的方法来获得创新租金，因此，创新用户面临的风险比其他类型的创新者进行创新时面临的风险要小一些。从经济租金的角度分析可以较正确地预测创新源。

许多学者指出，信息和技术知识通常具有转移成本。希普尔提出了"黏性信息"的概念，黏性信息是指从一个地方转移单位信息到另一个地方，以供某一信息需求者使用所发生的增量成本。成本越高，信息的黏性就越强，反之亦然。

希普尔以特定用途的集成电路和计算机电话集成系统两个领域为例，进一步验证了创新活动展开的实际场所与黏性信息的所在地有关。从黏性信息的视角，结合经济租金的理论，希普尔合理地解释了用户创新产生的机理，将创新源理论发展到一个更深入的层次。他所提出的黏性信息及其相关理论不仅极好地解释了创新源，而且由此对整个创新过程，对创新中知识管理、组织学习、知识产权保护，对合作创新及创新网络等都具有极大的解释力。

用户创新的经济合理性需要满足一个前提，即当制造商能满足用户需求时，用户创新成本低于制造商产品售价；当制造商不能满足用户需求时，用户创新的预期收益大于开发费用。

用户创新是一个巨大的创新源，但是很长时间以来，理论和实践都没有对此给予足够的认识，以致用户进行了大量创新而制造商却知之甚少或熟视无睹，从而使用户创新源这一宝贵资源未得到充分利用。导致这一问题的主要原因如下。

(1) 用户创新虽然数量大，但分布十分分散，信息难以收集，导致重视不够。

(2) 用户创新处于自发状态，用户仅满足于解决问题，没有意识到自我创新的价值。

(3) 用户创新信息流动性差，用户常常有意无意地封锁创新信息，或由于意识不到自我创新的价值，或出于竞争的需要不愿或不积极扩散创新信息。

(三) 领先用户的概念及领先用户分析方法

希普尔将领先用户从用户中区分出来，他强调了领先用户在创新中的作用，将具有以下两个特征的个人或厂商定义为"领先用户"：第一，领先用户会面临市场上将普及的新产品或服务需求，而且他们在市场上大部分人遇到这种需求几个月或几年之前就已经遇到；第二，领先用户能够通过发现解决需求的方案而受益匪浅。因为领先用户不能或不愿等新产品或服务慢慢上市，所以他们经常提前开发新产品或服务。

如图2-1所示，传统的技术创新采用的是路径①的过程，只能实现对现有产品的细微改进。通过充分利用领先用户分析方法的优势，路径②的过程能够导致突破性创新，并得到市场的认可。

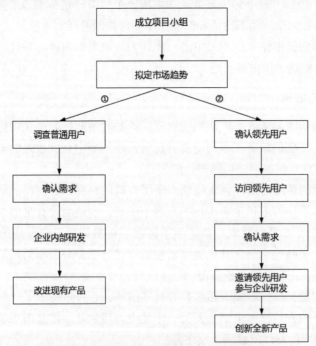

图2-1 技术创新市场分析的不同流程

领先用户分析方法为寻找新产品开发机会提供了一个强有力的工具。希普尔认为，对领先用户的需求和解决方案的数据进行分析能提高快速变革领域的新产品的开发效率。因为领先用户掌握着特殊的经验，对市场上大多数人将来的需求很了解，能为市场调研人员提供一个需求预测实验室。而且，领先用户经常试图满足自己的需求，能为制造商提供很有价值的新产品设想和原型设计。

不同于一般的用户，领先用户具有以下特点。

(1) 有渊博的知识，在自己的专业领域有很深的造诣。

(2) 能容忍开发结果的不确定性。

(3) 能通过技术网络获取开发新产品所需的技术知识，在反复试错中不断改进解决方案。

(4) 由于创新任务的复杂性，他们有充足的资源开展研究活动，如时间、设备和资金等。

(四) 领先用户创新的实现

希普尔在《民主化创新：用户创新如何提升公司的创新效率》一书中认为，随着知识经济时代的到来及先进技术的大量涌现，用户创新将进一步得到发展。企业不应努力寻求它们的用户到底需要什么样的产品，而应该给予用户一定的工具，让他们设计和开发属于自己的产品。从细微的修改到重大的创新，都可以由用户完成。

希普尔通过很多经验研究表明，基于"用户创新工具箱"的产品开发新方法比传统的产品开发方法更有效。传统的产品开发是一个持久的过程，制造商根据不完全的信息开发出产品原型，交由用户使用，用户找出缺陷，反馈给制造商，制造商根据用户反馈进行修改，持续循环，直到得到一个满意的解决方案为止。与传统产品开发方法相比，在基于用户创新工具箱的新方法中，制造商和用户的界面发生了改变，而且产品开发所必需的试错过程全部由用户完成，如图2-2所示。

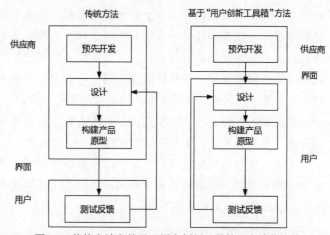

图2-2 传统方法和基于"用户创新工具箱"方法的比较

"用户创新工具箱"为企业提供了一个创造价值的新途径，它能为制造商创造竞争优势。

开发合适的工具箱并不容易，如果选项太多将导致信息混乱，会使用户因选择困难而拒绝参与设计。此外，"用户创新工具箱"并不适合所有的产品开发，特别是在一些高度异质的需求市场。

相较于以制造为中心的开发体系，用户创新模式有如下几点优势。

(1) 能更好地满足用户细致复杂的需求，因为用户肯定比厂商更清楚自己的需求。

(2) 用户可以在自己的地方开发产品，所以整个设计过程大大加快。

(3) 如果用户遵循了创新工具箱的规则(而且所有的技术缺陷都已经解决)，那么他们的设计将可以一次成功，从而大大节省同厂商的交易成本。

在用户创新模式中，创新的主体不再是企业，而是产品的消费者。设计、开发、构建原型、反馈等传统产品开发中的往复过程都在用户端进行。

拓展阅读 | 2-1

"领先用户法"助力3M公司实现创新突破

1996年9月，3M公司医疗事业部的一个外科手术产品团队成为公司内部运用"领先用户法"的先锋，他们希望通过该方法来实现手术薄膜的创新突破。分析显示，该手术薄膜在现存市场上几乎已没有增长空间，且由于成本高昂，该产品也不可能进入发展中国家的市场。在这样的背景下，团队负责人说服了管理层，决心运用"领先用户法"的流程来实现手术薄膜创新的突破。来自研发、市场和生产部门的6位人员组成项目团队，并开展了以下四阶段的工作。

1. 奠定基础

在这一阶段，项目团队需要确定目标市场，并明确公司内部利益相关人所期望的创新产品的类型和水平。项目团队先用了一个半月的时间通过查阅文献和访谈业内专家来了解感染的原因及防止感染的方法，然后，项目团队与管理层一起召开研讨会，讨论他们所了解到的信息，并为可接受的突破性产品制定指标。

2. 确定潮流

由领先用户引领潮流，这是领先用户法的核心理念。但潮流是什么呢？在这一阶段，项目团队要与相关领域的专家广泛交谈，从而确定潮流。

在接下来6周左右的时间里，团队成员致力于更好地了解感染控制方面的重要趋势。一开始，项目成员的调查工作侧重于针对发达国家的医生来发掘需求。但后来他们意识到，他们对发展中国家的医院和外科手术医生不够了解，而在发展中国家，传染病是重要的死亡原因。于是，项目团队兵分几路前往不同国家的医院进行调研，了解当地医生在手术室会遇到的感染问题及他们的解决方案。项目团队注意到，一些外科手术医生在面对感染问题时，会使用廉价的抗生素来替代一次性手术薄膜和其他昂贵的医疗用品。

经过实地观察，项目团队认为，长远来看医生依赖廉价的抗生素来防止感染蔓延的做法不会奏效，因为细菌会产生耐药性。项目团队还意识到，即使3M公司大幅降低手术薄膜的成本，很多发展中国家的医院也负担不起。这些想法使得项目团队将目标由最初的"找到一种更好的一次性手术薄膜"重新修正为"找到一种除抗生素和手术薄膜之外更便宜、更有效的预防感染发生、防止感染蔓延的方法"。

3. 识别领先用户

这一阶段，项目团队通过建立网络的方式，联系到了"更便宜、更有效的感染控制"这一潮流的前沿创新者。项目团队发现，一些最有价值的领先用户往往出现在让人意想不到的领域。例如，一些宠物医院的兽医在条件简陋、成本有限的情况下，仍能保持很低的感染率；好莱坞的化妆师擅长使用不刺激皮肤而又容易卸妆的化妆材料，而了解这种材料的特性对研发出直接涂抹于皮肤上的感染控制材料非常重要。

4. 寻求突破

在最后阶段，项目团队邀请了几位领先用户来参加一个为期两天半的研讨会。项目团队在广泛调查研究之后提出的核心问题是"我们能否找到一种革命性的、低成本的感染控制方法"。参会人员被分成几组进行几个小时的讨论，之后又重新分组继续讨论。研讨会最终产生了六个新产品创意和一项革命性的感染控制方法。项目团队从这六个新产品创意中选择了三个呈现给高管们。最终，一项名为SKIN DOCTOR的新方案通过。这是一种可单手操作的小型装置，轻轻挤压，即可将含有抗感染成分的药膏均匀涂抹在患者皮肤表面(这是从兽医专家那里获得的启发)。这个装置还带有吸附功能，可以轻而易举地将药膏和术后污垢清除，且对皮肤没有刺激(这是好莱坞领先用户的贡献)。更为重要的是，SKIN DOCTOR为发展中国家的病人提供了能够支付得起的抗感染手段。

(资料来源：根据网络资料整理)

(五) 用户创新的时机与方法

1. 参与创新的用户类型

克劳斯·布洛克霍夫根据在产品创新过程中用户投入的形式和方法，将用户分成5种类型。

(1) 苛求用户。他们往往是市场需求的代表，经常向企业提出建议和投诉，因为投诉是对当前产品的使用效果和产品特征的最好响应，所以苛求用户是新产品创意的来源。

(2) 发起用户。他们积极参与产品创新过程，有新的需要并愿意参与产品创新的各种活动。

(3) 领先用户。与希普尔提出的领先用户概念基本一致，该类用户拥有几乎完整的创新方案来解决自己的问题，并形成了产品创新的基础。

(4) 参考用户。他们把自己使用某产品的经验告诉生产商和其他用户，因此在原型测试和产品使用反馈中扮演最有效的角色。

(5) 率先购买者。这类用户敢于承担一定的风险，对新产品情有独钟。他们的购买有利于降低创新产品引入市场的风险，有利于市场对创新产品的认可。但率先购买者通常在使用产品后反馈相关信息，产品开发者再根据这些反馈信息改进产品，因此比较被动。

2. 用户参与创新的程度

在不同的产品创新阶段，用户的作用应该是参与产品创新。哪类用户发挥的作用大，就相应地选择该类用户参与。根据用户在每一个参与点参与深度的差别，用户参与创新的程度分为三类，即为用户创新、与用户共同创新、由用户创新，它们之间的差别如表2-3所示。

表2-3 三类不同程度的用户参与创新比较

比较项目	为用户创新	与用户共同创新	由用户创新
用户定位	信息提供者	价值创造者	价值创造和分享者
创新主体	企业	企业和用户	用户
用户创新主动性	低，被动的	中等，被动的	高、主动的
用户投入	用户信息	用户信息，用户经验	用户信息，用户经验，用户专业知识和技术诀窍
用户参与度	低	中等	高
企业角色	创新产品提供者	创新产品合作者	创新工具提供者
典型的支持用户参与的方法	质量功能展开	以用户为中心的设计，概念测试和Beta测试，个性化定制	领先用户
应用举例	大规模生产的标准化产品，如电视	定制化的产品，如管理信息系统的软件开发	自主创新的产品，如某些科研仪器

(资料来源：朱俊，陈荣秋. 顾客参与产品创新的时机与方法[J]. 武汉理工大学学报. 信息与管理工程版，2007(8)：33-37)

3. 用户参与创新的方法

在创新的不同阶段中，对用户参与的要求不同，用户参与的作用也就不同，从而用户参与的可行程度也会不同。朱俊和陈荣秋将用户参与的创新过程划分为六个阶段，即创意产生、概念开发、产品设计、原型测试、引入市场和评价，并根据企业需要的用户扮演角色及投入的不同，确定用户参与创新的时机与方法，如表2-4和图2-3所示。

表2-4　支持用户参与的产品创新方法

方法	说明	行业和公司应用举例
质量功能展开	用"质量屋"的形式，把用户对产品的需求进行多层次的演绎分析，转化为产品的设计要求、零部件特征、工艺要求、生产要求	汽车制造业，建筑设计；丰田汽车公司
以用户为中心的设计	在进行产品设计时从用户的需求和感受出发，以用户为中心设计产品，而不是让用户去适应产品，强调考虑用户的使用习惯、预期的交互方式和视觉感受等方面	机床行业，软件开发；德国Zoewe公司
概念测试	将初步形成的有关产品的概念在目标用户中进行调研，测试这些概念被接受的程度和预期可能达到的效果	汽车部件，食品业；德尔福公司
Beta测试	用户在实际使用环境下对产品进行测试，产品开发者通常不在测试现场，由用户记下遇到的所有问题，定期向开发者报告，开发者在综合用户的报告后做出修改	软件开发，消费品业；微软公司
用户化定制	根据用户提出的需求信息，企业提出解决方案，由用户修改并做出决策，选定方案，交由企业完成相关的产品和服务	家庭装修业，电脑业；戴尔公司
领先用户法	创新的主体不再是企业，而是领先用户。领先用户利用企业提供的创新工具和其他资源进行产品创新，设计、开发、构建原型和反馈等产品开发中的过程都在用户端进行	医疗器械，软件开发；碧迪医疗器械公司

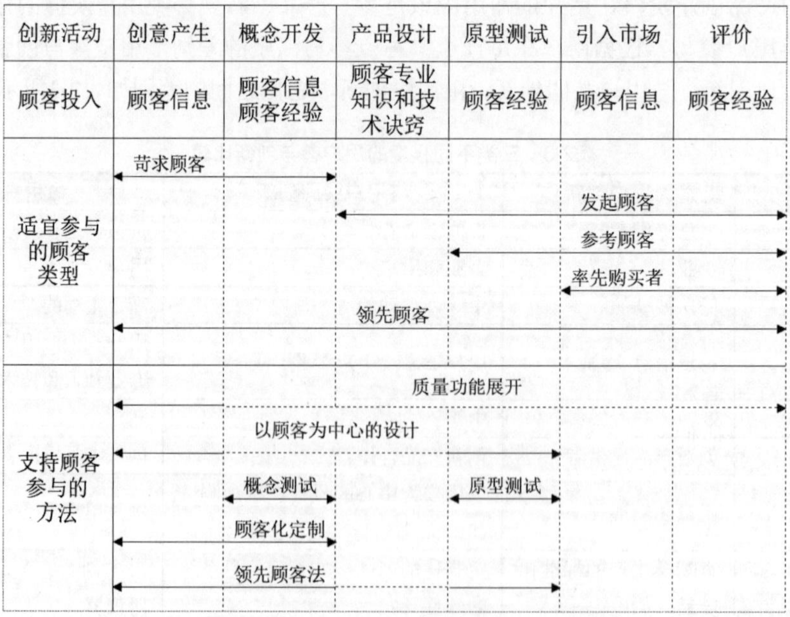

图2-3　顾客参与产品创新的时机与方法

三、供应商参与创新

(一) 供应商参与创新的起源和发展

供应商参与创新策略起源于20世纪40年代的日本汽车制造业。1949年，日本Nippon Denson公司从丰田汽车公司分离出去并成为第一级电子组件供应商。Nippon Denson公司的电子工程师直接加入丰田汽车公司，帮助其设计汽车的零部件，开创了供应商早期参与的先河。在随后的20年中，丰田汽车公司发展了精益生产的方式，其中就包括大量的供应商早期参与的做法。后来，这些做法逐渐被其他汽车厂商如本田等效仿。

研究表明，日本汽车制造商在新产品开发方面比西方竞争者更胜一筹，因为在开发新产品时，日本制造商相对西方同行来说更广泛地使用了供应商的专业技术。自20世纪80年代末期以来，一些欧美企业也效仿日本企业开始采用供应商参与创新这一做法。

对《财富》前1000强企业的大量研究表明，在新产品推介过程中，越早让供应商参与其中，整个项目所节省的资金就越多。因此，一些公司积极寻求机会，与其供应商建立合作关系，共享计划、产品设计和规范信息，以及运作方式上的改进。

(二) 供应商参与创新的动机

技术变革和国际竞争的压力迫使企业思考如何更好地利用供应商的技术能力。由于技术的迅猛变化，制造商内部的技术能力变得逐渐过时和陈旧，激烈的竞争环境要求制造商持续地开展创新活动，缩短产品交付周期，以维持竞争优势。

西口敏宏等学者认为，前沿产业的供应商是创新的温床，制造商通过获取供应商的技术诀窍来弥补自身的弱点，从而创造竞争优势。通过提高关键零件供应商的技能、能力和资源，制造商能减少产品开发成本、缩短开发周期。

供应商参与创新的另一个主要原因是制造商希望借此减少产品开发成本。如果供应商在早期参与创新活动，那么他们很可能会提供有成本效益的思想。产品开发的成本效益是公司成本竞争力的一个关键要素，通常可以通过控制要素成本、采取规模经济、提高生产率和后勤效率等来提高成本效益。克拉克和藤本隆宏通过对汽车业的研究发现，超过80%的生产率和质量取决于开发阶段。

(三) 供应商参与创新的主要形式

在《供应链再造》一书中，学者们对供应商在制造商的技术创新和产品开发的早期阶段的介入进行了研究。他们认为在产品开发中，供应商的早期介入是重要的，但它需要和产品性质紧密联系起来。图2-4对三种类型的产品开发模式(完全创新产品、模仿产品、改良产品)进行了阐述。

企业根据三种不同类型产品创新的特征，在供应商早期参与方面采取了不同策略。供应商参与产品开发的程度主要取决于供应商承担责任的能力和它的开发能力(如表2-5所示)。

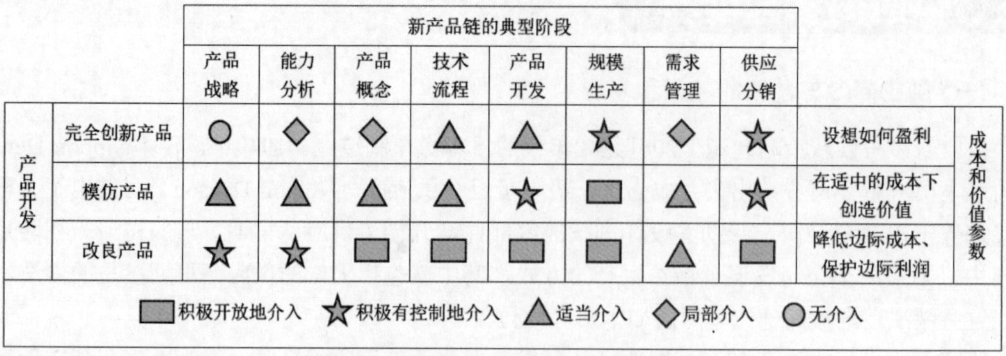

图2-4 供应商在产品开发阶段的介入

表2-5 供应商角色

	伙伴	成熟	幼稚	合约
设计责任	供应商	供应商	合作	顾客
产品复杂性	整个子系统	复杂的组装	简单组装	简单的部件
被提供的规格	概念	关键的规格	详细的规格	没有
供应商对规格的影响	合作	协商	现有的能力	没有
供应商参与阶段	前概念阶段	概念阶段	后概念阶段	原型制作
零件测试责任	完全	重要	中等	微小
供应商技术能力	自主	高	中	低

拓展阅读 | 2-2

❧ 宝钢作为供应商参与客户创新 ❧

宝钢参与客户技术创新的模式主要有如下三种。

1. 先期介入

先期介入模式一般指在新产品开发的初期就介入，并与用户合作创新。组建的用户技术研究中心拥有与国内同行业相比更为先进的科研设备，采用外部引进和内部培养科研技术人员的方式，不断提高研究中心的技术力量。随着用户技术研究力量的壮大，先期介入模式进一步拓展和深化。当公司用户(汽车制造商)尚在车型开发阶段时，宝钢科技人员就参与他们新车型的设计、制造和选材等工作，开展了零件冲压成型的仿真分析、模具调试用材的合理选择，参与了调模试冲、修模方案分析、工艺参数制定和坯料尺寸设计等工作。将售后服务变成售前服务，树立了国内大型钢铁生产企业和汽车制造企业强强合作的典范。

2. 用户技术改进

用户技术研究中心对用户的生产环节和工艺进行研究，帮助用户解决使用宝钢产品中遇到的问题，让宝钢产品更加贴近用户的生产程序。例如，在家电用钢涂装性研究方面，通过现场试验、实验室分析和模拟试验研究，宝钢找到了宝钢板涂装效果不佳的症结，并帮助新飞冰箱厂调整磷化工艺，解决了SPCC板用于新飞冰箱侧板磷化问题，使宝钢板磷化实物质量达到日本板水平，从而使家电板供货实现了突破性的进展。

3.用户产品更新

宝钢本着"为用户创造价值"的经营理念，时刻关注、贴近用户，不断地为用户更新产品。例如，一汽大众公司生产的CA1092系列载重车因自身重量太重而带来成本高、油耗多的问题，宝钢科研人员根据用户优化选材的要求，将驾驶室44个主要零件以宝钢新式高强度冷轧板替代钢板制造，达到了降低材料消耗和减轻汽车自重、减少油耗和废气排放的目的。44个主要零件全部制造成功，5台样车台架具备批量生产条件。宝钢通过参与用户产品更新的方法，降低了成本，增加了效益，创造了价值，并使宝钢板供货比例大幅提高。表2-6简要概括了宝钢集团参与技术创新的模式及案例。

表2-6 宝钢集团参与技术创新的模式及案例

主要模式	技术创新活动内容	参与创新时机	相关案例	成效
先期介入	轿车塑的设计、原型制造和选材；零件冲压成型仿真分析、校对调试用材的合理选择等	新产品的设计阶段	一汽、上汽的调模试冲、修改方案分析，工艺参数制定和坯料尺寸设计等	宝钢板的零件占有率达到95%；新品种开发的速度加快，汽车板品种从40余种扩大到100余种；用户的新产品开发周期缩短，开发风险降低
用户技术改进	用户的工艺改进，帮助用户解决使用宝钢产品中遇到的问题	产品的生产环节	新飞冰箱厂宝钢板涂改效果不佳、小天鹅洗衣机用电镀锌板涂装问题	销售给小天鹅企业的钢板中有缺陷的钢板数量减少90%以上；帮助新飞冰箱厂的SPCC板磷化实物质量达到日本板水平；提高了宝钢家电板的供货量
用户产品更新	用户的产品改进和更新品种	成熟的产品使用环节	一汽大众生产的CA1092系列载重车太重及油耗大	更换驾驶室44个主要零件，实现了降耗、减重，减少油耗和废气排放的目标

第二节 创新的风险及误区

一、创新的风险及不确定性

尽管创新能带来高额回报，但其中的风险和不确定性让一些企业不愿意轻易尝试创新。

在《创新者的解答：经济不确定期的创新指南》一书中，克里斯坦森写道："不论那些天赋超群的人如何努力，许多制造新产品的尝试最终都失败了。六成新产品在上市前就夭折了，在上市的四成产品中，40%无利可图，从市场上撤下。总体来说，在产品开发上，75%的投资在商业上以失败告终。"很多创新思想不一定能最终转变成新产品，一些行业的创新成功率很低。以新药开发为例，在3000个初始的创新思想中，往往仅有一个能够在商业上获得成功。而且，新药从发现到上市往往要经过12年或者更长的时间，且耗资数亿美元。因此，创新过程常常被人们视为一个漏斗，开始时有许多有发展潜力的新设想，但最后能够成功的却寥寥无几(如图2-5所示)。

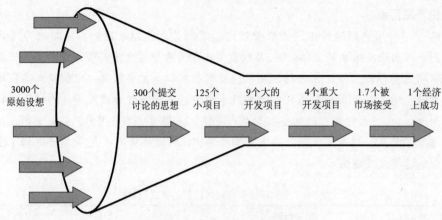

图2-5　创新漏斗模型(以新药开发为例)

(资料来源：陈劲. 最佳创新公司[M]. 北京：清华大学出版社，2022.)

当然，并不是每一个失败的创新案例都像我们所列举的那样损失惨重。对于大多数进行创新的组织而言，创新的结果通常都是成功与失败并存。

二、创新的误区

(一) 研究与发明就是创新

研究与发明多指企业或个人通过技术与智慧投入，改变原有的知识要素及知识组合方式，实现创意向新技术、新产品或新工艺等的转化。而创新需要将这种研发成果商业化，真正产生市场价值才能称为创新。

技术创新不是一个技术概念，应该是一个经济概念，是技术或创意的第一次商业化。技术创新＝发明＋开发＋商业化。

人类历史上曾经出现过很多奇葩的发明，感兴趣的话可以在网上搜索"雨天专用烟斗""过海鞋子""接电话机器人"，它们都是因为缺少真正的商业价值而被称为奇葩的发明。

很多企业认为，专利越多创新能力就越强，其实不然，盲目追求专利的数量可能会走入另外一个误区。很多所谓的有完全自主知识产权的专利其实只不过是技术含量很低、没有很高的实用价值的摆设。

(二) 创新就是指技术创新，技术上越领先越好

创新包含技术创新，但除了技术创新，还有市场创新、战略创新、组织创新、商业模式创新等多种形式。

盲目追求技术领先的口号常见于国内各企业。很多企业的研发部门和研发人员，具有较为浓厚的"技术情结"，认为搞创新就一定要技术领先，其实不然。摩托罗拉当年耗资数十亿美元的"铱星计划"就是过于追求技术领先而失败的经典案例。

创新不仅仅是技术上的创新，在管理、制度、文化、商业模式等方面的创新，同样会创造巨大价值。制度创新往往比蒸汽机车头或电报这类技术创新更重要。例如，改革开放40多年来

深圳经济的飞速发展得益于20世纪80年代建立深圳特区这一制度创新；海尔集团在多年的管理实践基础上先后总结提炼出"OEC管理"(日清日高管理法)、以市场链为纽带的业务流程再造及"SST(索酬、索赔、跳闸)机制""人人SBU""人单合一""T模式"等具有海尔特色且行之有效的自主管理创新成果，大大提高了效率，降低了成本，产生了不亚于技术突破的巨大效益。

(三) 创新是少数技术人员的事

长期以来，相当一部分企业认为创新主要是技术部门和研发人员的工作，其他部门没有必要也没有能力创新，这种观点是狭隘的。近年来，如何实现全员创新受到了国内外理论界、企业界的广泛关注。广义上的全员应包括用户、供应商、股东等利益相关者。

拓展阅读 | 2-3

∾ 海尔的"员工创客化" ∾

互联网时代，海尔正在探索实践"人单合一"的双赢模式，在"企业平台化、员工创客化、用户个性化"的战略指导下，搭建开放的平台生态圈体系，并将员工从命令执行者转变为创业者，为员工提供一个实现和提升自我价值的平台。海尔集团董事局主席、首席执行官张瑞敏认为，要跟上用户点击鼠标的速度。所以，员工要从听领导的变为听用户的，员工变为自主满足用户需求的"创客"，企业变为服务于员工的平台。海尔转变为平台企业后，不仅可以服务于员工，还可服务于社会上的创客。

(资料来源：创客头条CKTT. 张瑞敏：员工创客化是颠覆转型的路径[EB/OL]. (2018-04-27).)

(四) 创新就是高投入、高风险、见效缓慢的过程

当前很多企业不愿意进行创新的一个重要理由是，创新可能需要巨额的研发投入，而且要冒很大的风险，万一失败了，可能血本无归，还不如把经费用在扩大生产或者加强市场营销、广告促销等方面。不创新或许还能维持几年生存，但创新搞不好会"找死"。这种观点也有点狭隘。

的确，有些技术难度大、历时长的创新可能确实需要花费很多钱，但这并不意味着所有创新都要花很多钱，也不意味着所有创新都需要很长时间的积累。

研发投入不一定越多越好。至顶网(ZDNet)推出了"2011年全球IT研发投入排行TOP30"榜单，如表2-7所示。根据榜单，微软以90.4亿美元的研发投入排名第一，三星电子以79.9亿美元的研发投入排名第二，诺基亚以74.7亿美元的研究投入排名第三。全球公认的创新型企业苹果公司的研发投入只有17.8亿美金，排名第二十九，研发投入占销售额的比重仅为2.7%，远低于微软、三星电子、诺基亚等企业。但这并不代表苹果公司不重视创新，这在很大程度上是乔布斯精简产品线，将精力重点放到几款核心产品上，进行高效创新管理的结果。

创新和你在研发上投资了多少没有任何关系。当苹果推出Mac的时候，IBM在研发上的投资至少是苹果的100倍。这不是金钱多少的问题，而是你手中有哪些人，你怎样领导他们，你能从中获得什么。

——乔布斯(1998年《财富》杂志采访中的某段话)

表2-7　2011年全球IT研发投入排行TOP30

2011年研发投入排名	IT/电子信息企业	研发投入/亿美元	销售收入/亿美元	研发投入强度/%	总部所在地
1	微软	90.4	699.4	12.9	美国
2	三星电子	79.9	1357.7	5.9	韩国
3	诺基亚	74.7	563.2	13.3	芬兰
4	英特尔	65.8	436.2	15.1	美国
5	松下	61.6	1014.2	6.1	日本
6	IBM	60.3	998.7	6.0	美国
7	思科	52.7	400.4	13.2	美国
8	索尼	49.8	837.9	5.9	日本
9	日立	47.6	1122.4	4.2	日本
10	甲骨文	45.2	356.2	12.7	美国
11	爱立信	43.9	282.8	15.5	瑞典
12	东芝	42.2	770.9	5.5	日本
13	佳能	39.0	457.6	8.5	日本
14	谷歌	37.6	293.2	12.8	美国
15	阿尔卡特朗讯	35.3	211.9	16.7	法国
16	日本电话电报	31.6	1212.4	2.6	日本
17	惠普	29.6	1260.3	2.3	美国
18	富士通	28.5	545.6	5.2	日本
19	高通	25.5	109.9	23.2	美国
20	摩托罗拉解决方案	25.3	228.2	11.1	美国
21	华为	24.5	273.8	8.9	中国
22	意法半导体	23.5	103.5	22.7	瑞士
23	思爱普	22.9	165.4	13.9	德国
24	日本电气	21.3	375.4	5.7	日本
25	夏普	21.2	368.5	5.8	日本
26	飞利浦	20.8	335.4	6.2	荷兰
27	富士胶片	19.9	267.1	7.5	日本
28	易安信	18.9	170.2	11.1	美国
29	苹果	17.8	652.3	2.7	美国
30	博通	17.6	68.2	25.8	美国

(资料来源：快科技. 2011年全球IT研发投入排行榜[EB.OL]. (2011-09-21).)

　　创新也不一定要花很多钱、很长时间。有些创新可能很快就能创造价值。例如，杭州在2020年推出的"健康码"，从2月4日在余杭区试行，到2月11日杭州健康码正式上线，仅用了短短一周时间；天弘基金，一个2012年亏损1000万元、全国排第50位的货币基金公司，凭借与支付宝合作，花了半年时间于2013年6月推出余额宝互联网理财创新产品，到2014年年底货币基金规模达5789亿元，短短1年多时间就成为全国第一大货币基金公司。余额宝并没有什么重大科技突破和科技创新，主要是"互联网＋理财"的商业模式创新及简单方便的用户体验。天弘基金与支付宝一共投入了约4000万元人民币用于研发余额宝的产品和相关的服务器等技术支持，其中天弘基金投入约400万元，其他大部分是支付宝投入的，用于服务器扩容、安全冗余等。

(五) 创新是随机的、偶然的，很难管理或者不需要管理

这种认识将创新视作科学家的灵感闪现，然而，要成功地将创意转化为创新并实现商业价值，需要有效地实施创新管理。例如，组织结构的柔性，管理者对创新活动的包容与对创新失败的容忍，组织信息与知识的分享等许多机制都能够大大提高创新的成功率。

(六) 任何异想天开的想法都是创新

创新是以现有的思维模式提出有别于常规或常人思路的见解为导向，利用现有的知识和物质，在特定的环境中，本着理想化需要或为满足社会需求，而改进或创造新的事物，包括但不限于各种产品、方法、元素、路径、环境等，并能获得一定有益效果的行为。创新存在复杂性、模式多样性等基本属性，需要大量的科学方法和技术支撑。

有些人对科学或科学方法的本质有所误解，还有人会故意杜撰、散布虚假的知识去欺骗大众，以得到金钱或其他利益。这些虚假的"科学"或者骗局，经常借用科学名词进行装饰，但实际上与科学在本质上并无关联，其实就是伪科学。它在特定的时间和地点冒充科学，把已经被科学界证明不属科学的东西当作科学对待；而一些异想天开的想法已经被实践证明是伪科学，但仍然当作科学创新予以宣传推广。因此，要警惕并学会识别伪科学、假科学，能够区分不成熟的创新成果与伪科学。

(七) 创新就是要做第一

创新并不意味着不能模仿、跟随，企业对于行业标杆的快速跟随，同样是重要的创新战略。组织应当根据外部的经济社会与产业环境，以及内部的资源禀赋，合理实施创新活动，有效地跟随行业标杆，抑或在组织发展的不同阶段采取不同的竞争与合作策略，这些都是组织开展创新活动的基本原则。例如，OPPO手机一直采取快速跟随战略，利用差异化的创新取得了很好的市场绩效。

(八) 创新就是要独树一帜，做全新的产品或者服务

一些企业(特别是中小型企业)觉得"创新"离它们很远，认为创新就是像北大方正激光照排那样从0到1的原始创新，认为创新应该是拥有雄厚科研实力的大企业和高校科研院所的科研人员的工作。其实这种观点并不完全正确，从无到有、从0到1的原始创新固然是创新的重要内容之一，但是集成创新、消化吸收再创新也同样是创新的应有之义，任何企业都可以进行创新。而且，集成创新、消化吸收再创新并不比原始创新"低人一等"，其重要性和所创造的价值也不一定比原始创新小。

华为创始人任正非认为，华为的创新大部分是跟随创新，是先拿来再创新发展。当然，要尊重别人的知识产权，要付费，更要尊重法律。

科技创新是需要站在前人的肩膀上前进的，例如，海思并非从源头开始自主创新，也给别人支付了大量知识产权费用，有些是签订了交叉许可协议，有些协议是永久授权的，你中有我，我中有你，在别人的基础上形成了自己的创新。

第三节 创新的方法

拓展阅读 2-4

万物互联时代如何构建创新生态系统：小米生态链案例

小米生态链成功的最大逻辑是利他即利己。我们很幸运，找到了一个不错的模式。这个模式非常创新，我们依然也是摸着石头过河，但至今也没有人能够复制，所以一路过来还挺自如，没有竞争对手，也没有任何抵抗。

——刘德(小米生态链掌门人、小米公司联合创始人)

刘德是小米早期联合创始人，从2014年起，他一直在主持小米生态链的投资和团队搭建。截至2016年年底，小米智能硬件生态链企业的全年收入已达150亿元，比2015年增加2倍。2017年年底，小米宣布成为世界上最大的物联网平台，连接超过1亿台设备，超过90家小米生态链企业的产品都能通过米家App发生联动，这也是小米生态链体系的护城河。截至2018年1月，小米共投资了100家以上的智能硬件生态链企业，其中40多家企业已发布产品，16家企业年收入过亿元，3家企业年收入超过10亿元，4家企业成为估值超过10亿美元的独角兽企业。

这些生态链产品，在小米手机热销时，能够锦上添花；而在手机遇冷时，品类丰富的智能硬件产品也能帮小米保持存在感，不至于迅速被大众遗忘，这也是雷军自信讲出"小米模式能得永生"的底气来源之一。

小米布局生态链的背景

随着科技的快速发展，人工智能、大数据、云计算和区块链等技术已经进入大众的视野，并掀起一波又一波的投资风口。其中，物联网(IOT)市场是雷军高度重视并认为具备高成长性的行业。刘德说："2013年，雷总将互联网发展分为三个阶段：桌面计算机互联网、移动互联网和智能物联网时代。智能硬件领域会存在巨大的商业机会，雷总预测这可能会比智能手机的市场还要大，因此嗅觉敏锐的雷总立刻决定组建团队，抢投相关的智能硬件公司。"

刘德决定采用小米生态孵化方式，让生态企业自我更新、淘汰、进化，自然生成未来。

小米生态链的创新发展

在万物互联的时代，小米继续推行独特的企业使命：用新国货理念，推动中国制造业升级。同时，小米用"专注、极致、口碑、快"的互联网思维打造"爆品"，专注细节，用简约设计传递小米产品价值观，最后通过物联网弯道超车BAT。

野蛮生长

从2014年起，早期一批生态链企业在得到小米各个维度的支持后，依靠小米官网的米粉流量优势，渗透到智能硬件的细分市场，保持了快速增长性。刘德说："早期企业就是要野蛮生长，用最短的时间跑到平流层，这样才能避免持续的研发投入而没有利润的陷阱。值得欣喜的是，我们与供应链企业互相非常信任，大家共同降低供应链成本，甚至有些零部件厂商被我们折腾得不行，共同改进不少于100次，堪比当年爱迪生研究灯丝的精神。我们也非常荣幸能够与这样的企业进行战略合作。而我们小米总部，就好比航母，没有具体的指令，只有全力以赴的支持，要人给人，要资金给资金，唯一要求就是快速迭代。"

生态链升级

在小米生态链发展两年后，小米发布了20多款产品。然而一个新问题出现了：过多的产品类型使得粉丝越来越不知道小米在做什么。因此，刘德决定启动新的品牌：米家。

2016年3月29日，小米宣布使用全新的MIJIA(米家)品牌，手机业务和周边的电视、路由器等继续使用小米品牌，智能硬件产品则成为"米家"成员。小米采用的双品牌战略便于消费者做选择，小米品牌专注于手机、电视、路由器等，米家品牌则专注于小米生态链产品，定位为"做生活中的艺术品，串起生活的点点滴滴"。

(资料来源：郑刚，刘剑. 小米：构建商业系统生态链[J]. 清华管理评论，2018(12)：126-132)

在解决问题的时候，大部分人通常还是交付型，就是给一件任务，想尽办法完成即可，而很少有人会进行质疑或挑战，如问一下为什么要做这件事，如果不做的话，是否还有其他的办法达到目标。大部分人在解决问题的时候，通常也是传统思维，按照逻辑关系去寻求答案。但是在创新思维的情况下，要学会利用批判性思维问问题，学会寻求不一样的解决方案。

畅销书《从0到1》的作者、PayPal公司创始人、Facebook公司第一位外部投资者彼得·蒂尔常常问应聘者："在什么重要问题上你与其他人有不同看法？"他通过这个问题判断应聘者是否值得被聘用。他说："大部分人觉得，在知识爆炸的时代，孩子要学习的东西应该越来越多，但事实上他们该学习的东西应该是越来越少。"面对无边无际的知识世界，保持开放性思维比掌握具体的知识内容更有用处。

过去，我们要回答"$5+5=？$"。而现在，我们的答题变得更开放："$？+？=10$"。显然，答案可以是多种多样的，而束缚想象力的往往是人们习惯性的思维路径。对于任何问题，都可以给出很多不同的解决方案，然后探讨所有方案的可行性，从而找到合适的解决方案。在寻找解决方案的时候，应该学会问问题，找到引起问题的真正根源，从而获得创新的解决方案。

"对于手上有锤子的人来说，全世界都是钉子。"这句话说明，特定的路径、工具限制了解决方案的多样性。因此，创新思维鼓励用差异性、多元化的思维方式解决同一个问题，强化解决方案的效果，而不是实现路径。下面介绍几种创新的方法。

一、设计思维

自提出建设创新型国家战略以来，从"中国制造"到"中国创造"的转变成为企业、教育界的热点问题。互联网推动了新一轮创新潮，农业、商业、文化与科技、金融，种种跨界融合趋于常态化。与此同时，中国的创业热潮中不断涌现出产品、服务、商业模式的创新，创业企业将各种资源有效整合，并挖掘新的潜在价值。首先，创新型企业首选设计思维。创新型企业尤其是初创企业，通常以用户需求为出发点，挖掘市场。克里斯·安德森在《创客：新工业革命》中概括了新一代创新者的形态：他们使用数字工具在屏幕上设计，并通过网络分享成果，将互联网文化与合作引入制造过程。设计思维以用户为中心的思路正好契合了他们的工作方式。创新企业的业务开拓并不依赖专业人士的经验判断，而是独立个体的跨界协作，设计思维的团队工作、快速迭代也塑造了积极、开放的企业文化。其次，传统优势企业导入设计思维，实现企业文化转变。慕尼黑在保险、博世等大企业从董事会层面引入设计思维，改变了原有产品的开发、营销、管理流程，面向用户开辟了更扁平化的创新管理格局，避免让部门成为障碍，为创新人才提供了更大的发挥空间。

如今知识更迭如此迅速，专业化知识在学生毕业时就濒临过时。在已掀起学习革命的现在，一切学习对象被冠以创新的名字，"为创新而教育"的理念也获得越来越多的认同，高等院校的创新教育体系面临着新的挑战，即创新教育如何回应新的跨界创新需求。越来越多的企业、院校开始加入设计思维的实践，设计思维进入了教育领域，打破了原有的教育规则，实现了跨领域人才培养。

(一) 设计思维的步骤

爱迪生在发现钨丝能作为灯泡材料之前经过了上万次试验，李时珍为写出《本草纲目》多次亲身试验草药的药性，莱特兄弟发明世界上第一架飞机之前无数飞行界先驱已进行长达百年的研究。科学家们在探索世界的过程中不断产生新的构想，然后设想出相应的实验，在特定的条件下进行尝试，最后对试验过程进行分析。这个过程和设计思维的流程和步骤非常相似，设计思维的步骤如图2-6所示。设计思维是在一种外部情况极为复杂，不确定的参数、变量很多的机会空间中，找到一个有价值的创新解决方案。这与科学家们在茫茫未知的现实世界里探索，寻找一条闪亮的真理是一样的，二者都需要提出想法，制作原型，大量测试。

图2-6　设计思维的步骤

第一步：同理心

在每个设计思维项目的开始阶段，一个重要任务就是针对用户建立同理心，即对其进行深入理解，明确其表达出来的需求，以及设法发现其潜在的、隐藏的需求，从中可以发掘真正有意义的设计挑战。

同理心也被称为共情或移情，是指对别人的深刻理解和感同身受。建立同理心包括感受别人的情感和情绪，从别人的态度中体会其言行的由来，认识并明确其需求和期望。在设计思维中，同理心特指我们对设计挑战中所界定的用户的理解。

作为以人为中心的创新方法论，设计思维不但反对技术驱动的创新逻辑，而且不赞成单纯针对问题狭隘地寻找答案。设计思维的一个重要信念是认定创新应该回归到人本身，解决问题要从理解你为之设计的用户起步。

为了解决现实问题，设计思维反复强调一切都应该从理解人着手，通过针对特定用户或人群建立起同理心，设计者会充分认识到他/她或他们是什么样的人，什么东西对他/她或他们是真正重要的。

从最终用户的角度出发，根据某些现状和存在的问题、用户的不满及其投诉、用户的渴望、大家期待解决的问题等，设定需要研究的主题，对讨论现象的背景进行充分理解。例如，医疗的现状是患者抱怨过多，医患纠纷增加等问题的出现，讨论的主题可能是"如何让患者快速看上病"。

第二步：定义

定义阶段的目的是将个体的需求凝练为对群体的洞察，简要、清晰地描述设计目标。这是集中性用户研究的尾声和创造的起始，从观察模式切换到创意模式的转折，将数量庞大的研究数据抽象为对设计方向描述的一句话。定义是连接同理心和创想的纽带，若同理心阶段发展成熟，需求往往不必艰辛探寻，而会自我涌现。如定义阶段捕获真实、独特的设计问题，创意会从问题中自然生长。比起在创想阶段挣扎，在前期保持敏锐、深刻的思考，可以事半功倍。

该阶段对研究主题进行探讨，充分了解主题所涉及的范围，站在利益相关者的角度，发现问题的痛点所在，定义欲讨论问题的机遇或者欲解决的挑战。如通过用户旅程图分析，画出用户的情绪曲线，找到用户情绪的最低点，从而知道需要解决的最大问题是什么，确定需要设计的挑战或者机遇。例如，通过观察、综合后发现机遇是"为医院设计一个降低患者排队等待时间的流程"。

第三步：创想

创想阶段围绕设计目标的圆心，提出尽可能多的创意。该阶段再次回归具象，以自身为载体，设想在具体的用户身上、在真实的情境中，设计可能被怎样使用，要尽量创造细节，为设计赋予血肉。如果发现导出的方案已存于世，不要停滞，这是大部分方案的命运，出生就意味着牺牲，应紧握住问题核心，换个角度，尝试新方法进行思考。

站在最终用户的角度，利用同理心，采取头脑风暴的模式，构思更多创新的想法，再转换角度，站在设计者的角度，既能满足客户的期望，还可以在一些约束条件下获得大胆创新的想法和点子。一般情况下，大家给出的点子和想法都会比较传统，逻辑推理的想法比较多。为了克服这一困难，我们可以使用一些工具，打破习惯性的固化思维，获得狂野的想法。这是一个发散的过程，点子多多益善。比如在"降低患者排队等待时间的流程"的创意中，可能是"提高工作人员的工作效率，加快工作人员的办事速度""减少患者在医院的接触点，改善医院的流程"等，但是这些都是"做什么"，而不是"如何做"。

拓展阅读 | 2-5

❧ 谷歌公司的创意环境 ❧

把美容院、高尔夫球场、游乐园、游泳池等都搬到公司里？谷歌美国总部别具一格的工作环境让人耳目一新，这个全球最大的网络搜索引擎公司无时无刻不在向世人展现其独特而新颖的创新理念。《财富》杂志的专题"年度最佳雇主百强"中，谷歌位列第一。

在谷歌总部上班的6000名员工想什么时候来就什么时候来，爱穿什么就穿什么，他们可以带着孩子和狗来上班。不干活的时候，员工们玩遥控轨道赛车、扭扭乐游戏，或者用激光剑决斗，或者理发。

谷歌总部的气氛是绝对轻松的，沙发随处可见，所以员工们随时都可以躺下来休息。洗手间里配备淋浴设施、健身房和游泳池，音乐室里还有钢琴。他们甚至常常在桌球台旁或长廊里开会。在谷歌内部有一条规矩：离每个员工100英尺(约30米)的范围内都必须有食物。"这里桌球台、咖啡厅、休息室到处都是，就好像是一栋耗巨资建起来的学生宿舍。编写计算机代码令人疲惫不堪，但这里就像是一处乐园和度假胜地合二为一的地方。"一位员工说。

公司的前首席执行官埃里克·施密特补充道："到处是熔岩灯和滑板车——所有人都以为我们是'白痴'。然后他们就会发现我们其实做得多么出色！"高管的办公桌上到处撒满了乐高积木，他们自己也喜欢想出一些奇怪的主意。

(资料来源：根据网络资料整理)

第四步：原型

原型是最终产品的雏形，它是介于创意和产品之间的一个过程。当我们得到了大量的创意概念，要将之付诸产品时，应通过快速制作廉价原型让创意变得可见、可感，在你爱上自己的创意之前，让其他人来进行评价。原型制作是通过一定介质将头脑里的想法在物理世界呈现出来的过程。因此，原型可以是具备一定物理形态的任何表现方式。做原型的过程实际上是将团队的集体智能外化，其意义在于将我们不断谈论但看不见的创意变成现实中可知、可感的一件物品、一种服务、一项政策或者一次体验，从而使一直在通过语言交流的创意概念有具体承载方式，能够给人留下直观印象。

对于狂野的点子，需要进行聚焦，利用绘画、思维导图、乐高、橡皮泥等制作原型，对整个方案进行整理，将离散的方案以可视化的形式整体地表现出来。如果是产品设计，可以制作产品的原型；如果是流程设计，可以画出方案的流程；如果是内容设计，可以利用思维导图表现方案的层次和内容。

第五步：测试

测试是任何新产品或者新服务在上市之前的必经阶段，因为新产品或者新服务的成功，很少有一蹴而就的，几乎都是在产品和服务的发展过程中不断完善，不断修正，并结合自身的独特优势才最终获得成功。在面临越来越激烈的市场竞争及企业资源争夺白热化的情况下，企业正式投入市场的产品和服务不能出现方向性的错误，必须最大限度地规避策略上的失误和偏差。因此，在企业正式发布新产品或新服务之前需要进行必要的测试，从而使新产品或新服务在正式上市之前就进入一个逐渐调整、完善和合理化的过程之中，努力帮助最终推出的产品和服务尽量接近市场的真实需要。

如果说从定义到创想、创想到原型，设计一直处在一个盒子之中，外界难以探知它的样貌，那么测试就是打开盒子，让利益相关者尽可能去讨论。测试能够把设计带离培育它的内部环境，让它接受外界的风吹雨打，在哪里跌倒，就在哪里迭代，升级之后再且走且战。设计的起点是共情，但终点绝不是测试。测试是为了更好地共情，是设计之环新的起始。

拓展阅读 | 2-6

∽ 低成本视力保健产品 ∽

印度的低成本视力保健提供商Vision Spring一直以向成人出售老花镜为主要业务，后来他们希望开展全面的儿童视力保健服务工作。因此，Vision Spring的设计工作除了包括眼镜的设计，还囊括了许多新的方面，如通过自助小组推广"护眼营"和培训教师，以便让他们意识到护眼的重要性，并能够输送孩子到当地的护眼中心。

"护眼营"常常需要检查孩子的视力状况，在一次视力检查中，被检查者为15名8~12岁的儿童，现场的设计师们发现，当用传统的方式检查一个小女孩的视力时，她突然一下子就哭了。这个孩子显然是承受了过大的精神压力，而这种精神压力带来的另外一个副作用就是出现无效的视力检查的可能性太高。

为了让小女孩能感到放松些，设计师便邀请她的老师来协助检查，希望她在熟悉的人面前能够平稳一些，但情况并没有得到明显改善，这个孩子还是哭。设计师这时灵机一动，设计了一个反转规则，请这位女孩来检查她老师的视力。这个方法果然奏效，小女孩对待检查任务的态度非常认真，而她的同班同学则在一旁非常羡慕地看着她。最终，设计师让这些孩子们相互检查视力并讨论这个过程。孩子们都非常喜欢扮演医生，他们很尊重这个过程并严格地遵守了每一步指示。

"视力检查和给儿童提供眼镜的过程中存在许多独特的问题。通过原型和快速测试使我们专注于如何让孩子们在检查视力的过程中感到轻松而不那么紧张。"Vision Spring负责销售和运营的副总裁解释说，"现在我们已经成为一个有设计思维的机构，我们将继续使用原型评估的方法，从我们最重要的客户——也就是我们的销售人员和终端消费者那里获得对于新市场的反馈和可行性分析。"

(资料来源：根据网络资料整理)

(二) 设计思维的工具

1. 用户访谈

用户访谈是通过目标对象的语言转述来了解其真实情况的研究方法。用户访谈法是最常用的用户研究方法之一，不但可以独立开展，而且常常与其他方法和工具组合使用。

(1) 使用场景。

用户访谈以语言作为素材，适合于对通过语言描述的内容(如故事、意愿、需求、愿望等)开展研究。此外，该方法还可以通过引发目标对象回忆来获取一些无法到场捕捉的信息。

访谈法具有非常好的灵活性和适应性，可以根据研究条件的变化而快速调整。由于其及时应答的特点，受访者常常依靠直觉回答问题，答案往往不够全面。另外，受访者的回答主观性很强，且难以验证，可能对研究产生误导。

(2) 主要流程。

① 访谈准备。

用户访谈可以分为非结构性和结构性两种。非结构性访谈更注重效率，无须太多的准备。在结构性访谈中，需要提前计划研究概况、观察对象、实施时间和地点、记录设备、研究人员、数据处理方式等内容。

除此之外，用户访谈筹备阶段的核心是问题清单，所有在访谈过程中可能提出的问题都应该提前列入该清单。通常来说，问题的排序从易到难，从具象到抽象，从背景信息入手，进一步考察基本行为特征，然后进入核心问题，最后进行补充性提问。从一个简单且利于共鸣的问题开始，引导用户逐步进入议题语境与使用情境，如有需要，再探讨设计概念。在安排题目时，要注意时间的合理分配，根据问题的重要性划分时间段。

在访谈中，我们一般以开放式、具体性和真实性的问题为主，鼓励受访对象多多表达、深入表达，问题类型如表2-8所示。

表2-8 问题类型

问题类型	类型解析	示例	使用注意事项
开放式	自由回答	介绍一个购物时难忘的回忆	推荐使用，有利于挖掘丰富信息
封闭式	提供选项	您经常购物吗	不单独使用，可作为开放式问题的索引，常常用问卷代替
宽泛性	关注整体	您是怎么修车的	会得到整体的、步骤性的描述，可作为背景性了解，用于进一步追问

问题类型	类型解析	示例	使用注意事项
具体性	关注细节	您是怎么使用这个机器换轮胎的,能演示一下吗	推荐使用,有利于挖掘用户痛点
真实性	确切发生	回忆你们第一次见面的场景	了解任务流程、行为模式等内容
假设性	可能性	如果这个东西坏了,您会用哪些东西代替	具体的假设性问题可用于了解行为方式、需求;宽泛的问题可以探查用户的期望、价值取向

在此基础上,建议研究团队在正式访谈前先进行模拟访谈,以验证问题清单的合理性。

② 筛选用户与邀请。

选择具有典型性、代表性的目标对象作为被访者,一般情况下4～8人为宜。在确定人员后,对其发出邀请,并全面告知研究的目的、内容、方法等信息,与其协商观察的时间、地点,并针对录音、录像的使用权限签订协议。

③ 现场访谈。

在实施用户访谈时,一切引导和对话都是为了鼓励目标对象表达真实想法,展示自己在生活中最真实的情况。因此,不要对受访者进行任何判断,应尽量与对象共情。访谈注意事项如表2-9所示。

表2-9　访谈注意事项

注意事项	细节
人员	通常不多于3人,1人引导谈话,1人记录与补充,1人录像;在私密环境中,可以减少到2人。人数过多会使受访者局促,现场不要有无关的观众,要形成隐私氛围
态度	客观,避免暗示;用词亲和,不要造成压力感;正向鼓励,不要否定。当受访者所议和所做有差异时,无须指出,重点标注后用于后续分析
时长	不超过1小时,时间过长会使受访者产生负面情绪,影响访谈质量
氛围	访谈的氛围会直接影响受访者状态,轻松且干扰较少的氛围为好。当条件允许时,在与议题相关的环境中进行访谈,一方面受访者更自然,另一方面场景的联想可以帮助受访者回忆,同时便于实时展示和完成相关任务

④ 结果分析。

访谈后,可以用一些音频转文字工具快速整理访谈稿,并在开访谈分享会议之前将文字稿和现场重点记录发送给团队成员,要求团队成员先行浏览并标注重要的内容。在分享会中,研究人员可以将重点发现打印并剪贴下来展示在白板上,直接用于典型用户、同理心画布、用户旅程图等定义、设想阶段的工具中,作为基础素材。

(3) 使用提示。

共情力强、具有丰富采访经验及技巧的访谈引导者,对谈话的推进将起到至关重要的作用,因此请谨慎选择主导访谈的人员。

在访谈的过程中,可以使用非常多的工具来丰富访谈流程,激活谈话氛围等。表2-10列出了常用的部分方法。

表2-10 访谈中可结合的方法或工具

注意事项	细节
带领导游	如何与一些物件交互,或进行某个流程
执行任务	让受访者执行任务,并让其说出他随时随地在想什么
绘制草图	通过画图将体验视觉化,例如,如何构思和安排他们的行为
卡片分类	以卡片作为引子,说明卡片上的事物有没有一些特殊的故事,怎样看待这些事物,例如,如何对它们进行分类并建立心理模型
5个为什么	用来深入了解行为、语言背后的原因

除此之外,还有非常多的方法和工具可以与访谈法有机结合。在其他方法的实施中,也常常会运用到访谈法的技巧。

2. HMW

HMW即"How might we……"同样是用简单的句式来定义的方法,HMW从设计团队出发,指向设计方向。HMW的句式是"我们可以怎样……"(How might we……),省略号中的内容,就是设计师将要完成的设计工作。

(1) 使用场景。

HMW是一个重要标志,当你使用这个工具时,意味着集中性理解用户的工作阶段结束了,现在要将主要身份从理解者转变为分析者和创造者。反过来说,当我们结束了用户研究工作时,可以选用HMW工具开启设计工作之旅,将挖掘的问题转化为设计机会。

在确定了设计对象和要解决的用户需求后,设计者使用HMW句式自问自答,初步定义研究观点和研究内容。HMW用来界定设计可能性的范围,给发散点子固定一个起始点。

(2) 主要流程。

HMW也是一道填空题,所填内容是"我们可以在_____场景下,帮助_____,解决_____问题,达成_____目标"。

在填写之前,设计团队要根据前期的研究内容寻找到关键用户的需求,并将该需求拆解成问题场景、典型用户、核心矛盾、设计目标四个部分。

填空后,我们就生成好了一个设计问题。之后可以使用设想阶段的工具,尽可能发散多种解决方案。如果我们认为得出的方案过于分散,可以重新回来缩小HMW定义的问题范围;如果得出的方案大体相似,则可以扩大HMW定义的范围,但注意适当约束,保证推导出的解决方案是具体和有针对性的。

(3) 使用提示。

很多时候,当我们发现了一个好的问题,顺势解题,将会很自然地推导出好的解决方案;但如果发现不了尖锐而与众不同的问题,就要在创造方案的独特性上耗费过多的时间。因此,HMW工具虽然看起来简单,但是要留出更多的时间去审慎思考。

3. 头脑风暴

头脑风暴是利用群体思维进行创新的方法。该工具引导所有参与者打开想象空间,在思维的激情碰撞下产生新的观点。

(1) 使用场景。

头脑风暴辅助思维发散主要用于创想的初期阶段,当我们只有一个待讨论的问题,但没有任何结果或待选项时,可首先考虑该工具。它利用集体思维,鼓励团队成员之间畅所欲言,相互交流，相互激发，基于彼此的反应和反馈产出更多的潜在方案。该工具适用于团队创造，一般以6~12人为宜。人数过少时不利于发现全面的创意，人数过多时不利于掌控会议，也将损失每个人发言的时间，影响整体氛围。当参与讨论的人员背景差异更大时，头脑风暴往往能带来更好的效果，得到更多角度、更多层次的创意。

(2) 主要流程。

① 提出问题。

由主持人简要地介绍项目背景，说明本次设计活动的规则，给出要讨论的问题，并将该问题以一句话描述的方式展示在讨论桌的最中间位置。

② 定时发散。

在宣布问题后，首先请参与活动的每位成员自己进行快速发散。此阶段可以给出规定的时间和需要得出的创意数量，一般来说时间较短，要求的数量较多，更能促进参与者思维的活跃度。例如，可以要求所有人在10分钟内写出10个点子。该阶段并不强调每个点子都有非常深入的思考，而更注重在短时间内积累数量庞大的创意。

③ 表达创意。

停止计时后，依次请每位参与者介绍自己的10个点子，并将它们张贴在问题周围。如果遇到相似或相关的点子，则就近放置。在每个人介绍自己的点子时，切忌否定与质疑，要鼓励每一位参与者尽情表达，并极力激发其他人加以补充，以相互启发的方式使这些未经思考的创意得以升级。

④ 合成创意。

在所有人充分表达自己的想法之后，合并相似的创意，并对合并后的内容进行初步筛选，选择出可识别性高、创新性强的想法。筛选时可以使用点投票、How—Now—Wow矩阵等评估方法。

(3) 使用提示。

头脑风暴法的顺利开展非常依赖环境氛围，轻松、愉悦的氛围能更好地激发参与者的激情。基于此，活动的主持人要具有幽默感，并非常善于鼓励；活动开始前主持人可以和参与者谈论有趣的话题，减少局促感；活动场地也应尽量选择色彩明快、空间开阔的场所。

4. 原型设计

对于设计完成的解决方案或者产品，利用废弃的纸箱、多余的布料、乐高玩具、过期的报纸、透明胶带、胶水、美工刀、没下锅的意大利面条、掉落的松果、湿乎乎的泥巴、奇形怪状的花盆，以及桌子、椅子、帽子、鞋带等任何物品都可以将其直观地表现出来。在这个过程中，由于需要花费一定的时间来完成，因此大家会时不时地给出很多不同的想法和创意，也会在他人想法的基础上获得更好的想法，它不仅仅是原来方案的可视化表示，还是一次进一步的创意迭代过程。

原型根据制作精度的不同，有不同的表现方式。最初一般是制作低精度的原型，用来获得快速反馈；而后期随着对各种产品功能的要求增加及基于对外观的更精确把握，可能需要制作高精度模型；当接近成品时，还要进行打样，也就是按1:1的比例进行等比例制作，以便在产品正式面世之前进行最后的审视和微调。

(1) 纸原型。

纸原型是最常见的原型制作方法，当希望测试形状、大小或者属性而又不希望付出过于繁重的劳动时，纸原型就是很好的选择。因为纸原型需要用到的工具极为简单，通常包括纸、剪刀和胶棒。纸原型可能制作得非常粗糙，但有时候也可以非常精确。大多数时候我们会制作较为粗糙的概念原型，用于说明定性的问题，但当涉及定量的分析时，纸原型就有可能需要制作得非常完善。

(2) 故事板。

故事板的概念来源于影视行业，是指用一系列的照片或手绘图纸表述故事。在影视行业中，故事板相当于一个可视化的剧本，它会标出主要的镜头、每个镜头长度、对白、特效等。由此可见，故事板是导演在影片制作中与剧组人员沟通的重要工具，演员、布景师、特效师等都可以通过故事板对影片建立起较为统一的认知。借用这样一个概念，故事板也可以用来表示各个角色、场景、事件是如何串联在一起的，从而给人们带来一个完整的体验。

(3) 制作模型。

模型是一个关于产品的物理概念，做模型的过程就好比让二维的点子在三维空间中活过来，特别是随着现在3D打印技术的发展，好点子马上就能呈现在大家面前。

如果精确度要求不高，从一幅平面的画到完成扫描、建模、打印等一系列步骤只需要几个小时，并且费用低廉。即便没有3D打印机，利用身边的物品，如杯子、花盆、书本，以及其他便于修改的材料，如硬纸板、泡沫板和软布等，也可以迅速制作展现创意点的立体模型。快速模型只要可以说明设计的核心概念即可，更多的细节可以在之后进一步完善。如果需要非常精确的细节，可以采用CAD制作的数字模型作为制作3D模型的蓝本，最后通过计算机控制堆叠塑料、纸和其他材料，如木头、巧克力等，通过3D打印机将蓝本变为实物。这种精致的原型展示了产品的外观和内涵，也可以让用户测试更加精确。一些行业还会用到非常专业的材料，如用汽车油泥来制作精确模型。

(4) 角色扮演。

角色扮演是一个非常有趣的工具，尤其是当解决方案是面向一种服务和流程，而不是某一个具体产品时，团队成员可以扮演该服务或流程中涉及的项目干系人，对用户的使用情景和步骤进行复盘。这种原型方法一个显而易见的好处是生动形象，代入感强，在呈现过程中往往极具戏剧效果，是设计思维原型阶段的一种常用方法。

(5) 视频制作。

不管是纸原型还是故事板、实体模型或者角色扮演等，都不太便于大规模扩散，如果希望能传播到一个比较广的受众范围，得到远距离和更大量的反馈意见，则可以考虑采用视频制作的方法。

很多人认为拍摄视频并剪辑成片是一项专门的学问，从而裹足不前，不敢用视频拍摄的方法表现创意，似乎只有好的视频才与好创意相称。然而，虽然想拍出调性很高的大片确实需要一些专业知识和技巧，但是随着硬件设备的不断更迭，现在用手机也能很方便地拍摄视频，并且有很多软件可以帮忙制作微电影，甚至增加简单的特效。如果我们关注视频网站上点击量最高的视频就会发现，占据头版的往往不是精雕细琢的高品质视频，而是有着精彩内容、能唤起人们共同情感的视频。视频传递的内容比视频制作的方式重要，有好的创意之后我们可能要思考的是由自己出境真人扮演还是用动画的方式讲述，然后选择合适的方式开始动手。

5. 5s测试

5s测试用来测量用户在接触设计项目前5s内所获取的信息和感受，帮助设计团队评估目标用户对设计项目的第一印象。

(1) 使用场景。

5s测试是一种简单的可用性测试技术，可以了解用户在短期观察设计后的整体反馈。该工具主要用于测试设计是否有效地传达预期的重点消息，若设计团队获取的反馈与预想的一致，则可以初步肯定设计的核心内容得到了较好的表达。因为人的注意力非常有限，越是能在短时间内抓住用户注意力的设计项目，越能获取更多的关注度。因此，在设计项目推出前进行5s测试，设计团队可以对市场反应有所预估并预先做出调整。

该方法具有信息收集速度快且成本低的特性，可针对一些不需要用户深思熟虑就能做出选择的因素进行测试，如测试产品外观给人的感受、界面操作符号的可识别度等。

(2) 主要流程。

5s测试的使用方式很简单，即设计团队通过展示实物或图像的方式，请目标用户或利益相关者观察设计项目并持续5s。然后设计团队根据设计目标，邀请受测者基于记忆和印象来回答问题。

① 5s展示。

展示团队的设计，并在5s后隐藏或收起。设计团队可以设置一些机制来控制用户的观察时间，如遮挡自动放下或者页面计时跳转等。

② 问询。

请受测者写下他们对该产品的所有记忆，如果条件允许，可以参考记录内容对受测者进行问询。设计团队常常使用的问题有：该设计最突出的元素是什么；是否可以回忆起设计项目的公司或产品名称；该设计项目的主题是什么；您认为该网站提供的产品或服务是什么；您在短时间内是否完成了任务。

根据用户的回答，设计团队可以获取相关设计的传达效果数据，从而围绕重要信息的展示有效性进行迭代。

(3) 使用提示。

5s测试最显著的特征就是测试持续时间极短，短时间内可以获得大量的用户数据，短时间的反应也能较为客观地反映用户的真实感受。因此，在使用此方法时，要尽可能避免其他因素对用户产生干扰。另外，根据设计内容的不同，可以适当延长测试时间，如10s测试。

(三) 设计思维的运用案例

设计思维的学习路径并不是跟随案例、模仿案例，而是根据特定的创新命题，围绕不同用户的需求，探索独特的创新解决方案。通过以下案例，我们可以了解设计思维的基本流程与理念。

1. 斯坦福大学案例：婴儿保育设备

(1) 背景。

全球范围内，每年诞生2000万名体重过低的早产婴儿，有超过100万名婴儿在出生后一个月因缺乏妥善照顾而夭折，98%的夭折现象发生在发展中国家。在印度、孟加拉国等国家，由于公立医院较少，幼小的生命或因在去往医院的长途跋涉中无法得到合适的照顾，或因父母无法支付每天约130美元的婴儿保育箱使用费而去世。即使及时送医，也常有因保育箱操作不当而发生的早夭事件。

(2) 创新过程。

① 同理心与观察。

在分析命题后，设计思维创新团队来到孟加拉国的大型医院，与医生、护士交谈。通过对当时情况的观察，他们了解了婴儿保育箱设计的背景，也发现了问题所在：虽然婴儿保育箱价格偏高，但很多机构会向当地医院提供捐赠。即便如此，医院的婴儿保育箱内也没有婴儿。为了弄清原因，创新团队不仅询问了医生和护士，还来到附近村庄的家庭中调查。

② 定义并寻找洞察。

创新团队发现，由于交通不便，母亲们从家里到医院会花费大量时间，婴儿本来就十分脆弱，经过4～6个小时赶到医院时可能已经去世了。因此，设计一个更加便宜的婴儿保育箱没有意义，他们需要的是一种能够"帮助运输"的婴儿保育箱，如直接在车上使用、不需要耗电的产品。

③ 创想与原型制作。

创新团队进行头脑风暴，做出了100多个产品原型，最后选定了一个方案：睡袋式的婴儿保温袋，内部设置了一个蜡制的部件，可以方便加热，并持续为婴儿保温。

④ 测试与迭代。

学生们回到村庄，为村民演示婴儿保温袋的产品原型。通过对母亲们使用体验的调研，创新团队发现设计中还存在一些看似不起眼、实则非常重要的问题，例如，有些婴儿个头很小，妈妈无法透过婴儿保温袋看到孩子的脸，会担心孩子是否呼吸。通过反复的沟通与改进，团队最终了解了当地用户的使用方式及真实顾虑，进一步完善了婴儿保温袋的设计。

(3) 创新成果。

斯坦福大学设计思维创新团队成功研发了便携式的育婴保温袋。比起传统的婴儿保育箱，育婴保温袋的使用更简单、安全，只需要间歇性地充电，一次充电可使婴儿的体温维持在37℃长达4～6小时。保温袋的价格大约是25美元，仅是传统婴儿保育箱的1%。除此之外，这种育婴保温袋还能反复利用，也符合环保理念。

(4) 反馈。

自EMBRACE婴儿保温袋市场化以来，已有超过一万名发展中国家的早产婴儿受益。该产品获得了包括《经济学家》杂志颁发的"经济学家创新奖"在内的多个奖项，也得到了社会各界的好评。

2. IDEO公司案例：重设超市购物车

(1) 背景。

以"设计思维"方法著称的IDEO公司曾经接受美国广播公司晚间在线节目的一个挑战，要在短短五天之内重新设计人们日常使用的超市购物车。IDEO公司最终圆满地完成了任务，这个重塑购物车的过程也淋漓尽致地展现了设计思维的创新流程。

(2) 创新过程。

① 理解与观察。

"重新设计购物车"任务开始的第一天，由拥有不同背景的成员组成的IDEO创新团队走上街头，观察普通民众、咨询专业人士。他们分成几个小组，有人到超市采访"资深"购物者、观察人们如何购物，看到了安全隐患(成人和孩子挤在一起)和使用的不便(购物车在狭窄的通道交汇)；有人访问购物车制造商、修理工，了解现有购物车的缺点和维护；还有人前往当地一家自行车商店，掌握最新的设计和材料方面的信息。

② 定义并寻找洞察。

通过这一整天的走访调查，创新团队基本确定了新的购物车要达到的三项目标：让采购更加便捷，让儿童更加安全，防止偷窃。

③ 创想与原型制作。

第二天上午，创新团队围绕第一天明确的三项目标展开了头脑风暴，经典的集体讨论原则被印在墙上，其中就包括"鼓励奇思妙想"和"不妄下结论"。成员们拿出带有各种颜色的便利贴和小玩意儿，以便刺激情绪，让各种新奇的想法充实大家的头脑。经过几个小时的讨论，当几百种奇异的点子和草案挤满了墙壁之后，大家开始投票选举最棒的设计，同时要注意它们不能太过理想化，因为必须在几天之内就能生产出来。

④ 测试与迭代。

设计师们将抽象的想法用模型具象化，利用快速且低成本的模型来测试创造性的概念，在第二天上午投票选取出代表性的创意之后，创新团队重新分组，与IDEO的机械师、模型制作师一起，限时3小时，开始动手制作第一轮模型。第一轮的几组模型各有千秋，创新团队结合这些模型的优点，马不停蹄地开始了下一轮的模型制作。经过第三天、第四天的不断修改、迭代，创新团队终于在第五天的早晨交付了令人满意的成果。

(3) 创新成果。

如图2-7所示，当这辆全新设计的购物车出现在超市的购物通道上时，赢来了无数惊奇的目光：它不再四四方方，而是拥有优雅流畅的线条；敞开式的框架使得五个手提篮可以灵活地放置于购物车的上下两层，这样购物者可以把购物车当作存储基地，只需要带着手提篮进入可能会有些拥挤的货架区拿取商品；儿童座位则借鉴了游乐园的安全护栏；车上还有一个用来结账的条

图2-7　IDEO购物车

码扫描头、两个咖啡杯座和可以巧妙调节方向的后轮；取下手提篮后的购物车只剩下几根铁架子，几乎派不上什么用场，可以有效规避被偷盗的风险，要知道以往有许多购物车都被偷走当储物篮或烧烤架了。

(4) 反馈。

"重新设计购物车"项目成为IDEO的经典案例，晚间在线的深度报道《深潜：一个公司创新的秘密武器》也成为当年最受欢迎的节目之一，它让许多观众第一次理解了创新究竟意味着什么，以及如何在真实的商业环境中运作起来。IDEO的创新流程和方法也逐渐被更多的企业所关注和运用，帮助它们实现成功的商业创新。

3. 中国传媒大学案例：为盲人而设计

(1) 项目背景。

在中国，1263万人有视力残疾(截至2010年，来自中国残疾人联合会的数据)，而且这个数字一直在持续增长。这也就意味着大约每100名中国人中就有一位视障人士。视障人士数量如此之多，为什么我们却很少见到他们？这是因为他们往往深居简出，甚至不敢轻易出门。视障人士跟普通人一样，需要上学、工作、生活、照顾家庭，但他们"要"面对生活中的种种不便：基础服务设施缺失，就业机会有限，社会的误解与偏见等。

中国传媒大学设计思维创新中心与北京红丹丹视障文化服务中心(以下简称"红丹丹中心")

合作，用设计思维方法为盲人用户设计实用产品，以提升他们的生活质量。

(2) 创新过程。

① 理解与观察。

创新团队拜访了红丹丹中心，与多位盲人朋友一对一接触。创新团队戴上眼罩，体验盲人的感受，尝试依靠盲杖行走、"听声音、看电影"等活动。

通过与盲人交流，创新团队得知，盲人并不像我们想象的那样，在生活中难以自理。盲人能够自己出行，也可以自己做饭、查找信息……盲人希望别人能够伸出双手帮助他们，同时，他们也希望保持尊严，保持生活的独立性，尽量自己解决生活问题。

② 定义与洞察。

回到工作室，创新小组成员分享了盲人朋友的生活故事，梳理用户信息，如姓名、年龄、工作、婚姻、爱好等诸多方面，对盲人朋友的所说、所思、所想进行综合分析，最后得出针对盲人用户的一系列结论。四个创新小组分别确立了盲人出行、盲人厨房、盲人社交、盲人定位等创新方向。

③ 创想与原型。

在头脑风暴的过程中，针对盲人生活的新创意层出不穷。其中一组学生使用乐高玩具搭建了"盲人厨房"原型。他们这样描述创意成果："你可能从来没有试过闭着眼睛煮食物，但试想一下，如果你别无选择，你会怎么办。对于世界各地失明和视力受损的人来说，这个原本简单的任务是相当艰巨的，因为它很危险。我们设计了安全炊具用品，利用独特的内翻式锅边使视力障碍人士更方便地翻炒菜肴，而不会将菜弄得到处都是。我们还在普通的刀具上增加了保护外罩，让视力障碍人士能安全地切菜。当然，这些炊具的使用不仅限于视力障碍人士，也能让初学者更好地享受烹饪的乐趣。"

④ 测试与迭代。

创新团队再次访问盲人朋友，向他们展示设计构思，并获得了用户反馈。例如，比起通过触觉获取信息，盲人朋友更喜欢听觉提示；在生活场景中盲人朋友能够熟练操作，可以解决很多生活问题(如菜刀很少切到手)；生活物品只要放在固定位置，就能方便地找到等。创新团队回到工作室，重新思考创新方案，有的小组推翻了原有设计，构思了全新的设计方案。

(3) 创新成果。

历经两个月，中国传媒大学设计思维课程产出了五个设计概念，分别是：让信息来找盲人的智能盲杖，不外溅菜的炒锅，不切手的弹簧菜刀，发声盲尺，以及安全信息定位系统。中国传媒大学设计思维创新中心邀请来自红丹丹中心、SAP公司的公益项目负责人、专家等参加了创新成果演示会。

(4) 反馈。

红丹丹中心的项目负责人曾鑫也是一位弱视人士。她在听完项目汇报后表示，与其他助残志愿行动相比，中国传媒大学设计思维创新团队真正关注了视障人士生活的细节，她希望与中国传媒大学设计思维创新中心合作，将设计构思转化为真正的产品。参与本次创新项目的学生写道："整个流程走下来，虽然产品还有些需要继续改进的地方，但是我们都深刻体会到了团队合作带来的化学实验般的效果，也感受到了设计思维神奇的地方。我们都体会到了创新与合作，收获了乐趣。在与盲人的相处过程中，他们给了我们一些关于人生的教导，他们教会了我们乐观的人生态度。在帮助他们的过程中，我们受到了他们的感染，感受到了生活中纯粹的快乐。"

二、试错法

(一) 试错法的原理与特点

1. 试错法的原理

追求目标需要通过不断试验和消除误差，来探索具有黑箱性质的系统的方法。这种方法在动物的行为中是不自觉地应用的，在人的行为中则是自觉的。试错法是纯粹经验的学习方法，应用试错法的主体通过间断地或连续地改变黑箱系统的参量，试验黑箱所做出的应答，以寻求达到目标的途径。

主体行为的成败是通过趋近目标的程度或达到中间目标的过程来评价的。趋近目标的信息给主体，主体就会继续采取成功的行为方式；偏离目标的信息反馈给主体，主体就会避免采取失败的行为方式。通过这种不断的尝试和不断的评价，主体就能逐渐达到所要追求的目标。

2. 试错法的特点

(1) 解决问题导向：试错法不尝试探讨为什么某种解法会成功，只要成功解决问题即可。

(2) 针对某个特定问题：试错法不尝试找出可以被广泛应用、拿来解决其他问题的解法。

(3) 没有最佳化：试错法只找出某种解法，并不会尝试找出所有的解法，亦不会找出问题的最佳解法。

(4) 仅需最低限度的知识：即便对问题的领域只有少量的知识，试错法仍然可以被拿来应用。

(二) 试错法的运用

试错法即猜测—反驳法，它的运作分两步进行，即猜测和反驳。

1. 猜测

猜测是试错法的第一步，没有猜测，就不会发现错误，也就不会有反驳和更正。猜测在一定意义上就是怀疑，这种怀疑不是为了怀疑而怀疑，而是为了发现问题、更正问题，是科学的审慎的态度。我们的认识一方面来自观察、实践，另一方面来自大脑中已有的知识储存。然而，大脑中的知识储存并不是原封不动地被吸引、利用，而只能是有选择地、批判地吸引、利用。这就需要猜测、怀疑，对以往知识进行修正，修正过的知识方可融入新的认识、理论。

猜测之所以被运用，还在于我们对事物的认识，虽然已掌握了部分事实材料，但还是不能清晰地、完整地把握事物。此时，我们不能等到事物的本质全部自动呈现之时，而是要积极地创造条件，使之尽快暴露出来，并积极地进行猜测、审察，以期从已有事实中发现新东西。猜测离不开直觉和想象。从这方面来看，猜测同创造性思维紧密相关，可归入创造性思维之列。

但是，猜测不是胡乱地想象，随意地编造。它除了要尊重已有的事实，还须符合以下要求。

(1) 简单性要求。几经猜测而得的设想必须简单明了，必须让人一看就明白新设想"新"在何处，它与旧认识的关联何在等。

(2) 可以独立地检验性要求。即新设想除了可以解释预定要解释的东西，它还必须具有一些可以接受检验的新推论。否则，它仍然停留在原有认识水平上。例如，我们在写一份分析报告时，先陈述已有的某方面成就及其不足，提出自己的新主张，然后从自己的新主张中推论出几种建设性意见或几条重要结论，这是写报告的基本要求。

(3) 尽可能获得成功且较长久地不被替代、推翻。进行猜测、怀疑原有认识，都是为了确立新认识和理论。如果新理论不追求成功、长时间有效，那么猜测将毫无必要。

2. 反驳

反驳是试错法的第二步。没有反驳，猜测就是一厢情愿且可能错误重重的设想。反驳就是批判，就是在初步结论中寻找毛病，发现错误，通过检验确定错误，最后排除错误的思维过程。排除错误是试错法的目的，也是它的本质。因为不能排除错误，认识就不能得到提高，就不可能从错误中走出来。所以，人类高明于动物的地方，其中之一就是能够排除错误，以免干扰新的认知。而动物能够发现错误，但不能排除，还可能导致它以后的重犯，并最终导致灭亡。例如，人如果发现前进的路上布满地雷，并发现了地雷的位置，但若不能排除的话，人们则很难通过此路，即使通过了，也会给后来的人留下死亡陷阱。所以，通过批判和排除错误，反驳也就可以确保理论的错误减少或不增加，确保理论的被接受和运用。

从上述可以推出，反驳就是一种"从错误中学习"的方法。没有错误，人类就无法前进，科学也无法发展。生活中的每项方针、政策都是在吸取以前经验的基础上制定的；科学的重大发现也是在无数次错误、排除错误，再错误、再排除的无限交替中实现的。如"六六六"药粉的发现，就得名于它是在经历了666次试验之后才获成功这一事实。永远正确的只能是上帝(其实上帝也犯过错误)，永远犯错误只能是百分之百的傻瓜。我们既非上帝也非傻瓜，而是介于两者之间的常人，所以我们会犯错误，但是我们能够从错误中吸取教训。

拓展阅读 2-7

∽ 维生素B1的发现 ∽

19世纪末，荷兰医生艾克曼在印度尼西亚研究亚洲常见的脚气病，当时普遍认为脚气病是某种神秘毒素或微生物感染所致的皮肤病，此前他的同事一直想分离出这种物质或致病微生物，但始终没有成功，艾克曼接替了这项工作。他用现代科学实验的方法证明了缺乏某种物质才是脚气病的病因，为此，艾克曼获得了1929年诺贝尔医学及生理学奖。

首先，艾克曼用各种方法去感染健康的兔子和猴子，但兔子和猴子却都没有生病，这让他百思不得其解。于是，艾克曼决定增加实验样本的数量来进一步观察，他选择了比较便宜且容易饲养的鸡来做实验。他将一群鸡养在一个大的鸡笼里，不到一个月，所有的鸡都病了。艾克曼理所当然地认为是携带致病微生物的鸡传染所致，但他并没有简单地做出结论。随后，艾克曼又买了一批鸡，并且将每一只鸡隔离开饲养，然而这些鸡也病了。艾克曼认为整个研究所都被感染了，于是他将这些病鸡放到新的地方去饲养。出乎意料的是，所有的鸡都好了，这让艾克曼大惑不解，究竟是什么原因让病鸡痊愈了？

艾克曼主动去了解更全面的情况，通过与饲养员的交流，他发现了一个特别的信息，患病的鸡吃的是精白米，换了饲养地方并痊愈的鸡吃的是糙米。这种情况是一个偶然原因造成的，但是艾克曼非常敏锐地抓住了这一点，推测鸡患病与饲料有关。现在看起来这样的推测似乎很简单，但在当时却绝非易事。不具有开创思想、被传统所禁锢、只会循经数典的人不可能突破固有的思维，这样的机会只属于具有科学精神的人。

艾克曼开始怀疑传染病假说，但是他并未草率地做出结论，也没有在此基础上做出更多的主观推测，而是打算用坚实的证据来证明脚气病与饲料的关系。艾克曼设计了一个实验来确认他的推测，这个实验之所以著名不仅仅是因为得到了确凿的证据，还因为其对科学实验方法的突出贡献，并且为后来的维生素营养学研究奠定了基础。或者可以说，艾克曼的实验方法与他的成果同样伟大。此后，除了艾克曼，还有多位科学家开展了进一步研究，1926年，这种神秘物质被纯化，被命名为硫胺素或维生素B1。1936年，化学家威廉姆斯成功地合成了维生素B1，这意味着脚气病将彻底被人类征服。

(资料来源：根据网络资料整理)

三、六顶思考帽法

(一) 六顶思考帽法的原理

六顶思考帽是英国学者爱德华·德·博诺开发的一种思维训练模式，或者说是一个全面思考问题的模型。如表2-11所示，它用彩色帽子来隐喻不同的思维模式，通过佩戴特定的帽子，比喻运用某种特殊类型的思维进行思考，以此提供更加完整和全面的思维模型。

表2-11 "六顶思考帽"所代表的六种思维方式

思考帽	思维方式
白帽	代表中立和客观的思维。戴白帽的人需要关注事实本身，查看、分析和总结已知的数据、知识、信息等
红帽	代表感性和直观的思维。戴红帽的人可以直观地表达自己的感受和情绪，包括喜欢、讨厌、恐惧、憎恶等。除了直观的反应，戴红帽的人也要思考其他人会在情绪上做出怎样的反应，并尝试理解拥有不同直观感受的人的想法
黑帽	代表批判和质疑的思维。戴黑帽的人关注的是困难和危险，如对手关注的是什么，哪里可能会出现问题等。它针对的是计划中的弱点，鼓励人们进行合乎逻辑的负面批判，并尽可能地消除、改变或预防可能的问题
黄帽	代表积极和肯定的思维。戴黄帽的人要从正面考虑问题，关注意义和价值，表达积极乐观、具有建设性意见的观点
绿帽	代表具有创造性和想象力的思维。戴绿帽的人应尽情地打开思维，创造解决方案。绿帽具有创造性思考、求异思维等功能
蓝帽	代表对过程的控制和调节。戴蓝帽的人要对整个设计的过程进行把控，规划和管理整个思考过程，并得出结论。也可用于对团队内部设计流程的把控

"六顶思考帽"思维方法将思考的不同方面分开，可以依次对问题的不同侧面给予足够的重视和充分的考虑。就像彩色打印机，先将各种颜色分解成基本色，然后将每种基本色彩打印在相同的纸上，就会得到彩色的打印结果。同理，我们对思维模式进行分解，然后按照每一种思维模式对同一事物进行思考，最终会得到全方位的"彩色"思考。

(二) 六顶思考帽法的运用步骤

在多数团队中，团队成员被迫接受团队既定的思维模式，限制了个人和团队的配合度，不能有效解决某些问题。运用六顶思考帽模型，团队成员不再局限于某种单一的思维模式，而且思考帽代表的是角色分类，是一种思考要求，而不是代表扮演者本人。六顶思考帽代表的六种思维角色，几乎涵盖了思维的整个过程，既可以有效地支持个人的行为，也可以支持团体讨论中的互相激发。

一个典型的六项思考帽团队在实际中的应用步骤如下。

(1) 陈述问题事实(白帽)。

(2) 提出如何解决问题的建议(绿帽)。

(3) 评估建议的优缺点：列举优点(黄帽)；列举缺点(黑帽)。

(4) 对各项选择方案进行直觉判断(红帽)。

(5) 总结陈述，得出方案(蓝帽)。

作为思维工具，六项思考帽已被美国、日本、英国、澳大利亚等50多个国家政府在学校教育领域内设为教学课程，同时也被世界许多著名商业组织所采用，并将其作为创造组织合力和创造力的通用工具。这些组织包括：微软、IBM、西门子、诺基亚、摩托罗拉、爱立信、波音公司、松下、杜邦及麦当劳等。

德国西门子公司有37万人学习爱德华·德·博诺的思维课程，随之产品开发时间减少了30%。英国Channel 4电视台说，通过接受培训，他们在两天内创造出的新点子比过去六个月里想出的还要多。英国的施乐公司反映，通过使用所学的技巧和工具，他们仅用不到一天的时间就完成了过去需一周才能完成的工作。J.P.Morgan通过使用六项思考帽，将会议时间减少80%，并改变了他们在欧洲的文化。麦当劳日本公司让员工参加"六项思考帽"思维训练，取得了显著成效——员工更有激情，坦白交流减少了"黑色思考帽"的消极作用。

杜邦公司的创新中心设立了专门的课题探讨用爱德华·德·博诺的思维工具改变公司文化，并在公司内广泛运用"六项思考帽"。

(三) 六项思考帽法的运用

如图2-8所示，针对工作餐问题，可以运用六种不同的思维模式，通过发散思维来寻找解决方案。

事实

"因为没带午餐而感到饥饿的职员很难知道办公室哪里会有吃的。"

"沟通'有多余吃的'的人和'想吃'的人彼此的信息会是一个设计点。"

益处

"避免浪费食物。"

"工作时不用担心饿了怎么办。"

"方案简单，可行性强。"

调控

"大家想一想怎样才能让'有多余吃的'的人和'想吃'的人信息互换。"

"我们可以用半个小时做头脑风暴，一个小时讨论。在不错的想法上花半个小时讨论，并在一周内公布我们的最终方案。"

情绪

"用户肯定会开心的！毕竟不用再饿着工作了。"

"用户之间通过App互相帮助，互相帮助也让人开心！"

创想

"可以设计一个App，当办公室有人愿意分享午餐时就给用户发送信息。"

"当用户带来吃的或者知道哪里还有剩余食物时，用户也可以在App上发布消息。"

辩证

"这个App难赚钱。"

"现有的工具是不是也可以实现这个功能？"

"使用量应该会挺小的。"

图2-8　六项思考帽示意图

回顾与思考

1. 创新的主导源泉是技术还是市场？

2. 创新有哪些误区？

3. 获得创新的方法有哪些？

4. 设计思维的五个步骤分别是什么？

课后训练

1. 结合你熟悉的企业或者自身的工作实践，谈谈影响创新成功的因素。

2. 给每位同学发一张便利贴，教师布置题目：年轻人爱睡懒觉，早上起不来床，闹铃响了也经常会无意识地按下开关接着睡，导致容易睡过头……遇到这些问题要怎么办？请同学们做一种东西，让人不得不起床。思考5分钟，把你的想法写在便贴上。

3. 运动对人的健康很重要，请尝试用设计思维的步骤和工具分组设计一双运动鞋。看看你们会有什么不一样的收获？

第三章

创新能力与提升

学习目标

○ 了解创新能力的构成
○ 了解自主创新的战略意义与必要性
○ 掌握自主创新的内涵与类型
○ 掌握自主创新能力提升的基本途径
○ 了解知识学习对提高创新能力的意义
○ 掌握知识学习的几种方式及特点

引例

❧ 从追赶到超越追赶：华为创新之道 ❧

华为的创新模式总体上可分为两大阶段，以与全球最后一个超级竞争对手爱立信的业绩对比为分界点。第一个阶段为2011年之前，是作为行业追赶者的创新模式；第二阶段是2011年往后，是作为行业领先者进入"无人区"之后的创新模式。

第一阶段：学习、追赶及差异化创新。这一阶段华为的学习标杆和竞争对手是爱立信，华为曾形象地比喻爱立信是茫茫大海中的航标灯，灯关了，华为就不知道该去哪儿了。

学习与追赶阶段：为了追赶业界最佳，华为在各细分领域都确定了自己的学习标杆和主要对手，努力学习，不断超越不同阶段的对手，目标就是进入细分领域的全球前三名，不只是做"大"，而且要做"强"。从早期简单的"性价比"竞争，到逐渐实现关键部件和技术的替代，努力提升核心竞争能力。例如，在光传输领域，通过关键部件的技术突破与芯片化，华为实现了光传输产品超越竞争对手的水平。

差异化创新阶段：除了华为，很多成功企业其实都是如此。腾讯赖以发家的QQ就是在已有ICQ的基础上，进行了跨终端登录、个性化头像、快速传送文件等差异化创新后，赢得了市场。要形成差异化，就必须对客户需求有深刻的理解。因此，华为成立了以客户需求管理和产品规划为主的营销体系，需求管理一直延伸到一线"铁三角"的各市场神经末梢，并建立了IT支撑的三级需求管理。

第二阶段：以客户为中心的开放式创新。与世界领先的竞年对手平起平坐，特别是进入"无人区"之后，华为更加强调以客户为中心的开放式创新。开放式创新就是要吸取"宇宙"的精华，包括向竞争对手学习。华为也在学习三星的关键器件研发和供应链运作，学习苹果的商业模式和生态链构建等。

华为的创新遵循以下七原则。

原则一：鼓励创新，反对盲目创新。华为投入了大量的人力、物力、财力进行创新，但华为反对盲目创新，反对为创新而创新，华为推动的是有价值的创新。

原则二：客户需求和技术创新双轮驱动。华为强调以客户需求为中心做产品，以技术创新为中心做未来架构性的平台。

原则三：领先半步是先进，领先三步成先烈。华为强调技术只需领先半步，因此要定义清楚创新的边界，掌握商业发展趋势和开发节奏。

原则四：开放合作，一杯咖啡吸收宇宙能量。任正非曾用"一杯咖啡吸收宇宙能量"这句话从侧面解释了华为式的"蜂巢思维"。在他看来，蜂群网络的节点可以简化为一个"咖啡杯"，即鼓励华为员工跟全球最优秀的人才喝咖啡，交流最前沿的创新想法，并尽可能快速地开展合作。

原则五：在继承的基础上创新。任正非认为，新开发量高于30%不叫创新，叫浪费。因此，研发人员研发一个产品时要尽量减少自己的发明创造，着眼于以往产品的技术成果，以及与外部资源进行合作、交换或购买外部资源。华为并不醉心于对最好、最新技术的追求，而是立足于为客户提供性价比最高的产品。

原则六：创新要宽容失败，给创新以空间。

原则七：只有拥有核心技术知识产权，才能进入世界竞争。

(资料来源：孙建恒. 华为式创新为何能成功？我们总结了七条创新原则[EB/OL]. (2018-03-29).)

第一节 创新能力的构成

创新能力是企业在技术和组织方面的知识的总和，它体现在企业的人力资源、技术系统(主要是硬件设备)、信息系统和组织管理体系中。创新能力的本质是知识，创新能力包括技术创新能力和非技术创新能力。

一、技术能力

(一) 技术能力的概念

技术能力是企业创新的基础,企业获得骄人的创新业绩并创造财富,需要强大的技术能力做支撑。技术创新能力是指以现有的思维模式提出有别于常规或常人思路的见解为导向,利用现有的知识和物质,在特定的环境中,本着理想化需要或为满足社会需求,而改进或创造新的技术的能力。

技术能力附着在企业内人员、技术设备系统、技术信息和组织管理诸要素中,并体现为各要素所有内生知识存量的总和。它是一个表示企业内在技术潜能的概念,是企业提高产品质量、提高劳动生产率、降低产品成本和实现技术创新的技术基础,也是企业全面提高经济效益、增强企业竞争能力的基础。

实际调研中发现,企业技术能力低下会造成以下影响。

第一,技术引进(包括购买硬件、许可证和专利等)过程中不能很好地消化吸收。

第二,技术合作(包括合资、合作研发等)中得不到合作方的重视,吸引不了优秀的合作伙伴。

第三,自主创新在较低水平上重复进行,技术创新能力缺乏基础和后劲,影响企业的产品和工艺创新。

这些影响最终会使得企业难以形成技术核心能力,缺乏技术战略支撑,不能支持企业实现战略意图,从而影响企业的竞争优势。

(二) 技术能力的分类

按照企业技术创新活动的形式,以及技术能力发展的层次与难度,技术能力可分为技术监测能力、技术引进能力、技术吸收能力、技术创新能力和技术核心能力五种(如表3-1所示)。

表3-1 技术能力的分类

技术监测能力	技术引进能力	技术吸收能力	技术创新能力	技术核心能力
企业跟踪、观察、寻求和选取外部先进技术信息和知识的能力	将外部技术知识经过选择、评价和谈判引入企业内部的能力	将引入的外部技术知识经过应用整合到企业内部知识体系的能力	将内外部知识激活,进行整合与创造的能力	企业形成的独特、难以模仿的创新能力

这五种技术能力的评价与层次如表3-2和图3-1所示。

表3-2 技术能力的评价

领先的	设置技术发展的方向和途径(为产业所接受)
强劲的	能表现出独立的技术活动,并能设置新方向
有利的	一般来说能维持技术竞争能力,或在某些狭窄的领域处于领先
能防卫的	不能设置独立的进程,继续处于追赶状况
弱的	技术产出达不到竞争对手的质量,需要集中力量解决眼前亟待处理的问题

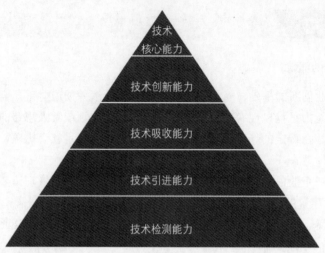

图3-1　技术能力的层次

二、非技术能力

与技术创新相比,非技术创新比较缺乏范式化,包括的内容也比较宽泛。因此可以说,在经营活动中,技术创新之外的创新活动都可以被认为是非技术创新。有关非技术创新的内容,研究者们论及的有商业模式创新、价值创新、管理创新、组织创新、文化创新、体制创新、制度创新、服务创新、流程创新、供应链创新、渠道创新等诸多方面。一些研究者曾对以上创新进行整合,将非技术创新归纳为商业模式创新、管理创新、组织创新、文化创新、体制创新等几个方面。

因此,本节将管理、商业模式、制度与文化、服务等方面的创新能力统称为非技术创新能力。

第二节　提升创新能力的途径

提升创新能力包括提升技术创新能力和非技术创新能力(如管理、商业模式、制度与文化、服务等方面的创新能力),而技术能力是技术创新能力的基础。本节以技术能力的提升为例,介绍几种典型的提升方法与途径。

企业必须根据自身特点,采用经济适用的技术能力积累途径。一般来说,技术能力积累途径分为内部途径和外部途径两类。

一、技术能力积累的内部途径

技术能力积累的内部途径主要是指内部研究与开发(research and development,R&D)。内部R&D具有以下作用。

(1) 以重大或渐进创新不断完善现有的技术体系,提高技术能力。

(2) 使重大创新成为新技术体系的开创者,提高技术能力。

(3) 在创新中有时会产生技术"副产品",不属于现有的产品和生产技术体系,可独立成一个新的领域。

(4) 对引进技术进行模仿或改进性的研究开发，促进引进技术的消化吸收。

研究发现内部R&D对提高技术能力具有不可替代的作用，因为技术知识具有环境依赖性，企业若放弃R&D活动，则意味着失去产生新知识的环境，会严重损坏企业的创新能力，内部R&D可以提供潜能去保护现有能力并且发展新的能力。因此，通过技术创新尤其是内部R&D来优化和扩展企业的技术知识存量，是提高技术能力的重要途径。

内部R&D要求企业具有较强的资源和能力，这需要经历一个较为漫长的过程。因此，它适用于产品推向市场的时间并不特别重要的情况。但是，内部R&D具有易于控制和熟悉的优势，能够很好地控制时间并进行判断，具有先发优势，能够将技术和管理诀窍留在企业内部。

不同企业的情况不一样。例如，先发企业大多数是从内部R&D开始的，因为该类企业是所在领域的技术领先者，只能依靠自身资源和能力来发展。但对于多数企业，内部R&D一般担负着完善现有技术体系的任务。内部R&D的机理过程如表3-3所示。

表3-3　研究开发资源投入、技术存量、研究开发成果产出的关联

研究开发资源投入	技术存量 (技术能力的潜力)	研究开发成果产出 (技术能力的表现)
研究开发费用	技术知识	直接成果
• 研究消耗品 • 设备与仪器 • 其他	• 显性知识(资料) • 知识产权(专利、版权等)学术论文、报告和数据产品原型、手册等 • 隐性知识(个人或集体拥有)研究人员与工程师(人力资源)经验与技术诀窍等	• 产品经营对产品、工艺的贡献 • 知识产权经营出售，专利技术转移
知识	技术基础设施	间接成果
• 人力资源 • 信息与知识 • 技术与诀窍	• 研究开发环境(设备与文化) • 科学家与工程师(专家) • 研究开发管理诀窍 • 研究开发人力网络	• 学术贡献 • 公司形象提升

从战略意义上来看，内部R&D可以使获得的新能力融入企业原有能力体系，使其短期内难以被模仿。因此，内部R&D是最具有战略重要性的能力积累途径。

但许多学者经过研究发现，内部R&D具有几个明显的缺陷，具体如下。

(1) 成本高昂。

(2) 难以发展完全不同于现存能力基础的全新能力。企业在具有相当不确定性的情况下，投入的不可取消性会阻碍其对内部R&D的投资。

(3) 企业会遭遇核心商业外部影响因素造成的困难。外部和制度上的影响因素可能通过强制其在已接受的行动和轨道之内实施行为，进而限制企业的投资路径。

(4) 企业会遭遇商业组织内部影响因素造成的困难。组织惰性可能限制企业现有规模的扩张，抑制企业在超越局部搜索的领域中发展其技术能力。

二、技术能力积累的外部途径

随着开放式创新理念的日益流行，近年来技术能力积累的外部途径正日益引起关注，如表3-4所示。

表3-4　几种主要开放型技术能力提升途径的比较

途径	对组织技术能力积累的贡献	主要缺点	典型案例
外商直接投资(FDI)	提供学习样板，通过FDI企业与本国的人才流动，以及FDI企业对本国转包生产及销售企业的技术指导进行技术积累	具有间接性，组织性较差，效率较低	
合资企业	外方直接管理，指导培训本国员工，能形成较高的组织层次技术积累，积累方法较为科学，效率较高	具有被动性，偏重生产操作层次，积累结构不合理	一汽大众、上海大众等
原始设备制造(OEM)	通过与国外著名企业合作生产OEM产品并接受外方技术指导，技术起点较高，自主性强，激励充分，技术积累结构较合理	需要较高的技术基础，难以在落后企业中普遍推广	格兰仕
技术引进	结合引进项目的外方技术指导对人员培训，在新技术采用和新设备使用过程中进行深度摸索和技术积累	偏重操作层次，不易获得最先进的技术，新技术与旧管理体制及组织形式之间会发生矛盾	中国高铁引进德国和日本高铁技术，宝钢引进新日铁技术

（资料来源：麦绿波. 标准途径的技术积累模式[J]. 中国标准化，2011(4)：44-49)

拓展阅读 3-1

✑ 创新能力小测试 ✑

以下10个问题请根据自身实际情况选择"是""否"或"不确定"。

1. 你认为那些使用古怪和生僻词语的作家，纯粹是为了炫耀。

2. 无论什么问题，要让你产生兴趣，总比让别人产生兴趣要困难得多。

3. 对于那些经常做没把握事情的人，你不看好他们。

4. 你常常凭直觉来判断问题的正确与错误。

5. 你善于分析问题，但不擅长对分析结果进行综合、提炼。

6. 你审美能力较强。

7. 你的兴趣在于不断提出新的建议，而不在于说服别人去接受这些建议。

8. 你喜欢那些一门心思埋头苦干的人。

9. 你不喜欢提那些显得无知的问题。

10. 你做事总是有的放矢，不盲目行事。

表3-5　评分标准

题号	"是"评分	"不确定"评分	"否"评分
1	-1	0	2
2	0	1	4
3	4	1	2
4	-1	0	-2
5	3	0	2
6	2	0	-1
7	0	1	0
8	0	1	2
9	0	1	3
10	0	1	2

得分22分以上，说明被测试者具有较强的创新能力，适合从事环境较为自由，没有太多约束，对创新性有较高要求的职位，如美编、装潢设计、工程设计等。

得分11～21分，说明被测试者善于在创造性与习惯做法之间找到均衡，具有一定的创新意识，适合从事管理工作，也适合从事其他与人打交道的工作，如市场营销。

得分10分以下，说明被测试者缺乏创新思维能力，属于循规蹈矩的人，做事总是有板有眼，一丝不苟，适合从事对纪律性要求较高的职位，如会计、质量监督员等职位。

注：结果仅供参考。

(资料来源：学习啦. 成人创新思维测试[EB/OL]. (2019-04-30).)

第三节　自主创新能力

一、自主创新能力的概念和构成

拓展阅读 | 3-2

～ 华为海思备胎芯片转正，努力科技自立 ～

2019年5月17日，一封来自华为海思总裁的信件激起了千层浪。

"多年前，还是云淡风轻的季节，公司做出了极限生存的假设，预计有一天，所有美国的先进芯片和技术将不可获得，华为仍将持续为客户服务。为了这个以为永远不会发生的假设，数千海思儿女，走上了科技史上最为悲壮的长征，为公司的生存打造'备胎'。"

这些"备胎"，就是华为创始人任正非为应对挑战早早定下的策略。华为海思总裁何庭波在信中表示："今天是历史的选择，所有我们曾经打造的'备胎'，一夜之间全部'转正'。"

提起海思，或许不少人感到陌生，它是隐藏在华为背后的半导体子公司。

承载着华为芯片的研发和销售任务。海思于2004年正式成立，主攻消费电子芯片，从半导体产业的类型来看，海思属于Fabless中的芯片设计公司，目前也是国内该领域的"老大"。

根据公开信息，华为研发的主要载体为华为2012实验室，下设中央研究院、中央软件院、中央硬件院、海思半导体等二级部门。

海思虽然在名义上是二级部门，但是地位很高。当年一同奋起研发芯片的同伴，如今只有华为坚持下来并做大规模，海思和5G一样，已经成为华为核心竞争力的保障。

《华为手机往事：一个硬核直男的崛起故事》曾提到，在任正非心中，海思芯片的地位要比手机公司更高，他对海思掌门人何庭波说："我给你每年4亿美元的研发费用，给你2万人，一定要站起来，适当减少对美国的依赖。芯片暂时没有用，也还是要继续做下去，这是公司的战略旗帜，不能倒。"

其中大家熟知的华为手机芯片麒麟系列就出自海思，除了手机芯片，海思的产品还有服务器芯片鲲鹏系列、基站芯片、基带芯片、AI芯片等。海思总部位于深圳，在北京、上海、美国硅谷和瑞典设有设计分部。

从产品来看，海思共有六大类芯片组解决方案，其中最广为人知的产品应属手机处理器麒麟芯片，制程已经达到7纳米。如今华为一年过亿的手机销量，也让手机芯片成为海思销量最大的品类。据DIGITIMES Research发布的2018年全球前十大无晶圆厂IC设计公司排名，海思以75亿美元的营收排名全球第五。

不光芯片，连属于软件的操作系统，华为也有"备胎"。2019年3月，华为消费BG负责人余承东对外透露，华为已经开发自有操作系统，并且能够覆盖智能手机和个人电脑。

余承东当时透露，华为确实准备了一套自研的操作系统，但这套系统是Plan B，是为了预防未来华为不能使用Android或Windows而做的。当然，华为还是更愿意与谷歌和微软的生态系统合作。

(资料来源：中国经济网. 一夜转正的华为海思：原来你是这样的"备胎" EB/OL. (2019-05-18).)

思考题：

1. 华为为什么要在10多年前就制订"备胎"计划？

2. 如何进一步提升企业的自主创新能力？

(一) 自主创新能力的概念

自主创新研究源自发展中国家或者新兴工业化国家对技术创新道路的选择。在自主创新概念明确提出之前，相关的概念主要有本土创新和发展自主知识产权等。有学者认为，自主创新其实等同于技术创新或者创新的概念。

近年来，我国特别强调自主创新，这是针对以前过多模仿引进而缺少自主知识产权和核心技术而言的。

我国近年来在航空航天、高铁、量子与移动通信、家电、新能源汽车、互联网金融等部分高新技术领域取得了长足进步，甚至一些领域已在国际上处于"并跑"或者"领跑"地位，如5G通信等。但我们也应该清晰地认识到，在以高端芯片、基础软件、核心发动机、高档数控机床等为代表的诸多战略性高技术领域，以欧盟、美国、日本为代表的发达国家或地区仍然掌握着大量的关键核心技术，我国的研究水平和产业能力与之相比差距仍然很大，存在一系列明显的"卡脖子"短板。

对于自主创新的内涵，尽管近年来已有多种论述，但未能形成统一的说法，仍存在一些争论。

1. 狭义的自主创新

早期的自主创新内涵多从狭义角度出发，集中在微观层面，如将自主创新界定为企业主要通过自身努力，攻破技术难关，形成有价值的研发成果，在此基础上依靠自身能力推动创新的后续环节，完成技术成果商品化，获取商业利润的创新活动，其主要面向技术吸收与改进后的技术发展阶段，具有技术学习性质。后来自主创新的含义演化为企业积累和提高技术能力的过程或行为，自主创新与模仿创新、合作创新共同作为技术创新的构成要素。

自主创新是企业通过自身的努力或联合攻关获得技术的突破，并在此基础上推动创新的后续环节，完成技术的商品化，获得商业利润，以达到预期目标的一种创新活动。后来一些学者认为自主创新不一定是核心技术的突破，不一定是技术领先，也不一定完全依靠自己，只要能够有自主知识产权，并能提高竞争力即可。

2. 广义的自主创新

随着认识的深入，有学者认为，自主创新不一定是技术方面的创新和突破。例如，李国杰认为，自主创新也不是鼓励从头做起，集成创新和引进技术的消化、吸收、改进也是自主创新的组成部分。提倡"自主创新"主要是指应尽量避免技术完全受制于人，减少路径依赖。

笔者认为，自主创新是指在创新中不单纯依赖技术引进和模仿，而是在以创造市场价值为导向的创新中掌握自主权，并能掌握全部或部分核心技术和知识产权，打造自主品牌，赢得持续竞争优势。自主创新不一定是单纯技术(新产品、工艺等)层面的，管理、制度、战略、市场、文化乃至商业模式等非技术方面的创新也是自主创新的有机组成部分。

(二) 自主创新能力的构成

自主创新主要包括以下三个层面的含义。

一是加强原始创新，努力获得更多的科学发现和技术发明。

二是加强集成创新，使各种相关技术有机融合，形成具有市场竞争力的产品和产业。

三是在引进国外先进技术的基础上，积极促进消化吸收和再创新。

在一些对国家发展至关重要的关键战略领域和若干科技发展前沿形成自主知识产权，大力发展高新技术产业，会对经济增长产生突破性的重大带动作用。

自主创新能力是指企业在创新中掌握自主权，研发(独立研发或合作研发)或(和)使用核心技术的能力。表3-6总结了自主创新能力三个层次维度的概念与特征。

表3-6　自主创新能力三个层次维度的概念与特征

创新能力构成	内涵	基本特征
原始创新能力	企业实现突破性的技术发明或颠覆性的科学发现的能力	• 自主研究，自己设计，自行开拓，自成体系，并在此基础上努力争取获得更多的科学发现和技术发明 • 可以享受专利，并受法律保护，有利于开拓新兴产业及其市场；不利的方面在于投资大、风险大、时间长
集成创新能力	企业整合各创新要素，利用创新要素间的协同作用提高创新效率的能力	• 把已掌握的科技资源，包括自创技术或他创技术集成起来，兼容并蓄，融会贯通，通过放大效应，再创一个或多个新的科学和技术或新的产品和产业
引进消化吸收再创新能力	核心技术知识来源于组织边界之外，是企业借助外力实现创新的过程，表现为设备引进、技术引进、消化吸收、技术改造、模仿创新等	• 在引进国外技术的基础上，经过研究、消化和吸收，再创造出新的技术和产品，即站在"巨人"的肩上，并超越"巨人" • 投资小，风险少，见效快

(资料来源：于开乐，王铁民. 基于并购的开放式创新对企业自主创新的影响——南汽并购罗孚经验及一般启示[J]. 管理世界，2008(4)：150-159, 166；许庆瑞，吴志岩，陈力田. 转型经济中企业自主创新能力演化路径及驱动因素分析：海尔集团1984—2013年的纵向案例研究[J]. 管理世界，2013(4)：121-134.)

二、自主创新能力的提升途径

综合国内外研究，自主创新能力的主要提升途径包括以下四个方面。

一是加大研发投入，这是提升自主创新能力的主要途径。技术研发作为技术学习的一种重要形式，是提升技术能力和自主创新能力的最直接途径，技术研发投入的增加和研发数量的积累，就是自主创新能力的提升。调查显示，许多中国企业对研发的投入严重偏低。

二是在国家、产业、企业各层面建立有利于自主创新的政策与制度保障。应完善知识产权制度，在保护创新者的利益和积极性的同时，促进技术合理、有偿地扩散，促进创新。应加快科技体制改革，完善产学研结合机制。要建立健全有利于科技创新和科技成果转化的体制和运行机制，建立专利和技术的交易市场，从专业申请、技术价格评估、技术入股、知识产权保护等方面，形成完备的创新技术市场。要加强经济政策和科技政策的相互协调，营造有利于创新、发展高新技术和实现产业化的政策环境。同时，要形成顺畅的产业化通道，形成科技与生产紧密结合的有效机制。政府要逐渐改善国家科技经费的投入结构，加大对企业的投入比重，还要重点支持国家级企业研究开发中心，引导、支持企业将技术创新活动向中高端扩展，形成一批具有自主知识产权，具有国际竞争力的骨干企业。

三是有效整合外部资源，实行开放式自主创新。应以我为主，联合创新，整合企业外部乃至全球科技资源。应实行系统集成商业的模式，即采取"全球采购"模式从事研发、自主创新活动，包括：①集成创新、模块创新、界面联系规则创新；②技术集成、技术组合，部分环节可进行技术引进、直接购买。应采取重大技术创新联盟的模式，包括虚拟经营(外包)、异地研发、海外研发、中方总包等。

四是加强组织学习和技术学习，这是企业提升内在自主创新能力的重要基石。企业寻找到提升自主创新能力的切入点后，一项十分重要的基础工作就是学习，特别是组织学习和技术学习。学习是提升能力的最主要途径，自主创新能力也不例外。组织学习是改变组织成员的认知，进而改变组织行为的全员学习过程。技术学习则指组织利用内部和外部有利条件，吸收外部知识或自主开发新技术的行为，它实际上是组织学习的一种。

组织学习有两个重要的特点。第一，它是一个螺旋上升的学习系统，通过学习系统的运转使组织的知识不断丰富，对事物的认识不断深化；第二，它通过隐性知识与显性知识的不断转换，使知识得以扩散和升华。

能力不是与生俱来的，而是通过学习积累和提升的。因此，没有完善的学习机制，特别是没有组织学习做基础，能力的提升便成了空中楼阁。

拓展阅读 | 3-3

◇ 自主技术能力基础是高铁技术进步的关键 ◇

中国高铁发展令人"意外"的一个主要原因是其超乎预期的技术进步速度。例如，在引进初期，川崎重工认为中车四方对引进技术的消化吸收需要16年，即8年消化、8年吸收，然后才能达到可以创新的阶段。但预期的第一个8年尚未结束，中车四方自主开发的380A不仅已经在当时运营里程最长的京沪高铁上投入运营，而且被公认为当时世界上最先进的车型。由于中国高铁技术来自"引进消化吸收再创新"的说法完全不能解释这种"突然加速"的力量来源，因此我们必须分析中国铁路装备工业的技术能力基础及其与引进技术之间的互动。

从理论上讲，仅仅依靠技术引进是不足以实现技术进步的。例如，中国引进的高速列车"技术"具体表现为，以购买一定数量的列车为前提，从外国企业获得所购列车的产品设计和工艺设计，以及能够按照这些设计生产所购车型的技术许可。

严格地讲，中国并没有因这种引进而得到技术。一方面，所有引进技术的知识产权仍然属于出售方，中国可以在许可的范围内使用这些技术进行生产，但必须按照生产产品的数量付费。另一方面，中方得到的产品设计只是信息，不是知识，因为定型的产品设计并不反映设计背后的因果关系。因此，如果中国企业完全依靠技术引进，那么就只能按照引进的技术进行生产，并陷入技术依赖状态。

如果中国企业能够从引进技术中获益，就必须理解引进的技术信息所反映的因果关系，并在此基础上产生新的知识。而如果能够做到如此，中国企业在引进之前就必须具有技术研发活动及其经验基础——这就涉及技术能力。

国际创新学界对于技术能力有一个经典定义，即"技术能力是产生和把握技术变化的能力"。根据这个分析可知，技术能力的两个构成要素是产品开发能力和技术积累。产品开发能力指的是使用技术设计出产品的能力，技术积累指的是对技术的理解程度(包括深度和广度)和使用技术解决问题的技能熟练程度。很显然，技术能力的获得离不开研究和使用技术来开发产品的经验，对技术的理解和使用技术的熟练程度也只能在研发和使用技术的过程中加深或提高。正是由于这种经验性质，技术能力只能是组织内生的，即随着工业组织的研发活动积累起来，但无法从市场上买到。

技术能力还包括吸收外部知识的能力。在国际创新文献中，吸收能力是指工业组织辨认新的外部信息、将其吸收并应用于商业目的的能力(落后者吸收先进技术的能力也在此范畴之内)。因此，一个工业组织的吸收能力对于它的创新活动具有关键意义。在其来源上，Cohen和Levinthal的研究证明，吸收能力是企业技术研发的副产品，因为企业已有的相关知识水平决定其能够有效吸收和利用外部技术信息的能力。

一个国家利用新的科学知识(无论其是在哪里发明的)的能力来自多个层次。在企业层次上，对研发的长期投入才能积累吸收能力；在工业层次上，随着知识越来越复杂并加快变化，企业需要依靠产业链上的供应商才能利用新知识；在国家层次上，吸收能力有赖于包括骨干企业、供应商、用户和互补技术提供者在内的工业集群。总之，任何工业组织吸收和利用外部或外来知识的能力均取决于它在此之前的知识和经验积累。

上述理论分析已经说明，如果技术接受方没有足够的能力基础或没有为能力发展付出足够的努力，技术引进就不会对引进方的技术进步起到正面作用。中国铁路装备工业之所以没有因大规模引进而重蹈汽车工业和民用航空工业的覆辙，是因为它具有强大的技术能力基础，而且自主创新方针对引进路线的扭转使这个能力基础很快重新发挥主导作用。

(资料来源：根据路风.冲破迷雾——揭开中国高铁技术进步之源[J].管理世界，2019(35)：164-194.)

第四节　知识学习与创新

一、知识学习的方式

知识学习包括多种形式，主要有干中学、用中学、研究开发中学和组织间学习这四种方式。

(一) 干中学和用中学

干中学和用中学的优势主要体现于生产过程中重复操作效率的提高，能积累操作知识。干中学与用中学是程序化学习的两个著名特例，这两种学习构成技术能力积累的基础。

与具有世界先进技术的企业相比，我国企业尚处于技术能力积累的初始阶段，企业的研发能力普遍较弱。在此阶段，干中学、用中学是学习的主导模式，对技术能力的提高具有特别重要的意义。

(二) 研究开发中学

研究开发中学则是在研究开发的创造性过程中进行知识吸收的学习过程。对研究开发中学的过程模型的研究认为，研究开发可分为四个阶段：发散(diverge)、吸收(absorb)、收敛(converge)、实施(implement)。其中，发散阶段产生创新思想，吸收和收敛阶段产生解决方案，实施阶段执行解决方案。

与此对应，研究开发中学可分为连续循环的四个阶段：具体的体验、沉思的观察、抽象的概念化、积极的实验。该模型在研究开发活动和学习过程之间搭起了理解的桥梁，正是在此基础上，研究开发可以被看作一个学习系统，主要进行循环往复的持续学习(见图3-2)。

研究开发不仅是一个整合知识与创造的过程(发散阶段)，也是一个对整合与创造后的知识不断再学习的过程。研究开发中学属于能力学习层次，对企业技术能力的提高比干中学和用中学更为重要。

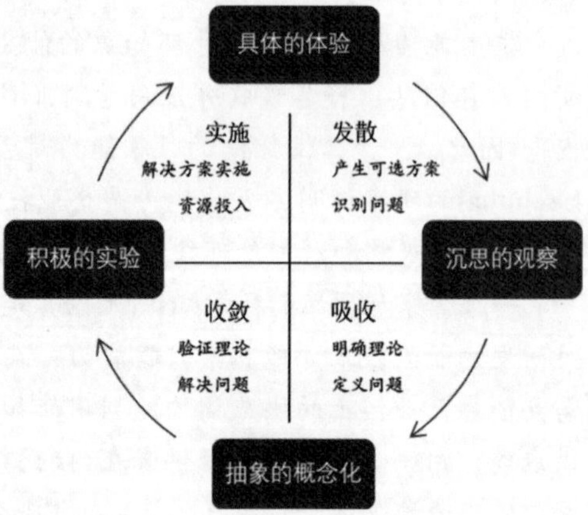

图3-2　"研究开发中学"过程模型

(三) 组织间学习

与前三种学习方式相比，组织间学习具有更高的战略性，一般是在战略性合作的过程中，组织向合作伙伴进行知识的吸收，提高自身技术能力。

组织间学习涉及的知识不仅包括显性技术知识，还包括许多隐性技术知识，因此能有效提高企业的技术能力。尤其是在战略性合作中，合作双方的吸收过程就是一个组织间学习的过程。

组织间学习的有效性取决于两个组织在以下三个方面的相似性：①知识基础；②组织结构和补偿政策；③主导逻辑(文化)。合作者在基础知识、低管理正规性、研究集中、研究共同体等方面的相似性有助于组织间学习的开展。

对于发展中国家而言，引进国外技术被认为是改善自主技术能力、调整产业技术结构和发展经济的有效方式。因此，发展中国家的技术发展呈现出从技术引进和吸收到技术改进，再到自主技术创新的发展特点。

陈劲通过研究认为，这三个阶段中的学习主导模式呈现从干中学到用中学，再到研究开发中学的动态转换特征。

事实上，无论是在西方国家还是在发展中国家，许多企业在其技术能力从弱到强的发展过程中，都要从外部技术知识引进开始，经过消化吸收，再经过自主创新，使技术能力发展壮大。并且，从战略的角度来看，为获取竞争优势，企业技术能力发展过程的最终目标是拥有具有独特性、难以模仿性和战略价值的技术核心能力(见表3-7)。

表3-7　企业技术发展阶段中的知识学习机制

企业技术发展阶段	技术引进	消化吸收	自主创新	核心整合
主导技术能力	技术监测能力、技术引进能力	技术吸收能力	技术创新能力	技术核心能力
知识来源	外部	外部	内部	内外部结合
主导学习模式	用中学	干中学	研究开发中学	组织间学习
组织学习层次	程序化学习	程序化学习	能力学习	战略性学习
主要途径	技术引进(购买硬件、购买软件)	内部研究开发	内部研究开发	合作研究开发、内部研究开发

二、探索性学习与利用性学习

1991年，詹姆斯·马奇提出了探索性学习(explorative learning)和利用性学习(exploitative learning)的概念，这两个概念很快成为研究的热点。

探索性学习是指可以用探索、变化、承担风险、试验、尝试、应变、发现、创新等术语来描述的学习行为，其本质是对新选择方案的试验。利用性学习是指可以用提炼、筛选、生产、效率、选择、实施、执行等术语来描述的学习行为，其本质是对现有能力、技术、范式的提高和拓展。这两种学习对组织都具有重要的意义。

探索性学习和利用性学习越来越成为技术创新、组织学习、组织设计、团队建设、战略联盟、能力开发、竞争优势构建和组织生存研究的主要分析对象。探索性学习有可能导致组织偏离其现有的技术基础，而涉足全新的隐性知识；相反，利用性学习的不确定性比较小，因为组织已经积累相关经验和知识。因此，探索性学习的回报在时间、空间上比利用性学习更为遥远且不确定。

探索性学习和利用性学习的特点使得组织倾向于选择对现有方案进行利用性学习，而放弃对未知世界的探索性学习。只进行利用性学习的组织会产生技术惰性，过去的成功会导致组织在时间和空间上的短视，从而妨碍组织学习新思想，最终导致僵化，陷入"次优的稳定平衡状态"。而只进行探索性学习的组织需要承担大量的试验成本，它们往往拥有大量未得到开发的新创意，但没有能力开发全部的创意，或者由于缺乏足够的经验，无法成功开发这些创意，因此也就没有能力从新知识中获得回报。

因此，组织所面临的一个基本问题就是既要进行充分的利用性学习，深化和提升现有技术，又要投入足够的资源进行探索性学习，以确保未来发展。

拓展阅读 3-4

福田汽车探索性学习与利用性学习的二元平衡

成立于1996年8月28日的福田汽车2014年资产达300多亿元，员工近4万人，品牌价值突破428.65亿元，2012年其商用车产销量在全球排名第一。自成立以来，福田汽车以令业界称奇的"福田速度"实现了快速发展，截至2014年累计产销汽车超500万辆，旗下拥有欧曼、欧辉、欧马可、奥铃、拓陆者、蒙派克、迷迪、萨普、风景和时代等十大汽车产品品牌。福田汽车在发展过程中提出了"集成知识、链合创新"的概念，与潍柴动力、德国BOSCH(博世)、奥地利AVL公司等多家企业建立了联盟，构成了联盟组合。

通过对相关报道进行研读，本文总结了2005—2012年福田汽车组建的联盟及其学习类型(见表3-8)。如果福田汽车组建联盟主要是为了获取新知识，则认为所组建的联盟为探索性学习联盟；如果是为开放新产品开发、获取新技术，则属于混合性学习联盟；如果是为加强对已有知识的利用和深化，则属于利用性学习联盟。

表3-8　2005—2012年福田汽车组建的联盟组合及其学习类型

联盟时间	合作伙伴名称	联盟目的	学习类型
2005年4月	奥地利AVL公司	开发柴油发动机欧3项目	探索性学习
2005年5月	上海延锋伟世通汽车饰件系统有限公司等零部件供应商	组建同步开发联合体，开展汽车零部件及相关领域的设计与开发合作、技术交流与革新、技术管理创新等工作，目的是提高设计水平、降低设计成本、缩短开发周期、加快新产品尤其是战略产品的开发速度、提高产品的核心竞争力	探索性学习
2006年4月	潍柴动力、德国BOSCH(博世)、奥地利AVL公司	设立动力系统技术研发中心，整合各自在全球的研发机构，整合双方服务网络，同时在市场推广、品牌传播及联合采购等方面进行合作；双方在供应网络方面展开合作，进行联合采购以降低成本，实现资源共享；同时，探讨重型卡车市场动态，确定各自的市场发展战略，共同开发设计领先国际的汽车动力产品	混合型学习
2007年1月	戴姆勒—克莱斯勒	中卡、重卡联盟项目有助于提高目前福田汽车产品组合的竞争力；轻卡产能联盟项目包括在中国利用戴姆勒—克莱斯勒的销售网络资源进行出口；在海外市场拓展方面，将受惠于戴姆勒—克莱斯勒在全球的销售网络，大大降低福田汽车国际化的风险和成本	利用性学习
2008年6月	潍柴动力	在产品链合作创新、提高资源配置效率、共同开发市场、共建市场服务网络等方面进一步加大合作力度、深化合作层级，从而进一步巩固双方的联盟关系，实现强强联合、优势互补，以合作求发展、以发展实现共赢	混合型学习
2009年3月	中交股份、北京建工集团等六家北京市属企业	福田汽车与中交股份等七家企业的合作主要集中在信息共享、市场互通等方面：福田汽车分别与这七家企业建立信息沟通及联络员制度，从而互通产品信息；同时，中交股份等七家企业承诺优先向福田汽车开放市场，将福田汽车作为物流装备、工程建设及公商务用车采购等的首选供应商	利用性学习

联盟时间	合作伙伴名称	联盟目的	学习类型
2009年3月	北京公交集团、中信国安盟固利公司、中国科学院电工研究所、清华大学等	通过整合新能源汽车产业链上的研发、设计、制造、零部件供应和终端用户等资源，打造具有国际竞争力的新能源汽车产业链	探索性学习
2009年4月	远成物流	远成集团优先采购福田汽车旗下的欧曼、欧马可、奥铃和风景等产品；福田汽车遍布全国的服务网点为远成集团提供"保姆式"工作站服务；作为对物流企业首次采购的回报，福田汽车的物流业务优先对远成集团开放	利用性学习
2010年9月	美国伊顿、IBM、AE-COM、中信国安盟固利公司、大洋电机	通过联盟合作，福田汽车希望能够掌握世界上最先进的新能源核心技术	探索性学习
2010年12月	兴民钢圈	福田汽车承诺在未来5年内不自制生产或与其他供应商合资生产与兴民钢圈的钢圈类产品相竞争的零部件；兴民钢圈承诺将福田汽车作为首要供货保障整车厂，按时、按量满足福田汽车发出的订单需求	利用性学习
2011年4月	北斗卫星位置服务供应商、3G无线通信供应商等	通过整合产业联盟中各方的资源、产品和服务，向用户提供优质的汽车物联网智能服务，打造北京汽车物联网产业联盟品牌	探索性学习
2011年9月	英飞凌科技股份公司	双方在新能源汽车充电和储能系统开发等领域进行深入而广泛的合作	利用性学习
2012年2月	戴姆勒公司	与戴姆勒公司共同进行海外投资，以规避中国汽车企业在国外市场设厂时经常遇到的贸易壁垒和障碍；通过与戴姆勒合作，福田汽车有机会消化、吸收和利用戴姆勒公司先进的研发技术、全球运作经验和资源，这不仅可以提升福田汽车产品的国际竞争力，而且为福田汽车实现全球跨越式发展提供了品牌美誉和营销网络等方面的支持	混合型学习

注：表中的公司名称来源于公开报道，部分公司名称与报道保持一致，采用的是简称。

从福田汽车组建的联盟组合来看，福田汽车在战略联盟中的学习类型既有探索性学习，又有利用性学习，还有探索性学习与利用性学习并存的混合型学习，应从企业本身、焦点企业与联盟组合三个层面分析三种学习平衡模式。

从焦点企业层面来看，福田汽车作为焦点企业在不同时间侧重不同的内部学习方式，与内部学习相对应的另一类学习是通过与其他企业组建联盟来实现的，而其在联盟中的学习类型很大程度上受到战略意图、环境动态性、竞争的激烈程度、吸收能力和企业年龄等的影响。因此，从焦点企业层面看，企业内部的探索性学习与利用性学习的平衡模式是间断型的。所谓间断型平衡，是指企业在不同时间以不同的学习方式为主，交替进行探索性学习和利用性学习以实现两者的平衡。

以上分析可得出以下结论。

第一，影响焦点企业对联盟的学习类型的因素主要包括战略意图、环境动态性、竞争的激烈程度、吸收能力和企业年龄等。

第二，联盟组合中的探索性学习与利用性学习的平衡包括焦点企业层面的间断型学习平衡、联盟组合层面的空间平衡和时间平衡，以及焦点企业与联盟组合层面的跨层次空间平衡。

(资料来源：周杰，江积海. 联盟组合中探索性学习与挖掘性学习的平衡模式：案例研究[J]. 技术经济，2014(33)：13-18.)

回顾与思考

1. 核心能力的内涵是什么？它有哪些特征和特性？

2. 自主创新的内涵是什么，包含哪几个层面？

3. 如何提升自主创新能力？

4. 知识学习的基本形式有哪些？每种形式的主要特征是什么？

5. 内部R&D作为企业技术能力积累途径具有什么样的作用？

课后训练

1. 请选择一家你熟悉的企业，分析其技术能力的发展演进与现状，并提出进一步提升其技术能力的建议。

2. 结合特定产业，选取某一典型创新型公司，以小组为单位分析其创新能力的构成与核心能力的特征，以及其创新能力是如何积累的，并对其提出提升创新能力的对策与建议。

第四章

创业团队的组建及企业的社会责任

- ○ 分析创业者的创业动机及其对创业活动的影响
- ○ 归纳创业者的独特技能和素质
- ○ 掌握优秀创业团队的标准
- ○ 了解创业者的社会伦理和社会责任

🖙 引例

❧ 让世界见证卫星互联网测量的中国力量 ❧

"在随后的五分钟里，请大家和我一起，把目光投向太空。"第六届中国国际"互联网+"大学生创新创业大赛全国总决赛的冠军争夺赛舞台上，仅有的一位女参赛选手的声音响起，似乎就注定成为全场的焦点，一袭红衣，在尽是白衬衫黑西服的人群中，愈发耀眼。

经过最终打分，北京理工大学参赛项目"星网测通"以1310分的高分成功夺冠。项目负责人宋哲，也成为大赛举办以来的首位女冠军。

事实上从本科开始，宋哲就积累了一系列科研实践经验：考入北京理工大学后，宋哲就进入学校光电创新实验基地学习；大三时期，她便开始在各大比赛中冲锋陷阵、崭露头角。

以宋哲作为项目负责人申请并完成的"基于ARM嵌入式的汽车身份识别系统"项目，是第一批获得国家资助的全国大学生创新项目之一。在项目研究中，从需求分析到系统建模、关键技术攻关，以及总结报告的撰写，都是一套十分完整的流程。种种经历，在无形中培养了宋哲更为严谨的科研思维和重视"工程实践"的思想与意识，为她今后科研工作的开展奠定了坚实的基础。

2008年发生在四川的那场特大地震，让数万同胞失去生命，数百万群众失去家园。"5·12"也成了中国通信人难以忘怀的数字和日期。每次谈起，宋哲的心中总会涌起很多的感慨与遗憾。当时地震发生突然，地面通信全部中断，有线交换局受损616个，无线基站受损

16507个，电话和手机无法接通。一直持续了31个小时的"失联"情况，给救援工作造成了极大的困扰，救援人员依靠国外的卫星电话，才让重灾区与指挥部取得联系。

"中国作为世界大国之一，在关键情况时，只能用他国卫星通信设备，这件事对于我们通信人来说，是很沉重的打击。"也正是这样的打击，使宋哲和团队成员下定决心要在卫星通信技术领域展开一系列攻关。

进入学校通信技术研究所从事学习和科研工作以来，宋哲参与和主持了系列化卫星通信测量仪的研制，并通过与研究团队成员多年的创新探索，在理论研究、技术研究及硬件研制方面取得了一系列创新性科研成果：在理论研究中，揭示了大规模通信卫星参数同时可辨识机理，提出了面向卫星通信的参数矩阵并行测量新模型；在技术创新研究中，发明了通信阵列正交解耦测量技术，将串行测量转变为并行测量，研制出我国首套卫星通信阵列参数矩阵并行测量仪等。

2020年，我国正式将"卫星互联网"纳入"新基建"，开启卫星互联网建设元年，人类开始大踏步地进入"太空Wi-Fi"时代。

"顾名思义，卫星互联网就是靠卫星来提供互联网服务。"宋哲介绍，一般来讲，地面网络通信主要依靠基站，而卫星互联网则是基于卫星接入互联网，是卫星通信与互联网相结合的产物，也是信息通信网络从平面到立体的重要拓展。卫星互联网的建设，不单在于它提供了另外一种互联网接入方式，弥补了地面通信覆盖的不足，使得偏远地区、高空飞机上也可获得不间断的网络服务，更重要的是它具有广覆盖、大容量、高机动的优势，在航海通信、应急通信、科考勘探等领域均有着不可替代的作用。

近年来，我国逐步加快商业航天发展，航天领域正在逐步向民营企业加快开放，再加上"新基建"的导向作用，卫星互联网正成为市场上的新"风口"之一。在其中，宋哲和团队看到了新机遇，迎接新的挑战，聚焦民用卫星测量需求，采用B2B模式为商业航天用户提供一体化测量解决方案。

"测量就是给卫星做体检，是卫星互联网产业链的关键一环。"宋哲介绍，给卫星进行测量，说起来容易做起来难。卫星的轨道高度高达数万公里，卫星上的微小偏差都会被放大为地面覆盖区域的大幅偏离。因此，想要偏差小，就得测得准。

"在准的基础上，卫星测量还要解决通信场景多，通用设备功能弱，测不了；测量流程长，设备效率低，测不快；产线规模大，设备售价高，测不起等问题。"为了解决这些问题，宋哲项目团队用了12年时间，发明了宽带链路测量仪，实现了9种调制模式的柔性测量，一台设备就能测数百个场景；发明的参数矩阵测量仪，实现了109个通道的全并行测量，效率提升100倍；还发明了十二分量模拟源，实现了20余种波形的低复杂度测量，为用户节省了90%的成本。

目前，项目团队所研发的设备已可满足多个国家重大型号的研制急需，保障了神舟飞船宇航员和地面之间天地通话链路的畅通，保证了天通一号卫星能按时飞向太空，填补了北斗系统测量手段的空白。

未来，征途依旧漫漫，未来，脚步更大更远！"星网测通"让卫星互联网测量的中国力量被世界所见证。

（资料来源：根据网络资料整理）

第一节 创业者

说起创业者，人们会如数家珍地列出一份长长的名单。人们自然会关注他们独特的品质特征，如强烈的成功欲望、勇于承担风险的独特心理素质，但反过来又会感觉创业与自己无关，是遥不可及的事情，那些成功创业者所完成的事业，是常人难以模仿、无法学习的。

创业成功与否取决于创业者的天赋，这样的观点今天仍然有人认同，由此引发的观点是创业者无法培养，创业者是天生的。我们能培养出马化腾吗？乔布斯、比尔·盖茨大学不都没上完吗！他们如果继续学习能造就苹果、微软这些公司吗？这些例子似乎的确难以辩驳，甚至可以引发对教育的多样思考。大多数有影响的创业者在其以往的经历中，总有某方面或某些方面的过人之处，比如他们的胆识、毅力和眼光等，这就更加重了关于创业者与非创业者之间的差异、创业者是否是天生的等问题的争论。在塞萨里·萨拉维斯看来，更正确的方式是抛弃将人们分成创业者和非创业者这种简单的两分法，而应该看成一个概率分布。在这个概率分布中，有一些人，只要不存在严格的限制条件就会成为创业者(即"天生的创业者")；而有一些人，即使在有利的条件下也不会踏上创业的征途(即"天生的非创业者")；至于大多数人，在某种条件下，他们可能会成为创业者，而在其他条件下，他们可能不会成为创业者。我们所应思考的问题是，应该创造什么条件，帮助这大部分中间分子克服障碍，成为创业者。事实上，天生创业者和天生非创业者所占的比例都很小，就像"二八定律"一样，应该承认创业者特质在创业活动中的作用，但不能过分放大少数天生创业者的特质影响。

一、创业者的特征

对创业者的研究首先是从人口统计特征入手的，有些研究成果发现的确有些群体更有可能参加创业活动。例如，萨克森尼安2000年的研究成果表明，移民更趋向于高创业性。还有研究表明，头胎出生的孩子更有可能成为创业者，创业经常发生在人们会感到焦躁不安的里程碑年份(如30岁、40岁、50岁)。上述研究听起来很有趣，但这些事实并不能让我们更进一步了解真正的创业者特征。人口统计学特征并不能真正决定人们是否会创业，它们只是和真正影响创业的特征呈现相关性。例如，移民的事实本身可能并不会激励创业行为，在一定程度上，移民可能更具有创业精神是因为他们克服困境的经历，或者可能是因为成为一名移民首先应该具有创业的自主选择性。

除人口统计特征外，学术界研究创业者的心理特征发现，创业者的心理特性比天生特质重要得多，而心理特征或素质在一定程度上可以改变和培养。创业者区别于一般人的特征表现为以下6个方面。

(1) 创新。既然创新是创业精神的本质所在，创业者趋向于那些具有创新精神的群体就不足为奇了。换句话说，创业者善于发明新的方法迎接不同的挑战。

(2) 成就导向。创业者几乎无一例外都是目标导向型的，他们很自然地设定个人目标并且确保完成这些目标。

(3) 独立。创业者是出了名的独立自主。他们大多数都高度地自我依赖，并且他们中的许多人都很自然地偏向于通过独立工作来完成他们的目标。

(4) 掌控命运的意识。创业者很少把自己看作环境的受害者，而是自己掌控自己的命运。这可能是由于他们具有把消极的环境看作机会而不是威胁的趋向。

(5) 低风险厌恶。创业者不会为了风险带来的利益而去寻找风险，而是对风险有更多的包容性，并且在找到方法降低风险方面更具有创造性。

(6) 对不确定性的包容。创业者总是比其他人更加适应动态变化且不是特别明确的情况。

近年来关于创业者特征的研究更进了一步。20世纪90年代以来，针对创业者创业之前的经验(简称先前经验)研究进入创业学者的视野，识别到有影响的先前经验主要有：行业经验，即曾经在新企业同一行业工作过的经验；创业经验，即创建并管理新企业的经验；管理经验，即从事领导及管理岗位的经验；与新产品开发、特定的技术研发及与某类顾客打交道的独特经验；其他职能经验，如从事研发、市场营销、财务等工作的经验。先前经验对机会发现及所发现机会的创新性、资源获取、战略选择、新企业生存和成长绩效有影响作用。有的研究发现，行业经验、管理经验比创业经验对新企业绩效的正向影响程度更显著。这些经验可以通过后天获取，可以有意识地积累。关于创业者的另一类研究是人力资本、社会资本，以及所处的社会阶层等因素对创业者的影响。这些研究成果的应用价值广泛。例如，对刚毕业的大学生，可以给出较明确的职业发展建议，为了今后的创业，甚至可以建议到什么类型的组织积累什么样的经验。

二、创业者与职业经理人的区别

现实中，人们往往记住了创业者的名字，对谁是职业经理人却不怎么关心。例如，我们知道罗红是好利来的创建者，而为他运作企业的职业经理人多数人并不知晓；我们知道海尔创始人张瑞敏的很多故事，但并不清楚哪些人在他的背后运营整个海尔集团。创业者与职业经理人有什么区别呢？

通过观察，可以很容易地识别出创业者与职业经理人的区别：创业者为自己打工，职业经理人是为他人打工；创业者很自然地将公司当作自己真正的家，职业经理人加班再晚还是会将公司与家严格区分开来；对于创业者来讲，赚到每一分钱都是自己的，职业经理人不会认为一分钱的利润对公司有多重要；创业者养成的习惯是凡事亲力亲为，职业经理人的习惯就是尽量把工作布置给下属……中山大学的毛蕴诗教授区分了创业者与职业经理人的不同(见表4-1)。

表4-1　创业者与职业经理人的区别

特征变量	创业者	职业经理人
*雇佣关系	雇佣者	被雇佣者
**创业与否	创业者(与所控制资源无关)	企业内创业
*出资与否	出资或继承出资	不出资
*承担企业风险	承担企业风险	与本人雇佣契约有关的风险
*所有权与控制权	同时拥有	无所有权，有一定控制权
*担任企业主管与否	担任	不一定担任
**创新功能	更强调	强调

注：*表示可以直接识别，**表示需要进一步识别。

创业者和职业经理人最重要的区别在于，创业者从事的是开拓性工作，通过他们的创业活动，实现从0到1的变化；职业经理人则侧重于经营性活动，按照程序、制度开展工作，他们将1

变成10，将10变成100。创业者发现机会，创造新事物，而经理人在维持现状的基础上，保持事物的持续和演进。其次，创业者承担财务风险，而经理人则不会也不可能承担此类风险。

第二节　创业团队的组建

一、群体与团队

团队并不等同于一般意义上的"群体"。二者的根本差别在于，团队中成员的作用是互补的，而群体中成员之间的工作在很大程度上是互换的。简单地说，在团队中离开谁都不行，在群体中离开谁都无所谓。具体表现在，团队的成员对是否完成团队目标一起承担成败责任并同时承担个人责任，而群体的成员则只承担个人成败责任；团队的绩效评估以团队整体表现为依据，而群体的绩效评估则以个人表现为依据；团队的目标实现需要成员间彼此协调且相互依存，而群体的目标实现却不需要成员之间的相互依存性。此外，团队较之群体在信息共享、角色定位、参与决策等方面也进了一步。

因此，团队是群体的特殊形态，是一种为了实现某一目标而由相互协作依赖并共同承担责任的个体所组成的正式群体。具体而言，团队由两个或两个以上具有不同技能知识和经验的人所组成，具有特定的工作目标，成员间相处愉快并乐于在一起工作，互相依赖、技能互补、成果共享、责任共担，通过成员的共同协调、支援、合作和努力完成共同目标。真正的团队不只是徒有其名的一群人，而是总能超过同样的一组以非团队模式工作的个体集合，尤其是当绩效由多样的技能、经验和判断所决定时。

二、一般团队与创业团队

从团队基本特征、功能作用及管理模式三大方面，一般团队与创业团队的比较如表4-2所示。

表4-2　一般团队与创业团队的区别

比较项目	一般团队	创业团队
目的	解决某类或者某个具体问题	开创新企业或者拓展新事业
职位等级	成员并不限于高层管理者职位	成员在高层管理者职位
权益分享	并不必然拥有股份	一般情况下在企业中拥有股份
组织依据	基于解决特定问题而临时组建在一起	基于工作原因而经常性地一起共事
影响范围	只是影响局部性、任务性问题	影响组织决策的各个层面，涉及范围较宽
关注视角	战术性、执行性问题	战略性的决策问题
领导方式	受公司最高层的直接领导和指挥	以高管层的自主管理为主
成员对团队的组织承诺	较低	高
成员与团队间的心理契约	心理契约关系不正式且影响力小	心理契约关系特别重要，直接影响公司决策

(资料来源：陈忠卫. 创业团队企业家精神的动态性研究[M]. 北京：人民出版社，2007.)

初创时期的创业团队组建的目的在于成功地创办新企业。随着企业成长，创业团队可能会发生成员的进出变化，新组建的高管团队是创业团队的延续，其目的在于发展原来的企业或者开拓新的事业领域。创业团队成员往往处在企业高层管理者的位置，他们会对企业重大问题的决策产生影响，甚至会关系到企业的存亡。创业团队成员往往拥有公司股份，以便团队成员拥有更高的责任感来参与决策、关心企业成长。创业团队所关心的往往是公司全局性的、战略性的决策问题。创业团队成员往往对公司有一种浓厚的感情，其连续性承诺(由于员工对组织的投入而产生的一种让成员不离开组织的倾向)、情感性承诺(个体对组织的认同感)和规范性承诺(个人受社会规范影响而不离开组织的倾向)都较高。

然而，一般团队的组建只是为了解决某个或者某类特定问题。一般团队成员往往由一群满足解决特定问题的专家所组成，绝大多数成员并不处于企业高层位置，只是为了解决某个问题临时组建而成。一般团队成员未必要求成员拥有股份，一般团队只是关注战术性或者执行层面的问题。一般团队中，成员对公司的连续性承诺、情感性承诺和规范性承诺并不高。

三、创业团队的构成

创业团队可以有狭义和广义两种解释。狭义的创业团队是有着共同目标，共享创业收益，共担创业风险的一群创建新企业的人，即初始合伙人团队。广义的创业团队则不仅包括狭义的创业团队，还包括与创业过程有关的各种利益相关者，如风险投资家、专家顾问等。

(一) 初始合伙人团队

初始合伙人团队由在创业初期就投资并参与创业行动的多个个体组成。初始合伙人团队的知识、技术和经验往往是企业所具有的最有价值的资源。正是出于这个原因，人们经常通过评估初始合伙人团队的素质来预判企业未来发展的前景，这些素质特征包括以下方面。

(1) 受教育程度。初始合伙人团队的受教育水平在一定程度上可以反映其知识掌握的程度，具有较高教育程度的初始合伙人团队往往具备与创业有关的重要技能，可能在研究能力、洞察力、创造力和计算机技术应用等方面表现得略胜一筹，而这些素质是创业成功的关键性因素。如果新创企业所从事行业领域具有较强的专业特征，那么，接受过高等教育的初始合伙人团队就会从工程技术、计算机科技、管理科学、物理、化学、生物等专业教育中获得显著优势。

(2) 前期创业经历。具有创业经历的初始合伙人团队，无论曾取得成功还是遭遇失败都可以成为新创企业成功经营的有利因素，甚至可以成为一种独一无二的优势。这是因为他们比初次接触创业过程的创业者更熟悉创业过程，并可以在新创企业中复制以前的成功创业模式，或者有效规避导致巨大失败的错误。

(3) 相关产业经验。初始合伙人团队所拥有的相关产业经验，有利于更为敏锐地理解相关产业发展趋势，可以更加迅速地开拓市场和开发新产品。例如，对于拟开办一家生物制药企业来说，初始合伙人团队是否具有相关领域的生物制药技术就特别重要，如果他采取一边学习一边创业的方式，想成功地创建并经营好一家生物制药企业则十分困难。

(4) 社会网络关系。具有广泛社会网络关系的初始合伙人团队往往更容易获得额外的技能、资金和顾客认同。初创企业应当善于开发和利用网络化关系，构建并维持与兴趣类似或能给企业带来竞争优势的良好人际关系，这种网络化关系也是创业者社会资本的具体体现。初始合伙人团队打电话给业务上的熟人或朋友，请他们介绍投资者、商业伙伴或者潜在消费者，是在创业过程中经常采取的行之有效的方法。

(二) 董事会

如果创业者计划创建一家公司制企业，则需要按规定成立董事会，即由公司股东选举产生以监督企业管理的个人小组。董事会一般由内部和外部董事构成。如果处理得当，公司董事会能够成为新创企业团队的重要组成部分，可以帮助新企业有一个良好的开端并形成持久的竞争优势，具体表现在以下两个方面。

(1) 提供指导。虽然董事会具有正式的治理职责，但董事会所发挥的最大作用还是为企业管理者提供指导和支持。实现这一点的关键是企业挑选的董事会成员要有能力、有经验，愿意给予建议并能够提出具有洞察力和深入性的问题。因此，一定要有目的地选择外部董事，要让他们填补创业者和其他董事在经验和背景方面的空缺。

(2) 增加资信。董事会由股东大会选举产生，负责处理公司各种重大经营管理事项。具有较高知名度和地位的董事会成员能为企业带来即时的资信。没有可信资质，潜在顾客、投资者或员工很难识别出高质量的新创企业。一般认为，高素质的人不会愿意在低水平的企业董事会任职，因为这对他们的名誉和声望而言是有风险的，所以，如果高素质的人同意在企业董事会任职，那么他们本质上是在"发信号"，即这个公司很有可能取得成功。

(三) 专业顾问

除了上述介绍的创业团队成员，在许多情况下，创业者还需要依靠专家顾问，通过与他们的互动交流获取重要的建议和意见。这些专家顾问通常会成为创业团队的重要组成部分，在外围发挥重要作用。

(1) 顾问委员会。顾问委员会是企业管理者在经营过程中通过向其咨询得到建议的专家小组。和董事会不同，顾问委员会对企业不承担法定责任，只提供不具约束性的建议。组建顾问委员会的目的既可以是一般意义上的，也可以满足特定的主题或需要，因此，顾问委员会成员要尽可能涵盖较为广泛的才能和技术领域，而且在经验和技能方面应当是相互协调和彼此补充的。

(2) 贷款方和投资者。贷款方和投资者会为企业提供有用的指导和资信，并保证发挥基本的财务监管作用。有时，贷款方和投资者还会通过多种途径积极帮助企业增加新价值，如帮助识别和招募核心管理人员、洞察企业计划进入的行业和市场、帮助企业完善商业模式、扩充资本来源渠道、吸引顾客、帮助企业安排商业合作，以及在企业的董事会或顾问委员会任职等。

(3) 咨询师。咨询师是提供专业或专门建议的个人。当新企业需要从专家那里获取诸如专利、财务计划和安全规章等复杂问题的建议时，咨询师的作用不会太大。但是，当企业的咨询师以企业名义开展可行性分析研究或行业深入分析时，咨询师的作用就十分关键。由于这些活动要花费一定的时间，无法让董事会或顾问委员会来承担，因此借助咨询师来完成。

总体上，对创业团队的内涵把握可以从以下三点入手。

首先，创业团队是一种特殊群体。创业团队首先是一种群体，创业团队成员在创业初期把创建新企业作为他们共同努力的目标。他们在集体创新、分享认知、共担风险、协作进取的过程中，形成了特殊的情感维系，创造出了高效的工作流程。

其次，创业团队工作绩效大于所有个体成员独立工作时的绩效之和。虽然个体创业团队成员可能具有不同的特质，但他们相互配合、相互帮助，通过坦诚的意见沟通形成团队协作的行为风格、能够共同对拟创建的新企业负责，有一定的凝聚力。曾有研究得出这样的结论：工作群体绩效主要依赖于成员的个人贡献，而团队绩效则是基于每一个团队成员的不同角色和能力而尽力产生的乘数效应。

最后，创业团队是高层管理团队基础和最初的组织形式。创业团队处在创建新企业的初期或企业成长早期，现实中往往被人们称为"元老"，而高层管理团队则是创业团队组织形式的继续。虽然在高层管理团队中可能还存在着部分创业时期的元老，也可能所有的创业元老都不再存在，但高层管理团队的管理风格在很长一个时期内是很难彻底改变的。

四、组建创业团队需注意的问题

(一) 厘清理性与非理性的逻辑

理性逻辑：遵循理性逻辑来组建创业团队，理性分析创业所需要的资源和能力，并将其与自己所拥有的资源和能力相比较；将组建创业团队视为弥补自身能力空缺的一种方式，目的是整合优秀的资源来推动创业成功。

非理性逻辑：遵循非理性逻辑来组建创业团队，看重的并不是团队成员拥有什么资源和能力，而是看重团队成员对自身的人际吸引力；目的是强化创业团队成员之间的信任和感觉，更倾向于找志趣相投而不是技能互补的人加入团队。

有些创业者遵循理性逻辑来组建创业团队，他们会理性分析创业所需要的资源和能力。创业过程中会涉及一些关键任务和关键资源，一旦欠缺这些资源，创业活动就难以进行，在自己不掌控的情况下，借助别人获取这些资源是一种解决之道。太阳微系统公司创业之初就是由维诺德·科尔斯勒确立了多用途开放工作站的概念，然后他分别找了软件和硬件方面的专家，以及一位具有实际制造经验和人际技巧的专家。

寻找合作伙伴，理应关注他们拥有的资源和能力。但现实中，创业者往往更倾向于找那些志趣相投而不是技能互补的人合作。创业要面对大量的不确定性，风险也很大，具有共同的兴趣点，具有相似的工作背景，具有共同的创业理想等，对提升和保持团队成员的凝聚力非常重要。在多数情况下，成功并不是因为团队结构有多么优秀，而是因为团队成员之间的齐心协力；失败也并不是因为团队结构的缺陷，而在于团队成员之间的内部争斗。所以，创业者在找寻合作伙伴时更倾向于找志趣相投而不是技能互补的人加入。

创业机会特征是在创业者组建创业团队时必须考虑的重要因素。如果创业机会所含的不确定性较高，价值创造潜力较大，则往往意味着创业过程中面临的任务越复杂、越具有挑战性，此时，理性地组建创业团队可能会更好地应对创业过程中的复杂任务，有助于创业成功。例如，在高技术领域，大部分创业者都在依据理性逻辑来组建创业团队，强调团队成员之间在技术、营销、财务等职能经验领域的互补性。而如果创业机会所蕴含的不确定性较低，价值创造潜力一般，在这样的条件下，创业团队成员之间的齐心协力和信任感则更加关键。例如，在服装、零售、餐饮等传统行业，大多数创业者都依据非理性逻辑组建创业团队，"夫妻店""兄弟店""父子店"比比皆是。当然，选择与谁合作，也和创业者自身的能力有关。

(二) 注意互补性与相似性的统一

选择优秀的创业伙伴和发展与他们的良好工作关系是一项复杂的工作，需要大量的努力，因为新企业的成功在很大程度上取决于它所获取的人力资源。其中一个需要考虑的首要问题是，在角色安排上，创业者究竟是应当选择那些在各个方面都与自己相似的人，还是应当以互补的方式选择与自己有差异的人，以便提供他们自己所缺少的知识、技术和能力。

人们往往愿意同在许多方面与自己具有相似性的人交往，觉得相互之间更加了解，而且更容易自信地对彼此未来的反应和行为加以预测，从而更容易选择他们作为自己的合作伙伴。许多新企业就是由来自同一领域或同一职业的创业者所组成的团队创建的。但是，创业者选择那些与自己具有相似背景和教育经历的人作为合作伙伴的趋向存在的最重要缺点就是冗余问题：相似的人越多，他们的知识、培训技能和欲望重叠的程度就越大。例如，当所有人都是技术专家，这在设计一个现实中可行的新产品时十分有用，但对市场营销、法律事务或者有关员工健康与安全等方面的规定知之甚少。这通常不利于企业获取必要的财务资源及有效运营，而且如果所有人都在同一领域，他们往往具有相互重叠的社会网络，因而他们所接触的能够从对方获取财务支持等资源的人就很有限。

由于创业团队中宽泛的知识、技术和经验有利于新企业，因此，在互补性而不是相似性的基础上选择合作创业者通常是一种更有用的策略。创业团队为获得成功，必须掌握非常宽泛的信息，拥有能够使企业正常运营的各种能力，当创业团队的所有成员在各重要方面都具有高度的相似性时，这种成功不太可能出现。理想的状况是，如果一个团队成员所缺少的东西可以由另一个或者更多的其他成员提供，那么，整体的确大于各部分之和，因为团队能够整合人们的知识和专长。因此，创业者在组建创业团队时的第一规则是，不要屈从于只和那些背景、教育、经历状况与自己相似的人一起工作的诱惑。只和与自己相似的人一起工作将在许多方面显得容易和令人愉悦，但它不能提供新企业所需的丰富的人力资源基础。而在许多情况下，强调互补性在一定程度上可能是更好的策略，因为它可以提供给新企业一种强有力的和多样化的人力资源基础。

应当考虑相似性还是互补性的团队成员最终取决于创业者所考虑的维度。在知识技术和经验方面，互补性是非常重要的。为了取得成功，新企业必须获得丰富和有价值的人力资源。但相似性也是有利的，它增加了沟通的便利性并有助于形成良好的人际关系，动机方面的相似性也非常重要。因此，一种平衡的方法是，在知识、技能和经验方面主要关注互补性，而在个人特征和动机方面则考虑相似性。

(三) 妥善处理认知冲突与情感冲突的关系

冲突的发生是企业内外部某些关系不协调的结果，表现为冲突行为主体之间的矛盾激化和行为对抗。团队内的冲突可分为两大类，即认知冲突与情感冲突。有效的创业团队知道如何进行冲突管理，从而使冲突对组织绩效的改善产生积极贡献。在无效或低效的创业团队中，团队成员在一起总是极力避免冲突的形成，默认或者允许冲突对团队有效性和组织绩效的提高形成的消极影响。

1.认知冲突

认知冲突是指团队成员对有关企业生产经营管理过程中出现的与问题相关的意见观点和看法所形成的不一致性。通俗地讲，认知冲突是论事不论人。从本质上说，只要是有效的团队，这种团队成员之间就生产经营管理过程的相关问题存在分歧是一种正常现象，而且在一般情况下，这种认知冲突将有助于改善团队决策质量和提高组织绩效。

当团队成员分析、比较和协调所有不同的意见或看法时，认知冲突就会发生。对于团队而言，这一过程会对形成高质量的方案起到关键性作用。正是因为如此，认知冲突才有助于改善团队有效性。

认知冲突是有益的。因为它与影响团队有效性的最基本活动相关，集中于经常被忽视的问题背后的假设。通过推动不同选择方案的坦率沟通和开放式的交流，认知冲突鼓励创造性的思维，促进创造性的方案。作为冲突管理的一种结果，认知冲突将有助于决策质量的提高。事实上，如果没有认知冲突，团队决策就只不过是一个团队里最能自由表达的或者最有影响力的个别成员的决策。

除了提高决策质量，认知冲突还能够促进决策本身在团队成员中的接受程度。通过鼓励开放和坦率的沟通，以及把团队成员的不同技术和能力加以整合，认知冲突必定会推动对团队目标和决策方案的理解，增强对团队的责任感，从而也有助于执行团队所形成的创业决策方案。

2. 情感冲突

冲突有时候也是极其有害的。当创业团队内的冲突引发团队成员间产生个人恩怨时，冲突将极大地降低决策质量，并影响创业团队成员在履行义务时的投入程度，影响对决策成功执行的必要性的理解。与基于问题导向的不一致性相关的认知冲突不同，基于个人导向的不一致性往往会破坏团队绩效，冲突理论研究者共同把这类不一致性称为"情感冲突"。通俗地讲，情感冲突是论人不论事。

由于情感冲突会在成员间挑起敌对、不信任、冷嘲热讽、冷漠等表现，因此它会极大地降低团队有效性。这是因为，情感冲突会阻止人们参与提高团队有效性的关键性活动，团队成员普遍不愿意就问题背后的假设进行探讨，从而导致团队绩效降低。情感冲突容易滋生冷嘲热讽、不信任和回避，因此会阻碍开放的沟通和联合。当它发生时，不只是方案质量在下降，团队本身的义务也在不断地受到侵蚀，因为团队成员不再把他们与团队活动联系起来。

有效的团队能够把团队成员的多种技能结合起来。相反，如果团队成员间彼此不信任或者冷嘲热讽，就不会愿意参与那些须整合不同观点的讨论，结果势必会造成在集体创新、分享认知、共担风险、协作进取等创业精神方面的压制，从而导致创业团队逐渐变得保守，创业决策质量也大受损失。

同样，敌对的或者冷漠的团队成员不可能理解团队，也很少对他们并没有参与的决策履行相关的义务。因此，在多数情况下，团队成员也不会很好地执行决策，因为他们没有很好地理解决策。在最坏的情况下，这些团队成员甚至不愿意按照创业团队所设计的思路去执行决策，故而降低了团队在未来有效运作的能力。

因此，对于团队绩效来说，冲突既可能是有益的，也可能是有害的，这主要取决于是认知冲突还是情感冲突。认知冲突可以通过改善决策质量和提高成功地执行决策的机会来提高团队绩效。然而，情感冲突却降低了决策质量，破坏了对成功执行决策的理解，甚至不愿意履行作为团队成员的义务，所以会导致团队绩效下降。

第三节　创业团队的管理

一、核心创业者的领导才能

优秀的创业团队善于根据独特的创业理念来发展愿景，这种重要理念的作用在以后成功的企业实践中将得到充分体现。根据对全球500家成功创业企业的调查，成功的创业都有令人神往的创业远见，并坚持信念、付诸行动、力求成功，最后梦想成真。优秀创业团队的杰出理念虽各有不同，但基本上具有以下几个共同点。

(1) 凝聚力。创业团队中每个成员都是紧密相关、不可分割的，企业的成功既是每位成员共同努力的目标，也能使成员从中获取精神和物质上的收益。优秀的创业团队中的每一位成员都会认为单纯依靠个人的力量不可能单独成功，任何个人离开企业的整体利益都不能单独获益。同样，任何个人的损失也将损害整个企业的利益，从而影响每一个成员的利益。

(2) 合作精神。具有成长潜力的企业最显著的特点就是创业团队的整体协同合作能力，创业团队不仅仅是一个培养一两个杰出人物的场所。优秀的创业团队注重相互配合以减轻他人的工作负担，从而提高整体的效率。他们注重在创业团队的成员中树立榜样模范，并通过奖励制度激励员工。

(3) 完整性。任务的完成必须建立在保证工作质量、员工健康或其他相关利益不被侵犯的前提下。因此，正确的选择和利弊权衡应综合考虑顾客、公司利益及价值创造，而不能以纯粹的功利主义为依据，或是狭隘地从个人或部门需求的角度来衡量。

(4) 长远目标。和大多数组织结构一样，新企业的兴衰存亡取决于其团队的敬业精神，一支敬业的团队，其成员会朝着企业的长远目标而努力，而不会指望一夜暴富。创业在团队成员眼中是一场持续5年甚至10年以上的愉快经历，他们将在其中不断奋斗直到取得最后的胜利。没有一家企业能够靠今天进入、明天退出(或经营发生困难之际退出)而在短期内获得横财。

(5) 收获的观念。成功的收获是创办企业的目标。对于创业团队的成员而言，企业最终获得的收益才是衡量成功程度的标准，而非他们个人的薪水、办公室条件或生活待遇等。例如，波导的徐立华和他的创业团队在波导创业初期的十年间一直没有分红，创业者甚至没有拥有私家车。

(6) 追求价值创造。创业团队成员都致力于价值创造，即努力把蛋糕做大，从而使所有人都能获利。包括为顾客提供更多的价值，帮助供应商也能从团队的成功中获取相应收益，以及使团队的赞助商和持股人获得更大的盈利。

(7) 平等中的不平等。在成功的新创企业中，简单的民主和盲目的平等显然都没有什么利用价值，企业所关注的是如何去选定能胜任关键工作的适当人选及其职责所在，而公司总裁是负责制定基本的行动准则和决定企业环境及企业文化的关键人物。公司的股票在创始人或总裁及主要经理人之间并不是平均分配。不能简单追求所谓的平等，简单的民主和盲目的平等将会对企业今后的经营产生巨大的负面影响。

(8) 公正性。对关键员工的奖酬，以及职工股权计划的设计应与个人在一段时间内的贡献、工作业绩和工作成果相挂钩。由于贡献大小在事前只能做一个大概估计，而且意外和不公平的情况往往在所难免，因此必须随时做好相应的增减调整。

(9) 共同分享收获。尽管法律或道德都没有规定创业者在企业收获期要公平公正地分配所获利益，但越来越多的成功创业者都已这样做。通常他们会把企业盈利中的10%~20%留出来分给关键员工。

二、核心成员所有权分配机制

在创业团队成员组成确定后，创业者面临的一个关键问题就是决策成员之间的工作分工与所有权分配方案。工作分工是对成员之间所承担任务及协调方式的规划，而所有权分配则是对创业利益分配方式的约定，是维系创业团队凝聚力的基础。工作分工有助于在短期内维持创业过程及新企业早期运营的有序性，而所有权分配则有助于在长期内维持团队稳定和新企业的稳定成长。

在确定所有权分配时，创业者遵循以下三个重要原则，可能会避免后续纠纷和冲突。第一，重视契约精神，在创业之初就把确定的所有权分配方案以公司章程形式写入法律文件，以契约形式明确创业团队成员的利益分配机制，这有助于长期保障创业团队的稳定。第二，遵循贡献决定权利原则分配所有权比例，团队的目的是把创业蛋糕做大而不是在蛋糕没有做大之前就吵着在未来怎么分。在现实操作中，依据出资额来确定所有权分配是常见的做法，对于没有投入资金但持有关键技术的团队成员，则需要谨慎考虑技术的商业价值，在资金和技术之间做出合理的权衡。第三，控制权与决策权统一原则，所有权分配本质上是对公司控制权的分配方案。在实践中，股份比例最大的团队成员在不拥有公司控制权的条件下，在创业初期非常危险，因为他在心理上会比其他成员更看重创业和新企业，更容易去挑其他成员的决策错误，甚至挑战决策者的决策权威，进而容易引发团队矛盾和冲突。在创业初期，更需要集权和统一指挥，控制权和决策权统一至关重要。

三、团队内部的冲突管理

在一定范围内，冲突有助于团队成员激发和分享不同的观点，进而形成更好的决策，但如果冲突超越了认知的范畴，则可能会导致创业团队的决策失效，甚至会引发团队分裂和解散。因此，管理团队冲突是核心创业者必须具备的才干之一。

在冲突管理中，核心创业者首先要注意利用激励手段来鼓励正面冲突，让团队成员感受到通过知识分享实现创业成功后，能获得相应的收益和价值。在制定激励方案时，创业者需要注意以下几方面。

(1) 差异化。虽然民主方案可能行得通，但与根据个人贡献价值不同而实行的差异化方案相比，它包含的风险更大，缺陷也更多。一般情况下，不同的团队成员很少会对企业做出同样大小的贡献，因此，合理的薪酬制度应该反映出这种差异。

(2) 关注业绩。报酬应该与业绩(而不是努力程度)挂钩，而且该业绩指的是每个人在企业早期过程中所表现出来的业绩，而不仅仅是此过程中某个阶段的业绩。有许多企业他们的团队成员在企业成立后几年内所做出的贡献程度变化很大，但报酬却没有多大变化，这种不合理的薪酬制度会使企业很快就土崩瓦解。

(3) 灵活性。无论哪个团队成员在哪个既定时间段的贡献多大或多小，这种情况都很可能随着时间的改变而发生变化。而且团队成员的业绩也会和预期有很大出入。另外，团队成员很可能会出于种种原因而必须被替换，这样的话就需要另外招聘新成员并补到现有团队中。灵活的薪酬制度包括年金补助，提取一定份额的股票以备日后调整等，这些机制有助于让人们产生一种公平感。

除了规划科学的激励机制，创业者还要保持开放的心态，要塑造创业团队是一个整体而不是特意突出某个个体的印象，这样有助于把团队成员之间的观点争论控制在可管理的范围之内，而不是演化为团队成员之间的矛盾。一旦发生情感冲突，创业者应理性地判断团队存续的可能性，通过替换新成员来及时化解情感冲突，这样往往会比维持旧成员处理情感冲突更加有效。

四、创业团队的创业精神

创业团队的创业精神对企业绩效的影响程度是决定性的。总体上，创业团队的创业精神包括四个维度：集体创新、分享认知、共担风险、协作进取。

一是集体创新。一般来说，创业团队并不是一群散兵游勇式成员的简单集合体，其与群体的最大区别在于团队内成员间具有相互依赖和密不可分的联系，而群体则没有这种特征。但是，作为具有团队创业精神的创业团队组织还应当具备更高的标准。第一，要求创业团队内部能够正确对待个体成员之间所发生的冲突；第二，要求团队内部个体成员与组织之间能够在相互信任关系的基础上形成有利于企业成长的心理契约关系。在此基础上，创业团队可以凝聚全体团队成员的力量，并通过这种团队成员对团队组织的向心力来推动创新方案的形成和创业决策方案的执行。

二是分享认知。创业机会可以视为创业的逻辑起点，这种创业机会可以理解为通过创业者对资源的创造性组合来满足市场需求，并为自己获得超额利润的一种可能性。相比较于个体创业来说，采用团队方式可以极大地提高对创业机会的认知水平。这是因为：首先，不同的个体成员具有不同的先前知识和多种个性特征，从而可以通过集体意义上的综合"警觉性"，更为有效地保持对外部客观存在的创业机会的认知；其次，团队内具有异质性的成员可以选择不同的角度对创业风险和创业收益进行更为科学的评价，从而获得更为理想的创业租金(表现为组织建立、配利行为、企业成长等多种方式)；最后，通过不同个体创业者所具有的社会关系间的整合，将有助于形成复杂的社会网络系统，从而为团队接近创业机会和获得所需创业资源奠定基础。

三是共担风险。作为一支富有创业精神的创业团队，在共担风险维度上应至少具备以下的特征。第一，具有异质性的创业团队成员可能具有不同的风险偏好，创业团队中既可能有极端的风险爱好者，也有可能存在极端的风险厌恶者，更多的创业团队成员可能处在风险连续统一体中的某一点。如果不同的团队成员能够就同一事件发生的风险偏好最终达成共识，那么冒险成功的可能性就会加大。第二，利用团队成员的异质性，不同的团队成员可以从自身的知识视野认知、分析和评价风险，如果就不同的风险感知能够得到有效整合，那么对风险正确感知的可能性就会得到提高，进而可以做出更为有利可图的冒险行为。总体上说，团队创业精神要求具有异质性的创业团队成员能够以一种积极的姿态共同判断事件发生的可能性风险，并采取共同承担风险的方式，以减缓由个体成员独自承担风险所带来的巨大精神压力和经济损失的压力。

四是协作进取。传统的观点往往把自治(autonomy)作为创业导向的重要维度。它在分析个体创业精神时特别合适，但盲目地套用"自治"的维度来研究创业团队的创业精神是不合适的。创业团队创业精神的进取力量建立在协作的基础上，这种"协作进取"的创业团队创业精神维度体现在三个方面。第一，团队成员在知识、能力、角色等方面的互补性。具有异质性特点的团队可能会形成"仁者见仁、智者见智"的观点分歧，但协作进取的愿望能够使大家通过有效的观点争辩来达成共识，最大限度地避免不确定环境下的创业决策失误。第二，团队内充满学习型氛围，个体成员之间愿意就创业决策过程的不同观点进行深度交流，进而在团队功能最大化的过程中达到个体团队成员的价值实现。第三，团队内具有创业型的组织文化，不会因为团队规模的扩大或者团队成员的进进出出而影响团体协作进取的愿望和行为。

第四节　社会责任与创业伦理

在美国，每年新创建的企业大约有350万家。在5%～8%的家庭里，至少有一位家庭成员不是在想而是正在着手创建新的企业，他们在采取行动，如向律师咨询，与银行家探讨贷款事宜，与土地所有者讨论厂址。在这些新企业的创办者中，四分之一的人表示想把他们创办的企业发展成为高速成长的企业；不低于40%的美国家庭中至少有一位家庭成员在职业生涯的某个时段创建或经营过小企业，有更多的家庭成员在小企业就职；24%的家庭中，至少有一位家庭成员正在参与企业创建或拥有自己的企业，或是处于创建阶段企业的天使投资人。在美国，这种天使投资人到处存在，尽管他们的规模较小，但其在美国所涉猎的范围远远超出了大多数人的想象。小企业在美国经济中占据十分重要的地位：雇员少于或等于7人的企业占到企业总数的80%，小企业提供50%的就业机会；2000万家小企业为美国提供了大约一半的就业，创造了三分之一的国内生产总值(GDP)。

创业者改变了我们的世界，如果你在沃尔玛购物，那么这是山姆•沃尔顿实现了自己创业远见的一部分；你的电脑里的软件和微处理器也许就和比尔•盖茨、安迪•格鲁夫有密切关系；像雷•克洛克和沃尔特•迪士尼这样的幻想家在去世多年后，仍对我们的生活持续产生影响。"现代管理学之父"彼得•德鲁克曾经强调，顾客不是上帝创造的，而是企业创造的。关于企业，唯一正确的定义是创造顾客的组织。企业又是谁创造的呢？是创业者。

创业者具备改变世界的能力，是创新及经济与社会发展的重要力量。因此，创业者在创业过程中一定要成为遵守道德伦理并积极承担社会责任的典范，这是创业成功的重要保证，也是成功创业者的基本素质要求。

拓展阅读 | 4-1

❧ 浅谈创新 ❧

我国一位前外交官说过这样一件事，2010年时他曾与一位瑞士手表企业负责人聊起自己戴的手表，才知道自己的手表虽然用英文写着"瑞士制造"，但其实所有的部件包括最关键、技术要求最高的部件，都是在中国深圳生产的，是瑞士企业从深圳一家公司拿到所有零部件在瑞士精心装配、使用瑞士品牌销售的。但该负责人也坦言，在利润分配上，这家瑞士企业的利润大约是深圳生产商的20倍。

"我们要有自己的品牌、自己的知识产权、自己的专利。"这位外交官感叹说，"这种利润的悬殊对自己的教育意义很大。"企业要在全世界有影响力，首先是要有创新精神，没有创新精神很难做到可持续、高质量的发展，不能再按照过去资本主义国家初期的发展模式，首先消耗大量的资源来发展，希望中国企业注重创新，多出口高利润的高科技产品而不是原材料。

(资料来源：根据网络资料整理)

一、社会责任

"承担社会责任不是一个企业做出的选择——这不是什么可做可不做的事情，这是任何一家公司必须负起的责任。"莫佐克说，"企业只有承担起社会责任，才能和世界一起前进、发展。"清华大学经济管理学院的仝允桓教授在其微博中写道：开社会责任课程想告诉学生什么？企业主动承担社会责任有利可图？还是为博得个好名声然后有利可图？还是为了解开危机不被谴责？其实，趋利避害不是承担社会责任的唯一逻辑，承担社会责任本身就是企业价值所在。让世界更加美好应该是创业者为之奋斗的目标，也应该成为新创企业的愿景。

企业社会责任问题日益受到各国政府和人民的广泛关注。最新修订的《中华人民共和国公司法》(以下简称《公司法》)总则第五条明确要求，公司从事经营活动，必须遵守法律、行政法规，遵守社会公德、商业道德，诚实守信，接受政府和社会公众的监督，承担社会责任。新修订的《公司法》不仅将强化公司社会责任理念列入总则条款，而且在分则中设计了一套充分强化公司社会责任的具体制度。可见，企业社会责任在我国具有法律地位。

企业社会责任(corporate social responsibility，CSR)的概念已经广为接受，但目前还没有一个统一的定义。但从国际组织对企业社会责任给出的定义可以看出，其基本内涵和外延是一致的，它是指企业在创造利润、对股东利益负责的同时，还要承担起对企业利益相关者的责任，保护其权益，以获得在经济、社会、环境等多个领域的可持续发展能力。利益相关者是指企业的员工、消费者、供应商、社区和政府等。企业得以可持续经营，仅仅考虑经济因素对股东负责是远远不够的，必须同时考虑环境和社会因素，承担起相应的环境责任和社会责任。

在欧美发达国家，企业承担社会责任已经从当初以处理劳工冲突和环保问题为主要追求，上升到实施企业社会责任战略以提升企业国际竞争力的阶段。在实践上，随着企业社会责任运动的发展，越来越多的公司通过设立企业社会责任委员会或类似机构来专门处理企业社会责任事项，越来越多的企业公开发表社会责任报告。对于西方国家的创业者及其企业来说，承担企业社会责任就是要积极参与企业社会责任运动，贯彻执行由此衍生的SA8000等各种企业社会责任国际标准。

在我国，强化企业的社会责任是一个紧迫的现实问题，是全球化背景下中国企业提高国际竞争力面临的一项新挑战。我国新企业在创建伊始就应清楚地认识到推行企业社会责任是人类文明进步的标志，劳工权益保护不仅是西方国家的要求，也是现代企业的历史使命，符合《中华人民共和国劳动法》等许多现行法规的要求。创业者应该在积极参与和关注企业社会责任运动和企业社会责任国际标准出台的同时，从以下几个方面着手提高承担企业社会责任的意识和能力。第一，制定实施体现企业社会责任的竞争战略。突破传统的企业竞争战略，在勇于承担企业社会责任的同时，打造企业新的竞争优势，是我国新一代创业者的必然选择。第二，把企业社会责任建设融入企业文化建设。企业文化建设其实是企业发展战略的一部分，企业文化建设既可以提高企业竞争能力，也可以使人在工作中体会生命的价值。把企业社会责任作为新时期企业文化整合和再造的重要内容已成为国际企业文化发展的大趋势。第三，把社会责任的理念付诸实实在在的行动，在企业的日常经营管理过程中，不仅要对股东负责，对员工负责，还要对客户、供应商负责，对自然环境负责，对社会经济的可持续发展负责。

二、创业伦理

与企业社会责任相比，强调伦理规范是更高层次的素质要求。创业伦理是指创业者及其新创组织在创业过程中处理企业内外部利益相关者关系时所应该遵循的伦理价值标准和道德行为规范。创业者的价值追求应该符合伦理道德，创业行为应该遵守社会伦理规范。遵守社会伦理道德规范是创业活动得以顺利进行并实现长远发展的基本前提和保证。创业伦理与创业活动的关系主要体现在三个方面：创业伦理与机会、创业伦理与资源、创业伦理与决策。

(1) 创业伦理与机会。创业可以被认为是发现机会来为组织创造价值的过程，创业者创造经济利润，他们能够发现和抓住还未开发的市场机会。创业者伦理意识有助于创业机会的识别，创业者伦理行为对创业机会识别与利用之间的关系具有正向调节作用。对创业机会的识别与评价又是一个动态的过程，当机会识别与评价有了伦理的指导，便可以更明确地排除那些明显不符合伦理道德的创业机会，这样有助于加快对机会的判别速度，抓住商机。选择一个错误的机会，会为创业者甚至社会带来很大的损失，在伦理思想指导下所选择的商机，在本质上是与社会发展要求相一致的，在发展过程中可能会优先获得社会资源，因而更具潜质和持久力。

(2) 创业伦理与资源。新创企业的失败率很高，表现出了资源的浪费性，浪费本身就是一种伦理问题的表现。对于政府和企业来说，避免这种浪费是一个挑战，但也给新创企业提出了一个问题，即如何在伦理道德的基础上构建企业。资源具有稀缺性，创业过程中的资源更是不易获得，即便如此，创业者对资源及其获取途径也要有选择性，而创业伦理则有助于资源的识别与选择。

创业伦理对资源的指导具体包括以下两个方面。第一，对于外部资源要通过正当渠道获取，合理使用。创业者在创业初期会有一种把企业做大做强的梦想，但资金等资源的来源渠道要合法，更要合理地利用社会关系，改变过去很多企业所出现的"创业原罪说""寻租"等现象，为新创企业创造出"干净的第一桶金"，让企业的发展有一个良好的开始，在企业不断发展的过程中也不会因为创业初期的小失误而为竞争者所胁迫。第二，对于内部资源要提高保护意识。尤其是专利、技术等涉及企业核心竞争力的关键性资源，要做好壁垒性工作。技术和专利对于新创企业来说就是竞争力，是站稳市场脚跟的法宝，是新创企业与原有市场竞争者展开竞争的重要筹码，对企业至关重要。

(3) 创业伦理与决策。一项创业活动，是否真正考虑到伦理道德的因素，首先要看其决策制定是否把伦理因素考虑进去，是否符合伦理规范，只有战略决策正确，才能更好地执行创业活动，才能把创业活动中的伦理落到实处。而如何制定创业伦理决策，又受到众多因素的影响，如创业环境、创业政策、与创业活动有关的利益相关者等。创业者的决策决定了对创业机会的选择，选择创业机会仅仅是创业的开始，在企业的初创和发展阶段，创业者的价值观将直接影响企业的伦理行为，进而影响企业的创业绩效，创业绩效包括社会绩效和经济绩效。经济绩效关乎企业自身，更受创业者的重视。创业者在伦理思想下做出的决策，一定考虑了更多的社会和人文因素，因而其产品或服务也更容易被社会所接受，市场规模可能会迅速扩大，从长远发展来看，经济绩效应该比同行业其他企业更胜一筹。

可参考以下建议有步骤地提升新创企业的创业伦理水平。

(1) 提升创业领导者的伦理素质。创业领导者居于创业的核心地位，其个性特点和行为方式对创业中伦理问题的解决有极其重要的影响。为提升创业领导者的伦理水平，需要从以下两个方面做起：①在创业伦理意识方面，现有的商业伦理共识创业者应自觉遵守；②在创业伦理行为方面，创业者在遵循商业伦理一般规则的同时，要与时共进，敢于打破现有规则中不合理的束缚，积极推动创业制度革新与创业伦理思想的发展和实践。

(2) 推进创业伦理学习的进程。创业伦理问题的具体情境与经济体制背景密切相关，因此创业伦理的学习也要结合中国国情及企业的实际情况。中国情境下的创业活动面临独特的伦理问题，这些独特的伦理问题会对创业行为，新企业的创建、成长，以及战略制定产生深远的影响。而创业伦理学习是揭示中国情境下独特创业问题的重要切入点，新创企业作为创业的主体，更应该加强自身的伦理建设，从企业制度的构建、企业文化的塑造等各个方面来推进伦理的学习和实践。

回顾与思考

1. 如何理解创业者？为什么要成为创业者？

2. 创业者与职业经理人的区别？

3. 什么是创业团队？创业团队的优势是什么？

4. 组建创业团队应该遵循哪些原则？创业者创业应当遵循哪些创业伦理和社会责任？

课后训练

1. 请你通过实地访谈或者网络途径，搜集关于1～2家公司创业团队的案例，并注意比较分析高管团队成员变化对企业不同成长阶段策略选择和具体方案的影响。

2. 《水浒传》《三国演义》《西游记》等名著都详细刻画了创业团队，请选择其中的一个团队，从团队的组建、角色扮演、冲突解决、团队演化等多个方面认真剖析比较，总结团队运营所涉及的关键要素和一般规律。

第五章

创业机会识别与创业风险评估

📖 学习目标 ┃

- 了解创业机会识别的基本内容
- 掌握创业机会识别的获取途径
- 熟悉市场调查和分析的主要方法
- 掌握创业机会评估工具
- 了解创业风险评估和管理的内容

📖 引例 ┃

❧ 小组制为核心的单品全程运营体系：韩都衣舍异军突起的秘密 ❧

2006年，赵迎光创立韩都衣舍电商集团，从事化妆品、母婴用品、汽车用品的电子商务运营工作。

2008年，由于有在韩国工作的经历，并看好中国女装服饰巨大的市场规模和吸引力，赵迎光在济南创立了韩都衣舍品牌，主要从韩国代购起步。在国内电子商务行业风云变幻的环境下，韩都衣舍2008年的销售额达到了300万元。

2009年，面对整个市场环境的变化，经过一年探索的韩都衣舍开始转型为互联网自有品牌，并开创了以产品小组制为核心的"单品全程运营体系"这一独特的组织形式和商业模式。

通过这种组织创新，韩都衣舍凭借"款式多，更新快，性价比高"的产品理念，深得全国消费者的喜爱和信赖，慢慢成为中国最大的互联网时尚品牌运营集团。2012—2014年，在国内各大电子商务平台中，韩都衣舍连续三年女装销售额排名第一。2014年，韩都衣舍销售额达到15亿元，员工数也增至2600人。

截至2015年12月，韩都衣舍有58个业务部门，员工超过2600人。通过内部孵化、合资合作及代运营等方式，韩都衣舍品牌集群达到28个，包含女装品牌HSTYLE、男装品牌AMH、童装品牌米妮·哈鲁、妈妈装品牌迪葵纳、文艺女装品牌素缕、箱包品牌猫猫包袋等知名互联网品牌。其中包括韩系、欧美系、东方系等主流风格，覆盖女装、男装、童装、户外、箱包等全品类。

关于单品全程运营体系，2008年创业的时候，韩都衣舍内部就进行了大量的讨论：这个体系建立的基础到底是什么？为什么要建立这个体系？

经过内部讨论，韩都衣舍认为传统时代的组织结构可能不太适应互联网时代快速学习、快速试错和快速迭代的要求，因此有必要对公司结构进行重构。

韩都衣舍的具体做法是把原来科层制的管理结构转变成赋能型的管理结构(见图5-1)。通过这种组织结构的调整，员工成为与市场接触的一线主体，并进行一部分战略决策。

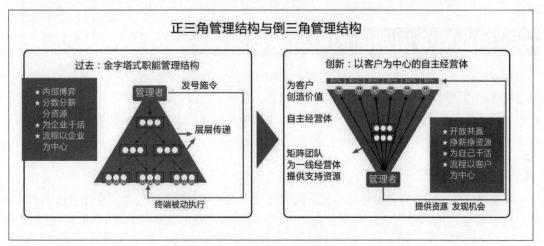

图5-1　韩都衣舍管理结构

韩都衣舍将产品设计开发人员、页面制作人员(类似于传统商业的导购)、库存采购管理人员(负责采购和供应链)这三类人组成一个小组。小组里面的设计开发人员并不等同于传统意义上的设计师，韩都衣舍的大多数品牌采用"买手制"，因而这样的小组也可称为买手小组。韩都衣舍的买手制模式中每个买手小组的作用是跟踪诸多韩国品牌的产品动态，从中选出他们认为款式不错的产品，并进行样衣采购、试销，然后再根据试销情况在中国找工厂大量生产。买手制并非韩都衣舍首创，国际服装品牌中有很多采用买手制运作，赵迎光引入买手制是因为其销售团队太薄弱，为了控制风险，只好将压力转移至产品部门。这种无心插柳之举却孕育了韩都衣舍的核心商业模式。小组集"研发、销售、采购"于一体，在最小的业务单元上实现了责、权、利的统一。

韩都衣舍在组织设计中，注重激发小组的竞争意识，但韩都衣舍并不实行淘汰机制。小组的新陈代谢是自然实现的，即"产品小组更新自动化"。公司每天都会给出"每日销售排名"，小组间"比学赶超"的气氛就会很浓，同时又在激励上向业绩优秀的小组倾斜。这样做得好的小组就会形成示范效应，同时也会有组员提出要独立出来单干，而做得差的小组中的组员就会过去，小组间便形成了自由组合。小组分裂后可以相互自由组合，也可以加入新员工组建新的团队，这是充分的自由竞争。为了防止不必要的细胞裂变，韩都衣舍又规定，离开的组员要向原小组贡献培养费，即离开的组员在新的小组拿到奖金后要将10%交给老组长，时间是一年。

有人形象地形容初级版的韩都衣舍模式是"强盗"模式，小组随便到市场上抢，抢到了就分，后来韩都衣舍有组织、有纪律了，开始向正规军发展。每3~5个小组形成一个大组，每3~5个大组形成一个产品部，每个产品部都覆盖全品类。部门和部门之间会有竞争，部门内部是互相合作。

韩都衣舍凭借独创的小组结构和运营管理机制，对设计、生产、销售、库存等环节进行全程数据化跟踪，实现商品的精细化运营。线上店铺保持每周上新的速度，全年上新商品达30000款。

(资料来源：根据网络资料整理)

第一节　创业机会识别

一、创业机会识别的内涵与基本内容

创业机会识别是创业者与外部环境(机会来源)互动的过程，在这个过程中，创业者利用各种渠道和各种方式掌握并获取有关环境变化的信息，从而发现现实世界在产品、服务、原材料和组织方式等方面存在的差距或缺陷，并找出解决这些差距或缺陷的手段和措施，最终识别出可能带来新产品、新服务、新原料和新组织方式的创业机会。

(一) 创业机会识别的内涵

环境的变化会给各行各业带来良机，人们透过这些变化发现新的前景。变化包括产业结构的变化、科技进步、通信革新、政府放松管制、经济信息化与服务化、价值观与生活形态变化、人口结构变化，等等。

"现代管理学之父"彼得·德鲁克在《创新与企业家精神》中说道："所有的创新机会都来自外界环境的变化。"这句话与他对创新的七种来源——意外的成功(或失败)、矛盾(如生产、分销，或顾客行为中存在的矛盾)、流程创新、行业和市场的结构性变化、人口结构的变化、公众感知的变化、新知识的解读是一个整体。这七种来源无一不是变化带来的，有的直接描述为某一方面的变化，有的很容易体会出其中蕴含的变化因素。

在20世纪30年代，IBM公司专门为银行客户设计开发了全世界第一台现代化的财务核算设备。但不幸的是，当时正处于大萧条中的银行根本买不起新设备。一个意外的机会拯救了IBM，当时的纽约公共图书馆需要买一台财务设备。而与银行不同的是，罗斯福新政实施初期的公立图书馆都有不少的采购经费。于是，IBM向全美图书馆出售了100多台机器。这使得这一新发明得以存活下来，IBM也为自己找到了更宽广的服务领域。这种意外的成功其实来源于技术创新与政策创新这两种变化的叠加。

变化随时都在发生，关键是我们对变化是否敏感。大学生在自己的学生时代应该注意保护自己对自然、社会和自身变化的敏感性，避免过早麻木。

创业机会本质上是商机、创意、轻资产、小团队四种要素的有机组合，如图5-2所示，主要包括以下方面。

第一，某个细分市场存在或新形成了某种持续性需求。

第二，拟创业者开发了或持有有助于满足市场需求的创意。

图5-2　创业机会

第三，创业者有能力、有资源，可实施所持有的创意。

第四，创业者将自己的创意转变为具体的产品或服务，不需要大规模的资金(所谓轻资产)和大的团队(所谓小团队)。

当这四个要素都得到满足之时，才可认为客观上存在或形成了某种创业机会。不能简单地将商机认为就是创业机会，因为如果这种商机是不可持续的，而是昙花一现的，则创业者还没有起步行动，这样的商机就可能已经消失。针对特定的商机，创业者如果不能开发出可与之匹配的创意，那么这样的商机也不能被视之为创业机会，因为既无创意，何谈创业。

如果创业者能够开发出与特定市场需求相匹配的创意，但实施相应的创意需要较大规模的资金(所谓重资产)和团队(所谓大团队)，则这样的商机也不能被视为创业机会。因为创业者起步之初，多数缺的是资金和众多的追随者。需要重资产、大团队的商机，只是规模达到一定阈值的企业的商机，创业者如硬要跟进这样的商机，多数会溃败而归。

(二) 创业机会识别的基本内容

对某个创业机会进行识别，通常需要对以下内容做出分析。

1. 创业机会的原始市场规模

创业机会的原始市场规模是指创业机会形成之初的市场规模。原始市场规模决定了创业企业在创业初期可能销售的规模，也决定了利润的多少。因此，分析创业机会的原始市场规模十分重要。一般而言，原始市场规模越大越好，因为创业企业只要占有较少的市场份额就会拥有较大的销售规模，这样有利于创业企业生存下去。

2. 创业机会存在的时间跨度

任何创业机会都有时限，超过这个时限，创业机会将不存在。不同行业的创业机会存在的时间跨度是不一样的，同一行业不同时期的创业机会存在的时间跨度也不一样。时间跨度越长，创业企业用于抓住机会、调整自身发展的时间就越长；相反，时间跨度越短，创业企业抓住机会的可能性就越小。

3. 创业机会的市场规模随时间增长的速度

创业机会的市场规模随时间增长的速度决定着创业企业的成长速度。一般情况下，它们之间成正比，也就是市场规模增长得越大、速度越快，相应的创业企业的销售量越大，销售量增长的速度也越快。创业机会带来的市场规模总是随时间变化而变化的，而随之带来的风险和利润也会随时间变化而变化。

4. 创业机会是否是好机会

即使创业机会有较大的原始市场规模，存在较大的时间跨度，市场规模也随着时间以较高的速度成长，创业者也要对该机会做进一步的评价，看它是否是好机会。蒂蒙斯在《21世纪创业》中认为，好的创业机会应具备以下四个特征：一是它很能吸引顾客；二是它能在商业环境中行得通；三是它必须在机会之窗存在期间被实施；四是它必须拥有机会所需的资源和技能。

5. 创业机会的可实现性

即使创业机会具备了上述四个特征，也要求创业机会对创业者而言是可实现的，否则对该创业者来说，它只是可望而不可即的事。创业者是否能利用这一创业机会，要看创业者是否具备以下条件：拥有利用该创业机会所需要的关键资源；遇到较大的竞争力量能与之对抗；能够创造新市场并占领大部分新市场；可以承担创业机会带来的风险；等等。

二、影响创业机会识别的因素

对于是什么因素使一些人更善于识别出有价值的创业机会，不少学者进行过研究，下面是取得共识的四类主要因素。

(一) 先前经验

先前经验即创业者以往的创业实践和其他商业实践，即便是所谓的打工，也会给创业者沉淀一些商业经验，对创业者识别创业机会形成一些影响。一般而论，创业者的商业实践越是丰富，则越是会从四要素的匹配上理解、考察和认识创业机会；反之，创业者的商业实践越是粗浅，则越是会片面地理解、考察和认识创业机会；尤其是此前创业者在商业实践中的位置高低，也会影响创业者对创业机会认识的全面程度和深刻程度。

另外，创业者此前的"成功实践"和"受挫实践"，也会影响创业者的机会识别。如果创业者先前的商业实践中有诸多的"成功实践"，这通常有助于他恰当地分析和认识新的商机，则面对新的创业机会，创业者多会抱有积极的心态，在理性分析的基础上，选择适合自己的创业机会。如果创业者先前的商业实践中有诸多的"受挫实践"，这通常会使他看不到新的商机，甚至面对很恰当的创业机会，创业者也多会抱有难以作为的心态，进而很可能放弃原本适合自己的创业机会。在后一种情况下，有诸多"受挫实践"的创业者，可能更适合加入他人的创业团队。

(二) 认知因素

机会识别可能是一项先天技能或一种认知过程。有些人认为，创业者有"第六感"，能使他们能看到别人错过的机会。多数创业者以这种观点看待自己，认为他们比别人更"警觉"。警觉很大程度上是一种习得性的技能，拥有某个领域更多知识的人，倾向于比其他人对该领域内的机会更警觉。

(三) 领域知识

现代经济已进入"后工业社会"，领域知识对创业活动的推动和组织越来越重要，相应也会影响创业者的创业机会识别能力。例如，一个精通软件技术的创业者对软件行业的创业机会的识别能力，多数情况下会强于不懂软件技术的创业者。道理很简单，精通软件技术的创业者，通常会对软件行业的某个细分市场领域有较多了解，会对这个软件细分领域的供求态势、竞争态势等多有较为清晰的认识，从而在把握该细分市场的创业机会方面，他也就会有较为独到的优势。相反，在该领域缺少专业、行业、市场知识的创业者，则很难拥有相近于前者的创业机会识别能力。基于此，创业者应该在自己更有专业领域知识的细分行业来发现创业机会。

(四) 悟性及灵感

悟性即对事物理解、分析、感悟、觉悟的能力，也指触类旁通的思维方式。悟性的基本功能，即直接认识因果关系，由效果过渡到原因，由原因过渡到效果。灵感是指人们在探索过程中由于某种机缘的启发，而突然出现的豁然开朗、精神亢奋，取得突破的心理现象。灵感会给人们带来意想不到的创造，它并不被人们的理智所控制，具有突然性、短暂性、亢奋性和突破性等特征。相应地，富有悟性和灵感的创业者，通常能比他人更快、更深刻地认识所遇到的创业机会。当然，灵感是人们通过知识、经验、思索与智慧综合实践而积淀的心理能力，创业者要想借助于悟性和能力更为恰当地识别创业机会，就需要在相关商业实践中持续培育和提升自己的悟性和灵感。

拓展阅读 | 5-1

❧ 小问题中的大商机 ❧

在中国的快递行业，有一个人从穷小子变身总裁，他就是王卫，管理着拥有20余万名员工的庞大快递公司——顺丰。20多年前，22岁的王卫因工作需要，经常往返中国香港和顺德两地。他经常受朋友所托，从中国香港将包裹免费运到深圳指定的人手中，并将一些信件带到中国香港。久而久之，托王卫送包裹的人越来越多，又不好意思每次免费，于是"小打小闹"地塞给他一些红包。王卫想，既然市场需求这么大，那能否成立一家公司，专门做运送业务呢？

王卫将他的想法向经常托他送货的人咨询，得到了非常爽快的回答："如果是这样那就太好了，以后运送包裹的业务就全交给你了。"随后，王卫在中国香港砵兰街开了一家小店面，承接业务。1993年，顺丰速运公司(简称顺丰)在广东顺德正式注册成立。一段时间后，顺丰已经局部垄断了深港货运，顺德到中国香港的陆路通道上，70%的快递件由顺丰承运。

一段时间后王卫发现，用户除了有货物运输的需求，对货物和信件的到达时间也有需求。为解决这一问题，王卫提出用飞机送快递，做一家速度最快的快递公司。最终于2009年年底，获得中国民航局批准，顺丰航空公司正式开始运营，直接为顺丰速运提供航空快递运输业务服务。

(资料来源：根据网络资料整理)

三、创业机会识别的途径

(一) 经济转型发展的创业机会

随着互联网、云计算、大数据、人工智能等新一代数字技术的突破，数字经济逐渐成为世界经济增长新的驱动力。党的十九大报告明确指出，要发展数字经济、数字产业，培育新增长点、形成新动能。2018年，我国数字经济规模已达31.3万亿元，较前一年增长20.9%，占GDP的比重达34.8%。同时，2018年我国电子商务交易额达31.63万亿元，网络零售额超9万亿元。海量数据是线上线下数字经济蓬勃发展的真切脉动。随着居民消费升级，我国数字经济整体上仍然呈现快速增长态势，预计到2030年，我国数字经济总量占GDP的比重将超过50%。数字技术的应用正在影响并逐步主导社会、经济和生活的各个领域。数字经济的培育发展了新动能，已经成为国民经济发展的助推器、倍增器，将推动经济社会更高质量地发展。

《中共中央关于制定国民经济和社会发展第十四个五年规划和二〇三五年远景目标的建议》(以下简称"建议")中提出了一系列创新性、战略性举措，其中不乏令创业者振奋的好消息。

"十四五"期间，国家将瞄准多项科技创新前沿领域，实施一批具有前瞻性、战略性的国家重大科技项目，同时对投入科技创新的企业实行税收优惠，支持创新型中小微企业成长为创新重要发源地，加强共性技术平台建设。

建议中指出，下一步国家将加快壮大新一代信息技术、新能源汽车、绿色环保等产业，构建一批各具特色、优势互补、结构合理的战略性新兴产业增长引擎，培育新技术、新产品、新业态、新模式，大力推动数字经济和实体经济深度融合，打造具有国际竞争力的数字产业集群，形成实体经济与互联网经济并驾齐驱，相互融合、相互带动的新局面。

"绿水青山就是金山银山"，新能源、环保业态一直是国家重点开发的新版块，建议中对新兴产业增长目标的规划将对国内绿色环保、新能源、健康等创业市场，尤其"互联网+"环保产业生态带来一轮新的提速发展机遇。

实体经济是我国发展的本钱，是构筑未来发展战略优势的重要支撑。自"十三五"规划提出，国家就在大力扶持实体经济的发展，"十四五"规划更是提出了实体经济与数字经济深度融合的理念。同时提出要推动生活性服务业向高品质和多样化升级，加快发展健康、养老、育幼、文化、家政、物业等服务业，加快发展新型文化企业、文化业态、文化消费模式。从释放的各项政策来看，实体经济仍是国家关注的重点，这无疑可以让各位实体从业者焕发生机、重燃生命力。

随着互联网产业生态链发展，很多人认为实体经济不好做，这虽有些以偏概全，但不得不承认互联网对实体本业产生了巨大冲击。真正做得好的实体都是结合互联网、新模式、信息化大数据的实体。实体经济是大型经济体的立身之本，实体兴、国家强。实体经济发展壮大，国家经济根基才牢固，才有足够的经济储备。

这五年，国家对大力发展实体经济，其实提到了关键性的一点——"实体经济与数字经济"深度融合。实体经济+大数据助力创业者，创业孵化培育领域当属店数科技有话语权(店数科技是一家互联网购物的公司，其主营业务是维持电商平台的购物)。大数据信息化时代的崛起，实体从业者没有互联网、大数据支撑真的步履维艰，店数科技亲眼见证了大数据信息化体系给这些实体从业者带来的变革，国家对实体经济在大数据深度融合方面的规划，意味着此后实体经济发展将建立在数字化基础上，且发展动力将更加强劲。

"十四五"期间，最受欢迎的创业利好政策当数"优化民营经济发展环境，依法平等保护民营企业产权和企业家权益"。为民营企业营造一个更好、更轻松的营商环境，不仅能扩大内需，加速经济发展，还能扩充就业岗位，稳定民生。简单来说，发展环境的改革代表着创业者将有更多机会发展，不论是开店还是成立企业，都将比以往更简单，拥有更多可能。"十四五"期间，国家要继续调整和优化企业、政府和居民三者间的分配关系，继续加大对中小微企业的支持，稳定居民收入增长的基础。

站在"两个一百年"奋斗目标的历史交汇点上，这份新时代新征程的逐梦蓝图不仅关乎14亿中国人民的未来福祉，更为中国创业市场的发展带来更多"中国机遇"。

(二) 社会转型发展的创业机会

社会转型就是社会经济结构、文化形态、价值观念等发生深刻变化。我们现在往往把转型当作加强社会管理、加强民生工作、改善民生等，事实上它们的概念是不一样的，转型是一个战略问题，一般的民生工程是一个战术问题。从社会学的研究上来看，人类社会就是一部社会变迁的进步史，社会变迁是一个缓慢的过程，而转型就是社会变迁中的"惊险一跳"，就是从原有的发展轨道进入新的发展轨道。我们这个社会是由14亿人口组成的，其中的城乡差距、贫富差距、文化和教育的差距，是不容否认的客观存在，平稳地实现转型，从这个轨道转到那个轨道，将会对人们的思想观念、生产方式和生活方式等带来全新的变化。

中国这么大，社会转型转到什么方向去？这是一个首要问题。构建以人为本、科学发展的和谐社会，就是为社会转型明确了方向。但"以人为本"绝不仅是搞一些民生工程、民生福利，而是以人的权利为本，在解决温饱以后，注重人的全面发展，把人的发展作为经济和社会发展的主线。中国是农业大国，农业、农村、农民问题是关系国计民生的根本性问题，社会转型中的新农村建设至关重要。

在"十四五"规划中，"发展县域经济，推动农村一二三产业融合发展，丰富乡村经济业态，拓展农民增收空间"这一内容被着重提出。县域经济的发展，将有效推动农村非农产业的发展，推动社会转型。

在农业农村部等7部门联合印发的《关于推进返乡入乡创业园建设提升农村创业创新水平的意见》中提出，到2025年，在全国县域建设1500个功能全、服务优、覆盖面广、承载力强、孵化率高的返乡入乡创业园，吸引300万返乡入乡人员创业创新，带动2000万农民工就地就近就业。当然，还需健全城乡融合发展机制，推动城乡要素平等交换、双向流动，以此来增强农业农村的发展活力。《关于推进返乡入乡创业园建设提升农村创业创新水平的意见》中还提出，要强化财政扶持，对首次创业、正常经营1年以上的返乡入乡创业人员，可给予一次性创业补贴。

(三) 教育转型发展的创业机会

"十四五"规划指出，要建设高质量教育体系，并在"立德树人""家庭社会协同育人机制""教育公平""在线教育"等多个方面提出了要求，不仅对未来五年中国教育发展确立下新的目标，更对中国教育发展的方向产生深远的影响。

"十四五"规划在"十三五"的基础上依旧强调教育资源需要向乡村倾斜，需要保障乡村学生享受较高质量的教育资源。"十四五"规划不再强调需要推广双语教学，而是转向为推广国家性语言文字，文化自信、语言自信是国家所倡导的一个方向。

规范校外培训机构，增设对于校外培训机构的规范说明国家未来五年将对校外培训机构再次加大整顿力度，大浪淘沙，未来培训市场将会开启一波整合资源的风潮。

高中阶段并不仅仅走应试化道路，也不仅仅走文化课道路，国家鼓励高中阶段多样化发展，鼓励高中学校办出特色，艺术化道路、体育化道路都是一个未来可以探索的方向。

国家对于职业教育的扶持力度依旧不减，推进职业教育的"产教融合"依旧是一个大的趋势，推动产业进校园，推动学历证书与职业证书双条路发展依旧是大趋势，使职业教育的学生有一技傍身对于未来社会的就业率保障及社会的多元化发展有着重要的意义。现阶段举办高职院校将会比举办高中阶段教育审批门槛更低。

具有相关资源或兴趣的创业者可以关注教育转型发展的各种创业机会。在社会转型中的总体格局中，教育转型带给大学生的创业机会可以分为以下三类。

(1) 学前教育转型带给大学生的创业机会。

可以通过落差找创业机会，如农村与城市学前教育的落差、国内与国外学前教育的落差、需求与供给的落差等。

(2) 中小学教育转型带给大学生的创业机会。

中小学教育转型进展较快，相关专业的大学生可以从三个方面寻找创业机会：一是考试招生及课程改革；二是中小学教育信息化；三是中小学教育国际化。

(3) 高等教育转型带给大学生的创业机会。

大学生既是高等教育转型的影响客体，又能成为其中重要的参与主体。我们的问题是如何以多种角色参与，如何从多个方面受益。可以从以下三个方面寻找创业机会。

(1) 以教育资源开发者的角色参与高等教育转型过程，从资源享用和资源提供两个方面受益。这里所说的教育资源包括新型课程资源、教材、校内外实践平台、实习及就业机会等。

(2) 以科研资源开发者的角色参与高等教育转型过程，从资源享用和资源增值两个方面受益。这里所说的科研资源包括科研成果、项目研发创意、科研团队等。

(3) 以社会资源开发者的角色参与高等教育转型过程，从资源享用和资源整合两个方面受益。这里所说的社会资源包括校友网络、合作企业等。

当终身学习的理念日益深入人心，当追求精神满足的人群日益成长壮大，教育转型润物细无声般地开始。市民学习中心、老年大学、社区课堂等新型社会教育组织方式的产生为大学生提供了广阔的创新创业空间。

拓展阅读 | 5-2

2021年7月24日，中共中央办公厅、国务院办公厅印发了《关于进一步减轻义务教育阶段学生作业负担和校外培训负担的意见》。随后，中国民办教育协会(包括新东方、好未来、作业帮、猿辅导等120家全国性校外培训机构)发出《中国民办教育协会率有关校外培训机构联合发出倡议书》，坚决拥护新政，加快转型成校内教育的"有益补充"，具体包括：①深刻认识"双减"的重大意义，坚决拥护中央决策部署；②坚持社会主义办学方向，全面贯彻党的教育方针；③落实立德树人根本任务，服务中小学生全面发展；④正确认识校外培训定位，加快转型成为有益补充；⑤坚持证照齐全合法经营，健全规章制度提升水平；⑥遵守价格管理确保质量，充分体现公益普惠属性；⑦杜绝违法违规培训行为，切实维护群众合法利益。

只要理解并坚决遵守新政，在"双减"的大逻辑下，教培行业依然会有巨大的发展机遇。新东方、好未来、高途、有道等机构，都在调整姿势。多元化的机构，早已做好布局。这一次的市场洗牌，如果只是等待，则可能会被洗掉；如果不断探索，机会反而比之前更大，因为大家重新站在了同一条起跑线上。

素质教育、科学教育、校企合作、家庭教育、营地教育、成人教育、智能硬件、教育科技、视频直播、线上转型等多种新型业务形式正在逐步形成。未来教培行业会成为校内教育的有益补充。

(资料来源：根据网络资料整理)

第二节　创业机会评估与把握

当你有了一个创业想法之后，也许会遇到两种截然不同的建议。第一种建议是经验派(实战派)：不管三七二十一，只要直觉认为这是个机会，只要有一份创业的激情，就应该马上付诸实践，不要等，也不要听别人的意见，实践是检验机会的唯一标准；不要害怕失败，失败是光荣的，只有经历过失败，才会取得成功。秉持这种观点的创业导师和创业名人为数不少。在学校中，受这种观点的鼓励，一部分热血青年会义无反顾地投入创业活动，甚至盲目地开始创业。加速的创业环境没有时间让年轻人去认真思考。在当前的文化环境下，这种趋势很明显。第二种建议是过去几年在美国逐渐形成，也被教育界慢慢认可和采纳的创业教育的假设、验证和评估的理论和方法，秉承了精益创业的核心理念。这个理念建议创业者把任何想法都当作一个假设，必须用证据来验证。证据来自实践和用户，但是不一定全部是自己亲身创业的实践，有很多科学方法可以收集所需要的实证证据，这就是本章要介绍的机会评估方法。机会评估可以减少低级错误的发生，避免没有必要的损失；机会评估可以不断调整创业的方向，不断完善创业机会的内涵；机会评估可以减少时间和资源的浪费，提高创业的整体效率。越来越多的学者和企业家认识到，虽然创业需要实践和经验，但是创业也是有规律、有方法、有理论指导的，这就是科学创业的理念，科学的主要特征就是依靠证据来验证假设。评估就是用科学的方法搜集证据、检验假设的过程，这一点对没有经验和资金积累的年轻学生尤为重要。科学创业理念在知识经济时代和创新创业时代扮演着重要角色。未来的创业者不仅仅依靠经验，也要依靠理论、知识和科学方法。

一、创业机会评估的重要性

创业是一种思考、推理和行动的方法，是一个不断试验、循环往复的过程。它不仅要受创业机会的制约，还要求创业者有完整缜密的实施方法和讲求高度平衡技巧的领导艺术。创业机会的识别和评价是整个创业过程中的关键环节，随后才是创业者对创业机会的行动，根据创业机会需求进行资源整合和开发。

创业机会是创业过程的核心，在风起云涌的创业大潮中，越来越多的人认为一个好的产品、好的创意就是一个好的创业机会，应快速地投入创业实践，殊不知这样有着极大的风险和失败的可能。成功的创业者和投资家都知道，一个好的产品、好的创意并不一定是一个好的创业机会。实际上，以商业计划书或商业提案形式提供给投资者的每100个创意中，只有2~4个成为投资对象。在这些被否定的创意中，有80%在最初的几个小时内就被淘汰了；另外的10%~15%是在投资者仔细阅读过创业计划书之后被否定的。因此，只有不到10%的创意能够吸引投资者的注意，并对其进行仔细的阅读和研究，这通常要经历几周到几个月，而且获得投资的几乎微乎其微。创业者可能会花大量的时间来寻找创意，而到头来这些创意可能根本毫无价值。因此，无论对投资者还是创业者来说，学会如何快速评估什么样的创意具有真正的商业潜力，以及应该在这个创意上投入多少时间和资源，是尤为重要的一项技能。

二、创业机会评估过程

创业机会的最初来源是用户的未解决问题(即市场需求)，如何从这些问题中筛选出真正具有商业潜力的创业机会，是创业者必备的一项重要技能。创业机会是整个创业过程的起点和核心，因此，对创业机会的识别和评价直接决定了创业过程能否顺利开展，以及创业活动的成功与否。换言之，如果没有筛选出一个具有高市场潜力的创业机会，那么你可以考虑放弃成为一名创业者，或者开始重新寻找创业机会并对其进行评价，直到找到一个可以通过评价的机会，再开始你的创业行动，这一过程被称为持续的回归过程。只有创业机会通过了最终评估，再进行商业模式设计和商业计划书的撰写才是有意义的。创业过程本身就是一个反复评价、不断回归的过程，只有这样才可以防止创业者因考虑不周、盲目开展创业活动而导致的失败。创业机会的识别和评价对整个创业过程的重要性不言而喻。那么，创业机会的识别和评价是否遵循一定的过程，具有一定的方法呢？本书从问题导向出发，依据漏斗理论，将创业机会的识别和评估过程分为以下四个不同的阶段，如图5-3所示。

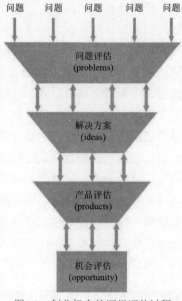

图5-3　创业机会的逐级评估过程

第一阶段：从一般问题到创业问题阶段——问题评估

发现问题是识别和评价创业机会的第一步。对于没有任何工作经验和学科背景的年轻创业者而言，从问题中寻找创业机会往往是最简单、最容易操作的。在日常生活中，人们身边存在着各种各样的问题，但是这些问题都具有真正的市场需求吗？它们都可以成为创业机会吗？在从一般问题到创业问题阶段，首先需要对发现的问题进行重新定义、梳理和筛选。应依据问题评估、需求评估方法，从众多问题中排除干扰问题，初步筛选出具有一定市场潜力的创业问题。

第二阶段：从创业问题到解决方案阶段——解决方案评估

在筛选出创业问题之后，需要创业者依据其创造能力提出具有独特创意的产品(服务)，并据此制定可行的解决方案。解决方案的制定，一方面可以帮助创业者更好地认识和理解创业问题，是对创业问题的再一次识别和评价；另一方面也是为潜在创业机会的筛选做准备。筛选出的创业问题并不是唯一的，针对创业问题制定的解决方案也不是唯一的，本阶段需要对不同创业问题的不同解决方案进行评价，从而筛选出具有高可行性和市场潜力的创业解决方案，即创意。本阶段对方案与用户问题的匹配程度、方案的原创性、方案的技术可行性和方案的商业可行性进行评估。经过解决方案评估的项目，就可以进入下一阶段，即对产品(服务)进行原型设计。

第三阶段：从解决方案到产品设计阶段——产品评估

通过上一阶段解决方案评估筛选的项目，一般具有良好的原创性和一定的市场潜力。本阶段主要依据解决方案对产品原型或初始服务模式进行设计，并对技术可行性进行验证。本阶段的评估不仅包含对产品技术可行性的评估，也包含产品市场可行性的评估，主要从产品技术的可实现性及产品与市场需求、行业趋势的匹配度，以及行业竞争的激烈程度和自身的盈利机会几个方面对解决方案进行评估。经过产品评估阶段的项目，可以初步确定为技术可行、市场前景较好的潜在创业机会。

第四阶段：从潜在创业机会到创业机会阶段——机会评估

创业机会是整个创业过程的核心，是创业活动的起点，在创业过程中起着至关重要的作用。从潜在创业机会到创业机会阶段的筛选和评估，在上述三个阶段对问题、解决方案和产品评估的基础之上，应用创业机会评估量表(OA量表)对潜在创业机会从用户问题、产品创意、市场需求、可盈利性、行业趋势和行业竞争等几个方面进行评估。除此之外，还会涉及更多关于产品、运营、营销、推广、盈利模式等方面的细节性评估；更深层次地考察产品(服务)与市场、行业的匹配程度及产品(服务)的可盈利性，进而从中最终确定将实践的创业机会。

创业机会的识别和评估并不是一个单线条的直线过程，而是一个逐级评价、不断回归的过程。如图5-3所示，整个识别和评估的过程就像一个个漏斗，每个漏斗设有粗细不等的过滤网，越往下过滤网的网眼越细，漏斗的容量也越小。这代表着在逐级筛选的过程中，评估标准会越来越严格，可以通过评估的机会越来越小。同时，在每个漏斗的底端都有一个返回的箭头，这就意味着未经过评估的机会可能需要经过调整后，再次进行本阶段或上一个或几个阶段的评估；也可能意味着这个机会完全不符合评估标准，需要完全放弃，从问题开始重新开始评估流程。创业机会的识别和评估是逐级评估、不断回归、从无序到有序的过程。如图5-4所示，开始的众多产品(服务)在市场环境中与杂乱的市场需求进行碰撞与磨合，通过不断地评估和筛选，实现产品(服务)与市场需求的高度耦合匹配，并可以在行业及市场环境中实现高速运转。

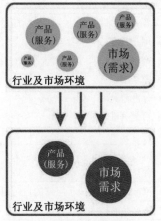

图5-4 创业机会评估目的：产品(服务)与市场需求的匹配

在整个创业过程中，虽然创业机会是起点和核心，起着至关重要的作用。但是，对于创业活动的开展而言，创业者、创业团队及创业资源同样是不可或缺的。如果没有创业团队和创业资源，所谓的创业机会仅仅是一个创意、解决方案，是没有办法实现的空中楼阁，并不能转化成真正满足用户市场需求的产品(服务)。

三、创业机会评估工具

罗伯特D.赫里斯认为，创业机会评估并不是创业计划，相比创业计划而言，创业机会评估应该更加简短，它聚焦于机会本身而非创建企业，是创业者决定选择这个机会而不是等待其他机会的主要依据。他认为创业机会的评估有四个部分，包括两个主要部分和两个非主要部分，共四类22项。两个主要部分为：①开发产品(服务)的想法、竞争对手的产品和企业的分析及创意的独特性；②市场的规模、趋势、特性及增长率。两个非主要部分为：①创业者和创业团队的背景、受教育程度、技能和行业经验等；②将想法转变成企业的时间规划。威廉姆D.拜格列夫设计的创业机会评估量表认为，创业机会的评估应从用户的可识别性和消费心理、市场的发展趋势、市场规模、市场增长、消费的价格和频次、市场竞争、关键成功要素、供应商、政府规定、国际环境11个类别30项细化指标对创业机会进行评价。蒂蒙斯对创业机会的评估主要从行业与市场、经济价值、收获条件、竞争优势、管理团队、致命缺陷、创业者个人标准、理想与现实的战略差异8个类别53项细化指标对创业计划进行评价。

我们发现目前学者提出的这些创业机会的评估模型和量表都过于复杂，其使用的对象大多是投资者和有经验的创业者。对于刚刚学习创业、专业知识相对较少、缺乏行业经验的青年学生来说，很难理解机会评估表中各项评价标准的具体含义并运用其进行有效评价。为此，我们希望能够在全面考虑学习创业基础教育的一般学生的知识背景前提下，制定一个适合他们使用的创业机会评价量表。通过对现有的创业机会评价模型和量表进行分析和总结发现，创业机会评估一般都会包含对产品(服务)的用户问题、产品创意、市场需求、行业趋势、可盈利性、行业竞争等几个方面的评价。我们做了一个简便的、创业初学者易于使用的创业机会评估量表(OA量表)，如表5-1所示。

表5-1 创业机会评估量表

创业机会评估量表

请简单地对你的解决方案进行描述：

- 用户问题
- 产品创意
- 市场需求
- 行业趋势
- 可盈利性
- 行业竞争

评价指标	机会评分				
	完全不同意	基本不同意	不确定	基本同意	完全同意
1. 该产品切实解决了用户的迫切问题	0	1	3	5	7
2. 该产品的技术可行性很高	0	1	3	5	7
3. 该产品具有创新性	0	1	3	5	7
4. 该产品的制造成本合理	0	1	3	5	7
5. 用户对该产品有强烈的需求	0	1	3	5	7
6. 该产品的市场需求量很大	0	1	3	5	7
7. 该产品的目标用户选择清晰合理	0	1	3	5	7
8. 该产品所在行业的发展前景很好	0	1	3	5	7
9. 该产品相比竞争对手具有竞争优势	0	1	3	5	7
10. 该产品的获利机会很大	0	1	3	5	7
总计得分：					

对创业机会的评估，更确切地说是对产品(服务)与用户、市场和行业的匹配度的评估。本评估量表从用户问题、产品创意、市场需求、行业趋势、可盈利性及行业竞争六个方面，下设10个小项对创业机会进行评估。其中，第1项是对用户问题的评估；第2～4项是对产品创意的评估；第5～7项是对市场需求的评估；第8～10项分别是对行业趋势、行业竞争和可盈利性的评估。一个有潜力的商业机会究竟可以放在一个多高的位置上，通过评价表单中的量化标准，创业者可对创业机会的每一部分都有一个清晰的判断，通过对这些要素的最终汇总，以最终得分来判定创业机会的吸引力指数。依据上述标准对创业机会进行评估，不仅能够判断创业机会的吸引力大小，协助创业机会的筛选，同时还可以帮助创业者更加清晰地认识和了解创业机会，对创业机会进行改进和塑造，使其更具竞争力和吸引力。

1. 用户问题

用户面对的困惑或需要解决的问题，表征了用户的内在需求。解决方案是否切实、有效地解决了用户迫切需要解决的问题，决定了该解决方案的实用性和有效性。用户问题既是创业机会的来源，也是创业机会后续一切考核指标的依据和前提。判定解决方案是否有效解决了用户问题，是创业机会评估的第一步。创业者一般可以选取具有代表性的用户，对其进行简单的访谈和调研，从而做出初始判断。

2. 产品创意

产品创意主要是对产品的可行性、创新性和价格的合理性三个指标进行评估。在最初的解决方案中，一般是没有真正运行的概念性产品(服务)，因此其可行性的评估是十分必要的。产品(服务)是整个解决方案或创业机会的价值所在，如果产品(服务)不具有可行性，那么整个解决方案或创业机会无异于纸上谈兵。产品的可行性检验分为实验室的产品原型可行性测试和工厂量产式产品的可行性检测。部分产品在实验室环境进行测试，完全可以生产并实现其设计功能，但是并不能在工厂实现批量化生产，或在非实验室环境下其功能没有办法全实现。同样，服务的可行性也分为小规模测试和商业运行环境测试。部分服务业务在小规模、小人群或特定区域测试是完全可以顺畅运行的，但是一旦在真正的商业运营环境中，用户规模变大、区域多样化、时间随机性更强时，实现起来就会出现困难。这些都是在评估产品可行性时应该注意的问题。

只有具有创新性的产品(服务)在市场中才具有竞争力和生命力，才能得到可持续发展。在可行性基础上对创新性的评估，对于创业机会评估是不可或缺的。创新是一个周而复始、循环往复的过程，这个过程包括开拓性创新、模仿性创新和适应性创新三种类型。发现一种原来没有的产品、生产方法、市场、原料、组织结构等，都属于开拓性创新。开拓性创新一旦成功，必然会占领绝大部分的市场份额，取得超额利润。而对于超额利润，必然有人进行模仿性创新，模仿性创新多了，变成了适应性创新，从而必然引发第二轮开拓性创新，如此循环往复、不断创新，推动经济发展。在创业机会评估中，首先，要评定产品(服务)是否具有创新性；其次，如果具有创新性，则要判断属于哪种创新；最后，判定这种创新性的产品(服务)是否能被用户所接受，以及是否存在经济价值。

拓展阅读 | 5-3

❧ 火腿肠的故事 ❧

在20世纪80年代中期以前，中国市场并没有火腿肠这种产品。火腿肠的出现源于中国人民在生活水平提高之后，一些肉卖不出去了，这时洛阳肉联厂负责人通过到日本考察，引进了中国第一条火腿肠生产线，生产"春都"牌火腿肠，一炮打响，占领了100%的市场。但很快，邻近的漯河肉联厂也引进了"双汇"牌火腿肠生产线。

洛阳肉联厂当然属于开拓性创新，漯河肉联厂则是模仿性创新，而现在众多的火腿肠企业生产出不同种类的火腿肠，都属于适应性创新。从经济效益来说，模仿性创新可以取得最大的经济效益，因为它不需要支付创新成本，更不需要承担创新风险。模仿性创新最适合中小企业赶超行业巨头，但当与行业巨头取得平等地位后，则必须进行开拓性创新，否则企业很难进一步发展。

(资料来源：根据网络资料整理)

对制造成本的合理性评估，是考察产品的市场可行性的另一个方面。用户在购买产品(服务)时，主要会从性能和价格两个方面进行考量，在产品性能与同类产品相同或优于同类产品时，价格因素将成为影响消费决策的最为重要的因素。有吸引力的创业机会总是对成本有较强的控制力。在不存在行业领导者、竞争相对分散的市场上，成本的控制可以构成对外竞争的有效壁垒。

3. 市场需求

在市场需求方面，将从用户对产品的需求、产品的市场规模和目标用户的选取3个小项对其进行评估。具有高潜力创业机会的产品(服务)是能够解决用户未能解决或有待解决的实际问题，迎合用户的需求，并为用户提供更高附加值的。用户群是可以触及的，他们没有对其他品牌特别忠诚，并且对产品(服务)有着强烈的购买欲。

高潜力的创业机会应该面向大规模的、成长型的市场销售产品。在大规模市场中，即使获得很小的一块市场份额，也可以产生极大的、持续增长的销售量。例如，在一个有1亿美元需求的市场上，只要抓住1%的市场份额，就能达到100万美元的销售额，这也是相当可观的，而且不会威胁到其他竞争对手。除了考虑市场规模，还要考虑市场类型。高潜力的创业机会一般会选择成长型的市场。例如，一个数十亿美元的市场，规模很大，但这个市场可能过于成熟、稳定，已经进入市场发展的成熟期，那么要在这种市场上获得1%的市场份额，几乎意味着要与世界500强公司竞争。

目标用户的选择可以使创业者认知主要的用户群，进而整合资源，更贴近消费者。威廉姆将消费者分为主要目标人群(PTA)、次要目标人群(STA)和边缘目标人群(TTA)三类。在创业初期，创业者应该更加关注主要目标人群，他们是最有可能频繁地在保有利润的价格上进行购买的人群。要通过观察了解他们的购买频次、偏好、参与的活动，以及年龄、性别、职业、收入等特性，从而训练员工根据目标用户的特点提供适当、高效的用户沟通方式。关于目标用户的定位将直接影响运营阶段的策略制定。

4. 可盈利性

创业成功与否的一个最为重要的评估指标就是创建的企业能否实现盈利。因此，在创业机会评估阶段，提前对创业项目的可盈利性进行评估，将在一定程度上减少企业运营阶段所要面对的风险。对于初创企业而言，具有高而持续的毛利率的潜力很重要。相比毛利率在20%以下的项目，毛利率在40%~50%的项目能为企业发展提供一个巨大的缓冲。这样的缓冲可以容忍企业犯错，为企业提供更多的适应性，以及从错误中吸取教训。较高和持久的毛利率意味着一个企业可以更早地达到盈亏平衡点。对于那些有吸引力的初创企业而言，必须有可能在两年内达到盈亏平衡并获取正现金流。一旦达到盈亏平衡和获取正现金流的时间超过三年，创业机会的吸引力便会相应减弱。

初创企业实现盈利要有清晰的盈利模式。所谓盈利模式，是指按照利益相关者划分的企业的收入结构、成本结构及相应的目标利润。简单地说，盈利模式就是企业赚钱的渠道，即通过怎样的模式和渠道赚钱。盈利模式是企业在市场竞争中逐步形成的企业特有的赖以盈利的商务结构及其对应的业务结构。

5. 行业趋势

行业发展是遵循一定生命周期的，像一般生命一样，行业也经历着萌芽、发展、成熟和衰退的过程。部分行业看似市场规模很大，但是已进入行业发展的成熟期，那么该行业会出现高度集中、完全竞争等特性。这样的行业是缺乏创业潜力的，行业中已经形成强大的进入壁垒，竞争十分激烈，对资本要求较高，不是初创企业的最好选择。而处于萌芽和发展阶段的行业，没有统一的行业标准，也没有行业巨头，秩序相对缺乏，对于初创企业而言，反倒有着良好的发展潜力和强大的吸引力。

拓展阅读 | 5-4

∽ 诺基亚的衰落 ∾

2012年4月，IHS iSuppli和Strategy Analytics发布数据称，三星已经超越诺基亚，成为手机销售市场的冠军，结束了诺基亚长达15年的世界最大手机厂商的历史。标准普尔评级公司(Standard & Poor)对诺基亚的信用评级已经降为"垃圾级"BB+/B。

诺基亚是智能手机市场的先锋军。2002年，诺基亚发布了运行Symbian 60系列平台的智能手机。接下来的五年内，Symbian系统的智能手机轻松占据智能手机领域的领军位置。然而到了2007年，苹果公司发布了iPhone手机。有着全触屏界面及基于应用的操作系统的iPhone改写了智能手机的定义。

但是，诺基亚忽视了用户随之改变的消费需求。随着iOS和Android系统的相继出现，Symbian系统越来越无法跟上时代的步伐，诺基亚却还在Symbian系统上不断地加大科研投入，抱残守缺。一直到业绩开始急剧下滑，诺基亚才舍弃"忠诚"，转投微软公司的Windows Phone操作系统，但为时已晚。诺基亚神话破灭，在曾经称王的移动通信界，被三星和苹果等公司甩在身后。

(资料来源：根据网络资料整理)

用户并非一成不变的，他们会随着社会发展趋势的变化而变化。社会发展趋势会影响用户的购买行为，而购买行为的改变将对行业发展产生更加深远的影响。众多宏观趋势影响用户对产品(服务)的潜在需求，从而在市场中衍生出新产品(服务)。而在这种不断变化的市场环境中，充满了潜在的创业机会。潜在的创业机会常常隐藏于极为细小的细分市场中，在这些细分市场中常常会出现流行的先驱，而流行通常预示着新兴市场的出现，开启行业发展的新一轮生命周期。

6. 行业竞争

我们经常听到一些刚刚创业的创业者说："我有一个很好的创意，最棒的是它没有竞争对手。"创业者盲目乐观和自信在创业初期是非常常见的，因为他们常常把自己的竞争对手想象得太狭隘，以至于得出没有竞争对手的结论。这样的想法十分危险，因为在任何一个行业的任何细分市场中，不可能完全没有竞争对手。竞争对手不仅指同行业的竞争对手，还可以是潜在的竞争对手，可替代产品同样也可以是竞争对手。这样分析后会发现，不仅不是没有竞争对手，而且很可能已经有很多同类竞争者。

竞争对手的设定很重要，如何保有竞争优势则更为重要。创业机会获得或能够获得专利所有权的保护、法律法规或契约的优势(如市场或分销渠道的排他权)是很有吸引力的。在技术、产品、市场、人员、资源、区域、市场容量方面的领先竞争者也具有很大的发展潜力。此外，拥有行业顶尖声誉和品牌带来的影响力也是一个巨大的优势，因为这种声誉要花费很长时间才可以建立起来，无法在短时间内一蹴而就。甚至即使在其他因素处于较弱的水平时，这种竞争优势也可以强大到让你占据市场的主导地位。如果一个企业无法把其他竞争者阻挡在行业外，或者自己现在就面临着进入壁垒，那么，这个创业机会是缺乏吸引力的。

通过对上述六个方面的10个小项的评估，可以得出各个解决方案的最终得分，从而为判定其是否是一个有市场潜力的创业机会做出参考。就创业机会评估量表而言，它并不是一个决策工具，而是一个辅助决策工具。在瞬息万变的市场环境中，创业机会的评估是具有时效性、特定性和区域性的。因此，创业机会评估是随环境、时间和人员的变化而变化的，是一个反复循环的过程。评估不仅仅是为了选出创业机会，更是为了辅助创业者更加清晰、全面地认识自己的创业方案，并且有针对性地进行改进，从而为发掘真正有市场潜力、可实际运行的创业机会打下坚实的基础。

四、创业机会的积累与创造

(一) 创业机会的积累

要创业，就要有资源积累，其中最为重要的就是人脉资源积累。向书本学习、向实践学习要与向智者学习结合起来，这样效率才能更高。

交朋友要先予后取，切忌功利。而且，你时刻要问自己——人家凭什么会与我交朋友？有一位作家说过，男子汉之间的友谊是建立在相互信任和征服的基础之上的，这句话对女性同样适用。你一定要有自己不可替代的魅力和实力，这样才能持续地与朋友们交往下去，这是你把握身边创业机会的一大秘诀。

一项对65家新创企业的调查发现，半数创业者报告说，他们通过社会关系得到了商业创意。这表明，单独创业者(即独自识别出商业创意的创业者)与网络型创业者(即通过社会关系识别创意的创业者)之间存在较大的差异。研究者发现，尽管网络型创业者不太可能将自己描述得特别警觉或有创造性，但是他们能比单独创业者识别出多得多的机会。

学习课程、交往朋友都是为了一个共同的目的——积累把握创业机会的能力。可以从以下三方面积累把握创业机会的能力。

(1) 自我认知与评价能力。面对创业机会，能否将自己与机会合理匹配，这是一个非常重要的问题。合理匹配的前提是理性的自我认知及科学的自我评价，这些能力需要从生活中的点滴积累，也需要有效的方法及时提升。个人经验、社会网络和经历、能力等方面的基本情况分析支撑着你对创业机会的选择。机会其实就是你自己的一个影子，时刻跟随着你。当你真正认清自己的时候，便会发现其实机会就在你身边。

(2) 信息获取与分析能力。机会的最初形态，可能就是从朋友那里听来的一条需要多渠道验证的信息。听别人聊天是一门艺术，它既可以表现你的修养，又可以承载你的信息获取需要。从只言片语中，你完全有可能敏感地捕捉到重要的商业信息。当然，更多的信息获取渠道必须配合起来使用，而且要善于分析信息中隐含的深意。

(3) 人际沟通与传播能力。创业需要沟通——与创业伙伴的沟通、与潜在投资人的沟通、与客户的沟通、与员工的沟通、与媒体的沟通、与政府的沟通，等等。创业需要传播——传播创业理念、传播项目信息、传播合作意愿、传播用人需求，等等。

(二) 创业机会的创造

在人类历史的多数阶段，多数人在为生存而挣扎。恶劣的自然环境、频发的战争冲突、残暴的社会制度、有限的技术能力使得人们可以获得的生活和工作资源十分有限。于是，活成一个完整的人成为多数人的毕生追求。也就是说，多数人没有得到完整的人生，每个个体都是"小于1"的。

在人类社会进入新一轮全面转型期的今天，尽管我们还面临着这样那样的挑战，但是物质资源在总体上的极大丰富为每个个体的生活和工作提供了更多选择。人的社会角色开始丰富起来，除了在家庭中、工作环境中扮演好自己的传统角色，还有许多具有市场价值的新角色——影迷、歌迷、球迷、棋迷、戏迷、吃货、收藏家、滑雪爱好者、徒步爱好者……也就是说，对于市场来说，我们是多侧面的消费者，一个人的需求被放大到了"N"。

我们的创新创业选择就是在这样的市场预期中做出的。所以，我们应该在总体上是乐观的。面对着从"小于1"到"N"的历史性变化，我们能识别出进而把握住其中的商业机会吗？

如果良机不来，就亲手创造吧。创造机会的基础就是对人的需求的关注。关注哪些人？关注人哪一阶段的需求？关注人哪一方面的需求？这些问题应该经常出现在我们的脑海里。民以食为天，你关注过人们在饮食方面的需求吗？人们的健康需求你关注过吗？这些是人的基本需求。外国人学习汉语的需求你关注过吗？这是中国走向世界过程中值得关注的成长性需求。基于这些关注，年轻的同学们便会有创造机会的设想。

我们不仅要适应人们的现实需求，还要引领他们的未来需求，从而塑造一代又一代的消费者。我们的需求是动态的，我们的需求会受到消费领导者的引领。有一部分人属于消费领导者，大家选饭店会咨询他们，买衣服会咨询他们，选择旅游线路也会咨询他们。

更为典型的就是苹果公司始终引领全球用户数字产品需求的事例。2001年，乔布斯提出了苹果公司的"数字生活中枢"理念。此时，在发达国家及一些发展中国家，已经有很多人习惯于使用手机、MP3、数码相机及录像机，乔布斯正是瞄准了这样一类人群。在早期，传统的MP3播放器的存储空间非常小，所容纳的歌曲只够播放1个小时。首款iPod的出现则改变了这个限制，其可以存储1000多首歌曲。iPod在引领音乐爱好者随时欣赏音乐新需求的同时，也为苹果公司赚取了大量的利润。定位于笔记本电脑和智能手机之间的iPad，则引领了商务人士及游戏爱好者们的新需求。

创业者要学着做消费领导者，要通过理念的传播，把适应消费者的现实需求与引领消费者的潜在需求结合起来。这样，你就不是去分原有市场的一部分份额，而是塑造出一个别人尚没有认识到的市场。

引领需求靠什么？①靠信用。信用好的人，大家才会信任，你的推荐、传播才会有影响力。②靠智慧。有智慧的人，才能洞察到今天还不是很清晰的大众需求，并不断地让消费者自觉消费。③靠沟通。沟通能力强的人，可以面对不同的消费人群去推广新的消费理念，开发新的消费市场。

第三节　市场调查和分析

机会评估是建立在对机会全面了解的基础之上的。要想全面了解创业机会，就需要从市场、行业、用户、竞争者等各方面收集充分的信息，并对信息进行分析。其中市场是一个至关重要的方面。

一、市场调查的作用

在机会评估过程中，需要了解的信息很多，需对信息进行有效的收集和利用。首先，对评估机会进行分析，确定信息收集对象；然后，依据不同的项目确定不同的信息收集方式和方法，选取或制定不同的收集工具；最后，制定信息收集进度表，对信息进行收集。在制订机会评估信息收集计划的过程中，应更加注重用户对产品(服务)的认可度和接受程度，以及产品(服务)的行业前景和竞争力的信息收集。机会评估的信息收集过程如图5-5所示，而对信息的收集过程就是对市场进行调查、认识市场的过程。

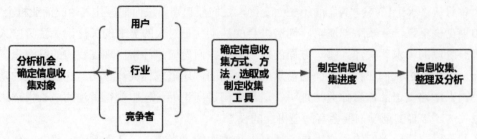

图5-5　机会评估的信息收集过程

市场调查不仅是企业制定经营战略、市场营销战略的依据，还是国家经济机构进行决策的前提条件。正确的决策不是靠直觉和猜测得到的，市场调查还要为国家决策部门提供准确、可靠、有效的信息。利用市场信息的部门包括企业、团体、个人，以及一切企事业单位的决策人员。市场研究可以是学术性的，也可以是实用性的。

1. 市场调查是实现企业目的的重要环节

企业为满足民众日益增长的物质和文化生活需要，首先要了解民众需要什么，以便按照消费者的需要进行生产，即"以销定产"。因为消费者的需要始终处于不断变化之中，所以不仅要进行调查，而且要不间断地进行调查。"现代管理学之父"彼得·德鲁克认为，企业的目标就是创造顾客。因此，市场调查是实现企业目的的重要环节。

2. 市场调查是企业正确决策或修正策略的基础

企业制定决策或修正原定策略，通常需要了解的情况和考虑的问题是多方面的，如产品在哪些市场的销售前景较好，目标市场在哪里，产品在某个市场上的销售预计可达到什么样的数量，其市场容量如何，怎样才能扩大企业产品的销路，怎样增加销售数量，如何确定产品的价格，使用什么方法组织推销等。如此种种问题，只有通过实际的市场调查之后，才能得到具体答案，做出正确的决策或修正原来的策略。

3. 市场调查也是技术创新的前提

当今世界，科学技术发展迅速，新发明、新创造、新技术和新产品层出不穷，日新月异。通过市场调查所得到的情况和资料，有助于及时了解世界各国的科技信息和动态，为本企业的技术创新和决策提供科技情报。

4. 市场调查能促使企业提高经营管理水平

彼得·德鲁克认为，市场调查的目的在于使推销成为多余。企业营销不仅是推销，而且应以开发新产品、新服务来吸引顾客。企业的广告创意也只有通过市场调研才能"一矢中的"，不然就会"脱靶"。市场调查能帮助企业熟悉国际规则、参与国际竞争，这在美国、日本、英国等国家早已成为所有企业生存发展的重要一环。我国仍有不少企业把市场调查看成"一锤子买卖"，往往等到产品投产前，才忙着联系市场调查公司做街访、搞座谈，确定产品定位。可是一旦产品投放市场，便把市场调查抛之脑后，以为其只能解燃眉之急。其实，现代意义的市场调查贯穿于市场营销的每个阶段，它既为企业的短期战术服务，更有利于企业掌握行业发展趋势，进行长期的战略部署。

二、信息收集的主要方法

市场信息收集是一项非常值得花精力去做的重要工作，是一切评估依据的来源，也是了解市场和用户，提高产品(服务)适应性的重要过程。

市场调查是从用户那里收集信息或收集到关于用户信息的行为。当创业者面对一个有难度、有风险的抉择时，如果他收集到的关于用户的信息能够让他更好地做出决策，那么他就需要做市场调查。本部分介绍的市场调查主要是针对用户对产品创意的认可度、产品的市场趋势和现有市场的产品进行简单了解。由于处于产品创意阶段，没有成型产品可以让用户进行体验，因此，本阶段的市场调查只是粗略的市场信息的收集和分析。主要的市场信息收集方法有观察法、询问调查法、实验调查法和二手资料收集法等。

(一) 观察法

观察法是调查人员到活动现场或借助一定设备对调查对象进行观察并如实记录的方法。这种方法既可以用来收集用户信息，也可以了解竞争对手，其主要应用包括以下三方面。①消费环境，在开发新产品前，了解消费环境可以提高产品的适应性。②商品使用情况，使用情况不仅反映用户对商品的态度、消费习惯(用量、次数)，而且有助于发现产品的新用途，对企业改进产品、宣传产品都有帮助。③用户需求和购买习惯，调查人员跟踪和记录用户的购买过程，以及用户的性别、年龄、观察商品的顺序、停留时间、行进路线等。这有助于企业改进服务，如了解用户的特征、关注点等。

(二) 询问调查法

通过与调查对象进行直接交流来获取信息的方法称为调查法。该方法主要用于了解观念性或概念性的信息。根据交流方式的不同，调查法可以分为访谈调查和问卷调查两大类。

1. 访谈调查

访谈调查是与调查对象进行口头交流来获取信息。这种方法有利于得到更多信息，所得信息便于处理，被拒绝的可能性小，反馈及时。但是，访谈调查需要大量的人员投入，调查费用高，调查范围有限；受调查人员的主观因素影响大，不同调查人员的提问技巧和理解能力存在差异，可能会影响回答的客观性。访谈调查主要用于收集需要深入了解的信息，调查对象应该是能提供较多信息的权威人士或有代表性的人物。

2. 问卷调查

问卷调查是通过让被调查者填写问卷的方式来收集信息。这种方法程序简单，对调查人员的要求不高，其主要的优点包括：成本低，调查范围广，方便信息处理。问卷调查的主要缺点是：①回答的真实性相对较差；②拒答率较高。所以，问卷调查适合了解对问题的看法、态度，对已知答案的选择，对问题的简单建议或要求，尤其适合用大量数据进行比较分析的定量研究。

(三) 实验调查法

实验调查法是指市场调研者通过有目的、有意识地改变一个或几个影响因素，来观察市场现象在这些因素影响下的变动情况，以认识市场现象的本质特征和发展规律。企业的经营活动中经常运用这种方法，如开展一些小规模的包装实验、价格实验、广告实验、新产品销售实验等，以测试这些措施在市场上引起的反应，从而实现对市场总体的推断。实验调查法按照实验的场所可分为实验室实验和现场实验。实验室实验是指在人造的环境中进行实验，研究人员可以进行严格的实验控制，比较容易操作，时间短、费用低。现场实验是指在自然的、实际的环境中进行实验，实验者只能部分地控制实验环境的变化，实验结果一般具有较大的实用意义和推广价值。

应用实验调查法的一般步骤是：根据市场调查的课题提出研究假设；进行实验设计，确定实验方法；选择实验对象；进行实验；分析、整理实验资料并做实验检测；得出实验结论。实验调查只有按这种科学的步骤来开展，才能迅速取得满意的实验效果。

实验调查是一种探索性、开拓性的调查工作，实验者必须思想解放，有求实精神，敢于探索新途径，能灵活应用各种调查方法，才能取得成功。

进行市场的实验调查，应具备以下要素：①要有实验活动的主体，即实验者；②要有实验调查所要了解的对象；③要营造出实验对象所处的市场环境；④要有改变市场环境的实践活动；⑤要在实验过程中对实验对象进行检验和测定。这些都是市场实验调查的基本要素，缺一不可。

正确选择实验对象和实验环境，对实验调查的成功也有重要作用。如果所选的市场实验对象没有高度的代表性，其实验结论就没有推广的可能性。此外，实验活动要延续相当的时间，还要有效地控制实验过程，使实验活动严格按实验设计方案进行。

实验法通过实验活动提供市场发展变化的资料，不是等待某种市场现象发生了再去调查，而是积极主动地改变某种条件，来揭示或确立市场现象之间的相关关系。它不但可以说明是什么，而且可以说明为什么，还具有可重复性，因此其结论的说服力较强。实验法对于检验宏观管理的方针政策与微观管理的措施办法的正确性，都是一种有效的方法。

当然，实验法也有缺点。在运用实验法进行市场实验时，由于市场上的不可控因素较多，所以很难选择到有充分代表性的实验对象和实验环境。因此实验结论往往带有一定的特殊性，实验结果的推广会受到一定的影响。实验法还有花费时间较多、费用较高、实验过程不易控制、实验情况不易保密、竞争对手可能会有意干扰现场实验的结果等缺点。这些缺点使实验法的应用受到一些局限，市场调研人员对此应给予充分的重视。

(四) 二手资料收集法

二手资料收集法也可以称为现有材料收集法，是调查人员通过购买、搜索、整理等手段收集已有资料的方法。这种方法人员投入少，费用低，速度快，资料完善。例如，每年各个行业的行业协会、政府统计机构和一些职业咨询机构会对特定行业或特定产品发布专业的统计分析报告，报告内容相对更加系统、完善，是十分有效的资料收集途径。另外，也可以通过对互联网上的各种行业数据、新闻报道、行业访谈等信息进行收集和整理，自行分析。这种方法的缺点是所有的资料和数据都不是一手数据，资料数据的准确性无法验证，受统计人员的主观影响较大，无法亲自了解用户的意愿、看法和态度。这种方法适合对行业整体情况、发展前景等宏观信息的研究。

市场调查的目的是帮助创业者根据调查结果和当前形势做出正确的决策，确定企业的发展方向。初创企业可以单独使用一种市场调查方法，也可以将几种方法结合使用，通过决策来把握企业的方向，通过差异化来打造自身的核心竞争力，从而进一步打造出独特的产品概念，完善产品开发流程。

三、市场调查的主要内容

(一) 市场需求分析

产品(服务)是企业经营的核心价值，如果产品(服务)不具有可行性，那么企业就无法正常运行。因此，一个初创企业应关注的重点是产品(服务)是否被用户所接受、所喜欢，有多少人愿意为该产品(服务)付费。用户对产品(服务)是否有需求的信息收集主要分为两个部分：用户需求调查和购买意向调查。

1. 用户需求调查

在商业领域，痛点(need)、痒点(want)和卖点(demand)三个关键词可谓经久不衰，更是一切产品(服务)的策动点。如果一个产品(服务)的核心价值没有指向任何一个关键词，那它很难获得真正意义上的成功。

(1) 痛点(need)。痛点就是用户在生活中所担心、纠结、感到不方便的问题。用户需要找到一种解决方案来化解这个问题、解开这个纠结、抚平这个抱怨，以恢复正常的生活状态。因此，痛点是用户必须解决的问题。

(2) 痒点(want)。痒点是促使用户心中"想要"，让他一看到、一听说有这样的产品(服务)，就会激发内在需求，内心特别感兴趣、特别向往。例如，电子产品爱好者对高性能的手机、计算机、相机等充满期待和向往。他们一旦发现新产品拥有更精美的外观设计和更先进的性能时，内心就特别希望能够拥有新产品。但是，新产品对他们来说并不是生活必需的，而是对他们欲望的刺激和满足。

日常生活中，人们常说"不痛不痒"没感觉。在商业经营中，如果产品(服务)既不能切实解决用户的问题，又不能满足他心中的欲望，则很难使其产生购买的想法。

(3) 卖点(demand)。卖点是从卖家角度所说的，即产品(服务)自身的特色，但这个特色用户不一定能发现，而等商家一说出来，用户会突然对产品的特色有怦然心动之感。如此，卖家所塑造的卖点就成功了，真正有"杀伤力"的卖点能在瞬间打动人心。

真正有潜力的创业机会，能够从以上三点出发，分别满足用户的不同需求。即使不能同时满足三个方面的要求，至少也要从一个方面满足用户需求，否则构建的产品(服务)很难得到市场认可。

2. 购买意向调查

用户对产品(服务)有期待吗？用户对产品(服务)是真正有需求的吗？他们会真正购买产品(服务)吗？企业的市场定位往往是识别出目标用户的痛点和痒点，然后更好地满足用户需求。通过对目标用户的研究，更好地满足他们的需求；通过对竞争者的研究，构建企业自身的竞争优势。产品(服务)市场定位是否准确，是否满足用户需求，更进一步的检验是对用户的购买意向调查。通过几个简单的问题，了解用户对产品(服务)更加真实的看法，进一步了解产品(服务)是否可以盈利。购买意向调查表的调研对象是产品(服务)的目标用户，其问题设计要尽量短小、简单、容易回答，如表5-2所示。

表5-2　××产品(服务)购买意向调查表

××产品(服务)购买意向调查
您好！我是××公司的调查员，我们正在进行一项有关××产品(服务)可行性的研究，希望占用您几分钟的时间，了解一下您对××产品(服务)的看法和意见。您的意见对我们产品(或服务)的完善十分重要，希望得到您的支持，谢谢！
1. 这个产品(服务)是否满足您对产品功能的期望？ 　　A. 满足　B. 比较满足　C. 部分满足　D. 不满足　E. 非常不满意
2. 这个产品(服务)相比现有同类产品，是否能更好地满足您的需求？ 　　A. 满足　B. 比较满足　C. 部分满足　D. 不满足　E. 非常不满意
3. 您愿意购买这个产品(服务)吗？ 　　A. 非常愿意　B. 愿意　C. 可能愿意　D. 不愿意　E. 非常不愿意
4. 你期望在哪里找到这类产品(服务)？
5. 您愿意为此产品(服务)支付多少钱？
6. 您认为这个产品(服务)存在哪些不足之处？
再次感谢您对本次调研活动的支持，谢谢！

调查可以通过电子邮件、电话或者面对面的方式进行。调研对象应该尽量避免朋友和家人，尽量确保选择真实有效的目标用户以得到有效答案。以电子邮件方式调研，开始应该有一段具体的产品(服务)描述，然后再让用户回答填写问题。以电话方式调研，也要提前对产品(服务)进行描述和说明，之后再进行咨询提问。由于每一个产品(服务)的具体功能和性质都不尽相同，调查表只有根据不同产品(服务)的具体内容做出相应调整，才能更好地了解用户的需求。

在调查中还有两个非常重要的问题要注意。第一，应该做多少份调查？这是一个没有准确答案的问题。它基于你的目标市场的总人数，越多的调研数量预示着越高的准确性。10%的样本容量是很不错的选择，但是1%或者更少的容量或许对创业者来说实现起来会更加现实。相关专家认为，做统计分析需要至少25～30个个体。第二，去哪里寻找目标人群进行调研？对于面对面交流调研，可以直接去目标用户群经常出现的场合进行。对这些调查数据进行收集和简单的分析，创业者可以对自己的产品和服务有更加清晰的判断。

(二) 行业前景调查

市场和行业是企业生存和发展最为基本的环境。市场的规模、行业的结构和成长性都是影响企业发展的重要因素，也是对创业机会评估的重要因素。为了在机会评估中对市场和行业有更加清晰的了解和认识，现将市场和行业再次细分成如表5-3所示的11个方面进行数据收集和调查，为机会评估提供更为确切可信的资料支撑。这些数据可以通过对同行业企业家或行业专家进行访谈获得，也可以通过对第二手数据的收集和分析得出。

表5-3　市场和行业调查表

市场及行业情况	专业分析	结论
行业的成长和所处阶段	新兴的、迅速增长、平稳的、成熟的、衰退的	
行业目前的整体规模	整个行业的年销售额能达到多少	
行业在衰退情况下是否容易受影响	是否存在新兴行业的威胁	
这是一个好的行业吗	行业快速增长，有新的发展机会，你能否从中占有市场份额	
这是一个不好的行业吗	行业不景气，在衰退；具有强劲的竞争对手；难以渗透	

(续表)

市场及行业情况	专业分析	结论
是否具备良好的竞争优势	为什么买家会和你做生意，你是独一无二的吗	
买家的本质	是不是买方市场，他们是如何掌控的	
供应方的能力	是否被供货商控制行业，他们是如何掌控的	
谁是替代品	是否存在你没有考虑到的等效替代品	
谁是潜在竞争者	还有谁会进入这个行业，破坏现有的平衡	
你能够占取销售和市场份额吗	如果在行业增长的情况下你都不能抓住用户，那么这个行业或许不适合你，或者你的产品缺乏竞争力	

(三) 市场竞争调查

企业要长期维持高于平均水平的经济效益，其根本基础就是持之以恒的竞争优势。因此，对行业竞争优势的分析也是机会评估中要考察的一个重要因素，需要大量收集资料，才能对竞争态势有全面的把握。迈克尔·波特的五力模型将大量不同的因素汇集于一个简单的模型中，以此分析一个行业的基本竞争态势。五力模型确定了竞争的五种主要来源，即供应商和购买者的议价能力，潜在进入者(新的竞争对手)的威胁，替代品的威胁，以及来自同行业的竞争。其中，同行业的竞争和潜在进入者是分析的关键。可以运用表5-4对行业的竞争情况进行调查，每个问题都基于行业的吸引力。竞争战略从一定意义上讲源于企业对具体产业吸引力的竞争规律的深刻理解。任何产业，无论是国内的还是国际的，无论是生产产品的还是提供服务的，竞争规律都将体现在这五种竞争的作用力上。通过对波特五力模型的分析，可以发现企业在行业竞争中的优势和劣势，为企业制定竞争和经营策略提供依据。

表5-4 行业竞争优势评价表

行业竞争优势评价表

定义你所要评价的行业并列出最主要的竞争对手

所处行业：

竞争对手(最少三个)：

评价对象	同意	可能是这样	不同意
1. 同行业的竞争			
我的产品(服务)与竞争者的竞争不是非常严重			
竞争企业的规模和竞争力均不相同			
我的产品(服务)正处于产品生命周期的增长期			
我的产品(服务)独特，让我拥有核心竞争力			
我的企业可以在这个行业中成功			
2. 替代品的威胁			
这个价格区间没有替代品			
从便捷程度来看没有替代品			
我的产品(服务)的用户很难找到替代品，除非花费更多的钱			
没有比我的产品(服务)更好的替代品			
3. 购买者的议价能力			
我的产品(服务)拥有强大的潜在用户群			
我的产品(服务)具有绝对优势，用户都是忠实"粉丝"			
用户的行为对我的商业影响很小			

（续表）

评价对象	同意	可能是这样	不同意
4. 供应商的议价能力			
我的产品(服务)有很多可选的供应商			
我供应商提供的产品(服务)没有竞争优势			
供应商对我的企业影响很小			
5. 潜在进入者的威胁			
新企业进入行业需要花费很大成本			
新企业很难提供大量且便宜的产品			
用户对产品(服务)的品牌忠诚度很高			
产品的核心竞争力很难被模仿			
新企业很难进入这个行业并带走我的用户			

四、市场分析的主要方法

市场分析是对市场的规模、位置、性质、特点、容量及吸引范围等调查资料所进行的经济分析，是对市场情况和用户需求的研究。市场分析可以帮助创业者发现并评价市场机会，为企业的发展创造条件。创业者想要开辟一个新的业务，除了需要了解市场情况、用户需求，还需要对竞争对手进行系统的分析。这些工作都通过市场调查和分析完成。此外，只有通过细致的市场调查和分析，企业才有可能对自己的营销策略做出正确的决策，就这点而言，企业的规模越大，市场分析工作越显得重要。市场调查和分析对企业创建和经营的每一个阶段都发挥着至关重要的作用。

市场调查与分析是一个系统、客观的信息收集和决策分析过程。市场调查和分析是一个严谨的系统过程，必须运用科学的方法，按照预定的计划和要求去收集和分析有关材料。市场分析应向决策者提供信息，而非资料。资料是通过营销调研活动所收集到的各种未经处理的事实和数据，它们是形成信息的原料。信息是通过对资料的分析而获得的认识和结论，是对资料进行处理和加工后的产物。市场分析是为决策服务的管理工具。市场分析有很多方法，如PEST(political、economic、sociological、technological)分析法、STEER(sociological、technological、economic、ecological、regulatory factors)分析法、MOST(mission、objectives、strategies、tactics)分析法、SWOT(strengths、weakness、opportunities、threats)分析法、波特五力模型等。本部分主要对市场调查和分析比较常用的PEST分析法、波特五力模型和SWOT分析法进行简要介绍。

(一) PEST分析法

PEST分析法是分析总结企业外部宏观环境的一种方法。宏观环境又称一般环境，是指影响一切行业和企业的各种宏观力量。对宏观环境因素做分析，不同行业和企业根据自身特点和经营需要，分析的具体内容会有差异，但一般都应对政治环境(political)、经济环境(economic)、社会环境(sociological)和技术环境(technological)这四大类影响企业的主要外部环境因素进行分析，简称PEST分析法，如表5-5所示。不同的行业对宏观环境分析的详略程度不同，PEST也有基本的扩展，包括扩展到STEEP与PESTLE，其中STEEP为PEST加上自然环境(environment)，PESTLE为PEST加上法律环境(legal)与道德规范(ethical)等。在对创业机会或企业宏观环境进行分析时，可根据创业机会类型或企业行业特点选择分析的详略程度。

表5-5　PEST分析表

政治环境(political)	经济环境(economic)
● 经济体制 ● 政府体制 ● 各种法律要求 ● 产业政策 ● 投资政策 ● 政府补贴水平 ……	● 贷款的可获得性 ● 利率、通货膨胀率 ● 货币与财政政策 ● 居民可支配收入水平 ● 居民消费(储蓄)倾向 ● 消费模式 ● 不同地区和消费群体间的收入差别 ● 价格波动 ……
社会环境(sociological)	技术环境(technological)
● 居民受教育程度 ● 宗教信仰 ● 风俗习惯 ● 地域语言 ● 审美观点 ● 价值观念 ……	● 同领域的新技术和发明 ● 新技术的发展趋势和应用背景 ● 新技术带来的改变(成本降低、便利性增强、质量提高等) ● 国家对科技开发的投资和支持重点 ● 技术发展动态和研究开发费用 ● 技术更新速度与生命周期 ● 信息、互联网与移动技术的变革 ● 专利及其保护情况 ……

1. 政治环境

政治环境包括一个国家的社会制度，以及政府的方针、政策、法令等。不同的国家有着不同的社会性质，不同的社会制度对组织活动有着不同的限制和要求。即使社会制度不变的同一国家，在不同时期，政府的方针特点、政策倾向等对组织活动的影响也是不断变化的。

2. 经济环境

经济环境主要包括宏观和微观两方面的内容。宏观经济环境主要是指一个国家的人口数量及其增长趋势，国民收入、国民生产总值及其变化情况，以及通过这些指标能够反映的国民经济发展水平和发展速度。微观经济环境主要是指企业所在地区或所服务地区消费者的收入水平、消费偏好、储蓄情况、就业程度等因素。这些因素直接决定企业目前及未来的市场大小。

3. 社会文化环境

社会文化环境包括一个国家或地区的居民受教育程度、宗教信仰、风俗习惯、审美观念、价值观念等。受教育程度会影响居民的需求层次，宗教信仰和风俗习惯会禁止或抵制某些活动的进行，价值观念会影响居民对组织目标、组织活动及组织存在本身的认可与否，审美观点则会影响人们对组织活动内容、活动方式及活动成果的态度。

4. 技术环境

技术环境除了要考察与企业所处领域的活动直接相关的技术手段的发展变化，还应及时了解国家对科技开发的投资和支持重点、该领域技术发展动态和研究开发费用、技术转移和技术商品化速度，以及专利及其保护情况等。

(二) 波特五力模型

波特五力模型是迈克尔·波特于1979年提出的,其用途是定义出一个市场吸引力的高低程度。波特认为,影响市场吸引力的五种力量是个体经济学层面的,而非一般认为的总体经济学层面。五力模型将大量不同的因素汇集在一个简单的模型中,以此分析一个行业的基本竞争态势。五力模型确定了竞争的五种主要来源,即供应商的议价能力、购买者的议价能力、潜在进入者的威胁、替代品的威胁,以及来自同行业的竞争。任何力量的改变都可能吸引企业退出或进入市场。不同力量的特性和重要性因行业和企业的不同而变化,如图5-6所示。在市场调查的主要内容中,行业竞争优势评价表(见表5-4)就是依据波特五力模型进行设计的。将表5-4的调查结果带入本模型中,分析创业机会在行业中的竞争优势和劣势,以及存在的机会和威胁,从而进一步为后面的创业机会评估做好准备。

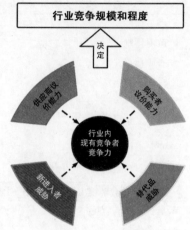

图5-6 波特五力模型

(三) SWOT分析法

SWOT分析法是基于内外部竞争环境和竞争条件的态势分析,就是将与研究对象密切相关的各种主要内部优势和劣势,以及外部机会和威胁等,通过调查列举出来,并依照矩阵形式排列,然后运用系统分析的方法,把各种因素相互匹配起来加以分析,从中得出一系列相应的结论,而结论通常带有一定的决策性。运用这种方法,可以对研究对象所处的情景进行全面、系统、准确的研究,从而根据研究结果制定相应的发展战略及对策等。SWOT分析法中,S(strengths)是优势、W(weaknesses)是劣势,O(opportunities)是机会、T(threats)是威胁,如表5-6所示。

表5-6 SWOT分析表

优势(strengths)	劣势(weaknesses)
● 你的组织有什么优点 ● 你有什么是比其他竞争对手更好的 ● 有什么独特的或低价格的资源是只有你能获得的 ● 市场中人们认为你的优势是什么 ● 什么因素可以让你获得订单 ● 你有什么独特的市场定位 ……	● 有什么是你需要提高的 ● 有什么是你需要避免的 ● 市场中人们认为你可能存在的劣势是什么 ● 是什么导致你失去订单 ……
机会(opportunities)	**威胁(threats)**
● 你发现了什么好的机会 ● 你发现了什么有趣的趋势 机会可能来源于这些方面: ● 大规模和小范围的技术和市场变革 ● 与你的领域相关的政策变革 ● 社交方式、人口规模、生活方式的改变等 ● 本地事件的发生 ……	● 你面临什么阻碍 ● 你的竞争对手正在做什么 ● 你的工作、产品或服务的质量标准或规格是否在改变 ● 你是否有坏账或现金流问题 ● 你的劣势是否已经严重威胁到业务的发展 ……

SWOT分析法运用各种调查研究方法，分析企业所处的各种环境因素，即外部环境因素和内部环境因素。外部环境因素包括机会因素和威胁因素，它们是外部环境对企业的发展有直接影响的有利因素和不利因素，属于客观因素；内部环境因素包括优势因素和劣势因素，它们是公司在发展中自身存在的积极因素和消极因素，属于主观因素。在调查分析这些因素时，不仅要考虑历史与现状，更要考虑未来发展问题。

1. 优势

优势是组织机构的内部因素，具体包括有利的竞争态势、充足的财政来源、良好的企业形象、技术力量、规模经济、产品质量、市场份额、成本优势、广告攻势等。

2. 劣势

劣势也是组织机构的内部因素，具体包括设备老化、管理混乱、缺少关键技术、研究开发落后、资金短缺、经营不善、产品积压、竞争力差等。

3. 机会

机会是组织机构的外部因素，具体包括新产品、新市场、新需求、外国市场壁垒消除、竞争对手失误等。

4. 威胁

威胁也是组织机构的外部因素，具体包括新的竞争对手、替代品增多、市场紧缩、行业政策变化、经济衰退、用户偏好改变、突发事件等。

SWOT分析法的优点在于考虑问题全面，是一种系统思维，而且可以把对问题的"诊断"和"开处方"紧密结合在一起，条理清楚，便于检验。SWOT分析法是了解企业自身优势和劣势，识别机会和威胁的市场分析方法。这种方法不仅可以用来对商业机会进行分析，也可以对个人的自身能力进行分析，从而制订职业发展计划。SWOT分析法是一个非常强大的工具，它可以协助识别创业机会，了解企业的弱点，应对并消除企业面临的威胁，以免企业陷入困境。除此之外，通过SWOT模型还可以帮助企业准确地认清竞争对手，并制定出与竞争对手差异化的战略，以保持市场竞争优势。

第四节　创业风险评估和管理

创业机会评估考虑的大多是机会的正面、需要保障的因素；而创业风险评估是事前考虑创业过程中的负面因素，是更深层的创业机会评估。很多创业机会不能得到投资者的青睐，或者虽然获得投资但最终依然失败，就是因为事先没有考虑创业机会里潜在的风险。等到这些隐藏在创业过程中的风险暴露出来，再去采取措施应对，则为时已晚。因此，在创业机会评估阶段就对创业风险进行识别、评估和管理尤为重要。

刚开始创业时，不可避免地要承担风险。当业务开始时，创业者内心已经明确做出判断，这是可以承担和应对的风险。很多人都说创业者就是冒险家，他们有着较高的风险偏好。但是，真正的创业者并不喜欢风险，而且会尽量避免风险并把风险降至最低。风险和回报往往是成正比的，风险越高，回报也会越高。创业者在创业开始阶段会对要承担的风险和可能获得的利益进行评估，只有面对的风险是他们所能够承担的，他们才会投身创业实践。投资者在评估创业项目时,一方面是对创业机会本身是否具有潜力进行评估,另一方面是对创业者识别风险、评估风险,以及解决风险的能力进行评估。

一、风险识别

风险存在于创业的任何阶段。当避免不了风险出现时,其实可以管理风险,或者更准确地识别和量化风险,从而使风险可控、可接受。这就包含了对风险的适当控制,以及提前监测和预警。如果可以避免风险,便会减少"灭火"的时间。

创业风险的识别要从识别主要可能出现的风险开始。当然,不要期待能预测所有可能发生的事情,但至少要尝试预料可能发生的事情,这样可以带来更多前置应对风险的计划和选择。风险存在于企业经营的方方面面,以不同的形式出现。风险可能来自以下方面。

(一) 外部事件

如洪水、火灾及流行性病毒等,这是很难预测及发生概率较低的事件,但影响可能会比较大,比如失去生命等。这需要采取紧急应对措施。而产业和经济政策的变化、行业与技术的更新、竞争对手的竞争策略变化等也是外部事件,这些事件发生的概率相对较高,可以提前感知和预测,需要提前制定风险防范措施。

(二) 内部事件

如机器故障、产品质量不达标、办公场所租金增加、管理人员流失等,这些都存在于企业的正常经营过程中。除此之外,在企业经营的各个阶段和环节都可能出现各种各样的风险。这些风险出现的概率较高,对企业有着重要的影响。这些风险在企业经营过程中很容易被识别,有针对性地进行防范就可以大大减少其对企业产生的影响和损失。

关于风险识别,有一个很好的方法,即情景计划法(scenario planning)。它是指按照企业经营的全过程,将经营过程进行情景化描述,在描述情景的同时对企业面对的风险进行识别。表5-7列举了刚开始创业时可能面临的风险。同时还要注意,无论采用的方法多么先进,分析得多么彻底,都不要期望可以识别出所有的风险。企业的经营过程会存在很多不可控因素,因此,创业者要随时做好应对风险的准备。

表5-7 创业风险清单

法律法规政策:开展业务是否被允许	生产力:是否达到目标
区域文化、风俗:业务是否容易被接受	行政:过程及程序是否运行良好
延迟营业:有什么主要活动引致延迟	品牌识别:是否已成立
竞争者:他们在做什么	知识产权:是否安全
竞争优势:是否已被侵蚀	技术:变化如何影响你
市场:如何变化	投资:能否得到更多投资
用户价值主张:是否已实行	存货/库存:是否足够或太多
产品(服务)质量:是否足够好	推销:是否在控制之内
用户服务:他们满意吗	债务人/应收款项:是否在控制之内
现金流量表:是否足够	利率:变化将如何影响你
销售:是否达到目标	兑换率:变化将如何影响你
利润:是否达到目标	管理:团队组织得好吗
运营:主要活动是否受控	

风险识别只是风险管理过程的开始，并非所有的风险都是一样的，风险的出现是有概率的。如果发生概率十分低，在准备应急预案方面是否会有所忽略？如果风险真的发生了，则会对企业产生非常大的影响，那应该如何降低或避免风险，如何对风险进行检测？有效的风险管理过程主要分为以下四个步骤。

第一步：风险识别(内在风险和外在风险)。

第二步：评估风险出现的概率和影响。

第三步：决定采取什么措施应对风险(避免或降低风险影响)。

第四步：制定什么检测预警信号以辨别风险的出现。

二、风险评估

风险评估是确定组织面临的风险并确定其优先级的过程，是风险管理流程中最必须、最谨慎的一个过程。理想的优先级是先处理出现概率高、造成损失最大的风险，而出现概率低、造成损失小的风险则最后处理。图5-7展现了识别风险的三个维度，分别是风险的影响力、发生概率和可控性。一旦风险发生，就可能带来极大的危害，对企业发展是十分不利的。相比之下，影响小又极少出现的风险显示为风险最小。第三个维度是风险的可控性，有些风险可能在你的控制或影响范围之内，而有些风险则完全不受控制。风险的分类不是目的，问题在于如何才可以更好地控制和缓和风险。

一般来说，越不受控制、影响越大、发生概率越高的风险越危险。这样的风险是很难避免或缓和的，但一定要密切监测。在企业发展中有着重要影响但却可控的风险，应该在企业风险管理中集中关注并尽量避免。

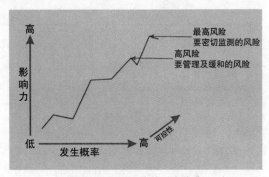

图5-7 识别风险的三个维度

三、风险应对

风险应对是创业者在风险评估的基础上，选择最佳的风险管理技术，采取及时有效的方法进行防范和控制，用最经济合理的方法来综合处理风险，以实现最大安全保障的一种科学管理方法。常用的风险应对方法有风险避免、风险自留、风险预防、风险抑制和风险转嫁等。

风险避免是指没有办法回避损失发生的可能性，创业者选择从根本上回避特定的风险，或中途放弃某些既有的风险带来的利益。这种方法是一种消极的风险管理方法，通常当某种特定风险所导致损失的概率或影响相当高时，或者采用其他方法管理风险不符合成本效益原则时才采用。

风险自留是指创业者自我承担风险损失的一种方法。风险自留常常在风险所致的损失概率和影响较低、损失短期内可以预测，以及最大损失不影响创业活动的正常进行时采用。

风险预防是指在风险损失发生前，为消除或减少可能引发损失的各种因素而采取的处理风险的具体措施。其目的在于通过消除或减少风险因素而达到降低损失发生概率的目的。

风险抑制是指在损失发生时或损失发生后，为减少损失影响而采取的各种应对措施。风险抑制常常在损失影响大且风险又无法避免或转嫁的情况下采用，如损失发生后的自救和损失处理等。

风险转嫁是指创业者为避免承担风险损失，有意识地将损失或与损失有关的财务后果转嫁给他人承担的一种风险管理方法。具体来说，创业者可采用保险转嫁、转让转嫁和合同转嫁等方式。

创业者或初创企业要针对风险评估的结果和具体的评估环境，选择适合的风险应对方法，采用科学的风险应对策略。例如，对于损失金额小的风险采取风险自留的方式，对于发生概率高、损失金额大的风险采取风险转嫁的方式等。

表5-8　风险应对策略矩阵

风险影响力	发生概率	
	高发生概率	低发生概率
高影响	风险避免 风险抑制 风险转嫁	风险避免 风险抑制
低影响	风险避免 风险预防	风险自留

四、风险规避

(一) 商品市场风险的规避

所谓创业的商品市场风险，即在创业的市场实现环节，创业者会遇到市场需求的不确定性，或者竞争的不确定性，由此可能造成创业的失败。这主要是由新产品市场的潜在性、待开发、待成长，或者竞争者的过度进入引发的。

1. 新产品市场多是潜在的、待开发的、待成长的

现实中，人们往往对市场既有产品司空见惯，对其需求是相对稳定的。而新产品(含新业务)多是新鲜玩意儿，它的市场需求多是潜在的、待开发的、待成长的。越是新技术产品，用户接受起来越会谨慎小心，甚至如履薄冰。例如，微波炉上市之初，不少消费者担心微波炉可能有辐射危害。由此，厂家和商家不得不通过媒体反复向消费者宣传"微波炉不会伤害你的健康，只会给你带来生活上的便利"。一些"领先用户"也帮商家现身说法，这才打消了部分消费者的恐惧和困惑。由此可见，创业者很难预先准确判定市场是否会在某个时段接受自己推出的某一新产品及其接受能力，对未来市场实际需求情况与创业者早期预期的差异只能持一种"淡然接受"的态度。

2. 很难确定市场接受新产品的具体时间

即便市场最终会接受创业者的某种新产品，但创业者行动之前通常很难判定市场接受它的"具体时间点"，或者误判这一时间点，从而也就很难确定新产品上市的"适当时间点"。特别是现代科技发展很快，而市场可能在相关技术突破发生很长时间之后才接受相应新产品。例如，美国贝尔实验室在20世纪50年代就研制出了可视电话，但过了20年，直到20世纪70年代，美国市场才初步接受商业化的可视电话，且主要用于政府、军事、公共事业等的财政付费部门。基于此，创业者需要关注相关市场需求"机会窗口"敞开的时间段，而不能盲目地开发市场。

3.很难预测新产品的市场需求成长速度

由于多数新产品的市场需求是潜在的、待开发的，故创业者拟凭借某种机会创业，往往很难预测该新产品的市场需求的成长速度。例如，1959年美国哈德公司开发出了施乐914复印机，并谋求与IBM公司合作产销。但IBM公司预测该类复印机10年内顶多售出5000台，因此拒绝了哈德公司的合作愿望。然而，后来的实际情况是复印技术被迅速采用并扩散，哈德公司10年间售出了20万台复印机。此后，哈德公司更名为施乐公司。再如移动通信技术、产品及其服务在中国的扩散。20世纪90年代初期，移动通信技术被引入中国之初，不少人认为"这仅仅是富人才会用的奢侈通信工具"。然而，到了2012年，中国市场上使用手机的人已接近9亿。当然，也有市场需求增长远远低于创业者预期的情况。基于此，对于新产品市场需求的增长情况，创业者只能"摸着石头过河"，在预期市场需求会成长的前提下，看一步、走一步、走一步、看下步。

4.很难预测未来同行市场竞争的实际态势

根据一些创投公司的研究，多数创业者投给创投公司的创业计划多忽视未来可能的同行竞争，甚至认为自己的产品好到极致，未来不会有激烈的同行竞争。但客观地看，人类认识客观世界的"脑力"并无多大差异。对于众多创业者而言，只要某个团队整体上的知识，以及经验、悟性相差无几，则其实际的机会识别能力也不会有多大差异。故面对某个商机，如果A团队拟推出某种产品，那么B团队也可能推出相近甚至完全相同的产品。由此，这样的创业者未来必然会遇到竞争者。但由于创业者极强的"自恋意识"，不少创业团队事实上很难预料未来同行市场竞争的实际态势，这就可能使得创业者"自以为"自己遇到了"具有不确定性的竞争"。基于此，创业者需要在充分发挥知识、经验、悟性对于机会识别的作用的基础上，尽可能地弱化"自恋意识"，努力使创业之前的机会识别更为客观、理性，这样才有可能规避此类风险。

(二) 要素市场风险的规避

创业作为一种商业活动，通常需要资金、技术、人力资源、上游产品等生产要素的投入。但特定的创业团队能否得到所需的生产要素，客观上也具有很大的不确定性，这就形成了创业机会的要素市场风险。

1.资本市场的资金可得性多是不确定的

在诸多生产要素中，创业者首先需要得到的是资金，否则就可能"巧妇难为无米之炊"，但恰恰资本市场存在最大的不确定性。现阶段中国创业者主要通过自筹(以往个人薪酬结余积累)、债权融资(向家人或亲朋借贷、商业银行小额贷款)、股权融资(争取创业投资公司投资、争取加盟者投资)、争取政府机构支持(如国家或省、市中小企业创新基金)等获得创业起步阶段所需的资金。但客观地看，这些资金来源都有很大的不确定性。创业者多是"穷人"，薪酬节余多数情况下并不能成为创业者主要的资金来源。争取商业银行小额贷款固然是一种办法，但其资金额度往往不足以支撑市场需求容量较大的创业活动。争取创业投资公司的股权投资，但创投公司的资金到位程度与创业者实际的创业进程密切相关，创业者没有将事情做到一定程度的情况下，创投公司多是不会投资的。争取加盟者投资，说不定潜在的加盟者比领头创业者还缺钱。争取政府机构支持，如争取国家或省、市的创新基金支持，多数情况下面对着严格的评价程序。换言之，这些资金来源都有很大的不确定性。基于这些情况，创业者只能通过"争取多渠道融资"来规避这类风险。

2. 技术市场的技术可得性、实用性是不确定的

在后工业时代，各行各业的商业活动都需要特定的技术。即便以往人们认为新技术应用含量比较低的餐饮等行业，现在也在使用先进的信息技术和机电技术。可见，创业离不开技术，技术型创业更是如此。创业者获得起步技术的途径主要包括：创业者自有技术、使用过期专利技术，以及有基本创意后开发新的技术或购买他人技术使用权。暂且不论前两种情况，创业者从外部获得技术的可得性、实用性及其效果，能否达到创业者的主观预期，往往会有很大的不确定性，这也会影响创业机会四要素的有效形成。基于此，创业起步之初，创业者应尽可能地使用自有技术，同时应对所用技术进行科学评估。在实用、有效、可靠的前提下选用相关技术。

3. 人力资源市场存在"趋存而流"的不确定性

人是利益理性的。加入新创企业的员工，首先是"趋存而流"，其次是趋利而流。创业起步之初，企业不可能有很好的经营业绩，员工也不可能有很高的薪酬，不少员工甚至也是怀揣"创业梦"奔向新创企业的。但如著名心理学家马斯洛所言，"生存是人的第一需要！"，当新创企业不能为员工支付足以使其得以生存的报酬时，创业团队就可能从人力资源市场招聘不到员工，招聘来的员工也可能离开新创企业，这就使得新创企业能否保有适当数量的员工，实际上会存在很大的不确定性。基于此，创业团队首先应为新创企业筹集到必要的资金，以使新创企业有能力为员工提供起码的"生存薪酬"，其次应辅以可能的其他方式的激励，如"只分益、不担责"的"利润索取权"激励，"产品销售提成"激励等。

4. 上游产品市场供应商往往存在机会主义行为

商品生产离不开上游市场的供应商。创业者看好某个商机，但为生产自己的产品，能否从上游市场获得相应的原材料或零部件、元器件供给，这本身就有很大的不确定性。而且我国转入市场经济体制的时间不长，企业普遍存在机会主义的销售心理，即更愿意将产品销售给当时出价高、采购条件更有利于供应商的下游企业，甚至可能不顾此前严格的供货协议。因此，新创企业能否采购到生产经营所需的上游产品，能否按质按量适时得到所需的原材料或零部件、元器件，存在较大的不确定性。特别是供应商违反契约的现象，这往往是创业者很难控制的。通常，新创企业很难建立起稳定的采购关系。在我国目前尚不规范的商业信用环境下，一旦某个新创企业遇到较大困难，其供应商可能会基于自身的商业利益，而放弃对该新创企业的供给，由此可能导致新创企业的创业活动半途而废。因此，面对上游市场供给的不确定性，创业者需要提前做好应对这类不确定性的各种预案。

(三) 国家法律及政府政策规制风险的规避

创业机会也可能遭遇国家法律及政府政策规制的风险，这主要源于中国正处于改革时期，国家法律处在完善时期，政府政策处在调整时期。固然主流方向是走向市场经济体制，但具体法律的制定、政府政策的出台，都存在一定程度上的不确定性。这就使得创业者此前确认的创业机会有了某种程度的不确定性。

1. 国家法律或政府政策的出台有可能超出创业者的预期

对于商业领域出现的不少新事物，立法机构和政府通常不曾经历过、感受过。但当某些新事物，如新产品、新服务、新的商业模式出现之后，如果政府认为其会伤及公共利益，或者引发市场竞争的不公平，或者造成市场秩序的混乱，政府通常会做出一些政策安排，甚至会适时将某些政策提升为国家法律。这就可能改变创业者此前认为的创业环境，从而使此前创业者认

为恰当的创业机会发生某些有利或不利的变化。如果相应的法律和政策变化超出了创业者的预期，且导致了特定的创业机会变得不可行、不可取，而创业者已经启动了相关创业活动，这时就可能遭遇创业风险。例如，近年来国内外一些新创企业开发的转基因产品，曾被有关国家政府部门明令禁止销售。由此，这些企业的创业投入即转化为"沉没成本"，创业活动得不到相应的商业收益。基于此，创业者需要通过研讨国家法律、政府政策的创立和调整轨迹，在创业机会识别阶段努力规避这类风险。

2. 创业相关事务能否得到政府许可也具有不确定性

创业者开发出的新产品(含新服务)，在正式销售之前，需要得到政府职能部门的一系列认证，如质量检测、产销许可、环境认证等。但因某些原因，新创企业的产品并非一定都能得到所需的认证或许可。极端的是，多年来社会学界一直在讨论科学技术的两面性问题，即某些科学技术的重大突破既可能给人类带来福音，也可能给人类带来灾难。"福音"是人类期盼的，"灾难"是人类厌恶的。如果某种新产品会给人类带来某种程度的危害，政府则可能对相关商业活动进行"规制"，对相关产品的销售"发出禁令"。此种情况下，创业者就可能得不到相关许可。

特别是对于产品的负面效应较大的创业，政府无疑会基于整个社会的利益，在企业产品开发成功后给予限制。且这种情况下，政府相关政策或法律对于企业的规制常常出现在新产品"出生"之后，因为此前政府并不清楚特定新产品是否会有较大的负面效应。然而，一旦政府采取了"事后规制"，开发了具有负面效应的新产品的企业就可能遭到某种程度的损失。

再如，全新产品往往缺少国家标准。在政府和行业组织没有确定相应标准之前，企业很难进入批量化产销阶段。如果新产品没有经过或通过政府职能部门或其授权机构的质量检测，则在销售中也会遇到障碍。如果生产过程或产品使用过程对环境造成一定程度的伤害，政府也会限制新创企业的产品产销。

基于以上，创业者判断某个机会的可行性时，也要预测一下政府职能部门未来是否会给予你的产品或服务以需要的认证或许可。

五、风险监测

企业经营的风险分为系统风险和非系统风险。

系统风险是指由某种全局性的共同因素引起的，创业者或初创企业本身控制不了或无法施加影响，并难以采取有效方法消除的风险。因此，系统风险也称为"不可分散风险"。一般来说，环境风险、市场风险等属于系统风险。

创业者应尽可能运用所学知识和所掌握的资源，采用科学的方法来对那些能够预测的风险进行深入分析；通过和团队成员探讨、请教外部专家等方法来预测创业环境的可能变化，以及该变化会对创业企业界带来的影响，对创业的系统风险做到心中有数，并制定应对策略。

由于系统风险的不可分散性，创业者只能根据对系统风险的分析和预测制定合理的应对措施，巧妙规避并尽可能降低系统风险发生后对创业者自身或初创企业的不利影响。例如，若预测到市场利率上升，则应尽量筹集长期资金；若预测到未来经济低迷，则应尽可能持有较多现金等。

非系统风险是由特定创业者或初创企业自身因素引起的，只对该创业者或初创企业产生影响。因此，创业者和初创企业可以在某程度上对其进行控制，并通过一定的手段予以预防和分散。企业经营的非系统风险主要包括机会选择风险、人力资源风险、技术风险、管理风险、财务风险等。

(一) 机会选择风险

机会选择风险是一种潜在风险，是指由于选择创业而失去其他发展机会可能损失的最大收益。因此，创业者在创业准备之初就应该对创业的风险和收益进行全面权衡，将创业目标和目前的职业收益进行比较，结合当下的创业环境、自己的职业生涯规划进行权衡分析。如果认为创业时机已经成熟，刚好有一个绝佳的创业机会可以转化为创业项目，而且该项目又与自己的职业生涯规划相吻合，那么就要下定决心，立即着手创业。否则，就不要急于创业，而应先继续从事目前的工作，边工作边认真观察，学习所在企业高层管理者的管理技巧等；同时，学会利用自己的工作机会建立良好的关系网络，待时机成熟再开始创业。

(二) 人力资源风险

人力资源是创业活动中最重要的资源，由此产生的风险对初创企业来说往往也是致命的风险，所以一定要予以充分关注。首先，创业者应不断充实自己，持续提高个人素质，使自己的知识和能力与创业活动相匹配；其次，通过沟通、协调、激励、奖惩、评价、目标设定等多种手段管理创业团队，并在创业团队发展的不同阶段确定相应的管理内容，科学合理地对成员进行绩效评价；最后，招聘具有良好职业道德和团队合作意识、拥有与岗位相匹配技能的员工，通过在合同中明确权利义务关系和适当授权，以及畅通的人力资源管理系统，使关键员工的工作管理与非工作管理相结合。

(三) 技术风险

技术创新能给拥有者带来丰厚的回报，但掌控不好也可能会使创业者颗粒无收。因此，创业一定要通过加强自身能力建设或建立创新联盟等方式来减少技术风险发生的可能性，具体措施包括：①应加强对技术创新方案的可行性论证，减少技术开发与技术选择的盲目性，并通过建立灵敏的技术信息预警系统，及时预防技术风险；②可通过组建技术开发体系或建立创新联盟等方式来分散技术创新的风险；③提高初创企业技术系统的活力，降低技术风险发生的可能性；④在开发和创新的过程中，要及时发现技术上遇到的困难，尽快识别其是通过努力攻关有可能解决的障碍，还是现阶段科学技术的发展尚无能为力的问题，如果是后者则需要更改技术方案尽早止损；⑤高度重视专利申请、技术标准申请等保护性措施的采用，通过法律手段降低损失出现的可能性。

(四) 管理风险

通过提高管理者的素质，改变管理和决策方式，可以有效应对初创企业的管理风险。具体来说，可以采取以下主要措施：①应努力提高核心创业成员的素质，树立其诚信意识和市场经济观念，并以此为基础做好领导层的自身建设，建立能适应企业不同发展阶段变革的组织机构；②实行民主决策与集权管理的统一，将企业的执行权合理分配，避免不规范的家族式管理影响企业发展；③明确决策目标，完善决策机制，减少决策失误。

(五) 财务风险

筹资困难和资本结构不合理是很多初创企业明显的财务特征和主要的财务风险来源。有效规避财务风险要求做到以下几点：①创业者要对创业所需资金进行合理估计，避免筹资不足影响企业的健康成长和后继发展；②要学会建立和经营创业者自身及初创企业的信用，提高获得资金的概率；③创业者或创业团队一定要学会在企业的长远发展和目前利益之间进行权衡，设置合理的财务结构，从恰当的渠道获得资金；④管好初创企业的现金流，避免出现现金流带来的财务拮据甚至破产清算的局面。

回顾与思考

1. 如何理解创业机会？
2. 创业机会的识别会受到哪些因素的影响？
3. 创业机会评估量表包括哪些方面？
4. 对于你的项目未来可能面临的风险，你将采用什么方法对其进行监测和管理？

课后训练

仔细观察你周围同学生活中不方便或不满意的地方并考虑解决方案，看看能否找到新的创业机会并对项目的创业风险进行评估。

第六章

创业项目来源与产品设计保护

学习目标

- 了解创业项目的来源、选择
- 掌握创新产品的研发流程
- 熟悉产品迭代过程
- 掌握知识产权保护过程

引例

"发烧友"助力小米产品研发创新

随着互联网的普及，信息传播变得极其迅速，各种依托于互联网的技术和服务也日新月异。更重要的是，在互联网时代成长起来的新一代消费者创新热情和意愿十足，彰显出巨大的能量和商业价值。作为国产手机后起之秀，小米公司抓住了"用户创新"这一趋势，充分发挥了互联网新生代消费者的聪明才智，发展出了契合时代脉搏的开放式产品创新模式，形成了一种独具特色的"发烧友"文化，开创了一条在互联网上通过用户参与打造手机品牌的独特路径。

领先用户——小米"发烧友"

小米能够成功实施"开放式创新"的关键点在于高效利用"发烧友"——对手机有更高、更丰富需求的"领先用户"。领先用户对小米公司产品研发创新的价值主要有三点，一是提供明确的手机需求信息；二是帮助公司低成本、精准地开发新产品和改进服务；三是加速新产品的开发迭代过程，并提高公司产品投放到市场后的成功率。小米公司通过与"发烧友"的信息交流和反馈，凝聚粉丝的力量，既可以让用户在参与研发的过程中获得满足感，又能实时发现这些"领先用户"的需求，加快产品的迭代创新，把小米快速打造为"知名品牌"，实现短时间内的几何式增长。

现代消费者有大量的零碎时间，公司可以利用用户的认知盈余，让其参与他们感兴趣的创新活动，从而帮助公司更好、更快地创新。这些用户的奉献成本虽然很低，但对于公司而言却有聚沙成塔的效果。正是在这种独创的"发烧友"文化中，小米公司做出了许多人钟爱的小米手机，并取得了辉煌的销售业绩。

小米手机在2011年10月20日发货后不到3个月的时间里，就创下了100万台的销售业绩。发货当天，10万部手机在短短3个小时内被抢订一空。小米手机之所以对消费者有如此巨大的吸引力，原因之一在于小米公司在研发中坚持做到让用户广泛参与，其操作系统做到平均每周升级一次，意味着2天搜集客户需求、2天开发、2天发布，用6天时间就把所有的事情做完。在这一次次迅速的系统更新中，小米手机的用户体验也随之一步步提升，从而吸引了更多的"发烧友"参与其产品的研发创新。

快速迭代创新

为了适应用户参与研发创新这种趋势、利用这种新能量，公司需要建立相应的互联网平台以便客户参与创新，并建立优良的线上线下机制来寻找、组织和激励这些"领先用户"，同时还需要建立崭新的组织结构和激励机制来推动员工与客户互动。小米公司在这些方面做得独具特点，线上线下都有客户组织和活动，每个产品都有自己的荣誉测试组和开发者团体。小米具体的做法是通过米聊论坛建成一个"荣誉开发组"，从几万人的论坛中抽一批活跃度相当高的用户，借助这些用户的力量，高效地完成复杂耗时的测试环节，同时针对问题和需求及时修改完善。例如，小米的核心软件平台MIUI每天发布的测试版有数千位荣誉测试员参与试用，每周发布的开发版本有数百万开发者参与试用，这些试用者会及时提出反馈意见，使得MIUI每月发布的大众版能够保持较高的质量。小米依靠这种快速迭代创新的方式，在互联网环境下成功建立起一个巨大的、愿意为公司产品创新做贡献的用户生态网络。

全过程无缝开放

小米公司的内部研发团队分成两个层级，即大产品团队(如MIUI)和下面的若干个小产品功能团队。产品功能团队是日常运作核心，每个小团队包括产品经理、设计师、开发工程师、测试、运维、论坛客服等，负责完成一个功能从策划到发布的完整过程。小米的产品创新过程具有以下几个特点：第一，小团队完成从策划到发布的整个流程，利用用户实时反馈的信息快速迭代、循环往复；第二，用户360°全程参与产品创新的每个步骤；第三，全面、高效地利用互联网生态环境进行产品发布、销售等。

小米产品创新全程对客户开放，公司利用互联网打通了内部整个产品团队和客户之间的距离阻隔，实现了创新的全过程无缝对接。小米还用游戏、社交、竞争和贡献等元素把"发烧友"通过线上线下的各种活动组织起来，让他们用自己的方式低成本地为小米做出贡献，从而实现自己的价值并找到满足感。此外，小米还建立了相应的内部机制和平台，鼓励员工直接与客户交流，实现了内部员工在产品策划、设计、开发、测试和发布全过程与客户的无缝对接，从而走出了自己的成功之路。

小米通过用户进行产品创新的模式，把用户创新的理念发挥到了极致，使产品的创新更贴近特定用户的需要，让用户成为创新的真正主体。这一模式让小米在一个激烈竞争的市场环境中获得了独特的竞争优势，充分说明了在互联网时代，消费者就是生产者和创造者，消费者作为用户不仅希望参与产品购买体验和分享的环节，也希望介入生产，这种用户创新的众包模式值得企业重新审视，用户的价值也应该得到进一步的重视。

(资料来源：董洁林，陈娟. 无缝开放式创新：基于小米案例探讨互联网生态中的产品创新模式[J]. 科研管理，2014(35)：76-84.)

第一节　创业项目的来源、选择

一、创业项目的来源

常常有学生提出类似的问题：我手里有笔钱，却不知道做点什么好，在若干项目中不知道该选择哪一个；认定一个行业很有前途，却不知从哪里开始；我能吃苦而且很努力，想创业却找不到方向；有哪些适合大学生创业的项目……

这些林林总总的问题可以归结为一个关键词——创业项目。与此同时，在百度中搜索"创业项目"四个字，会发现很多创业商机网站，打开网站页面会发现绝大多数所谓的创业商机就是连锁或者加盟。这就容易使同学们形成误解：想创业就是连锁或者加盟。但事实真的如此吗？除了连锁和加盟，还有哪些找到创业项目的办法？

如果把创业的过程比作一场马拉松比赛的话，毫无疑问，这场比赛的起点就是寻找创业项目，因为创业项目基因的优劣直接决定整个创业过程是否能够长久。iPhone 4是在2010年问世的，乔布斯由此改写了手机的历史。手机自拍杆，最便宜的自拍杆只需要十几块钱，它的生产不需要太多的技术。这款产品的出现正是企业在深入探究用户需求(自拍)的基础上诞生的。智能手机和自拍杆给了我们启发，探究创业项目的来源可以遵循两个维度：专长和市场。首先，应在专长维度完成对创业者自身的剖析。作为一名创业者，在创业之初先想清楚自己"能干什么"，也就是完成"知己"的分析。其次，应在挖掘自身专长的基础上看看市场需要什么，即在市场维度完成"知彼"的分析。

(一) 专长

专长是别人没有的、与众不同的强人之处，可以体现在质量上、技术上、设计上、功能上、模式上等。创业者可以从三个角度分析自己是否具有可以转化成创业项目的专长，这三个角度分别是优势、兴趣和眼界。

1. 优势

优势是创业者本人所具有的特长和强项，即优秀与特别之处。与别人比较，自己有而别人没有，自己很突出而别人很一般的方面即是特长；与自己比较，从自己能够做好的事情中找出做得最好的即是强项。发掘优势有以下两种具体途径。

(1) 天赋、特长。金津是浙江义乌工商学院的一名大学生，他的嗓音非常好，在大学期间屡屡担任各种大赛、晚会的主持人。金津在大四的时候选择了自主创业，回到了他的家乡龙游，在当地开了一家婚庆公司，自己既做老板又做司仪，几年下来在当地小有名气。金津创业凭借的专长"嗓音好"即属于他的天赋、特长。

(2) 支配、运用资源。哈尔滨有一家红肠店非常火爆，仅此一家，不开分店。每天早上7点开始营业，早上5点就排起了长队，即使在零下二十几度的寒冬也不例外。这家店已经经营好多年了，地点位于哈尔滨某大学的对面。这所大学有一名学生，从大二开始就做起了一项"生意"，每天早上5点起床去学校对面排队购买红肠。购买的数量根据微信群里的订单数量确定，然后发快递，每斤加收8元钱。这件事情，他从大二下学期做到了大四，一年多的时间收入12

万元。根据第一章中的定义，该名同学的行为特征算不上"创业"，但此处想强调的是他具备一种能力，可以称之为支配、运用资源的能力。把身边的资源变成自己的资源，这也是一种能力。"支配、运用资源"这一工具启发我们认真观察身边有哪些资源，是否可以通过驾驭这些资源来找到创业项目。

本节提到的优势主要指专业优势，即从专业出发，变所学为所用，将专业优势转变为创业优势。2014年，获得全国创新创业设计大赛银奖的一个项目叫作"基因饰品"。项目团队是来自某高校生命科学与工程学院的学生，提取DNA并把DNA进行着色处理是该专业的学生本科阶段就能完成的一项实验。有一名女同学在做实验的过程中突发奇想：既然每个人的DNA的形状都不一样，那么经过染色之后能否镶嵌在水晶吊坠里面，做成独一无二的首饰？基于这一思路这名同学开始组建团队，制作原型，进行商业模式验证……最终有了"基因饰品"这一项目。此类创业项目即属于与专业充分融合，将专业优势转变为寻找创业项目来源的思路。

2. 兴趣

创业的最佳状态是把兴趣变成能赚钱的事情，直到成为生活的内容与生存状态。许多能赚钱的事情是能够与自己的爱好合二为一的，兴趣与事业是可以结合为一体的。对于很多人而言，寻找创业项目其实是给自己的生活和身心寻找一个方向。比如吉利的董事长李书福曾坦言："吉利就是圆我的造车梦。"从兴趣角度出发，创业者在创业之初应反问自己"我喜欢干什么"，并顺着这一思路去探寻创业项目。兴趣是最好的老师，兴趣也是寻找创业项目来源道路上的明灯。

爱因斯坦26岁的时候就提出了狭义相对论，这是人类历史上的一件大事，是人类认知上的一次革命。但是，他不是在26岁才开始思考这一问题的。当他还在念书的时候，有一次他给当时的女朋友、后来的夫人写信时就写道："我对电动力学非常感兴趣。"而电动力学就是他后来在狭义相对论里做出革命性贡献的领域。这证明爱因斯坦还在念书的时候，就对他后来取得重大成就的领域产生了兴趣。1953年，生物学取得了一个突破性的重大进展——发现了DNA双螺旋结构，这是美国生物学家沃森和英国生物学家克里克取得的成就。如果你看过沃森的《双螺旋》一书，你就会发现他们对这件事是多么有兴趣，浓厚的兴趣是他们成功的基础。大疆无人机创始人汪滔从小对模型飞机有浓厚的兴趣，他说："小时候不断地想，长大以后，如果我能发明一种飞机，带着我自由自在地在天空飞翔，让我体验到飞翔的感觉，那该有多好！"有了兴趣才会有激情。乔布斯说过："如果你没有对某一件事情充满激情，你就不应该创业，绝不要为了创业而创业。"

拓展阅读 | 6-1

漫画达人陈安妮

陈安妮，广东外语外贸大学经济贸易学院2010级国际经济与贸易专业学生，现任快看漫画CEO。

2011年12月，上大二的陈安妮和当时的学弟——"礼物说"创始人兼CEO温成辉一起创办了"M方工作室"，并利用开发文化产品获得的盈利开始他们的公益行动，包括给街边流浪汉送大衣，给云浮的孩子们送字典，为大学生公益项目提供资金援助等。2014年6月，陈安妮大学毕业，前往北京创业并成立梦当然工作室。工作室开发了快看漫画App，并于同年11月23日上线，在苹果应用商店上线仅3个月，用户规模就达到200万。快看漫画是一款条式漫画软件，摒弃了传统翻页漫画，适合手机阅读。2016年12月，快看漫画已拥有7000多万名用户、2500万名月活跃用户，并宣布完成C轮融资2.5亿元，估值攀升至15亿元。2019年8月27日，快看漫画宣布完成新一轮1.25亿美元的融资，由腾讯领投，是2019年二次元领域额度最大的一笔融资。

央视《经济半小时》节目曾经对陈安妮有一期专访。当被问及为何选择漫画作为创业项目时，陈安妮坦言她小时候的梦想就是当一名漫画家，她很喜欢画漫画，进入大学之后，这颗梦想的种子有了发芽的土壤。

(资料来源：根据网络资源整理)

3. 眼界

眼界是见识、是阅历。目力所及要大，见识所及要多，思维所及要宽，创业者只要放宽眼界，好项目便可以产生。

因为地域之间的差异是普遍存在的，比如，2008年Airbnb在美国上市，而我国"共享经济"概念的出现是在2014年。对于创业者来说，所生活的地域与其他地方存在差距、差异并不是糟糕的事情，恰恰相反，这是挖掘商机、寻找创业项目的出发点，因为"最快的复制即是最好的创新"，差距、差异正意味着商机。在此有必要说明一点，开阔眼界的途径不一定是出国或去一线城市体验生活，开阔眼界的途径更重要的是用心去感悟。

(二) 市场

1. 列举法

(1) 缺点列举法。每个缺点即是创新的起点。认真观察市场中的产品存在哪些缺陷与不足，然后试着去改进它即是一个创业项目。例如，人们一提起感冒药，最直观的感觉就是服用之后容易犯困，于是市场上诞生了一个新的产品"白加黑"，白天吃白片不瞌睡，晚上吃黑片睡得香。有一种方便面的价值主张让人印象深刻——拒绝油炸，留住健康，直指方便面的弊端，这就是五谷道场方便面。2014年，滋源洗发水问世，它的品牌理念是"一切只为健康头皮"，针对硅油会造成脱发的问题推出了无硅油洗发水。曾几何时，体检是一件劳心费力的事情，需要在医院的各个科室之间来回跑，非常不方便。现在，市场上有了专业的体检机构，提供一站式服务，体检之后有一顿营养早餐，体检报告可以直接在手机客户端查询，而且配有详细的解读。上述项目无论是有形的产品还是无形的服务，都有一个共同的特点，即弥补原有产品的缺陷。因此，有一双发现问题的眼睛，一个好的创业项目就可以产生。

(2) 希望点列举法。创新在希望中诞生，沿着"你希望×××能干什么"这一句式思考，就可以产生创业项目。图6-1所示的这款产品叫作Lopfit"走路自行车"，这是一款集运动、省力、速度于一体的"神器"，有了它，你就再也没有理由不锻炼了。你只要用平常走路的速度，就可以提供250W的马达动力，拥有6挡变速，最高时速可达25km/小时，是成人步行速度的4倍，续航可达55km。这款产品诞生的过程是这样的：荷兰有一位大叔名叫Bruin Bergmester，他从小就喜欢拆装物品，是远近闻名的"维修工"。成年后，Bruin顺利成为一名高级机械工程师，繁重的工作让他的身体健康受到损害，他开始用跑步机锻炼。某天，Bruin看到年轻人骑着自行车呼啸而过，就思考到，把跑步机装到自行车上进行户外锻炼不是更棒？沿着"我希望自行车能够跑步"这样一个思路，善于组装机械的Bruin开始生产"走路自行车"，随后将自行车在网上售卖，他把宣传视频传到Facebook上，瞬间引爆社交网络，"走路自行车"也被抢购一空。德国、美国、日本、荷兰等国的电视台和媒体纷纷报道此事。在Bruin的个人网站上，"走路自行车"以每辆249美元的价格出售，同时提供租车服务。

图6-1　Lopfit"走路自行车"

2. 组合法

组合法是指把两个以上的产品(服务)进行合并以产生创业项目的方法。例如，山东有位农民，他的兴趣爱好是绘画，但是他画画的颜料很特殊，是五颜六色的粮食，这就是目前山东某地的一种旅游纪念品"杂粮绘画"；又如，枫林晚的招牌"学术书店+咖啡屋"可以明显看出组合的逻辑。

组合法分为两种：主体附加法和异物组合法。主体附加法的原理是A+B>A，如耳机+蓝牙(耳机为主体)，奶瓶+温度计(奶瓶为主体)等，多一个功能就多一分竞争力。可以利用组合坐标法进行主体附加法的组合，并根据实际需求判定这种组合有无实际意义。异物组合法的原理是A+B=C，即组合之后产生一个新产品。异物组合法可分为功能组合、意义组合、构造组合、成分组合、材料组合。

3. 赶海

去过海边的人都会有这样的发现：在海边，有的人喜欢冲浪，游走在风口浪尖上，非常刺激和炫酷；有的人喜欢安全地站在岸边，每当夕阳西下的时候捡一些贝壳、小螃蟹……这个过程我们称之为"赶海"，由此引出了沿着市场这个维度寻找创业项目的第三种方法。

究竟什么是赶海呢？我们先来看一个案例：李维·斯特劳斯和他的牛仔裤。李维·斯特劳斯1829年出生于德国，1847年从德国移民到美国，1853年到西部淘金。在去西部淘金的途中，一条大河拦住了去路，许多人感到愤怒，但李维·斯特劳斯却租了条船做起了摆渡的生意。到了矿区之后，他没有找到淘金的工作，却发现矿工饮水紧张，于是又做起了卖水的生意。当发现矿工的裤子磨损得特别快，并且矿区里有许多被人丢弃的帆布帐篷后，又开始了用帆布做工作服的生意。1855年，李维·斯特劳斯放弃帆布，改用一种结实、耐磨的蓝色粗斜纹布制作工装裤，并用铜钉加固裤袋和缝口。坚固、美观的长裤迅速受到市场的青睐，大批订单纷至沓来。李维·斯特劳斯开始以自己的名字李维斯为品牌，向普通服装市场进军。这就是李维斯牛仔裤的起源。

李维·斯特劳斯的创业思路即是赶海的思路：当淘金大潮涌来的时候，不去淘金，而是为那些淘金的人们提供牛仔裤，即为创造新需求的人们提供服务，为那些追逐市场大潮的人们提供服务。在赶海的思路下，要寻找正在兴起的、已经澎湃的潮，基于这些"潮"的需求，发现它的衍生物、配套物、保障物，即做某一个产业大潮的周边。例如，2010年当苹果手机的大潮涌来的时候，"生产手机壳"就是赶海的思路。再如，当大众创业、万众创新这股大潮涌来的时候，不去创新创业而是教别人如何创新创业，开展相关的培训，做"创新创业"这股大潮的衍生物、配套物、保障物，这些都是赶海的思路。

要想沿着赶海的思路寻找创业项目，首先需要完成对"潮"的研判，即分析未来消费大潮、生活变化潮流都有哪些，进而做这些潮流的周边。

4. 借势

2012年有一首歌曲迅速红遍全球，成为韩国的一张文化名片，那就是《江南Style》。2012年11月，杭州有一家新开张的饭店，短时间内吸引众多媒体争相报道，这家饭店的名字就叫作"江南Style"，饭店的服务员都是跳着骑马舞上菜的。创业项目，名字起得好非常关键。无独有偶，有一款白酒的商标叫"莫言醉"，商标注册人未必读过莫言的书，这款商标的原意是"不要说喝醉了"，但随着莫言获得了诺贝尔文学奖，"莫言醉"这款商标的身价翻了一万倍。

借势的创业思路即让创业项目与名人、焦点、热点、流行元素发生关联，借势发力，凭借、依靠、借助某种强势，获得可为己使用的力量。孙子说："故善战人之势，如转圆石于千仞之山者，势也。"即打仗需要借势。《三国演义》有一句话，"万事俱备，只欠东风"，"东风"即为势。孟子说的"虽有智慧，不如乘势"也说明了这个道理。

名人代言、名人故里之争都是借势的思路。比如，提起"中甸"这个地方鲜有人知晓，但提起"香格里拉"无人不知。云南省的香格里拉原来的名字即为中甸，为了发展旅游业，将地名做了更改。类似的还有陕西省的中部县，现已更名为黄陵县。

5. 挖掘

挖掘是项目发生的一个途径，即面向已存在的、天然的、隐蔽的资源，经过寻找而发现，经过选择而确定，经过提炼而结晶，经过加工而提升，使其成为有市场价值的东西。许多资金不多的小创业者都是依靠准确抓住某个不起眼的信息而挖到"第一桶金"的。

沃尔玛公司是一个善于"挖掘"的典范。在沃尔玛有经典的"十英尺态度"和"三米微笑文化"，即距离顾客10英尺(约3米)的距离时，你就应该关注到他；什么时候对你的顾客微笑呢？太近不太好，太远看不到，最佳距离是三米。类似这样的细节，沃尔玛都挖掘得如此精准。此外，沃尔玛还有一个关于"挖掘"的经典案例：啤酒与尿不湿。大数据显示，在沃尔玛购买尿不湿的人通常为25～35岁的年轻父亲，这一数据有何意义呢？沃尔玛看到了其背后隐藏的商机，做了一个商品位置摆放的调整。为何这样做呢？他们深入挖掘了消费者心理：照顾孩子很辛苦，所以买尿不湿的同时会拎一箱啤酒犒劳一下自己。正是这样一个商品位置摆放的调整，使得沃尔玛啤酒的销售额激增，因为数据显示30%～40%购买尿不湿的父亲会同时为自己购买啤酒。

6. 解构

乐高创立于1932年，公司总部位于丹麦。乐高积木在全世界拥有众多的粉丝，其用户遍及各个年龄段。2018年12月，乐高入围2018年世界品牌500强。这种积木有何神奇之处呢？这是一款塑胶积木，积木一头有凸粒，另一头有可嵌入凸粒的孔，形状有1300多种，每一种形状都有12种不同的颜色，以红、黄、蓝、白、绿色为主，用户自己动手动脑，可以拼出变化无穷的造型，令人爱不释手，被称为"魔术积木"，如图6-2所示。

赛百味是起源于美国的跨国快餐连锁店，主要销售三明治，如图6-3所示。2011年3月7日，赛百味的分店数量超越百胜及麦当劳，成为全球分店最多的快餐店，全球加盟店超过26000家，分布在80多个国家，成为国际速食业的一个领先者，近几年被美国《企业家》杂志评选为排名第一的连锁加盟系统。2017年6月"2017年BrandZ最具价值全球品牌100强"公布，赛百味排名第45位。为什么赛百味的三明治如此受欢迎，原因之一就是每个三明治都是在顾客的面前当场制作：顾客先选面包，再选择面包的尺寸，接着选择金枪鱼、培根或其他肉类，然后选择蔬菜，最后选择调味酱。就这样，充分满足顾客个性化口味需求的三明治制作完成。

图6-2　乐高积木

图6-3　赛百味快餐店

为何要介绍乐高和赛百味呢？原因是这两个品牌具有相似之处：解构。乐高是将传统的玩具进行解构，使其变成用户可自由拼接的玩具。赛百味是将制作三明治的流程进行解构，从而实现三明治口味的DIY。

解构的原理是将一个产品或服务解构成多个部分，再将各部分重新组合，以实现新功能或以新形式呈现某个已有的功能。这一产生新项目的方法可以分解为以下5个步骤。

(1) 列举产品或服务的内部组成部分。

(2) 以任意一种方法解构(功能型解构、物理型解构、保留型解构)。

(3) 想象解构后的结果。

(4) 思考新产品或服务有什么潜在的价值和优势，有无市场，谁需要，为何需要？它是如何发挥功效的？

(5) 思考有无可行性，是否可付诸实践，原因是什么？是否可通过调整提高其可行性？

解构的三种方法如下。

(1) 分离(功能型解构)，是指挑出产品或服务中特定功能的某个部分，将其独立出来成为一个新项目。比如，索尼公司的一位工程师曾提出将原来磁带式录音机的功能进行分离，即仅保留收听的功能，去掉录音的功能。不能录音的设备还是录音机吗？1979年，一款划时代的产品诞生了，这就是随身听。又如，唱吧将原来KTV的功能进行了功能型解构，仅保留唱歌的功能。再如，平板电脑的诞生也属于功能型解构，仅保留信息获取的功能，去掉信息输入的功能。

(2) 分割(物理型解构)，是指将产品按随机原则分解为若干部分。例如，乐高积木、赛百味、拼图游戏、培训、员工授权均属于物理型解构的案例。物理型解构具体而言又分为三种方法：任务外包(把原有的内部任务分配给一个外部构件或已有部件)、内部重组(最大限度地利用现有的内部资源)、由内而外(让内部元素发挥某个外部元素的功能)。

(3) 压缩(保留型解构)，是指将产品缩小，依然保留原功能和特性。沿着压缩的思路，产品的功能、特性保持不变，即是一个新项目。比如，异军突起的江小白就是压缩思路下的典范，将原来1斤装的白酒变成了2两装。类似的案例还有很多：小罐茶、小袋食品、旅行套装、便携式电扇、便携式台灯、车载冰箱、分时租赁，等等。

课堂讨论

每个团队负责1个项目，分别完成表6-1。

表6-1 项目分析

A	B	C	D	E	F
列举内部组成部分	选择一种解构方法	设想新组成的产品或服务	产品有何优势和价值	产品使用对象是谁，为何需要？	可行性及原因

7. 整合

整合是资源的叠加。整合的逻辑是找到各种独立资源和要素的关联，在它们的关系中发现利润点。整合的路径如下。

(1) 发现资源之间的或者别人没发现的某种联系、功能和用途。

(2) 把看似不相关的资源进行复合、改造而产生新的效用。

(3) 把各自独立的利益关系联系在一起而产生新的利润点。

(4) 把自己可借助的各种资源优势集中在一个点，实现市场突破。

(5) 在成长的产业链中找到缺陷、缝隙、薄弱环节并加以改进。

(6) 对潜在的、具有商业价值的元素进行挖掘、改造和提炼。

(7) 在开阔眼界、提升视角的前提下探索新模式、新业态、新手法。

综合上述路径，利用整合的思路寻找创业项目最直接的方法是发现那些被浪费、被闲置的资源，并最大化这些资源的商业价值。

上海有一个连锁店的老板，他非常擅长资源整合。他经常出资同时收购2～3家生意不是很好的店，收购后转让掉其中两家(有时转让会赔钱)，保留一家地理位置最好的，然后把其他两家店的员工合并到这家店来，这样员工就不缺了。再把那两家店的会员顾客集中到这家店来消费，然后顾客也不缺了。如果当初被他收购的那三家店懂得一起合作而不是自相残杀，可能结果就不一样了。

我们来换个思维：假如当初你和你的竞争对手联合起来，成立一家公司，你负责技术，他负责管理。那么你省下3年的时间来研究管理，他省下3年的时间来研究技术。你们合作的话，管理和技术都有了，再找一个比较擅长营销的老板来合作，那么技术、管理、营销全部都有了。

8. 细分

当你想购买一款洗发水的时候，你会选择哪一款呢？要去屑，你可能会购买海飞丝；要柔顺，你可能会购买飘柔或者潘婷；喜欢鲜花的味道，你可能会购买伊卡璐；秉持价值导向型的消费理念，你可能会选择沙宣。但是，无论你购买上述哪一款洗发水，你都是在购买宝洁公司的产品。宝洁公司成功的秘诀之一就是把产品的细分做到了极致。

细分是寻找创业项目的工具之一。用细分的理念可以打造出好项目。比如最开始专注于图书的当当网、专注于销售家电的京东、专注于名品打折的唯品会。在当下，做一个"大而全"的生意越来越困难，创业者要学会聚焦，在一个大的版块上找到一个发力点，然后将一个细分市场做通透。这就是细分的思路。

细分有三种方法，分别是地理细分、人文细分、心理细分。地理细分是按照地域的不同打造新产品和新业态。例如，只有在中国才能在肯德基吃到老北京鸡肉卷。再如，我们对沃尔玛的初步印象是开设在郊区的大超市，但是沃尔玛目前也有开设在社区的精品便利店Neighborhood Market。人文细分的维度有很多，最重要的两种细分的维度是性别和年龄。以传统行业的理发店为例，理发店可以按性别维度细分，即专门对男性(女性)开放的理发店；理发店也可以按年龄维度细分，目前市面上已有儿童理发店，店内的座椅是汽车的造型，从镜子、剪刀到店内装修都非常卡通。心理细分即探究消费者的心理，为迎合消费者的心理而进行细分，如iPhone针对中国市场推出的限量版中国红。

当下，细分正在成为创业者寻找创业项目越来越重要的思路和工具。在中国市场上，细分正当时。例如，在改革开放以前，当温饱的问题还没有解决的时候，人们是不会需要有机食品的。因此，如何以新的产品和服务满足消费者精细化的需求既是现实诉求，也是启发创业者寻找创业项目的思路。

二、适合大学生的创业项目

国内的学者和创业者普遍认为，中国的创业机会非常多，很多留学海外的人员及外企高级管理人员也正是被这一点所吸引而在国内走上创业道路。

实际上，中国丰富的创业机会，是有深刻的社会经济结构因素所支撑的。中国人口多，贫富差距较大，发展尚不平衡，众多产业还处在初级发展阶段或者正在寻求转型发展，人们多方面的基本需求远未得到满足，而且需求越来越呈现出多样化等，这些为创业者提供了无限可能。

对于想创业的大学生来说，最好是依托自身的优势以此起步，进而逐渐提高创业活动的层次。大学生创业者了解年轻人市场，有较强的信息搜集能力和丰富的创意等，这些都能帮助大学生创业者找到适合自己的创业机会。这里总结了大学生创业的7种典型商业机会。

(一) 满足大学生学习和生活需求的产品和服务

大学生创业者对于学生市场的需求是最为了解的，这是多数大学生开始创业时首先考虑的方向。创业者可以通过回顾自己在大学生活中遇到的问题或不满的地方，也可以通过访谈在校大学生，了解大学生的各种重要需求，然后从中挑选出最适合自身资源的创业机会。做校园代理是大学生常见的创业方式，如考研、考证、旅游、手机卡等大学生常用的产品，这些业务的成本和风险都低。

(二) 特色零售店或服务项目

零售和服务行业的进入门槛不高，对资金、技术和团队的要求较低，服务的对象又非常广泛，随着消费需求的持续变化，商业机会层出不穷，每年都会有新的模式和新的企业迅速崛起，这一行业适合多数大学生进行创业。零售和服务行业最需要的就是商业模式和服务的创新，创业者把自己的独特创意融入其中，就有可能开创出新的零售模式或特色服务项目。例如，在长沙市太平街上有一家特色小店，该店主要销售年轻人喜欢的各种个性化小玩意，尤其是店里的特色服务项目——蜗牛慢递，非常有创意。蜗牛慢递的特色在于客户可以任选送到的时间，内容可以是任何东西(甚至可以是无形产品)，慢递的东西都加入了创意或特色。

(三) 网上开店或网络服务

如今的大学生对互联网非常熟悉,互联网上的创业机会也异常丰富。最普通的网上创业就是开网店,在淘宝网上注册账户卖自有产品或代销。例如,义乌工商学院就非常鼓励甚至要求学生开网店进行网上创业。网上开店的秘诀在于通过透彻理解网上购物行为,合理规划产品的品类,高水平地展示产品,积极管理客户评价等方面来提高网店的利润。大学生还可以创造出特色的网络服务,以低成本实现客户价值。例如,财客在线就是通过满足年轻人理财记账的需要而成功的,它通过会员付费和广告收入来盈利。

(四) 处于同质商品阶段的小产品的品牌化经营

成熟行业给大学生的创业机会比较少,毕竟行业格局已经形成,只有一些零散型的产业还有创业的机会,如处于商品化阶段的日常用品或农产品。这些小产品的行业内竞争层次很低,同质化的产品以相同的价格很难做大企业和打造品牌,企业的利润也很微薄。创业者需要转换经营思路,进行品牌化运作,将产品的档次提升,甚至加入一些创意元素。创业者可以从杯子、镜子、梳子、玩具等日用品,以及农产品中选择创业项目,将小产品打造出特色品牌,如梁伯强的指甲剪品牌"非常小器"。这类创业的进入门槛比较低,风险也不高,需要大学生以高端化或回归自然的品牌运作来从小产品中开发出大市场。例如,德青源品牌的鸡蛋,2002年以来每年以150%的速度快速增长,2009年实现销售额5亿元。德青源用17年的时间,以匠心品质,赢得了超过两亿国人的信赖,成为我国鸡蛋市场的知名品牌。

(五) 提供个性化的产品或服务

现代消费者对于产品或服务的个性化程度要求越来越高,收入水平的提高和市场需求的多样化为个性化产品或服务的需求提供了坚实的购买基础。年轻一代的消费者对个性化产品或服务的需求更高、更敏感,而这类产品的创业成功关键在于准确和快速掌握市场需求的能力,这为大学生开展个性化产品或服务的创业提供了天然的优势。创业者需要把握的除了基于个性化需求的定位,还需要从商业模式上进行创新,在提供个性化服务的同时寻求规模化经营,并保持较低的成本。个性化的创新机会有可能通过将其他行业的特点引入新行业,来满足客户的多重需求,甚至开发出全新的市场,形成新的商业模式。

通过引入个性化的元素使传统产业释放巨大活力,一款手机应用软件——魔漫相机算是一个非常典型的成功案例。用户用手机拍下的照片能迅速变成一幅幅漫画,用户可以随时看到幽默、乐观、快乐的自己。以前找画家才能完成这样的事情,而且周期长、费用高、产量小,现在计算机就可以轻松完成,并实现艺术的个性化。

(六) 开发具有技术含量的新产品

大学生创业者(尤其是理工科专业)可以开发出新产品,以创新技术作为创业的关键资源,通过组建公司来生产和销售创新产品(或提供技术服务)。新产品的开发是很难靠某个人取得成功的,它需要一个团队来协作开发,一般以导师为核心的研究团队更有可能开发出更高技术含量的新产品。如果创业者自身无法开发新产品,那么就要寻找可以合作创业的新产品开发者,这需要创业者与研发人员的能力互补。这种创业可以获得政府相关机构的大力支持,尤其是与政府产业扶持政策相关的战略性新兴产业和其他重点产业,更是有可能成为政府关注与扶持的典型创业项目。

江喜允是深圳技师学院数控技术专业2006届毕业生。2005年，在学校的安排下，他进入先进微电子公司实习。半年的实习极大程度地开拓了他的眼界，使他萌发了毕业后凭一技之长自主创业的想法。随后，他与几个志同道合的朋友创立了深圳市钜匠科技有限公司，并担任总经理。通过对深圳数控机床生产企业和市场的深入调查，他发现深圳和珠江三角洲是中国乃至世界数一数二的手机生产基地，与手机制造配套的数控机床需求巨大，而其中高速雕刻机和高速雕铣机存在较大的机会。于是，他立即着手建立研发团队，研发雕铣机。第一台雕铣机研发出来后，经客户试用，评价非常好，在市场上推广之后，创业当年营业额达250万元。

(七) 国外最新成功模式的移植

发达国家的经济与技术走在我国前面，它们曾经历过的商业机会也很可能在今天的中国出现。这需要用历史的眼光来看待经济和技术的发展，找出不同经济阶段的典型商业形态，从而借鉴发达国家成功把握这些机会的商业成功经验。

携程网创始人之一的季琦说过："中国式的创新更多是继承式的创新，在借鉴欧美发达国家商业模式的情况下，结合中国具体情况，进行改造式创新和应用。因为人类的物质、精神需求和享受，总是从低级到高级，从简单到复杂。欧美的服务业已经先于我们发展，已经经过了客户的需求选择，中国的服务业也大体会遵循他们的发展轨迹。因此，在服务行业，继承欧美的成熟商业模型特别有价值；研究他们成长的轨迹和成败的原因，对于我们这些后来者也非常有益。"在高科技领域(尤其是互联网)，这一滞后发展模式更加明显，美国等先进国家最先开发出新技术和新商业模式，国内创业者迅速跟进，在模仿中进行再创新。

国内目前知名的互联网公司大多是从美国借鉴或模仿过来的，例如，当当网是从亚马逊网站得到启发的，腾讯是模仿MSN发家的，淘宝网则从eBay借鉴而来。2011年广受关注的团购网站也发源于美国，拉手网、团宝网、美团网等迅速崛起的团购网站都是模仿美国网络团购行业的领导者Groupon公司。

拓展阅读 | 6-2

～ 思图思创科技有限公司的创业发展之路 ～

成都思图思创科技有限公司(以下简称"思图思创")于2017年1月成立，主要从事非标设计(即根据客户明确的需求进行非标准设备的设计生产)的高科技研发服务，涉及机械、仪器仪表、物联网开发等多个领域。

黄虎是"思图思创"创始人之一，他读研究生时，国家提出了工业4.0的口号，趋于自动化和智能化的工业发展状况，黄虎看到了实现梦想的良机，他想要抓住机遇，将偶然变成实现创业梦的必然。2015年硕士毕业后，他选择到企业中去，从技术、管理等各方面进行深入的"试点"，亲身体验一个团队、一个企业的运转规律及工作模式，为创业打下了坚实的基础。工业4.0口号的提出，使生产带动消费向消费决定生产转变，用户定制成为热门需求。"思图思创"抓住良机，稳健发展，从最初拥有同样创业梦的2名学生，发展成了如今一支搭配合理、技术互补的12人研发团队，成员平均年龄28岁，其中博士1人、硕士6人，来自多个学科专业。

成都思图思创科技有限公司与中国铁建大桥工程局集团有限公司、河南能源化工集团、四川省机械研究设计院、横川机器人(深圳)有限公司等数家著名企业进行合作，已完成涉及电力电子、工业设备、航空航天等众多领域的开发项目。目前，"思图思创"已拥有发明专利及实用新型专利4项，国家级大学生创新创业训练项目5项。

创业路上并非一帆风顺，在成立公司后，"思图思创"便遭遇了几大难题——资金不足、人才匮乏、知名度小、社会影响力微弱等，甚至整个团队一度陷入无单接、竞争难的困境。艰难困苦难不倒辛勤的创业人，最终，创业团队齐心协力、通力合作，排除外在诸多干扰，明确自身市场定位，专注自动化及互联网产品非标设计开发的核心业务，秉承将技术转化为生产力的理念，承包各大公司从构想到产品的中间环节。创业团队努力提高企业在行业中的市场竞争力及知名度，在解决客户难题的同时，有效实现了团队与客户间的双向联动。

(资料来源：根据网络资料整理)

第二节 创业项目中创新产品的开发

一、创新产品的概念与开发流程

(一) 创新产品的概念

约瑟夫·熊彼特将创新定义为把一种新的生产要素和生产条件引入生产体系。它包括五种情况：①引入一种新产品；②引入一种新的生产方法；③开辟一个新的市场；④获得原材料或半成品的一种新的供应来源；⑤新的组织形式。创新并不仅仅局限于生产制造过程，其概念包含的范围很广，既涉及技术性变化的产品创新，也包括非技术性变化的组织创新。

本章所指的创新产品，既包括企业提供某种新产品或新服务，也包括企业生产和传输产品或服务的新形式(部分研究将前者定义为产品或服务创新，将后者定义为工艺创新)。我们认为，创新产品是把任何一种新的生产要素或者生产条件引入生产系统，使产品的核心价值、形式或者附加价值发生改变，为企业创造新的市场需求的过程。

产品创新可以分为渐进式创新和突破式创新两类。渐进式创新是指基于现有技术、生产能力、现有市场和用户，对现有技术的改进所引起的渐进的、连续的创新。突破性技术创新是指基于突破性技术的创新，使产品、工艺或服务具有前所未有的性能特征，或者具有相似的特征，但是性能和成本都有巨大的提高，或者创造出一种新的产品。突破性创新并不是按照企业主流用户的需求进行改进的创新，可能是暂时还不能满足企业主流用户需求的创新。突破性创新是基于工程和科学原理上的突破性技术而产生的创新，此类创新往往导致产品性能主要指标发生跃迁，导致市场规则、竞争态势，甚至整个产业发生变革。尽管突破性创新的最初提出及后来的反映更多集中在诸如产品、技术层面，但其实质是"采用破坏性方法和力量产生突破性创新和思想的一种方法"。

从创业的角度来看，创新产品是受用户驱动和市场检验的，而不是受发明驱动和专家检验的。创新产品是对用户需求和愿望的综合回应，一款成功的产品需要将技术作为可以被使用、被渴望并且有用的产品或服务，完整地传递给用户。因此，对于试图创业的人来说，面临的挑战不是急于开发某项技术进而带入市场，而是提供更加完整的解决方案以满足用户的需求，提供更能够对社会环境、经济和技术变化及时响应的产品或服务。要达到这个目的，不仅仅需要发明，还需要一个从想法、设计、开发到市场的过程，这就是产品开发过程。

(二) 创新产品的开发流程

产品开发有着科学、系统的流程。最早提出的产品开发流程模型是BAH模型，包括7个步骤：新产品策略、创意产生、筛选及评估、商业分析、开发、测试和商业化。本节介绍的产品开发过程不是依据BAH模型构建的企业内部研发新产品的过程，而是适用于初创企业的新产品从无到有的产品原型开发过程，如图6-4所示。

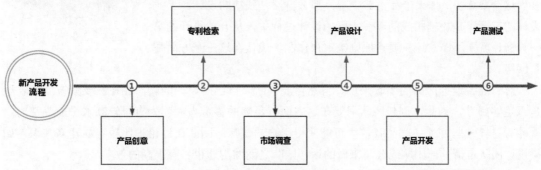

图6-4　新产品开发过程

研发过程由多个环节组成，在初创企业中，这些环节往往是交叉重叠和循环往复的。在研发初始，首先需提出产品创意(这个创意可能由技术推动而来，也可能由市场拉动或产品驱动而来)，再经过专利检索和市场调查，进一步评估产品的创新性和市场的适应性。然后依据专利检索和市场调查的结果对产品创意进行完善，对其功能进行系统的设计；依据设计方案对产品进行开发。最后对开发出的新产品进行测试。在产品的商业化过程中，生产行为主体将技术成果转化为新产品，并进行批量生产。精益创业则告诫创业者可以采用迭代创新的方法，先设计出最简可行产品，然后通过不断地试验和学习，以最小的成本和有效的方式验证产品是否符合用户需求，灵活调整方向。如果产品不符合市场需求，最好能"快速地失败，廉价地失败"，而不要"昂贵地失败"；如果产品被用户认可，也应该不断学习，挖掘用户需求，迭代优化产品。

总体来看，产品开发的基本流程是：通过需求分析产生产品创意，对产品创意的创新性和可行性进行检验；然后充分应用创造思维在功能或结构等层面对创意方案进行重新设计；再将方案付诸实践进行新产品开发；最后将开发出的新产品在小范围内进行测试。

在产品开发过程中，并非仅仅经历一次流程就可以实现。由于市场需求变化多端，产品创新是永无止境的。产品研发流程的运行可能往复多次，甚至呈现螺旋状上升状态，每一次或若干次的循环往复都进入技术和管理水平的更高阶段。产品开发过程循环往复，不断实践和重复着这一过程，使产品能更有效地满足消费者的需求。

二、创新产品的设计资源

所谓的产品设计，在当前工业化的世界里，基本和工业设计有相同的意思。产品设计涉及多个学科的交叉领域，学起来其实比较难。目前工业设计专业的学生，需要花几年的时间进行相关课程和实践的学习，而课程横跨艺术学、工业美术到机械工程等领域，颇为不易。对于并非此专业的门外汉来说，学习完整的学科是没有必要的，甚至学习完整的一两门课程都是需要付出很大的代价的，但至少应该了解什么是好的设计。

对于"好的设计"，一般说来，要求在所谓的"工业设计三要素"这三个方面，都有上好的表现。如图6-5所示，工业设计三要素具体是指，所设计的产品应该是合理的、创新的、美观的。相对于本书前文所说的创新的三要素(新颖性/有价值性/可行性)而言，这里把有价值性和可行性都归并到了"合理"里，而专门单独强调了"美观"这个要素——如果产品不够美观，那么自然是残缺的设计。工业设计的三要素是相辅相成的，在实际的设计过程中，从开始设计的第一天起，就要不断拿这三要素原则来审视作品，确认在这三个方面是否够格。

图6-5　工业设计三要素

对于准备设计产品的团队来说，自然需要判断"自己所设计的新产品在三要素方面的表现是否足够好"，为此，创新团队需要在这方面有足够的鉴赏力。因为有了较高水平的鉴赏力，就能有这样一些好处：产品有较大可能获得用户的青睐；团队在讨论中比较容易建立共识；如果设计团队是请外部团队或公司来做的话，团队之间的沟通也将有很高的效率。

那么，如果不去学习工业设计的课程，又该如何去提升鉴赏力呢？常言道，"熟读唐诗三百首，不会作诗也会吟"。用更粗俗的话说，就是"即使吃不了猪肉，多看看猪跑，也能对猪多一分了解"。那么，应该去哪里看看"别人家的产品"的设计呢？主要包括以下方面。

1. 学生赛事

首先可以去看看一些学生创业比赛的官网。这些官网上往往会陈列一些往年获奖作品的介绍，至少会有获得最高奖项的作品介绍，甚至有多个不同等级奖项的作品。虽然这些作品可能相对比较稚嫩、不够成熟，甚至不够靠谱，但从这些作品中能够比较容易地了解学生团队一般能达到什么高度，而且这也可以作为一个参照系，让人能更加理解产品之间的差异。

2. 业界潮流

互联网上有许多媒体(含自媒体)在不断跟进技术和产品的进步。对于日常的消费电子产品而言，这类媒体网站比较多，而且更新频率也相对较高。每当市场上出现新的产品，且该产品又有较高的设计质量，往往会很快吸引这些媒体的关注、评测、报告、推介，甚至拆解和分析。在互联网兴起之前，产品广告的投放大多是各种平面媒体和电视广告，只有很小的篇幅进行产品的展示。相对而言，互联网时代的产品推介，可以详细很多。除了少量重量级产品有资格开产品发布会，大量新产品都是通过各种网络媒体进行宣传的，可以通过丰富的文字、图片、动画、视频进行介绍。因此，这也是对设计有兴趣的人们可以学习的一个资源宝库。

3. 精致电商

电商在当代社会已司空见惯，即使不能完全取代传统销售行业，也已经成为主流的销售渠道。虽然部分电商的商品介绍、用户回馈并不是比较完整，如主打价格战的一些电商，但另一些经营时间已经比较长、规模比较大、信用体系比较成熟的电商网站，其产品介绍和用户回馈已经比较可信，也经常会仔细给出产品与同类产品可对比的详细参数，以及适宜的亮点展示。这些对于新产品的设计者、研发者而言，也有不错的参考价值。

4. 众筹网站

众筹是相对比较新颖的产品研发销售模式，指在产品尚未完成研发和生产之前，通过对构想、方案、技术细节进行丰富、详细的描述，以期获得网民们的资金支持，从而完成最终的研发和生产。关于众筹的详细流程和特点将在后文中详述，而在这里仅强调：与普通电商平台上的产品介绍相比，众筹产品的介绍信息往往要更加丰富、详尽，因为毕竟需要在尚无实际产品的时候取信于公众。因此在这种情形下，仔细观察众筹发起者的设计理念、技术细节、研发过程，众筹发起者和支持者之间的互动，能让其他新产品的研发者获得非常多的借鉴和启迪。

5. 设计专题网站

互联网上自然不缺乏比较专业的产品设计资源，其中比较有利于学习的，是一些设计者扎堆聚集的网站，比如一些大型图片共享网站中，以"产品设计"为标签而聚合的各种构想图、初步草图，以及完成度较高的设计图，可以说琳琅满目。虽然其中不少是半成品，甚至经不起合理性分析，但对于学习者来说，这反而是很有利的，甚至对于每个设计，都可以采用辩证的手段，从正面和反面进行推敲，从而吸取经验和教训。

6. 产品设计大奖

在产品设计行业，每年都有很多赛事。消费者需要对海量的产品进行筛选，新产品希望有权威的认证来提升身价，赛事组织方可以通过组织赛事进行盈利。从宏观的角度来说，这些赛事增强了产品的优胜劣汰，使得较优秀的产品能尽快进入大众的视线，获得更多的关注和利润。

需要指出的是，即便是德国的Red Dot和iF，美国的IDEA，日本的Good Design这四项全球最受推崇的四大工业设计大赛，其获奖产品也良莠不齐。不过，四大赛事为了自身的权威性，会给"优中选优"的真正优秀作品以大奖，如Red Dot的Best of the best，iF和IDEA的金奖，Good Design的Best 100。总之，产品设计大奖的获奖作品，基本可以作为学习者临摹、参考、竞争的对象。

在网络上如此多的设计学习资源中，众筹网站是值得专门说明的。一方面，其资料内容有更大的参考价值；另一方面，这也是新产品的研发者以最低的风险到市场上进行摸爬滚打的重要形式。众筹的流程如图6-6所示。

(1) 在产品研发者有了比较完整的产品构想(一般还经过了基础的验证性试验，甚至已经制作出原型)之后，在后续研发和生产正式产品之前，应编写出详细的产品说明(原理、结构、功能、用法、价格、研制时间表等)。

(2) 将上述这些资料(含相关的图纸等)与众筹计划书一起提交给众筹网站平台进行审核。

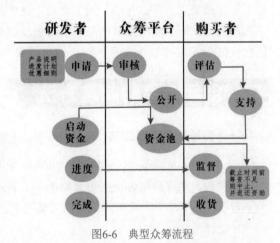

图6-6 典型众筹流程

所谓的众筹计划书，至少包括众筹金额目标(与订购数量)、截止时间、预期发货时间等信息。众筹平台进行相对简单的评估审核后(主要是确认项目的真实性，不必花许多时间和精力来评估可行性与风险)，就可以将众筹项目公开。

(3) 众筹产品的潜在购买者浏览众筹项目的信息之后，根据商品的描述(此时还没有实物)及可能的发货时间，确定自己的购买意愿。如果表示"支持"，则预付相应款项给众筹平台，进入资金池。

(4) 如果到了众筹活动预期的截止时间，众筹项目并不能获得所设定的众筹金额目标，则意味着潜在的顾客群体并不看好这个项目(从商品功能、品质、可行性、风险等角度)。于是，众筹

"流产"，整个项目终止，资金池中的钱款退还给原本的用户。

(5) 如果在众筹活动预计的截止时间之前，众筹项目达到了所设定的众筹金额目标，则意味着潜在的顾客群体看好这个项目，于是众筹成功。资金池中的钱款一次或分批地提供给众筹发起者，供后者进行研发和生产。

(6) 众筹发起者不断进行后续的工作，并向支持者发布研发、生产进度信息，直至最终发货，从而完成整个众筹项目的流程。一般众筹平台还会与众筹发起者之间有更多的协议、约定、合同，以确保众筹的可信度。

由此可以看出，众筹是一种非常适合创新项目的形式，对于创新产品研发中最大也是最难解决的问题——风险，经由众筹的流程，让所有对创新产品感兴趣的购买者来分担，而不是由创业者独自承担，也不是迫使创业者去寻找风险投资者来承担。风险投资者一般会要求创业者出让较多的盈利期望，以平衡其风险投入。通过众筹这种手段，创业者能够集中精力研发产品，并有较大的勇气去启动产品的研发。

此外，创新产品到底是否凝聚了足够的创新要素(合理、创新和美观)，这本身是比较难判断的，在传统的创业流程中，只能由创业者和风投者中的少数人去判断，并通过难以非常明确的市场调查来获取购买者的想法。而通过众筹流程把大量的用户直接拉入评判者的席位，并让他们用实际购买资金作为意向投票，可以获得相对最广泛、最可靠的产品价值判断。

在这里要特别强调的是，对于众筹这种"尚未见到产品就试图取得消费者信任"的做法，产品研发者为了取信于人，其给出的原理和理念、数据资料、设计图纸甚至研发流程、挫折和相应对策，都是研发者所能提供的极致。而且为了最好的第一印象，研发者往往会找专业设计师来制作最美观的产品介绍、美工动画，这些都是非常好的学习资料。成功的众筹产品能提供正面的经验，而失败的众筹产品也能提供反面的教训，而且用户的支持量是所有人都可以见到的数值指标(虽然存在作伪的空间)，对于创新的新手而言，可以说几乎是最全面的教材了。

三、创新产品的制造方法

(一) 传统加工制造工艺

第二次工业革命至今，已经约有160年。利用逐渐现代化的各种机器，人们拥有了众多的加工生产技术。如果再包含一些更原始的手工制造工艺的话，创新产品研发者的"武器库"就更为丰富了。如下是三类常见的传统加工制造工艺。

1. 减材制造

这类加工手段一般需要有较大的原料粗坯(如木方、铁块、铝板、铜锭等)，然后用各种工具将不需要的部分从粗坯上逐步去除。就像把一块巨大的花岗岩雕刻出石像一样，随着加工过程的逐步进行，粗坯也慢慢显露出要制作的样子，并经过逐步精致化的加工，渐渐接近需要制作的样子。

减材制造工艺中，有些工艺虽然看起来有很大的差别，但具有相同的实质——钻、铣、刨看起来差别很大，但其实都是通过刀具对材料进行刮削。只不过钻和铣使用的钻头和铣刀是高速旋转的小刃口，刨刀是直线运动而具有较宽的刃口。

减材制造的一个大问题就是需要预先准备较大的粗坯——因为加工的过程就是对粗坯不断地做减法，所以加工完成的成品总是比粗坯小。如果粗坯不够大，那只能把目标划分成多个部分来分别制作，最后再进行组装合成。

2. 组合拼接

这类加工是把需要制造的产品分为多个部分，在分别制作完成之后，再用永久性或可拆卸的方式，组装合成起来。之所以要拆分为多个部分，可能的原因包括：①不同部分适合采用不同的材料；②完整的成品在技术上难以一次加工成型；③分成多个部件之后，都可以采用简单的手段来加工，以至于分别加工各个部件并组装起来，所需要的人力、物力成本反而比一次性加工要少得多；④没有那么大的粗坯进行减材制造；⑤产品有巨大的空腔，减材制造太浪费且费时费力，而用多个板面部件进行组装则快速有效，且往往不需要再做表面的加工；⑥产品需要多个制造者进行合作(为了并行加工，或者因为分别需要不同的加工技术等)。

组合拼装是目前多数产品的加工制造方式，因为工业大生产的边际成本效应，使得各个部件加工商专心、大批量地制作特定的部件，而最后再高效地组装起来，这种合作方式可以达到最高的生产效率、质量，以及相对较低的生产成本。随着消费电子等产品的复杂化，超大规模的组装也需要复杂而合理的部件库存管理、物流配置。例如，手机这种常见的商品，光是按较大的模块来分，就包括主板、屏幕、后盖、中框、充电器、电池、实体按键、扬声器、前摄像头模组、主摄像头模组、听筒模组、话筒、主处理器、基带与通信芯片模组、电源控制模组、各类传感器、排线和柔性电缆、内存、存储卡插座模组等，与其相关的产业链相当庞大。

显然，在研发创新产品的早期阶段就设计和制作非常复杂、组装难度高的原型样机，一般说来并不合理。因为这样做既增加了制作成本，也提高了失败率，还大幅度增加了制作时间。

3. 变形变性

这类加工方式，总体上是采用相对柔软的材料进行塑形，也有的工艺是将平素刚硬的材料变软后(如泡水、高温软化、熔化液化)进行加工。这种加工方式和前文所述的减材制造工艺有相似之处，都是制造单一材质的产品(或部件)。而两类加工技术的主要差别是，变形变性类的加工方式并不需要预备大于成品的粗坯，而且在加工过程中产生的废渣、下脚料也相对少很多。

即便人们已经拥有了相当多的加工技术手段，也仍然在孜孜不倦地进行革新，改进传统的加工方式，发掘新的加工手段。如图6-7所示。

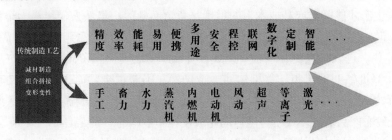

图6-7　传统加工制造工艺的演进

人们期望加工制造工艺能在以下方面日益进步。

(1) 更高的精度。以便能够制造更精细的配件，能够具有更小的误差，在组装后更严丝合缝、浑然一体。

(2) 更高的效率。能够在相同时间里制作更多产品、在加工时产生更低的损耗。

(3) 更低的能耗。毕竟能耗也是成本中的一部分，而且，低能耗在未来追求环保的氛围下有更强的竞争力。

(4) 更易于使用。这意味着减少培训的时间，以及降低因为错误操作而产生废品的概率。在大幅提升易用性的情况下，甚至可以减少专职的技工岗位，这些也会降低成本。

(5) 更加便携。便携带来的优势是间接的。加工设备具备便携性，意味着多个加工生产场所可以分时共享一套加工设备；也意味着不必遵循"产品需要在生产工厂中加工"的惯例，而是在某些场景下达到"产品在需要的场所中现场制作"的能力。

(6) 多用途性。如果多种加工任务并不是连续运转的，而是大多数为偶然为之，那么如果能够使用同一套加工设备来完成多种不同的作业任务，就能大大降低设备成本及所占用的空间，提升设备的便携性(因为不再需要携带多套加工工具)。

(7) 更高的安全性。高功率的大中型设备，因为有较高的钻速和线速度、更高的电动机功率，在发生事故时带来的危害也是很可怕的——毕竟人的肌肤、骨骼相对于加工设备来说太脆弱了，而眼睛之类的器官就更脆弱、更需要保护。此外，废气、废尘对人也有一定的破坏力，而有毒物质更甚。改进设备的一个方向就是希望操作者能免于穿戴护目镜、防尘口罩、防护服、防静电腕带，等等。

(8) 程序控制。程序控制意味着引入工控计算机来代替操作者完成大量简单、重复、枯燥、冗长的操作，既能节省人力降低成本，又能避免了人为的操作错误——毕竟，制作精良的程控系统，比较容易达到上万小时的无差错时间，而这样的指标对于人工操作而言，是高得可怕的。

(9) 联网化。在互联网已经普及的今天，加工设备联网意味着可以无人值守，远程操控。甚至可以想象在未来建设一处无人加工中心，设备几乎不需要人工进行维护(当然也会有异常和故障报警)，而所有的材料入口、产品出口都安装自动收货和发货装置，依靠物流来完成投递。

(10) 数字化。最基础意义上的数字化，出现在程序控制之前，因为只有数字化才能进行程控。而未来高阶的数字化加工设备，除了工序流程、参数指标是数字化的，还会建立完整的加工自动日志、加工产品的影像资料、产品的健康性和寿命跟踪等，实现全面的质量保障与跟踪。

(11) 定制化。随着生产力的进步，这个时代已经进入产品大量过剩的阶段。生产者一方面会在品质上下功夫，另一方面会朝个性化、定制化努力。而后者本身讲究小批量、特殊化，这和"工业化大生产才能降低产品成本"的道理是背道而驰的。虽然人们愿意为个性化支付稍多一些的价格，但如何能把成本控制在合理的范围内，也是加工技术需要研究的课题。

(12) 智能化。进入21世纪，智能化就是一个到处都回避不了的话题，在产品加工领域亦然。传统的计算机辅助设计和计算机辅助制造仍然在不断进步，而人工智能又开始树立另一个遥远的目标，即鼓励人们对加工设备进行进一步的改进——在未来，不再由人来发布制作指令，而是由人发布产品需求，人工智能自动完成设计和生产的一条龙服务。

加工技术演进的另一条线索，是"把科学转化为生产力"的具体体现。一开始人们从驱动加工工具的能源着手，提供原始的驱动力，从人力进化到畜力、水力和风力等；蒸汽机吹响了工业革命的号角之后，生产力突飞猛进；内燃机的发明主要是给人类换了一双"新腿"，但在生产加工领域，电动机的引入才让人类跨入工业2.0时代；接下来的风动机械拓展了工具的传动方式；超声的广泛运用带来了不少新意——超声波的焊接机、清洗机已经是许多工厂的标配；等离子焊接机和切割机等使这种物质的第四形态能很便利地造福人类。给加工业带来惊喜的技术进步，是最近二三十年激光技术的突飞猛进，相当一部分领域都出现了用激光升级改造设备的现象。

以表面处理为例，激光加工技术的引入带来了巨大的飞跃。图6-8罗列了一些传统的机械式表面处理工艺，可以在各种材料表面形成不同特征、不同平整度的花纹纹理，以提升美观度、产生特定的触感。其中，越靠近左侧的，加工出的纹理深度越大，花纹的颗粒也越大；越靠近右侧的则越精细、平滑。

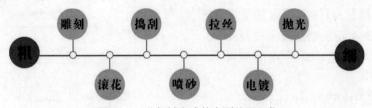

图6-8　一些机械方式的表面处理工艺

而基于激光的表面处理，经由计算机的控制，利用振镜的反射，可以使激光束超快速而精准地偏转和移动，在各种材料的表面进行烧灼。例如，可以把竹木表面烧灼碳化，可以把金属表面刻蚀出较深的沟槽和花纹，可以把双色板(涂了彩色漆层的金属板之类)表面的漆层快速烧除气化。

在加工技术演进的过程中，值得特别阐述的是"多用途"或"多功能"性的提升，很典型的例子就是手电钻。手电钻可以简单快速地更换不同的配件，可以当作电动螺丝来拧螺丝，当作小电锯来锯薄板和细棍，当作电磨来打磨小部件的表面，当作电钻来钻大大小小的孔，当作除锈机去除材料表面的锈迹和污迹，当作雕刻机进行首饰工艺品的雕琢，甚至当作搅拌机来搅拌胶水和涂料等。

而一个成熟的产品设计师，需要对材料、与材料相匹配的加工方式都比较熟悉，并熟练掌握它们的加工特征。产品往往可以采用多种工艺进行制作，到底选择哪种，需要就具体方面去考虑和权衡。不同的加工方式会有不同的品质，不同的加工效率会有不同的生产周期，不同的成本会有不同的规模效应。

(二) 新型加工工艺

1. 增材制造加工——3D打印

增材制造是最近十几年开始崛起的加工技术，而其中最为人所熟知的，就是3D打印技术，甚至很多人认为这两个概念基本相同。所谓增材制造，是指待加工制作的产品在开始加工初始时空空如也，随着加工过程的进行，产品一点一点地堆积、凝聚成形，体积从小到大，高度从矮变高；新增加的材料会和已经制作好的部分紧密、牢固地连接起来，使最终的成品有一定的强度。

根据增材制造加工技术的上述定义，目前主流的增材制造技术往往有如下一些特点，不过这些特点并不是本质上的，也许将来会有所变化。

(1) 制作材料本身的形状形态和将要加工的产品的形状形态几乎无关。材料本身可能是可流动的液态、非常精细的粉末、绕在卷轴上的细丝，等等。

(2) 一般首先要把立体模型分解成层，加工过程是逐层进行的。

(3) 加工过程相对较慢，尤其是逐层的加工还需要逐线扫描完成的话。

经过二十年左右的发展，从图6-9可以看出，很多种类的材料已经被用于增材制造/3D打印。从强度相对较低的蜡、石膏，到强度极高的钛、钴铬合金，种类相当丰富。

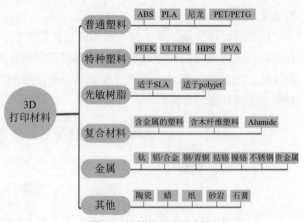

图6-9　目前的3D打印材料

最近二十年是3D打印如火如荼发展的阶段，不断有新的制造技术被发明出来。其中已经耳熟能详的几个类别如下。

(1) 熔融沉积成型(fused deposition modeling，FDM)。这是普及度最高、最廉价的3D打印技术。塑料熔丝(最典型的是ABS或PLA塑料)从线轴中抽出，进入热喷头后被加热融化成热浆，热喷头后方的推挤装置，可以在计算机的控制下，将融化的塑料从热喷头挤出。二维滑块可以在水平面内运动，升降平台可以在竖直方向运动，因此热喷头可以三维运动，在所需要的位置挤出特定数量的塑料热浆。

(2) 光固化立体成型(stereo lithography apparatus，SLA)。这是使用最广泛的工业级3D打印方案。容器桶中盛放了足够数量的光敏树脂。桶中还有一个钢网平台能随升降器的控制竖直移动。来自顶部的激光，经光路引导向二维激光振镜后，在振镜的可控偏转下，激光点可以落在容器桶内光敏树脂表面的任何位置。

(3) 选择性激光烧结(selective laser sintering，SLS)。这类技术和SLA型3D打印很相似，但也有本质的区别，具体如下。

① 使用材料是精细粉末状的塑料或金属。

② 需要高功率的激光源。当照射到粉末表面时，将使材料粉末直接液化；当激光离开时，熔化的材料和早先的半成品工件的顶部凝结在一起。

③ SLA技术一般使用刮板来保持液面的平整，因为光敏树脂固化时体积变化并不大。而SLA烧结材料时，粉末凝固成工件时往往会有总体积的变化，因此在打印时还需要铺粉器不断补充粉末，并同时刮平粉末表面。

(4) 聚合物喷射技术(polyjet)。该技术和SLA的相似之处是使用了光敏树脂，使用逐层光固化的技术来完成3D打印。不过，不是采用容器桶来盛放所需的所有光敏树脂，而是通过上方的喷头(像淋浴一样)喷出光敏树脂，然后通过强光或激光的照射使其固化。由于这种特点，因此可以采用多个喷头加速打印的过程，而每个喷头还可以使用不同颜色的光敏树脂。因此聚合物喷射技术可以打印出色泽非常鲜艳的作品。

需要说明的是，上述不同的3D打印技术显然适合不同的材料。如SLA、polyjet和CLIP都只能使用光敏树脂，FDM主要适用于塑料(含特种塑料和基于塑料的复合材料)，而SLS只适用于各种微粉末。

上面所罗列的是比较主流的一些技术，还有更多相对比较小众的技术，如分层实体造型(laminated object manufacturing，LOM)等。3D打印技术仍然在不断进步，我们可以期盼在不远的将来看到更多、指标更高的3D打印新技术。

2. 金属注射成型

金属注射成型(metal injection molding，MIM)是一种适于生产小型、三维复杂形状，以及具有特殊性能要求制品的近净成形工艺。该技术是将现代塑料注射成形技术引入粉末冶金领域而形成的一门新型粉末冶金近净形成形技术。

(1) 工艺流程。

将各种微细金属粉末(一般小于20μm)按一定的比例与预设粘结剂，制成具有流变特性的喂料，通过注射机注入模具型腔成型出零件毛坯，毛坯件经过脱除粘结剂和高温烧结后，即可得到各种金属零部件。

MIM流程结合了注塑成型设计的灵活性和精密金属的高强度和整体性，实现了极度复杂几何部件的低成本解决方案。

(2) 金属注射成型的应用范围。

MIM具有常规粉末冶金、机加工和精密铸造方法无法比拟的优势，最突出的优点如下。

① 适合各种粉末材料的成形，产品应用十分广泛。

② 原材料利用率高，生产自动化程度高，适合连续大批量生产。

③ 能直接成形几何形状复杂的小型零件(0.03g～200g)。

④ 零件尺寸精度高(±0.1%～±0.5%)，表面光洁度好(粗糙度1μm～5μm)。

⑤ 产品相对密度高(95%～100%)，组织均匀，性能优异。

因此，该工艺在轻武器、手表、电子仪器、牙齿矫正支架、汽车发动机零件、电子密封、切削工具及运动器材中得到广泛应用。

3. 超声振动切削加工工艺

超声振动切削是使刀具以20KHz～50KHz的频率、沿切削方向高速振动的一种特种切削技术。这种20世纪60年代发展起来的先进制造技术通过在常规的切削刀具上施加高频振动，使刀具与工件发生间断性接触，从而导致传统切削模式产生根本性变化，很好地解决了普通切削加工中原有的难题。它既可作为一种精密加工方法，又可作为高效率切削方法，特别是对某些难加工工件及难切削材料的加工，其效益更为显著，因此越来越引起人们的重视。

超声振动切削从微观上看是一种脉冲切削。其在一个振动周期中，大于80%的时间里刀具与工件、切屑完全分离，刀具的有效切削时间很短，刀具与工件、切屑之间断续接触，从而使得刀具所受的摩擦变小，切削力显著下降，所产生的热量大大减少，避免了普通切削的"让刀"现象，且不会产生积屑瘤。

在普通机床上使用超声振动切削，可进行精密加工，圆度、圆柱度、平面度、平行度、直线度等形位公差最高可达到接近零误差，使得以车代磨、以铣代磨、以钻代铰成为可能。超声振动切削与高速硬切削相比，机床刚性不需要太高，且工件表面的金相组织不会被破坏。曲线轮廓零件精加工，可借助数控车床、加工中心等进行仿形加工，节约高昂的数控磨床购置费用。

在切削加工领域，提高加工精度方法很多，其中一个非常重要的研究方向在于，努力减小切削过程中的切削力和切削热。超声振动切削技术在降低切削力和切削热方面有重要的作用，可以较好地解决难加工材料、难加工零件及精密加工等方面的一些工艺问题。

第三节　用户体验与产品迭代

一、用户体验

用户体验是指用户对产品、系统或服务的使用或预期使用的认识及反应。用户体验包括用户在使用前后及使用中的情感、信念、选择倾向、认识、心理，以及对产品实体的选择及行为。影响用户体验的因素有三个，分别为系统性质、用户状态及其经历，以及使用环境。

(一) 产品展示

产品展示是指向用户或投资者详细介绍产品规格、款式和性能等方面的工作。需要指出的是，这里介绍的产品展示是广义的产品展示，它包括服务展示。产品展示的最终的目的只有一个，即吸引潜在用户购买。产品展示的方式多种多样，一些方法跟最简可行产品(用最快、最简明的方式建立一个可用的产品原型，这个原型要表达出产品最终想要的效果，然后通过迭代来完善细节)和营销不无重合部分。

1. 产品演示

产品演示是在新品发布会、产品展会及路演等当中运用得最多的一种展示方式。近年来，越来越多的科技产品在举行新品发布时会用多媒体的方式进行演示，其中运用最多的就是PowerPoint和视频。这种演示常常会成为用户对该企业或产品的第一印象。产品演示具有很强的灵活性，当演示对象不同时，产品演示的内容可以做出相应调整，以吸引演示对象。因此，事先了解演示对象的兴趣和喜好是产品演示成功的基础。在进行产品演示时，需要特别注意以下几点：①产品演示的目的；②目标受众；③演示导向；④演示人员。

准备产品演示的过程不是一次成型的，而要根据上述几点不断修改。准备产品演示时，不仅要在目标受众不同时进行修改，如果演示人员不同，还要在每次演示之前调整内容。在现场进行演示时，一个成功的产品演示是易于理解的、让人印象深刻的，以及有感染力的。

所谓的易于理解，是指在演示中要减少或者不去使用较为深奥的行业术语和晦涩的表达方式。由于微博等浅阅读社交网络的出现，现在人们对长篇大论的内容越来越缺乏耐心。因此，简洁而全面的语言在演示中是最有效的沟通方式。例如，苹果公司在发布iPhone 6时，中文的广告语是"岂止于大"，相应的英文广告语是"Bigger than bigger"。简短而直白的一句话直接指出了这款新手机的最大优势。这也是苹果公司为了让传媒在新品发布会后准确报道新手机性能的策略之一。由于中文非常精练，所以有些人认为在描述产品性能时，用短短几十个字就足够了。

另一方面，产品演示要给人留下深刻印象。如果演示的受众无法记住产品的特性，那么无论演示的水准多么高，都不能算是成功的。在介绍产品功能时，做到字数精简的同时，还要做到条理清晰。心理学家认为，人脑在接收信息时，7条信息和8条信息有着本质区别。一旦信息超过7条，人脑就很难将其整理并记忆。也就是说，当产品具备较多功能的时候，应选取其中最重要或最吸引眼球的功能进行演示，并且尽量保证功能不超过7条。

最后，要理解"理性"展示和"感性"渲染的重要性。在新品发布会或产品展会上，理性的分析对于介绍产品功能是至关重要的。然而，能够打动人也是成功的产品演示必不可少的一部分。产品介绍中往往会使用一些事例来引入某一话题，或者说明一些问题。在叙述这些事例的时候，有必要用感性的方式来进行渲染，让受众感同身受，进而对产品功能产生好感。

2. 产品解说视频

产品解说视频是一段很短的动画，其长度一般为1～3分钟，目的是介绍一个项目、企业、网站或产品。产品解说视频之所以很短，一方面是因为展示方希望用户能够迅速掌握产品的功能特性，另一方面是需要控制产品展示成本。

产品解说视频最成功的案例之一是Dropbox。Dropbox是全世界最早提供云存储的服务商之一。在Dropbox刚刚推出的时候，当时产品首页只有一个产品解说视频，而且没有其他链接。仅仅凭借着这个视频的成功，Dropbox的用户增加到509万名，同时市值增长到40亿美元。

产品解说视频为什么能起到这么大的作用呢？首先，Dropbox的功能并不复杂，仅需1～2分钟的视频就能解释清楚；其次，产品解说视频是经过精心编排和制作的，因而能够在最短的时间内将大量的信息清晰而简洁地传递给用户；此外，产品解说视频是同步地通过视觉和听觉传递信息的，所以大脑接收的效率较高。根据福布斯于2010年进行的一项调查，59%的执行官认为，在同时提供文字和视频的时候，他们更愿意通过观看视频来获取信息。在制作产品解说视频时，需要注意以下原则。

(1) 不应做"网络爆红"式的视频。爆红的视频能在短时间吸引很多人关注，并且能在微博等社交网络上被大量转发，但转发的人往往并不会关注所介绍的产品，而且视频能否爆红也难以预测。

(2) 介绍产品的内容要生动活泼。目前，较为成功的产品解说视频当属Dropbox和Airbnb发布的产品解说视频，它们的共同特点是形式不呆板、内容很简洁。如文字翻转、混剪视频和3D产品动画，制作文字翻转视频需要先录一段音频，然后通过一个插件实现效果。混剪视频的素材都是精心制作、精心挑选的真实视频，比如某些电视剧、电影或者是综艺中的片段和现实生活中的真实画面，通过文案的控制把它统筹起来，最终成为一个连贯有节奏跳跃的视频。3D产品动画的优势很明显，没有任何想到的画面是做不出来的，即使是梦境，3D动画也能转换成高清影像。产品内部如何运转的概念表达，3D动画也是最好的表现形式；相机无法拍摄的场景，更适合3D动画。这样的视频更能在短时间内激起用户的兴趣，并让用户快速掌握产品的性能。

(3) 视频时间最好不要超过3分钟。过长的视频会让用户疲倦，也让他们无法捕捉到视频的关键；但视频也切忌过短，以免用户认为它是一个产品广告。

(4) 视频最后要指引用户的下一步行动。例如，如果希望用户了解产品或业务的详细情况，应注明咨询电话或邮箱地址。

(5) 要注重视频质量。质量较高的视频无疑对解说是有利的，而如果视频制作较为粗糙，则会令用户对该企业的专业性产生怀疑。

3. 着陆页

着陆页(landing page)是指点击付费广告或搜索结果链接时出现的网页。着陆页不仅指网站的首页，因为网站的其他页面也有可能成为搜索引擎上的链接。着陆页的目的往往是通过获得用户的联络信息来完成营销。从这个层面来说，着陆页是一种营销手段。可是，为了吸引用户填写联络信息，着陆页上需要对产品的功能做出最简洁而又最吸引人的介绍，所以着陆页也与产品展示有着紧密联系。

在着陆页的制作技巧当中，很重要的一条就是推广"好处"而非推广"性能"。例如，在云存储服务的着陆页上，如果在页面上写"××云有高达2048GB的存储空间"，那么这就是推广"性能"；如果在页面上写"××云可存储约500部高清电影"，那么这就是推广"好处"。这能让那些对技术不熟悉的用户非常直观地了解该产品能够做到什么，所以这种理念对产品展示有着非常正面的作用。制作着陆页需要注意如下几点。

(1) 网页设计要简洁。在产品展示中，强调最多的一个词就是"简洁"，过于复杂的网页内容会让用户失去耐心。

(2) 正确及合适的展示内容。着陆页绝对不等同于广告，所以着陆页的任务更多的是展示产品，而不需要过多地营销内容。

(3) 逐步攻破用户的心理防线。着陆页的最终目的是吸引用户提供他们的个人信息，以便日后使用，所以需要使用一定的技巧，才能让用户心甘情愿地提交电话号码和邮箱地址等个人信息。

(4) 明显的注册表单，且注册内容简单。繁杂的注册表单会让用户不耐烦，所以很多着陆页的注册内容只有用户名和邮箱或手机号。

(二) 概念体验

概念体验是指对产品或服务的概念进行体验的过程，是没有实物的。产品展示方式中的产品演示、产品解说视频等都是让用户对产品概念进行体验的方式。很多概念体验都是在产品开发过程中进行的，也就是让用户在没有产品实物的前提下就对产品或服务的情况有深入的了解。这种概念体验对用户体验分析非常有帮助，因为可以通过体验反馈来进行产品修改。概念体验需要特别注意以下几方面。

1. 用户需求

通过概念体验，观察用户对产品的哪些功能较满意，以及需要增加哪些功能。

2. 产品使用便捷性

一些产品展示方式，如产品解说视频，它会直接向用户介绍产品的使用方法，因而能通过用户反馈得知他们认为该产品是否便于使用。

3. 产品长期反馈分析

通过长期对用户反馈的观察，了解市场动向。现在较多的概念体验是通过网站来实现的，而提高用户体验的方法也比较多，例如，提高网页的美观度和操作的便捷性，拟定简明扼要的标题和产品描述，以及保证网站服务器的稳定等。

相对于实物体验而言，概念体验较为便捷，成本也比较低，而且也不受地域和时间的限制。所以，概念体验很适合为企业的研究型分析提供数据。研究型分析是指企业对用户体验所做的总体研究，对用户群特征、用户量，以及用户对产品功能的喜爱程度等内容进行系统性分析，最终为实物体验和产品开发提供用户方面的数据。

(三) 实物体验

与概念体验不同，实物体验是指用户对产品或服务的模型、产品原型或产品实物进行使用体验的过程。产品设计的表现如果仅仅用视觉和听觉的方式让用户进行体验，有时无法满足用户对产品的了解，因而实物体验能够使得产品与用户进行直接沟通，并让企业人员直接了解用户的情感和心理。实物体验可以在产品开发过程中进行，也可以在产品投向市场时进行。实物体验较多地受到时间和地域的限制，它具有如下特征。

1. 情境性

体验效果与体验情境有关，当情境有利时，体验效果会有所提升。

2. 差异化

对于同一个产品，体验效果因人而异。

3. 辅助性

体验效果的好坏，可能受辅助手段的影响。

实物体验的基础就是从用户的生活感受和情境当中找到出发点，让用户从自身感受中找到共鸣并认可所体验的产品，通过亲身参与体验过程，产生一些印象深刻的回忆。实物体验的最高境界便是让用户觉得拥有这款商品能够让自己的生活更有意义。所以，实物体验要挖掘用户的心理需求和生活形态，并据此对体验过程加以设计和完善，最终令用户认为该产品能够满足其生活或工作中的需求。此外，如果实物体验所表达的概念是用户不曾接触过的，但经过体验后用户改变了自身看法或行为模式，那么这种体验便引领了一种新的生活方式。因此，实物体验能够打破传统需求的模式，创造新的需求，使整个产品研发达到一个全新的层次。

二、产品迭代

产品迭代是针对客户反馈意见以最快的速度进行调整，将新功能融合到新的版本中。对于互联网时代而言，客户需求快速变化，速度比质量更重要。因此，不应追求一次性满足客户的需求，而是通过一次又一次的迭代不断让产品的功能丰满。

(一) 迭代概念的界定

迭代是一个重复反馈过程的活动，每一次迭代的结果都会作为下一次迭代的初始值，从而不断逼近目标或结果。换言之，迭代就是重复执行一系列运算步骤，根据前面的量依次求出后面的量的过程。

迭代本源于一种数学求解。一般的数学计算中，大多是一次解决问题，称为直接法；但问题复杂，需要考虑很多未知量时，直接法方向错了就可能永远无法解出答案。这时，迭代法就发挥功效了。迭代从一个初始估计出发，寻找一系列近似解，发现一定的问题求解区间，从而达到最佳解决问题的目的。

我们开发一个产品，如果不太复杂，会采用瀑布模型，简单来说就是先定义需求，然后依次构建框架、写代码、测试，最后发布产品。这样，直到最后一天发布时，大家才能见到一个产品。这样的方式有明显的缺点，即如果我们对用户的需求判断错误，几个月甚至是几年的工作就白干了。

迭代的方式就有所不同，假如这个产品要求6个月交货，建议在第一个月就拿出一个最小可行性产品。客户体验产品后，会提出他们的修改意见，这样就可以知道自己距离客户的需求有多远。然后根据用户的反馈，在先前基础上进一步改进，拿出一个更完善的产品给客户，让他们提意见。如此反复进行，直到最后拿出让客户满意的产品。

可见迭代开发就是：由于市场的不确定性高，在需求没被完整地确定之前，开发就迅速启动。每次循环不求完美，但求不断发现新问题、迅速求解、获取和积累新知识，并将系统的一部分功能或业务逻辑做成最简可行产品交付领先用户，通过他们的反馈来进一步细化需求，从而进入新一轮的迭代，不断获取用户需求、完善产品。

循环迭代式的开发特别适用于高不确定性、高竞争的环境，也适合分布在全球的不同企业、不同开发小组之间的合作，其本质是一种高效、并行、全局的开发方法。例如，谷歌的开发战略就是这种"永远Beta(测试)版"的迭代策略，即没有完美的软件开发，永远都可以更好，永远在更新或改善功能。

(二) 迭代开发的原则

1. 问题先行

学者托姆科与藤森认为，如果在开发与测试阶段才建立模型，发现问题与解决问题所需的金钱和时间成本可能非常高。如果"问题先行"，也就是将问题的确认和解决移转到产品开发流程的早期，则会提高开发绩效。

李开复在SGI(硅谷图形公司)负责多媒体研发业务时，由于沉迷酷炫的3D浏览器技术而忽视了用户，导致自己的部门被出售，100多名员工失业。李开复犯的错误就是技术至上，忽视了用户需求这个产品开发的核心问题。

提前发现问题并解决问题可降低成本，提高产品开发的绩效。苹果在开发iPhone过程中，乔布斯举起放在口袋中被划伤的iPhone，愤怒地说："我们产品的屏幕是不允许这样轻易被划伤的，我要换防划玻璃屏幕，我要在6周之内让它变得完美。"苹果开发团队开始去找不易被划伤的玻璃，并很快发现了康宁的微晶玻璃技术。

事实上，康宁的微晶玻璃技术曾于20世纪70年代应用于汽车玻璃，但因成本太高被打入"冷宫"。当乔布斯提出制造133毫米厚度高强度玻璃的想法后，康宁迅速组织团队，改善玻璃生产工艺，实现了"大猩猩玻璃"的诞生。与李开复相反，乔布斯采用的是"问题先行"，而不是"技术先行"，即首先解决手机屏幕不易被划伤这个问题。

2. 快速试错

李开复经营创新工场的逻辑是：先向市场推出极简的原型产品，以最小的成本和有效的方式验证产品是否符合用户需求，然后结合需求，迅速添加组件。这正是迭代创新中快速试错的思路。如果产品不符合市场需求，最好能"快速而廉价地失败"。

从学习的角度看，在没有任何蓝图可循的时候，与频繁的试错能够创造更多反应机会一样，开发者通过测量可以检验各种因果关系，提高学习结果。通过尝试不同的设计，在产品各种参数的敏感度和设计的稳健度上，开发者能够获得对产品的直观理解。因此，通过多次迭代的实践学习方式比缺乏参与、侧重认知策略的学习方式速度更快。

多次迭代可以使设计团队快速获取经验，迭代也将灵活性植入开发过程，使开发团队的认知能力随着新的信息而变化。当见证了很多次的迭代后，设计团队就不会倾向于过分依赖某一种特定的变化，而是根据环境的变化而进行调整。这样，迭代的试错反而会提高开发团队的信心和成功概率，加速设计的进程。

3. 微创新

德国创新学者冯·希佩尔提出了粘滞信息(sticky information)的概念，认为信息在不同的个体中转移的时候会存在粘滞，或者说要多付出成本。在新产品或服务的开发中，一开始存在两种信息：第一种是需求信息，这类信息由用户提出；第二种是解决方案信息，由开发者在一开始提出。

要让开发者的解决方案无限接近用户的需求信息，迭代试错是低成本、快速地捕捉到用户需求的好方式。尤其对于一些深藏于用户内心深处的隐秘需求，用传统的调研方式可能很难奏效，而让用户体验测试产品，则更可能由用户反馈发现用户的真实需求。

迭代试错要挖掘出用户的隐秘需求，需要的不是颠覆性的大创新，而是微创新。开发团队可以先根据用户特征开发出符合基本要求的测试版，然后交付给领先用户在模拟环境下测试，从而证实其功能和用户需求的准确性。

如果两者的匹配不是很理想(通常都不是很匹配)，就需要对需求信息和解决方案信息的位置进行再次修正，再次匹配。这个循环迭代的过程不断重复，直到获得可接受的匹配度。可见，微创新在从产品定义到生产上线的周期中，扮演着非常重要的角色。

4. 和用户一起狂欢

迭代开发还意味着亲民的用户关系，即让用户参与研发过程，在体验参与中树立品牌与影响。在社交网络时代，用户参与战术既是产品开发要素，也是产品营销的重要策略。

小米联合创始人黎万强认为，小米的主战场是社会化媒体渠道。他说："小米跟很多传统品牌最大的不同是：和用户一起玩，不管是线上还是线下，每次产品发布的时候，我们都在想，怎样让用户参与进来。"

小米从手机硬件到MIUI(小米手机软件平台)开发的每次迭代，都有用户的热情参与，一方面，核心用户对于小米的测试版产品提出很多重要的反馈意见，承担了小米产品的大部分测试职能；另一方面，在这个过程中，小米核心用户由于很强的参与感和受尊重感而对小米更加忠诚，其中一些意见领袖影响了更多普通小米用户。

用户参与的迭代开发，同时是外部创意开发、产品测试、产品营销的过程。这也是为什么互联网企业能通过迭代减少产品交付周期。另外，为了吸引更多的用户，小米将硬件以接近成本的价格销售，并更快地迭代，通过软件增加用户黏性，在增值服务上建立商业模式。

传统的营销成本占总销售额的20%，渠道成本占15%～20%，但通过"粉丝经济"，小米可以将这两项费用降到1%以内，从而给用户更低的价格、更好的体验，进而将每一次产品迭代过程变成与用户一起狂欢的过程。

(三) 迭代开发的策略

产品迭代大致分为产品迭代方向、产品功能体现两部分。任何产品都有其生命周期，这个周期可大致分为初创期、发展期、成熟期和衰退期。下面针对不同生命周期的产品，介绍其迭代和开发策略。

1. 初创期产品迭代开发

初创期产品迭代的特点是快速验证方向，因此可以暂时不考虑产品的细枝末节，只关注核心功能。在初创期，要明确产品的核心价值和特点，列出产品多端涉及的角色，以及通过什么唯一功能做关联。

2. 发展期产品迭代开发

产品进入发展期，说明产品在市场上存在价值，这时候又可以分为两个阶段，即功能优化完善期和初步变现尝试期。在发展期，要通过不断迭代，明确产品的功能，以及对产品进行持续优化。

3. 成熟期产品迭代开发

产品进入成熟期，说明产品已经取得不错的成果，可以从原领域向相关领域扩展，扩展方向可以分为纵向扩展和横向扩展，扩展依据是用户的使用反馈及公司的发展定位。

4. 衰退期产品迭代开发

在产品进入衰退期后，产品迭代的重点是形成良好的回退机制。这里首先需要提前通知产品各利益方，对相关赔偿进行说明，同时要做好产品的数据备份或者数据迁移，此外还需要明确下一个准备打造的产品。

拓展阅读 | 6-3

❧ B站的MVP开发与产品迭代 ❧

B站是国内最大的年轻人潮流文化娱乐社区，活跃用户超过1.5亿，视频日播放量超过1亿，弹幕总量超过14亿，原创投稿总数超过1000万，用户平均年龄17岁，75%的用户年龄在24岁以下，82%的用户为1990—2009年间出生的"Z世代"。

2007年6月，一个名为AcFun的视频网站横空出世，AcFun取意于Anime Comic Fun，简称"A站"。A站以视频为载体，逐步发展出基于原生内容二次创作的完整生态，拥有高质量互动弹幕，是中国大陆第一家弹幕视频网站。

随着二次元向大陆的进军，A站的势力板块也越来越庞大，可惜好景不长，由于用户的暴增且来源繁杂，A站逐渐在服务器负荷和内容把控上失去控制，各路"三教九流"之势的出现，也打击到了网站骨干力量(UP主)的士气。

这时，一直"卧底"于A站的徐逸，瞄准AcFun宕机这个机会，建了一个叫Mikufns的小站。2009年6月26日，他在杭州一间小小的办公室里，重启了自己的网站，并将其改名为哔哩哔哩，简称"B站"。

徐逸最初只想建立"一个动漫极客平台，一个可供大家吐槽的优秀地方"，但其社区潜能，即区别于传统视频网站的两个特质——ACG垂直圈层与弹幕功能，成了B站扩张发展的重要因素。

以在国内尚属小众的二次元为切口，B站吸引了大量的ACG爱好者。与此同时，大量A站用户因弹幕环境恶化、服务器不稳定等问题，纷纷流向B站，让基于ACG的垂直圈层进一步扩大。在发轫于ACG内容的二次元垂直社区初具规模后，B站以用户沉淀和内容补充对社区进行了加固。

在用户沉淀上，B站用独特的会员制度沉淀核心用户。2014年以前，B站要求用户答题并获得60分以上才能注册会员，题目大多植根于二次元社区文化。此后B站开放全面注册，但在注册会员与正式会员之间划分明显界线，以保证核心用户的社区身份认同。

在内容层面，早期饱受版权之争困扰的B站，决定推行番剧版权化。2011年B站引进《Fate/Zero》，此后开始持续采购日本新番，并将之作为B站延续至今的内容填充策略。在新番之争中，B站共取得23部播放权，其中17部为独播。日漫采购模式为B站满足用户需求、强化二次元社区属性，提供了必要的内容支撑。

除此之外，B站在推动社区扩张与保证自身气质不受损之间，为"内容"找到了新的平衡点。首先，用核心内容满足社区用户需求，使用户基于内容建立联系，形成高黏度垂直社群；其次，围绕用户喜好试探内容边界，找到新的内容品类，吸引潜在用户加入社区；最后，基于上述循环使社区不断扩张，形成稳固的多元文化社区生态。

基于ACG内容沉淀出忠实用户群体，B站在社区的整体调性上有着强烈的二次元倾向，国产原创动画无疑是最贴合二次元社区属性、直击用户需求的PGC新品类。当视频平台频繁参与新番版权竞争时，B站开始思考新番采购模式的商业回报率，寻找新的二次元社区支撑点。《狐妖小红娘》《画江湖之不良人》《那年那兔那些事儿》等优质国创的涌现，吸引了Z世代人群的目光。热烈的用户讨论和海量的自制视频，让B站看到了国创崛起的可能性。

从2015年开始，B站陆续投资了戏画谷、绘梦动画、中影年年等多家动漫公司，此后又联合绘梦成立了动画制作公司哆啦哔梦。在用投资锁定中下游产能的同时，B站回溯至产业链上游，就内容源头与晋江达成合作，取得《天官赐福》《破云》《残次品》等头部作品的动漫与游戏授权。

仅靠二次元内容无法支撑B站持续扩张，但罔顾社区调性的野蛮扩张只会招致损害。为此B站基于用户群体的潜在需求，用非二次元向的优质内容软化"次元壁"。

在众多非二次元内容品类中，纪录片在B站的流行有先天优势。自《我在故宫修文物》爆红以后，B站从各渠道引进的纪录片命运迥异，但自制纪录片大多有着不错的反响：《人生一串》第一季播放量达5514.3万，《历史那些事》第二季还未上线就已有8.8万人追番，热播的《宠物医院》评分高达9.7分。

聚焦用户、小切口、低成本的内容生产模式，也被B站应用于对网综的挖掘，2016年推出的网综《故事王StoryMan》就取得了单集最高播放量259万、总播放量3521.5万的优质数据。

B站最大的特色是悬浮于视频上方的实时评论功能，即"弹幕"。这种独特视频体验，让基于互联网的即时弹幕，能够超越时空限制，构建出一种奇妙的共识性关系，形成一种虚拟的部落式观影氛围，让B站成为极具互动分享和二次创造的潮流文化娱乐社区。

B站内容生态的核心始终是UGC内容，其中又以UP主自制内容为主。此外，B站还根据用户喜好挖掘新的内容方向，以扶持、激励等方式，鼓励UP主在PUGV内容上的产出，强化社区活跃度，构建"UP主——内容——用户"关系链。

目前，曾被称为A站后花园的Mikufans，羽翼渐丰，用户数量和营收的增长，不再是小众的二次元小站，而是围绕"内容——用户关系——社区"路径，快速地扩张成由7000多种热门文化圈组成的多元文化社区。

(资料来源：根据网络资料整理)

第四节　创新产品的知识产权保护

进入新发展阶段，推动高质量发展是保持经济持续健康发展的必然要求，创新是引领发展的第一动力，知识产权作为国家发展战略性资源和国际竞争力核心要素的作用更加凸显。实施知识产权强国战略，回应新技术、新经济、新形势对知识产权制度变革提出的挑战，加快推进知识产权改革发展，协调好政府与市场、国内与国际，以及知识产权数量与质量、需求与供给的联动关系，全面提升我国知识产权综合实力，大力激发全社会创新活力，建设中国特色、世界水平的知识产权强国，对于提升国家核心竞争力，扩大高水平对外开放，实现更高质量、更有效率、更加公平、更可持续、更为安全的发展，满足人民日益增长的美好生活需要，具有重要意义。

一、知识产权的概念

知识产权(intellectual property)的原意为"知识(财产)所有权"或者"智慧(财产)所有权"。知识产权是指公民或法人依据法律规定，对其在科学、技术、文学、艺术等领域从事智力活动创造的知识产品所享有的权利，以及从事生产经营活动的公民和法人依法对其标记所有的权利的总称。知识产权是一种无形财产权，它与房屋等有形财产一样，都受到国家法律的保护。有学者考证，该词最早于12世纪中叶由法国学者卡普佐夫提出，后为比利时著名法学家皮卡第所发展。皮卡第将之定义为"一切来自知识活动的权利"。1967年《成立世界知识产权组织公约》签订后，知识产权这一概念得到世界上大多数国家和众多国际组织的承认。1986年《中华人民共和国民法通则》颁布后，开始正式采用"知识产权"的称谓。知识产权的出现为保障智力成果提供了法律保障，调动了从事科学技术研究和文学艺术作品创作的积极性和创造性，有助于智力成果转化为生产力并产生巨大的经济效益和社会效益，促进了人类文明进步。

随着知识产权在世界经济和科技发展中的作用日益凸显，越来越多的国家认识到未来全球竞争的关键是经济竞争，经济竞争的实质是科学技术的竞争，而科学技术的竞争归根结底就是知识产权的竞争。因此，许多国家，尤其是发达国家，已把知识产权保护提升到国家大政方针和发展战略的宏观高度，把加强知识产权保护作为其在科技、经济领域夺取和保持国际竞争优势的一项重要战略措施。科技创新需要激发全社会的创新活力，营造创新的社会氛围，而知识产权保护正是为创新撑起了一把保护伞。提高知识产权的保护意识，普及知识产权保护方面的知识，需要学会用法律程序申请知识产权保护。

二、知识产权的分类

随着新技术、新知识的不断涌现，知识产权的新类别相继出现，现代知识产权的保护范围已从传统的专利、商标、版权扩展到包括计算机软件、集成电路、植物品种、商业秘密、生物技术等在内的多元对象。知识产权保护的国际标准——世界贸易组织(WTO)的《与贸易有关的知识产权协议》(简称TRIPS)中界定知识产权的范围主要包括著作权及其相关权利、商标权、地理标志权、工业品外观设计权、专利权、集成电路布图设计(拓扑图)、对未公开信息的保护权、对许可合同中限制竞争行为的控制。我国的知识产权种类，如表6-2所示。

表6-2　中国的知识产权种类

种类	内容	保护期限	申请/管理部门	法律依据
专利权	依法授予发明创造者或单位对发明创造成果独占、使用、处分的权利。主要包括：发明专利，是指对产品、方法或其改进所提出的新的技术方案；实用新型专利，是指对产品形状及构造等或者将其与其他发明结合，用于解决问题的新的技术方案；外观设计专利，是指工业品的外观，包括形状、色彩、图案或三者结合的新设计	发明专利权的期限为20年；实用新型专利权和外观设计专利权的期限为10年	国家知识产权局	《专利法》

（续表）

种类	内容	保护期限	申请/管理部门	法律依据
商标权	商标权主管机关依法授予商标所有人对其注册商标受国家法律保护的专有权。商标是用以区别商品和服务不同来源的商业性标志，由文字、图形、字母、数字、三维标志、颜色组合、声音或者上述要素的组合构成	10年	国家市场监督管理总局	《商标法》
著作权	也称版权，是公民、法人或非法人单位按照法律享有的对自己文学、艺术、自然科学、工程技术等作品的专有权。主要包括：文字作品、口述作品，音乐、戏剧、曲艺、舞蹈、杂技艺术作品，美术、建筑作品，摄影作品，电影作品和以类似摄制电影的方法创作的作品，工程设计图、产品设计图、地图、示意图等图形作品和模型作品，计算机软件及法律、行政法规规定的其他作品	作者的署名权、修改权、保护作品完整权的保护期不受限制；发表权、著作财产权的保护期为作者终生及其死亡后50年	国家版权局	《著作权法》
未披露过的信息专有权	未披露过的信息是指不为公众所知悉、能为权利人带来经济利益、具有实用性并经权利人采取保密措施的技术信息和经营信息。在我国通常称之为商业秘密权，即民事主体对属于商业秘密的技术信息或经营信息依法享有的专有权利	无	国家市场监督管理总局	《反不正当竞争法》
植物新品种权	植物新品种是指经过人工培育的或者对发现的野生植物加以开发，具备新颖植物性、特异性、一致性和稳定性并有适当的命名的植物品种。植物新品种权是指完成育种的单位或个人对其授权的品种依法享有的排他使用权	15～20年	国家林业和草原局、农业农村部	《专利法》
集成电路布图设计权	集成电路布图设计权是一项独立的知识产权，是权利持有人对其布图设计进行复制和商业利用的专有权利	10年	国家知识产权局	《集成电路布图设计保护条例》
商号权	商号权是指商业主体对其注册取得的商业名称依法享有的专有使用权。商号权具有人身权属性，与特定的商业主体的人格与身份密切联系，与主体资格同生同灭，具有精神财产权属性	一般而言，商号权没有明确的时间段，由企业的经营年限所决定	国家市场监督管理总局	《商标法》《企业名称登记管理规定》

目前，还有一部分存在争议的知识产权保护范围，主要有：药品的授予专利与受到特别限制的问题；计算机程序受不受到保护的问题；工程基因产品是否可取得专利的问题；角色销售权保护问题；对计算机软件的保护权应限于制定的密码设计，还是应该扩大计算机程序的"外形和感觉"方面；制止不正当竞争的内容范围等。

三、知识产权保护的重要性

知识产权保护，在政府层面是指政府推动知识产权立法、确权、审查授权、防止侵权和打击侵权等执法的全过程；在企事业层面是指权利人根据相关法律法规防止自己的知识产权被侵权，以及被侵权后采用行政或司法手段进行维权和获取经济补偿等行为。

知识产权是人类智力劳动的产物，是无形但有市场价值的资产，通过专利、商标、著作权(版权)、商业秘密等形式可以获得保护。传统观念非常看重企业的房产、设备等有形资产，而现在知识产权却逐渐成为企业最具价值的无形资产。加强企业知识产权管理，发掘企业知识产权中蕴含的巨大商业价值，日益成为企业竞争中的制胜法宝。然而，并非所有企业都重视知识产权的保护，清楚知识产权的价值。不然，就不会经常发生抢注商标、泄露商业秘密等事件。

创建新企业常犯的错误包括：不能准确识别所有的知识产权，没有充分认识到知识产权的价值，没有将知识产权作为整体成功计划的一部分，没有采取法律手段保护知识产权。对于创业者来说，可能难以确定哪些属于知识产权，哪些知识产权应该采取法律保护。实际上，保护知识产权的意识应该贯穿企业的一切经营活动。表6-3提供了企业各部门中需要保护的知识产权范畴，了解这些需加以保护的知识产权是每个创业者的责任。

表6-3　企业知识产权保护范畴

涉及部门	知识产权保护对象	常用知识产权保护方法
营销部门	名称、标语、标识、广告语、广告、手册、非正式出版物、未完成的广告拷贝、顾客名单、潜在顾客名单及类似信息	商标、版权和商业秘密
人事部门	招聘手册、员工手册、招聘人员和聘用候选人时使用的表格和清单、书面的培训材料和企业的时事通信	版权和商业秘密
财务部门	各类描述企业财务绩效的合同、幻灯片，财务管理的书面材料，员工薪酬记录	版权和商业秘密
信息部门	网站设计、域名、公司特有的T设备和软件手册、计算机源代码、E-mail名单	版权、商业秘密和注册互联网域名
研发部门	新的及有用的发明和商业流程、现有发明和流程的改进、记录发明日期和不同项目进展计划的实验备忘录	专利和商业秘密

确定企业某项无形资产是否需要纳入知识产权保护范畴，主要有以下两个原则。

(1) 企业应当确定这项无形资产是否与竞争优势直接相关。如果是创业核心技术或者服务方法，则属于重点保护内容。如果所开发的产品、商业模式或印刷品与企业的竞争优势没有直接关联，则无须进行知识产权保护。

(2) 判断某个项目是否具有商业价值。新企业经常犯的错误是发明了某种产品并花费大量金钱申请专利，却发现"竹篮打水一场空"，毫无市场价值。因此，在开发商业创意并采取法律保护手段之前，应首先进行商机评估和市场调查研究。

拓展阅读 | 6-4

专利战争：三星向苹果公司赔偿高达5.48亿美元的侵权损失费

2015年12月，三星和苹果长达5年的专利纠纷案或已尘埃落定，三星方面同意赔偿高达5.48亿美元的侵权损失费，同时其市值因此缩水123亿美元。实际上，三星和苹果的专利纠纷可以追溯到2010年。双方曾就专利付费问题进行谈判，苹果向三星发出专利授权要约，但因价格未谈拢导致谈判破裂。据资料显示，苹果曾向三星提出一份专利授权协议，每部手机收取30美元，每部平板电脑收取40美元。如果三星同意双方专利交叉授权，那么价格还可以优惠。三星也曾向苹果提出一份专利授权协议，但苹果抱怨其价格过高。

用过苹果手机的人都知道，其App外观的四角都是圆形，整个App充满设计感。三星有13款手机抄袭了苹果的这项设计。

然而，三星在同意支付巨额赔偿的同时，表示将就两家公司之间官司的首次判决结果向最高法院提出上诉。也许这只是下一次专利大战的开始，而不是5年大战的结束。

(资料来源：根据网络资料整理)

四、知识产权的申请与保护

(一) 专利

申请专利应提交必要的书面申请文件，并按规定缴纳费用。申请发明或者实用新型专利时，应向专利局递交请求书、说明书摘要、摘要附图、权利要求书、说明书、说明书附图和其他文件。申请外观设计专利时，应向专利局递交请求书、图片或照片、简要说明。申请文件各部分的第一页必须使用国家知识产权局统一制定的表格。这些表格可以从国家知识产权局官方网站下载，或在所在地专利局受理大厅咨询处或代办处直接索取。依据专利法，发明专利申请的审批程序包括受理、初审、公布、实审及授权五个阶段。实用新型或者外观设计专利申请在审批中不进行早期公布和实质审查，只有受理、初审和授权三个阶段。

专利制度主要是为了解决发明创造的权利归属与发明创造的利用问题。专利法可以有效地保护专利拥有者的合法权益。专利权人享有独占制造、使用和销售专利产品或使用专利方法的权利。专利申请权、专利权可以出卖、赠予、抵押，也可以作价投资入股。任何自然人、法人及其他组织均不得未经许可，不支付报酬使用、制造、销售专利产品。专利权人有许可他人实施专利并收取专利使用费的权利，但必须订立书面实施许可合同。被许可人无权允许合同规定以外的任何单位或者个人实施专利。一旦发生未经专利权人许可实施其专利(以生产经营为目的制造、使用、销售、许诺销售、进口其专利产品或依照其专利方法直接获得的产品)的侵权行为，专利权人可以要求专利侵权人承担停止侵权、公开道歉、赔偿损失的法律责任。

对于创业者而言，专利保护的对象包括生产过程、机器、产品、制造、配方、设计程序、对现有产品的改进等。创业者对其个人或企业的发明创造应及时申请专利以求得法律保护，不仅可以有效地防范竞争者的模仿跟进，还可以要求专利侵权人赔偿因侵权而获得的利润及法律费用。

然而，凡事皆有利弊，创业者须权衡某项创新的商业价值与取得专利所花费的时间和金钱。因为通常只有约2%的专利能够实现盈利。考虑到开发专利的成本及保护专利所花费的大量时间和资源，仅用专利来保护创新并不是最佳途径。多数专家建议，创新者可以采用许可他人使用专利的方式而不是自己将产品市场化。目前，我国无论是在电子信息、生物医药、新材料等高新技术领域，还是在信息咨询、创意设计、现代物流等新兴服务业，创业都十分活跃，65%的新增专利和60%以上的新产品开发由创业企业完成。

(二) 商标

注册商标的获取是商标使用人将其使用的商标依照法定的注册条件、程序，向国家知识产权局商标局(以下简称"商标局")提出注册申请，经过审核批准，发给商标注册证，并予以公告，授予注册人以商标专用权的法律活动。

创业者可以自己到相关机构办理商标注册事宜，也可以外包给经验丰富的商标代理机构代理申请商标注册的有关手续，这样可以节省时间与精力，但需额外支付商标代理费。

1. 商标注册流程

一个商标从申请到核准注册，大约需18个月时间。注册商标的有效期限为自核准注册之日起10年，期满可以申请注册商标续展。

(1) 注册准备。

① 商标选择与检索。根据商标拟定的基本原则，一旦选择了某个合适的商标，就可以进行商标检索以确定是否可以申请这一商标。商标检索遵循自愿查询原则，以减少商标注册的风险。

② 申请商标资料的准备。准备好营业执照复印件、商标注册申请书，以及商标图样(5平方厘米≤长×宽≤10平方厘米)。

(2) 申请注册。

① 企业、事业单位、社会团体、个体工商业者等商标注册申请人，按照自愿的原则，向商标局提出商标注册申请。

② 按商品与服务分类提出申请。申请商标注册时，应按商品与服务分类表的分类确定使用商标的商品类别。同一申请人在不同类别的商品上使用同一商标的，应当按商品分类在不同类别提出注册申请，这样可以避免商标权适用范围的不当扩大，也有利于审查人员的核准和商标专用权的保护。

③ 商标申请日的确定。申请日的先后是确定商标权的法律依据。商标注册的申请日以商标局收到申请书的日期为准。我国商标注册实行申请在先原则，对同一天申请的，初步审定和公告的是使用在先的商标，对同日申报均未使用的进行协商，协商不成，由商标局裁定。

(3) 商标审查。

商标审查是商标局对商标注册申请是否合乎商标法的规定所进行的检查、资料检索、分析对比、调查研究并决定给予初步审定或驳回申请等一系列活动。

(4) 初审公告。

商标的审定是指商标注册申请经审查后，对符合《中华人民共和国商标法》有关规定的，允许其注册的决定，并在商标公告中予以公告。初步审定的商标自刊登初步审定公告之日起3个月内没有人提出异议的，该商标予以注册，同时刊登注册公告。

(5) 注册公告。

商标注册是一种商标法律程序。由商标注册申请人提出申请，经商标局审查后予以初步审定公告，3个月内没有人提出异议或提出异议经裁定不成立的，该商标即注册生效，受法律保护，商标注册人享有该商标的专用权。

(6) 领取商标注册证。

通过代理的，由代理人向商标注册人发送《商标注册证》。直接办理商标注册的，商标注册人应在接到《领取商标注册证通知书》后3个月内，携带相关证明材料到商标局领证。

2. 商标权的内容与法律保护

商标注册申请经商标局核准注册后，商标申请人即成为商标权人，依法享有商标权人的各项权利和义务。商标权人对其注册商标享有独占使用权，任何人未经许可不得在同一种商品或类似商品上使用该注册商标或相近似的商标，否则构成对独占使用权的侵犯。商标权人既可通过合同方式有偿转让其注册商标获得收益，也可通过继承、遗赠、赠予等方式无偿转让其注册商标。

商标作为企业的一种无形资产，具有较高的商业价值，这种价值体现在其独占性和所产生的经济利益上。保护和提高商标的市场价值，防范商标侵权行为，是企业发展之要务。凡违反商标法规定，假冒或仿冒他人注册商标，或者从事其他损害商标权人合法权益的行为，均属商标侵权行为，主要表现如下。

(1) 未经注册商标所有人的许可，在同一种商品或者类似商品上使用与其注册商标相同或者近似的商标的。

(2) 销售明知是假冒注册商标的商品的。

(3) 伪造、擅自制造他人注册商标标识或者销售伪造、擅自制造的注册商标标识的。

(4) 给他人的注册商标专用权造成其他损害的。

对侵犯注册商标专用权，尚未构成犯罪的，可根据情节处以非法经营额50%以下或者侵权所获利润五倍以下的罚款；对侵犯注册商标专用权的单位的直接责任人员，根据情节处以一万元以下的罚款；可以应被侵权人的请求责令侵权人停止侵害、消除影响、赔偿损失。侵犯注册商标专用权构成犯罪的，还应承担刑事责任。

新创企业可以为其产品设计一个(或多个)商标，并及时申请商标注册。注册商标的获取能够赢得许多市场优势，如提醒其他人你拥有此商标在国内的独占使用权，确定你有无可争议的商标许可使用权和商标转让权，给予你对商标侵权的起诉权利，使你的利润、损失及成本得到赔偿等。

(三) 著作权

我国著作权的产生实行的是自动产生原则。作品一旦完成，即获得著作权保护，无须履行登记手续，也无须向登记机关交存样本。但是，对著作权进行登记，仍然具有十分重要的意义。著作权登记，好比给作品上了一个"法律户口"，可以在相当程度上避免或减少纠纷的发生。首先，能够帮助著作权人确定和明确著作权的归属，避免今后因为著作权归属问题发生纠纷；其次，当著作权人被侵权需主张自己权利时，登记的事项可作为拥有权利的初步证明；最后，授权登记的内容可以作为拥有权利的证明，有利于版权交易。

1. 著作权登记流程

(1) 作品著作权登记流程。申请人办理作品著作权登记申请，既可去中国版权保护中心版权登记大厅办理，也可通过邮寄方式向中国版权保护中心著作权登记部提交登记申请材料办理。

(2) 软件著作权登记办理流程。依据《计算机软件著作权登记办法》的规定，申请人依照以下步骤办理即可。

① 办理流程。填写申请表→提交申请文件→登记机构受理申请→审查→取得登记证书。

② 填写申请表。在中心网站上首先进行用户注册，然后登录，按要求在线填写申请表后，确认、提交并在线打印。

③ 提交申请文件。申请人或代理人按照要求提交纸质登记申请文件。

④ 登记机构受理申请。申请文件符合受理要求的，登记机构在规定的期限内受理，并向申请人或代理人发出受理通知书；不符合受理要求的，发放补正通知书。根据计算机软件登记办法规定，申请文件存在缺陷的，申请人或代理人应根据补正通知书要求，在30个工作日内提交

补正材料，逾期未补正的，视为撤回申请；属于《计算机软件著作权登记办法》第二十一条有关规定的，登记机构将不予登记并书面通知申请人或代理人。

⑤ 审查。经审查符合《计算机软件保护条例》和《计算机软件著作权登记办法》规定的，予以登记；不符合规定的，发放补正通知书。

⑥ 获得登记证书。申请受理之日起30个工作日后，申请人或代理人可登录中心网站，查阅软件著作权登记公告。申请人或代理人的联系地址是外地的，中心将按照申请表中所填写的正确的联系地址邮寄证书(北京地区的申请人或代理人在查阅到所申请软件的登记公告后，可持受理通知书原件在该软件登记公告发布3个工作日后，到中心版权登记大厅领取证书)。

2. 著作权的内容与法律保护

著作权包括著作人身权和著作财产权。《中华人民共和国著作权法》规定的著作权有：发表权、署名权、保护作品完整、修改权和获得报酬权。著作人身权是作者依著作权法享有的与作品相联系的人身权利，包括发表权、署名权、保护作品完整权和修改权，除发表权外，著作权中的人身权永远受到法律保护，归作者永远享有，不能转让，不能继承。

著作财产权是作者或其他著作权人依照著作权法享有的与作品相联系的财产权利，包括使用权和获得报酬权。著作财产权可依法转让、继承或遗赠。著作权的保护期因著作人身权和著作财产权性质不同而有所区别。著作权中的财产权和发表权一旦保护期限结束，即进入公共领域，他人可以随意使用而不必支付报酬，也不必获得许可。但不得侵犯其署名权、修改权和保护作品完整权。

根据《中华人民共和国著作权法》的规定，在下列情况下使用作品，可以不经著作权人许可，不向其支付报酬，但应当指明作者姓名、作品名称，并且不得影响该作品的正常使用，也不得不合理地损害著作权人的合法权益。

(1) 为个人学习、研究或者欣赏使用他人已经发表的作品。

(2) 为介绍、评论某一作品或说明某一问题，在作品中适当引用他人已经发表的作品。

(3) 为报道新闻，在报刊、广播电台、电视台等媒体中不可避免地再现或者引用已经发表的作品。

(4) 为学校课堂教学或者科学研究，翻译、播放或者少量复制已经发表的作品，供教学或者科研人员使用，但不得出版发行。

(5) 国家机关为执行公务在合理范围内使用已经发表的作品。

(6) 图书馆、档案馆、纪念馆、博物馆、美术馆等为陈列或者保存版本的需要，复制本馆收藏的作品。

(7) 免费表演已经发表的作品，该表演未向公众收取费用，也未向表演者支付报酬。

五、知识产权运用

对于企业而言，全方位的知识产权保护策略已经成为重要的战略组成部分。创业企业从一开始就要树立知识产权保护的意识。一方面，创业企业要学会利用功能性专利保护技术创新、设计专利保护产品的风格创新，利用版权、商标等保护产品的颜色、包装和整体形象等重要特征，这些知识产权保护的内容共同定义和区别产品的品牌标识；另一方面，创业企业要注意不要侵犯到其他企业或个人的知识产权，一旦掉以轻心，则可能在企业的经营过程中埋下造成灾难性后果的"地雷"。

最后，知识产权的本质是财产，财产只有加以运用，才能产生经济效益和社会价值，知识产权的运用主体是知识产权权利人。运用的内容包括知识产权的实施和经营，如专利技术的产业化、转让、许可使用、抵押贷款等；还包括企业运用知识产权作为竞争工具，构筑专利网，例如，有些企业申请专利的目的是阻止他人使用这项技术，或者为了以此作为交换，换取他人的技术等。运用知识产权的模式和方法也随着企业的发展而不断演进和更新。

拓展阅读 | 6-5

❧ 产销量连续五年世界第一，河南盾构机产业向世界品牌迈进 ❧

2022年2月19日，在郑州经开区中铁工程装备集团有限公司(简称：中铁装备)的装备制造车间内，工人正在对一台大型盾构机进行拆解、装箱，准备将设备发往韩国。

从2002年启动研发，中国盾构机产业的20年发展，经历了从无到有，从有到优，从优到卓越领先的过程。

如今，中铁装备市场占有率已经连续十年保持国内第一，产销量连续五年世界第一。中铁装备生产的盾构机可以应用于各种隧道、地下管廊，还可以用于地下停车场的修建。

打破国外垄断，从无到有

上天有神舟，下海有蛟龙，入地有盾构，盾构机被誉为国之重器。位于郑州经开区的中铁工程装备集团有限公司在盾构机研发生产领域占有重要地位。

盾构领域曾一直被国外技术垄断，1997年中国曾斥巨资从德国维尔特公司购买了两台盾构机，用于西康铁路秦岭隧道的修建。

2002年8月，国内首个国家级盾构产业化基地在河南新乡落成(也就是中铁装备的前身，于2009年迁到郑州经开区)，揭开了中国盾构研发的序幕。

"早期研发团队仅有18人，被喻为'盾构梦之队'。而后，自主盾构机的发展经历了从无到有，从有到优，从优到卓越领先的过程。"中铁工程装备集团设计研究总院副总工程师兼海外分院院长庞培彦介绍道。

2008年，中国首台具有知识产权的复合式盾构机在河南新乡下线，并成功应用于天津地铁的修建。

经过20年的发展，如今的中铁装备在全国布局了20个生产基地，累计出厂盾构机超过1300台，安全掘进里程超过3000千米，具有掘进机生产特级资质，产品远销新加坡、以色列、意大利、丹麦等30个国家，市场占有率连续十年保持国内第一，产销量连续五年世界第一。盾构机已经俨然成为河南骄傲、中国骄傲。

盾构机还能修建地下停车场

盾构机这个大家伙不仅能够穿山、跨海打隧道，还能应用在很多场景，如修建地下停车场。

现有地下停车场的施工工艺，分为敞开式明挖和浅埋暗挖两种，其中，绝大多数用的是敞开式明挖，然后浇筑钢筋混凝土。这种施工工艺，由于开挖面积过大，不但破坏环境，还严重影响交通。

2018年5月，中铁装备集团"中国首个盾构工法地下停车场、综合管廊示范工程"投入使用。

参与项目施工的组合式盾构机，由两台2.87米×5.02米小矩形盾构机拼装组合到一起，形成一台5.74米×5.02米大矩形盾构机，既能实现组合模式推进，也能实现分体推进，根据断面尺寸灵活组合。这套设备掘进运用了土压平衡原理，可以保证施工过程中地面环境安全，具有良好的地质适应性。

采用盾构工法修建地下停车场，是国内首创，在世界上也没找到类似案例。

勇于创新，由"中国制造"向"中国创造"迈进

采用盾构法修建地下停车场，只是由"中国制造"向"中国创造"转变的一个缩影。

早在2013年，中铁装备就研制成功了当时世界上最大断面的矩形盾构机，并成功应用于郑州市中州大道下穿隧道工程，开启了国内城市隧道建设新模式，而后中铁装备不断刷新自己创造的纪录。

"这种产品，我们想到过，但是我们没有付诸实践，你们敢于创新，做到了，你们是好样的！"2016年4月，在德国慕尼黑宝马展上，面对中铁装备的矩形盾构模型，德国海瑞克的高管连连称赞。

德国宝马展是世界上规模最大、国际影响力最强的工程机械、建材机械、矿山机械，以及建筑、工程车辆和设备的专业展览会，每三年定期在德国慕尼黑举办。作为中国掘进机行业的领军企业，2016年，中铁装备首次出征德国慕尼黑宝马展，这也是中国中铁工业装备在国际市场的首次集体出征。

2020年中铁装备研制生产的土压平衡盾构机、硬岩掘进机，先后出口到波兰、澳大利亚等国家，他们以良好的地质适应性和优质高效的掘进表现，不仅征服了国内客户，还征服了海外客户，为"中国质量"赢得了尊严。2021年4月，中国出口巴黎地铁的盾构始发，助力了巴黎地铁项目，成功进入了欧洲高端市场。

不断突破自我的背后，是研发投入在支撑。2021年，中铁装备研发投入5.56亿，研发投入占比9.67%，高于国企平均研发投入占比水平。在"中国制造"向"中国创造"转变的这条道路上，中铁装备不断刷新着纪录。

(资料来源：根据网络资料整理)

回顾与思考

1. 如何利用专长来选择大学生创业项目？
2. 产品迭代的概念和开发原则是什么？
3. 新型的加工工艺还有哪些？请列举一二。
4. 谈谈你对知识产权保护的认识，以及其在创业过程中的重要性。

课后训练

1. 给每人一张小纸条，在上面写一件物品的名称。相邻的同学两两一组，将纸条上的物品进行组合，看是否可以实现产品的创新思路。
2. 谈谈你对共享经济的认识。

第七章

商业模式设计与创业计划书撰写

学习目标

- ○ 了解商业模式的定义、商业模式的构成要素和基本类型
- ○ 掌握商业模式设计的基本方法与工具
- ○ 了解创业计划书的概念及类型
- ○ 掌握创业计划书的撰写及展示技巧

引例

∽ 好的商业模式源自微创新 ∽

所有的商业模式都是试出来的，重点在于试错成本是否在你能够接受的范围内。美国作家埃里克·莱斯在《精益创业：新创企业的成长思维》中提到用最简单的方法创新，用成本最低的方法创新。这种观点与微创新如出一辙。对商业模式的探索，应该用比较简单的方式，先做一点小尝试，如果行不通就赶紧改，如果切实可行，便可逐渐加大筹码。举例如下。

1. 酒店微创新创造大量回头客

在美国拉斯维加斯的一家酒店，当顾客结完账离开时，门童会顺手递给顾客两瓶冰冻的矿泉水。对于酒店来说，这两瓶水的成本实属九牛一毛，却能给用户带来极佳的体验感——从这家酒店开车到最近的机场大概需要40分钟，中间几乎没有加油站和休息区，这就意味着沿途无法取得补给。

拉斯维加斯靠近沙漠，夏季经常出现35摄氏度以上的高温，顾客在前往机场的过程中无疑需要补充水分，此时这两瓶水正好派上用场。酒店的创新之处是在顾客结账之后送上这两瓶水，严格意义上说，这两瓶水属于酒店的馈赠。设想一下，如果顾客下回再来拉斯维加斯，会选择哪家酒店下榻？鉴于行业的特殊性，无论是服务还是产品，一家酒店都很难在同行中脱颖而出，因为同行业竞争极为激烈。拉斯维加斯的这家酒店仅为三星级，在酒店林立的"赌城"

并不具备明显的竞争优势，然而该酒店却从"送水"这个细节入手，为客户营造出一种温馨、周到的感受，从而吸引了大量的回头客。

2. 360为用户提供更方便、更简单的体验

很多杀毒软件厂商不屑于查杀"流氓软件"，它们的利润来源集中于病毒查杀领域，这时360迈出第一步——查杀"流氓软件"。之后360开始尝试打补丁、杀木马，行业巨头们也没有在意。

360真正进入行业巨头们的视野，是在它积累了大量用户、成功取得融资，技术也取得突破性进展之后，但此时行业巨头们已经悔之晚矣。

很多人习惯将"微创新"和"颠覆式创新"对立起来，认为微创新属于战术层面的"小打小闹"，颠覆式创新属于战略层面的"敲锣打鼓"。事实上，几乎所有的颠覆式创新都源自一次次的微创新，即都是从一个微乎其微的点入手。如果360刚开始就想着颠覆谁，很有可能早就失败了，因为动作太大，它没有能力做到，市场也不会给它机会。

微创新实际上是一种方法论，是从用户需求出发、提升用户体验的一个思路，而不是闭门造车地研发某种跨时代的技术——这种技术如果找不到为用户创造价值的使用场景，其实是没有意义的。

众所周知，任何商业模式都源自用户需求。很多新创企业在创新时，往往拘泥于概念的纸上谈兵，而忘了创新的内在价值。创新应该是在以下两种基础上建立的。首先，它要足够有潜力，有利可图，能带来增值，能让人兴奋。这是指要发现用户的刚性需求，找到用户在使用产品过程中不方便、不舒服的地方，有针对性地做出改变，提升产品的价值。其次，创新要能改变固有的范式。例如，改变用户习惯，将用户的体验变得更容易、更简单。

无论何种商业模式，它的起点一定来自用户的痛点，一种未被发现或满足的需求。简单来说，任何商业模式都源自企业对用户需求和痛点的理解。

一种商业模式在探索、成长的过程中，大多数时候由用户引导着向前发展。如果你没有足够的用户基数，模式不可能成立。反之，一些巨头之所以会丢掉一些商业机会(严重的甚至丢掉基业)，很大程度上是因为他们在经历了一些成功的模式之后，丢掉了对用户的好奇和理解，对新事物的判断不自觉地带上了模式的框子：有模式吗？能赚钱吗？能有多少营收？一旦找不到答案，就会轻易放弃这个项目，最终与机会失之交臂。

有些创业者在构造商业模式的时候喜欢从行业高度来看，例如，中国的教育产业未来有多大，中国医疗产业未来有多大，中国有多少用户……把商业计划书写得大而无当。这样的计划书，很难得到投资者的青睐。事实上，最好的做法是向投资方踏踏实实地交底：我发现市场上存在哪些问题，因此我做了什么样的产品，解决了什么问题。

商业模式不是坐而论道得来的，也不是媒体高谈阔论讲出来的，而是在用户需求的引导下，创业者们不断地打磨、探索出来的。例如，充电宝的产品形态还可能会在资本的推动下不断变化，有更新的产品被研发出来，如带着屏幕的智能充电宝。这样一来，完全有可能诞生出一种全新的商业模式。当我们确定了商业模式，接着就要从用户服务、产品创新的维度把"护城河"加深，提高竞争壁垒。在拥有了较大的用户基数之后，很多事情便在移动互联网的支持之下成为可能。

(资料来源：根据网络资料整理)

第一节　商业模式概述

像腾讯、阿里巴巴、百度、谷歌、苹果、星巴克、亚马逊这样的创业企业，虽然它们提供的产品或服务完全不同，但其成功却有惊人的相似之处。这些企业并不局限于满足消费者需求，而是致力于开发全新的市场空间，引领消费者潮流。它们是价值创造的革新者，以全新的理念挑战现有的既定目标，从而创建出企业可持续发展的商业模式。例如，腾讯的商业模式开发主要围绕同样用户的不同需求而开展，相继创设出社交工具、QQ空间装扮、会员、公众号、小程序、移动支付等高价值的服务。正如《德鲁克日志》中所言："当今企业之间的竞争，不是产品之间的竞争，而是商业模式之间的竞争。"这是因为独特的商业模式不仅是一个企业立足生存、持续发展的关键，而且是企业获得利润回报的基础。

商业模式日益受到企业家、创业者和理论界的重视。它不仅可以为创业活动提供指导，同样也能为既有企业的经营提供指导；它不仅是创业者创业活动的蓝图、工具，也是既有企业创新发展的重要指导工具。

一、商业模式的概念

当前，各个领域都在广泛使用"商业模式"这一术语，但多数人对其内涵及本质并不了解。从本质上说，商业模式是叙述企业如何运作的。一种好的商业模式可以回答长期以来萦绕"现代管理学之父"彼得·德鲁克脑际的疑问：谁是顾客？顾客看重什么？它也能回答每个管理者必定要回答的基本问题：我们如何通过商业活动来赚钱，以及解释我们如何以合适的成本向顾客提供价值的潜在经济逻辑。商业模式与企业整个业务体系运作方式相关，如能得到正确使用，就可以促使管理人员认真对待自己的业务。

什么是商业模式？商业模式的概念出现得很早，1997年10月，亚信总裁田溯宁到美国融资，美国著名的投资商罗伯森问他："你们公司的商业模式是什么？"当时田溯宁被问得一头雾水。罗伯森举例说："一块钱进入你们公司，绕着公司转了一圈，出来的时候变成了一块一。商业模式指的就是这多出的一毛钱是从哪里来的？"其实罗伯森对商业模式的描述，重点突出的是企业内在逻辑，偏向于企业赚钱的过程，而忽视了为客户创造价值。

如今，学术界对商业模式有着更全面、更客观的定义，商业模式是指为了能实现客户价值最大化，将企业内在和外在所有要素进行整合，从而形成高效率且具有独特核心竞争力的运行系统，并且通过推出的产品和服务，达到持续盈利目标的组织设计的整体解决方案。其中，"整合""系统""高效率"是先决条件和基础，"核心竞争力"是方法和手段，"客户价值最大化"是主观目的，"持续盈利"才是最终的检测结果。确定企业的商业模式，不仅仅是告诉你企业的努力方向，更是指明了通往方向的道路。

对商业模式本质与定义的阐述表明，商业模式的内涵正由经济、运营层次向战略层次延伸，即由初期从企业自身出发关注产品、营销、利润和流程，逐渐开始转向关注顾客关系、价值乃至提供市场细分、战略目标、价值主张等。商业模式起初强调收益模式，但是对企业收益来源的追溯导致了组成要素的扩展。实际上，对收益来源的追溯使商业模式指向了创业者创业的实质，即抓住市场机会为顾客创造更多的价值。只有满足消费者尚未得到满足的需求或解决了市场上有待解决的问题以后，才能创造真正的价值。当然，企业创造市场价值，必须依靠自身拥有的资源、能力及其组合方式。因此，企业内部资源与外部市场机会的结合是商业模式研究的起点。

二、商业模式的构成与运行逻辑

(一) 商业模式的构成

为了实现客户价值最大化，企业必须洞悉客户需求，遵循由外而内的原则，把客户需求作为决策起点，把外在的因素——客户和市场，与内在的因素——产品和内生能力，进行有机整合，只有这样才能形成一个完整的、高效率的、具有独特核心竞争力的企业，从而通过提供产品或服务的价值主张，实现盈利目标。

商业模式作为一个分析框架，回答了以下四个问题。

(1) 为谁提供产品或服务？

(2) 提供何种价值主张的产品或服务？

(3) 有何合作伙伴、资源及关键业务(基础设施)来实现兜底保障？

(4) 提供的新产品或服务能够产生多少收益？需要多少成本维持正常运转？(成本——收入分析的考量。)

由此可见，商业模式不是定价模式，也不是简单的盈利模式，而是至少要满足两个必要条件：必须是一个整体，有一定结构，而不仅仅是一个单一的组成因素；组成部分之间必须有内在联系，并把各组成部分有机地关联起来，使它们互相支持，共同作用，形成一个良性的循环。因此，商业模式是一种包含了一系列要素及其关系的概念性工具，用以阐明某个新创企业产生可持续、可盈利回报的商业逻辑，它描述了企业为客户提供的价值，以及企业的内部结构、基础设施(如重要伙伴、关键业务和核心资源)等配置要素。

由于学者们对商业模式定义的差异，以及不同企业所处发展行业和发展阶段不同，发展时代背景不一样，对商业模式构成要素的研究也存在很大差异。与商业模式的定义一样，基于不同的研究，商业模式的构成要素丰富多彩，对关键构成要素并没有形成一致的统一意见。

2003年，迈克尔·莫里斯通过梳理相关文献，第一次较为系统地总结了商业模式构成要素。他的研究发现，不同的研究者认为商业模式的构成要素数量从3个到8个不等，共有25个项目作为商业模式可能的构成要素。在这些研究中，被多次提到的要素有：价值提供、经济模式、用户界面与关系、伙伴关系、内部基础设施。此外，目标市场、资源与能力、产品和收入来源也被多次提到。因而，这些要素可以被认为是构成商业模式的关键要素。

奥斯特瓦德和皮尼厄从客户细分、价值主张、分销渠道、客户关系、收入来源、核心资源、关键业务、重要伙伴、成本结构9个要素，描述了商业模式要素之间的逻辑关系。他认为，通过这9个要素的组合，就可以很好地描述并定义商业模式，清晰地解释企业创造收入的来源，它在此基础上发明了商业模式画布，使商业模式的设计和执行更易于操作。

商业模式画布的出现受到了全球创业者和企业家的欢迎，但是，慕尔雅研究了商业模式画布以后，根据自己的创业经验，认为商业模式画布更适合既有企业和已经开始创业的企业，对于类似大学生这样的群体来说，并不是特别合适。例如，对于还没有开始创业的大学生，以及处于创业初期的创业者来讲，几乎没有任何外部合作伙伴，也没有多少外部资源，更没有实际的业务活动，尚未形成有效的客户关系。因此，他以精益创业理论为指导，在商业模式画布的基础上提出了"精益画布"的概念。他认为，创业者必须认识和理解的商业模式要素有问题、解决方案、关键指标、独特卖点、门槛优势、渠道、客户群体分类、成本分析和收入分析这9项。这个模型根据大学生等创业者的特点，对商业模式画布中的构成要素做了较大调整，较适合在校大学生和拟创业的准备者用来分析和设计自己的商业模式。

国内学者魏炜和朱武祥在大量梳理国内外既有企业商业模式的基础上，于2009年提出了魏朱六要素模型，认为一个完整的商业模式包含6个要素，即定位、业务系统、关键资源能力、盈利模式、自由现金流结构和企业价值。

商业模式的构成要素虽然繁多但并不是杂乱无章的。要素的构成有两种基本结构类型：一是横向列举式结构，即要素之间的横向列举关系，每个要素表示企业的某个独立方面，彼此重要性相当，必须共同发挥作用；二是网状式结构，即基本要素从纵向层次或另一视角综合考虑，要素之间密切联系形成层级或网络，作为一个系统在企业中发挥作用。不管是哪种要素组合方式，要素之间都具有很强的逻辑关系，体现出了商业模式的系统性和整体性。因此，一个成功的商业模式肯定是其每个构成要素协调一致发挥作用的结果，其要素之间存在合理有效的逻辑关系。

拓展阅读 | 7-1

⌘ 摩托罗拉的铱星计划为何失败 ⌘

铱星计划是一个曾经让许多摩托罗拉人兴奋不已的想法。

对于摩托罗拉的工程师巴里·伯蒂格来说，铱星计划这一革命性的想法来自他妻子在加勒比海度假时的抱怨，说她无法用手机联系到她的客户。回到家以后，巴里和摩托罗拉的卫星通信小组的另外两名工程师想到了一种铱星解决方案——由66颗近地卫星组成的星群，让用户在世界上任何地方都可以打电话。

自20世纪60年代投入使用以来，通信卫星大都是在22000英里(约35406米)高度的轨道上运行的地球同步卫星。依靠这一高度的卫星意味着电话机要大，还伴有1/4秒的声音滞后。例如，美国通信卫星公司的planet1电话机重4.5磅(约2千克)，和电脑差不多大。铱星的创意就在于使用一批近地卫星(大约400英里~500英里高度)(约644米~805米)，近地卫星因离地球表面更近，电话机的体型可大大缩小，声音的滞后也近乎觉察不到。

这是个好创意吗？铱星计划尽管遭到伯蒂格顶头上司的否决，却得到了摩托罗拉总裁罗伯特·高尔文的青睐和支持。对于罗伯特，以及他的儿子克里斯·高尔文(后来成为他的继任人)来说，铱星计划是摩托罗拉技术高超的显示，具有巨大潜力，令人振奋，决不可放弃。对于摩托罗拉的工程师们来说，建立铱星群的挑战是一次经典的"技术拉锯战"——50多亿美元的代价终于让他们在1998年将铱星首次投入使用。

这一项目是在1991年正式启动的。当时，摩托罗拉投资4亿美元建立了铱星公司。这是一个独立的公司，摩托罗拉拥有25%的股份和董事会28席中的6席。

1998年11月1日，在进行了耗资1.8亿美元的广告宣传之后，铱星公司开始了它的通信卫星电话服务。电话机的价格是每部3000美元，每分钟话费3美元~8美元。结果却令人非常沮丧，到1999年4月，公司只有1万名用户。

1999年6月，铱星解雇了15%的员工，甚至包括几位参与了公司营销战略规划的经理。8月，它的用户只上升到2万名，离贷款合同要求的5.2万名相去甚远。1999年8月13日，在拖欠了15亿美元贷款的两天之后，铱星公司提出了破产保护申请。

铱星计划之所以失败，是因为铱星计划的商业模式在整个系统上都存在问题。

首先，铱星计划对产业利润的预测不准。

铱星计划虽然发现了通信卫星产业链上存在问题，并针对通信卫星产业链的缺陷制订了铱星计划，但是铱星计划还是没有充分分析潜在竞争的产业链——移动通信产业链。对移动通信发展潜力缺乏正确的判断，使铱星计划误入歧途。

按照铱星复杂的科技，从构想到推广的时间是11年。在这期间，手机已经覆盖了几乎整个欧洲，甚至还进入了发展中国家。

其次，铱星计划对顾客需求的判断也是盲目乐观。

虽然铱星计划来自顾客的抱怨，或者说是顾客的需求，但是对于顾客的需求，必须进行客观的分析，不是所有的顾客需求都意味着商机，如果顾客需求规模较小，或者顾客需求得不到顾客购买能力的支撑，这样的顾客需求是不值得开发的。

铱星知道它的电话相对于手机来说太大了，也太贵了，于是公司不得不在手机服务无法到达的领域内谋求发展。由于有了这一限制，铱星把它的市场目标锁定在跨国商务人士身上，因为他们经常会去普通手机服务无法到达的偏远地区。虽然这一市场计划的制订是在手机兴起之前，铱星也从未把服务目标从他们身上移开过。1998年，首席执行官斯坦阿诺预言到1999年底，铱星将会有50万名用户。

而事实上，铱星的市场目标——商务旅行者的要求却日益被服务优越得多的手机所满足。手机的发展大大削减了市场对铱星服务的需求。

最后，铱星的技术限制和它的设计扼杀了它的前途。

由于铱星的技术是基于看得见的天线和轨道上的卫星，因此用户在车里、室内和市区的许多地方都无法使用电话，甚至在野外的用户还得把电话对准卫星方向来获取信号。正如一位高级商业顾问所说："你无法想象一个出差到曼谷的首席执行官走出大楼，走到街角，然后掏出一部3000美元的电话来打。"就连摩托罗拉的前首席执行官乔治·费希尔在一次采访中也承认："无法做到小型，无法在室内使用绝非我们的最初构想，无论是什么原因，它都大大损害了这一项目。"

此外，一些技术上的缺陷也无法弥补。铱星能够传输的数据量有限，而这对于商业人士来说恰恰越来越重要。更令人头痛的是，在偏远地区必须找到一些特殊的太阳能设备才能给电池充电。这些限制让铱星在长期出差的商业人士市场上销售变得十分艰难。

大量商业实践表明，相对于高技术来说，商业模式更加重要。并非任何一个高超的技术都具有商业价值，高超的技术不是用来炫耀的，而是用来为顾客和企业创造价值的。正如前时代华纳首席技术官(CTO)迈克尔·邓恩所说："相对于商业模式而言，高技术反倒是次要的，因为前者是企业能够立足的先决条件。"

(资料来源：贺尊.创业学[M].3版.北京：中国人民大学出版社，2020.)

(二) 商业模式的运行逻辑

商业模式运行的逻辑表现为价值发现、价值匹配、价值获取三个方面，其中，价值发现是逻辑起点，价值匹配是逻辑中介，价值获取是逻辑终点。

价值发现是价值创造的来源，是对机会识别的延伸。通过可行性研究分析，创业者所认定的创新性产品和技术，只是创业的手段，最终盈利与否取决于是否拥有顾客。创业者在对创新产品和技术识别的基础上，需进一步明确和细化顾客价值所在，确定价值主张，这是商业模式设计的关键环节。许多创业者之所以失败，是因为违反了创新的"纪律"。殊不知，创新是要为顾客创造出"新"的价值，把未满足的需求或潜在的需求，转化为机会并创造出新的顾客满意。正如彼得·德鲁克所言："企业的唯一目的就是创造顾客。不能真正为顾客带来价值的创业活动，注定会失败。"

价值匹配就是要明确合作伙伴，实现价值创造。新创企业不可能拥有满足顾客需要的所有资源和能力，即使新创企业愿意另起炉灶，亲自构建、整合资源，也会面临较大的成本壁垒和不确定性风险。因此，为了获得先发优势并最大限度地发掘商机降低风险，几乎所有的新创企业都要与其他企业形成合作关系，以使其商业模式能够有效运转。也就是说，客户价值主张和企业价值主张，如果没有相应的资源(如客户关系、产品分销渠道)与企业拥有的核心资源、关键业务、重要伙伴作为支撑，是很难形成商业模式的，尤其难以实现持续盈利的结果。

价值获取就是制定竞争策略，整合资源，赋予资源一种新的能力，使它能够创造出更大的创新价值。这是价值创造的目标，是新企业能够生存下来并获得竞争优势的关键，也是商业模式有效运行的逻辑所在。

总之，一个好的商业模式应该回答四个最基本的问题：①谁是企业的顾客；②顾客看重什么；③企业如何从这项业务中获取利润；④企业为顾客提供产品的价值主张的经济逻辑是什么。

如果把通过可行性研究分析所确定的创新产品或服务看作一种技术投入，那么商业模式就是使其进行价值创造的"转换器"，用以把技术投入与社会产出连接起来。创新产品能否为顾客、合作伙伴、企业创造价值，取决于它对商业模式的选择，而不是取决于技术本身的内在特征。正如前时代华纳首席执行官迈克尔·邓恩所说："在经营企业过程当中，商业模式比高技术更重要，因为前者是企业能够立足的先决条件。"一个成功的商业模式不一定是在技术上的突破，而是在某一个环节的改进或是对原有模式的重组、创新，甚至是对整个原有的经营规则的颠覆。商业模式的创新形式贯穿企业经营的整个过程，贯穿企业资源开发、研发模式、制造方式、营销体系、市场流通等各个环节。一言以蔽之，在企业经营的每一个环节上的创新，都可能变成一种成功的商业模式。例如，携程旅行网现已发展成为中国知名的集宾馆预订、机票预订、度假产品预订、旅游信息查询及特约商户服务为一体的综合性旅行服务网络公司，是目前中国知名的宾馆分销商，可供预订的国内外星级酒店多达2100家，遍布国内外200多个城市；建成了目前中国较大的机票预订服务网络，覆盖中国的35个大中城市，推出了以"机票加酒店"为主的度假游业务，为中国旅游业的发展开辟了新的思路。然而，携程不是经销商，而是信息服务供给商，它所提供的信息中介服务，一方面使全国的旅行者能及时找到所需要的酒店，并获得较低的客房价格；另一方面又能使遍布全国各地的宾馆、酒店提高入住率，获得应有的消费者，携程由此获得了巨大的经济效益。携程未来商业模式是提供旅游、机票和酒店的一站式服务，其业务是传统的旅游服务业，靠收代理费作为经济增长点。商业实践证明，那些愿意花时间和精力创新商业模式的企业，最终都得到了巨大的回报。相反，那些眼睛仅仅盯着利润的企业，其利润的来源很快会因市场竞争激烈而面临枯竭的境地。

三、商业模式的类型

不同的企业有不同的商业模式，商业模式的分类也会根据分类标准不同而有所不同。表7-1是依据不同标准分类的商业模式类型，思考常见的商业模式有助于了解哪种模式更适合你的企业。我们认为，了解不同行业的商业模式是个很好的做法，水平式创新往往能催生出富有创意的、高效的商业模式。

表7-1　依据不同标准分类的商业模式类型

分类标准	类型	细分类型
依据价值链的商业模式	1. 运营性商业模式	
	2. 策略性商业模式	
基于产业领域的商业模式	1. 传统制造商的商业模式	直供商业模式
		总代理制商业模式
		联销体商业模式
		仓储式商业模式
		专卖式商业模式
		复合式商业模式
		店铺类服务型的商业模式
	2. 服务业的商业模式	
新型互联网商业模式	1. 实物商品的商业模式	
	2. 广告	展示广告
		广告联盟
		电商广告
		软文
		虚拟产品换广告效果
		用户行为分析
	3. 交易平台模式	实物交易平台
		服务交易平台
		沉淀资金模式
	4. 直接向用户收费	定期付费模式
		按需付费模式
		打印机模式
	5. 免费增值模式	

(一) 依据价值链的商业模式

1. 运营性商业模式

运营性商业模式重点解决企业与环境的互动关系，包括与产业价值链环节的互动关系。运营性商业模式创造企业的核心优势、能力、关系和知识，主要包含以下两个方面内容。

(1) 产业价值链定位：企业处于什么样的产业链条中，在这个链条中处于何种地位，企业结合自身的资源条件和发展战略应如何定位。

(2) 盈利模式设计：企业从哪里获得收入，获得收入的形式有哪几种，这些收入以何种方式和比例在产业链中分配，企业是否对这种分配有话语权。

2.策略性商业模式

策略性商业模式是对运营性商业模式加以扩展和利用，主要包括以下3个方面。

(1) 业务模式：企业向客户提供什么样的价值和利益，包括品牌、产品等。

(2) 渠道模式：企业如何向客户传递业务和价值，包括渠道倍增、渠道集中、渠道压缩等。

(3) 组织模式：企业如何建立先进的管理控制模型，包括建立面向客户的组织结构，同企业信息系统构建数字化组织和建立产业联盟盈利等。

(二) 基于产业领域的商业模式

1.传统制造商的商业模式

该模式是指企业根据自己的战略性资源，结合市场状况与合作伙伴的利益要求，而设计的一种商业运行模式，一般会涉及供应商、制造商、经销商、终端商及消费者等的综合性利益。目前，制造商商业模式主要有如下几种形式。

(1) 直供商业模式。

这种商业模式主要应用于一些市场半径比较小，产品价格比较低或者流程比较清晰、资本实力雄厚的大公司。直供商业模式需要制造商具有强大的执行力，现金流状况良好，市场基础平台稳固，具备市场产品流动速度快的特点。

(2) 总代理制商业模式。

这种商业模式为广大中小企业所使用，可以在一定程度上占有总代理商部分资金，甚至可以通过这种方式完成最初原始资金的积累，实现企业快速发展。

(3) 联销体商业模式。

该模式中，制造商与经销商共同出资成立联销体机构，该联销体既可以控制经销商市场风险，也可以保证制造商始终有一个很好的销售平台。格力空调就选择了与区域性代理商合资成立公司，共同运营市场的商业模式。

(4) 仓储式商业模式。

很多强势品牌基于渠道分级成本控制得很好，在制造商竞争能力大幅度下降的情况下，选择了仓储式商业模式，通过价格策略打造企业核心竞争力。

(5) 专卖式商业模式。

选择专卖式商业模式需要具备以下三种资源中的任何一种或几种：其一是选择该模式的企业基本上具备很好的品牌认知度；其二是专卖渠道的企业必须具备比较丰富的产品线；其三是专卖商业模式需要成熟的市场环境。

(6) 复合式商业模式。

复合式商业模式是基于企业发展阶段而做出的策略性选择。一般情况下，无论多么复杂的企业与市场，都应该有主流的商业模式。一旦选择了一种商业模式，往往需要在组织构建、人力资源配备、物流系统、营销策略等方面都做出相应的调整。

(7) 店铺类服务型的商业模式。

最基本的商业模式就是"店铺模式"。零售行业本身不能为顾客提供如产品的质量等物质价值，但是能够决定产品到达消费者手中的方式和途径，服务的水平、形式、内容往往能够为产品增加价值。

2.服务业的商业模式

服务盈利模式就是通过提供顾客需求的服务，或在产品中增加或创新服务的方式来为产品增值，从而更有效地满足顾客利益的一种盈利模式。最古老也是最基本的商业模式就是"店铺模式"，它在商业零售行业中应用较为广泛。

(三) 新型互联网商业模式

互联网的出现激发了人们的创新热情，互联网领域也成了创业者的沃土。经过二十多年来的摸索，互联网创业基本上形成了以下几种常见的商业模式。

1.实物商品的商业模式

如果你的产品是某种实体物品，用户可以直接持有和使用这个物品，也就是通常意义上的商品或货物，那么你的商业模式就很简单，基本上就是以下四种。

(1) 自己生产、自己销售：自己直接生产、直接销售给用户。

(2) 外包生产、自己销售：把生产环节外包出去，自己负责直接销售给用户。

(3) 只生产、不销售：自己负责生产，交给分销商销售。

(4) 只销售、不生产：自己作为分销商，或者提供销售商品的交易市场。亚马逊、京东等电子商务网站，就是这种商业模式。

2.广告

如果你的产品不是某种物品，用户们不能直接持有和使用，那么你该如何赚钱。下面介绍互联网思维下的商业模式。

自从谷歌开始在搜索结果旁边放置广告以来，广告已经成了互联网行业默认的首选变现方式。实际上，广告本来是平面媒体的主要商业模式，现在互联网行业已经彻底抢走了广告领域的风头，主要包括以下模式。

(1) 展示广告。

展示广告的一般形式是文字、banner图片、通栏横幅、文本链接、弹窗等，通常是按展示的位置和时间收费，也就是我们所说的包月广告或包天、包周广告。这是目前最常见的模式。

(2) 广告联盟。

广告联盟是相对于互联网形式的广告代理商，广告主在广告联盟上发布广告，广告联盟再把广告推送至各个网站或App。百度联盟、Google AdSense是最大的两个广告联盟。通常来说，网站流量还没有到一定程度时，都会选择跟广告联盟合作，只有做到一定流量后，才会跟确定的广告主直接建立合作关系。广告联盟一般按广告的点击次数收费。

(3) 电商广告。

最常见的就是阿里巴巴、京东、亚马逊和当当网，它们都有自己的电商广告，这些广告一般按销售额提成付费。很多导购网站就是完全依靠这种收入，特别是海淘导购网站，会接入各个海外购物网站的广告，佣金还比较可观。

(4) 软文。

软文是指把广告内容和文章内容完美结合在一起，让用户在阅读文章时，既得到了他想要的内容，也了解了广告的内容。很多媒体网站或者微博、微信自媒体，都通过软文赚钱。

(5) 虚拟产品换广告效果。

你还可以为用户提供虚拟产品，但是代价是用户必须接受一定的广告，比如看完广告、注册某个网站的用户、下载某个App。

(6) 用户行为分析。

通过分析用户在你的网站或App上的操作方式，可以分析用户的习惯和心理，从而有利于在产品设计和商业规划上做出正确的决策。很多企业都需要用户使用习惯这类数据，淘宝的大数据就提供这样的服务，如告诉你什么地方、什么商品、什么风格、什么尺码最受用户欢迎。

3. 交易平台模式

(1) 实物交易平台。

用户在你的平台上进行商品交易，通过你的平台支付，你从中收取佣金。天猫就是最大的实物交易平台，佣金是其主要的收入来源。

(2) 服务交易平台。

用户在你的平台上提供和接受服务，通过你的平台支付，你从中收取佣金。Uber的盈利模式就是收取司机车费的佣金。

(3) 沉淀资金模式。

用户在你的平台上留存有资金，你可以用这些沉淀的资金赚取投资收益回报。传统零售业用账期压供应商的货款，就是为了用沉淀资金赚钱。很多互联网金融企业、O2O企业，也是寄希望于这个模式。

4. 直接向用户收费

除了广告，另外一大类商业模式就是直接向用户收费。当然，如果前期就收费，很可能会吓跑用户，所以需要借助一些巧妙的做法。

(1) 定期付费模式。

定期付费模式类似手机话费的月套餐，即定期付钱获得一定期限内的服务。相对于一次性付费直接买软件，定期付费的单笔付费金额比较小，所以用户付费的门槛相对较低。如QQ会员按月/按年付费的模式，现在的价格是每个月12元。

(2) 按需付费模式。

按需付费模式是用户实际购买服务时，才需要支付相应的费用。例如，在爱奇艺里看到想看的某一部电影，花5元钱，只看这一部，这是按需付费。如果是买了爱奇艺VIP的用户，在一段时间内所有会员免费的电影都可以看，这就是定期付费模式。

(3) 打印机模式。

打印机的商业模式是指先以很便宜的价格卖给消费者一个基础性设备，如打印机，用户要使用这个设备，就必须以相对较高的价格继续购买其他配件，如耗材。剃须刀也是采用类似的商业模式，刀架的价格近乎白送，然后通过卖刀片赚钱。再比如，家用游戏机也是这种模式，索尼和任天堂以低于成本的价格卖游戏机，然后用很高的价格卖游戏光盘。因为日本打印机公司爱普生首先采用这种商业模式，所以常把这种模式叫作打印机模式。

5. 免费增值模式

免费增值商业模式就是让一部分用户免费使用产品，而另外一部分用户购买增值服务，通过付费增值服务赚回成本和利润。不过，一般采取免费增值模式的产品，可能只有0.5%～1%的免费用户会转化为付费用户。免费增值模式一般包括以下几种。

(1) 限定次数免费使用：这种模式是在一定次数之内，用户可以免费使用，超出这个次数的就需要付费了。

(2) 限定人数免费使用：这种模式是指用户数量在一定人数之内，就是免费的，如果用户数量超出这个限定额，就要收费了。比如很多企业邮箱服务，如果你的公司注册了某个域名，打算用这个域名做你的企业邮箱，企业邮箱服务商可以要求5个以内邮箱地址免费，超过5个邮箱地址则要购买它们的服务。

(3) 限定免费用户可使用的功能：免费用户只能使用少数几种功能，如果想使用所有的功能，就得付费。如印象笔记，升级之后，每个月可以上传更大的附件，也可以给自己的笔记加上密码。

(4) 应用内购买：应用的下载和安装使用是免费的，但是在使用的过程中，可以为特定的功能付费。这类模式中最常见的则属游戏，如在游戏中购买虚拟装备或者道具。

(5) 试用期免费：让用户在最初一定的期限内可以免费使用，超过试用期之后就要付费了。如Office，免费版试用期到期需要进行激活，激活就是要购买正版的激活码。

(6) 核心功能免费，其他功能收费：App Store里的不少App都是这种模式，一个产品分为免费版和收费版。免费版里有基本功能，但是要获得更多的功能，就要收费。如照片处理应用，免费版有几个基本的滤镜效果，差不多够用，但是如果要更炫更酷的滤镜，则要下载付费版。

(7) 核心功能免费，同时导流到其他付费服务：比如微信，微信聊天是免费的，但是微信内置了很多其他服务，如游戏、支付、京东、打车，这些服务都有可能是收费的。

(8) 组织活动：通过免费服务聚齐人气，然后组织各种线下活动，这些活动可以获得广告或赞助，或者在活动中销售商品或服务，如很多媒体通过组织线下行业峰会赚钱。还有的地方社区会组织线下展销会、推荐会，如装修展销会、婚纱摄影秀等，从而销售商品或服务。

由此可见，互联网上有很多商业模式可供创业者选择。创业者要做的是努力做好产品，努力黏住更多的用户。当用户数量达到一定程度了，再选择一个合适的商业模式，就可以赚钱。

以上所述的模式显然无法涵盖所有的商业模式，但是能帮助创业者构思与众不同的价值获取方式。创业有很多种选择，你可以融合不同的模式，或是开创全新的商业模式。

第二节　商业模式设计的方法与工具

商业模式设计是指企业将商业模式中的各要素进行梳理并构建要素之间的关系。商业模式的设计基于企业战略，要从企业战略的愿景、使命出发。设计企业商业模式的价值主张，要从企业的内部环境，以及外部的宏观环境和微观环境分析入手，研究企业的优势、劣势、机会与威胁，确定企业的目标顾客，并通过细分市场和资源研究进一步确定企业所能为目标顾客做出的价值贡献。通过设计产品与服务，以及企业运作，创造出企业独特的产品与服务，从而实现企业的盈利。

一、商业模式设计的基本要求

一个好的商业模式要符合五个方面的标准：定位要准、市场要大、扩展要快、壁垒要高、风险要低。因此在进行设计时，要重点从这五个方面入手。

(一) 定位要准

市场定位的核心是寻找到一个差异化的市场，为这个市场提供独有的优势产品。确立市场定位的关键是细分市场，并寻找能够利用自身优势来满足该细分市场需要的产品和服务。

在进行目标定位时，我们需要考虑以下五个最基本的问题。

(1) 是否进行了差异化的市场分析。

(2) 定位是否为目标市场和顾客创造了价值。

(3) 是否确定了独特的市场定位。

(4) 自身和竞品是否有明显差别。

(5) 是否设计出了客户所需要的产品或服务；在设计产品或服务时，最关键的是满足了顾客哪些方面的需要；产品本身为客户创造了怎样的价值；顾客为什么愿意认可该价值而付费。这是产品设计的核心所在，也是定位分析之后的最重要成果。

总之，定位最重要的目的就是找到细分市场，为这个市场提供满足顾客需要的、有价值的、独有的产品，让顾客愿意为此付费。

(二) 市场要大

当然，不是随意找一个细分市场提供所需的产品和服务就算一个优秀的市场定位，关键在于要寻找一个快速、大规模、持续增长的市场，这是判断优秀市场定位的一个关键标准。

在目标市场确立时，最需要关注的是以下四个问题：目标市场规模是否足够大，是否能满足目标客户重要的基本需求，是否能保证高速增长，以及如何保证持续性的增长。

(三) 扩展要快

这是很多商业模式在设计时最容易忽略的一个问题，也是决定该模式是快速增长还是平滑缓慢的最关键环节。收入是否快速扩展，是衡量商业模式能否迅速做大规模最关键的因素。

任何一个公司的收入规模根本上取决于客户数量及平均客户贡献两个因素。因此要想快速增长，就要设计能快速增加付费客户数量的各种策略，或者是提高平均客户贡献额。在设计客户收入扩展策略时，最需要考虑以下三个问题。

(1) 获取新客户的方法和难易程度。

(2) 定价策略是否有利于快速扩展客户和利润最大化。

(3) 客户是否会持续消费。

商业模式从本质上讲就是如何从客户身上挣钱，如果想挣钱最快，要么客户数扩展速度最快，要么客户平均贡献额最高，两者兼备当然最佳。但从商业实践的角度来看，真正起到关键作用的实际上是客户数量的扩展速度。因为如果不可大规模复制，从单一客户身上即使获得再高的收入也是枉然。

显然，能够大规模迅速扩展客户群的商业模式，其收入会持续高增长，会远超客户数量增长缓慢但平均客户收入很高的商业模式。因此，新增客户速度是否快，客户能否快速大规模复制，是衡量商业模式能否迅速做大规模最关键的因素。

(四) 壁垒要高

具备了上述三点，还需要考虑行业壁垒。当进入行业时，发现有很高的行业壁垒无法攻破，那也只能黄粱一梦、望洋兴叹；或者行业壁垒低到谁都可以进入这个让人摩拳擦掌、前途无限的市场，那凭什么你会取得成功呢？

所以一定要扪心自问：为什么是你而不是别人？一厢情愿的投入是无法取得成功的，还必须确保目标市场更接受我们而不是别人。换句话说：不仅我们要特别钟情于目标客户，目标客户也要特别青睐我们。好的商业模式一定要和自身的优势紧密结合。最好是通过自己独有的优势，构筑最好的竞争壁垒。

关于进入壁垒，我们要考虑以下五个方面的问题。

(1) 进入该行业本身是否有壁垒。

(2) 是否存在产业链的制约因素，该如何解决。

(3) 如何利用自身优势来构筑竞争壁垒。

(4) 如何建立产业竞合关系。

(5) 如何构筑价值链。

总之，自己进入时壁垒要低，进入后要能建立起高壁垒，让竞争者难以进入。这是考虑壁垒因素的重点所在。很多企业之所以发展到一定阶段就出现问题，就是没有考虑到后进者的壁垒，很容易被人赶超。

(五) 风险要低

设计商业模式的最后一个环节，就是要综合评估可能面临的各种风险。在评估风险时，需要考虑以下五个方面。

(1) 是否存在政策及法律风险。

(2) 是否存在行业监管风险。

(3) 是否存在行业竞争风险。

(4) 是否有潜在的替代品威胁。

(5) 是否已经存在价值链龙头，这是考虑商业模式所面临风险时最需要注意的一点。你准备进入的行业不能有产业链主存在，即不能有价值链的龙头存在，因为优秀的商业模式应当具有发展成为龙头或链主的最大可能性，而不是在刚开始发展时就受制于人。

二、商业模式设计的基本方法

每个创业者都想为自己的企业设计一个独特的、全新的商业模式，以此覆盖产业内现有的企业。虽然商业模式创新是一件非常困难的事情，但很多企业都是在模仿改进现有商业模式的基础上收获了巨大成功，如腾讯、百度等。即便已经设计了一个独特的商业模式，也会面临其他企业的快速模仿或利用相似的商业模式开展竞争，因此在模仿与竞争中，设计商业模式显得极为重要。

(一) 全盘复制法

全盘复制法比较简单，即对经营状况良好的企业的商业模式进行简单复制，再根据自身企业状况稍加修正。全盘复制法主要适合同行业的企业，特别是细分市场、目标客户、主要产品相近或相同的企业，甚至可以直接对竞争对手的商业模式进行复制。

全盘复制优秀企业的商业模式需要注意以下三点。

(1) 复制不是生搬硬套，需要根据企业自身的区域、细分市场和产品特性进行调整。

(2) 要注重对商业模式细节的观察和分析，不仅要在形式上进行复制，更要注重在流程和细节上进行学习。

(3) 为避免和复制对象形成正面竞争，可在不同的时间和区域对商业模式进行复制。

(二) 借鉴提升法

创业者可以通过学习和研究优秀的商业模式，对商业模式中的核心内容或创新概念给予适当提炼和节选，并对这些创新点进行学习。如果这些创新点比企业现阶段商业模式中的相关内容更符合企业发展需求，企业则应结合实际需要，引用这些创新概念并使其发挥价值。通过引用创新点来学习优秀商业模式的方法适用范围最为广泛，对不同行业、不同竞争定位的企业都适用。

(三) 逆向思维法

这种思维是指通过对行业领导者商业模式或行业内主流商业模式的研究学习，模仿者有意识地实施反向学习，即市场领导者商业模式或行业内主流商业模式如何做，模仿者则反向设计商业模式，直接切割对市场领导者或行业内主流商业模式不满意的市场份额，并为它们打造相匹配的商业模式。

采用逆向思维法学习商业模式时有以下三个关键点。

(1) 找到商业领导者或行业主流商业模式的核心点，并据此制定逆向商业模式。

(2) 企业在选择逆向制定商业模式时，不能简单追求反向，需确保能够为消费者提供更高的价值，并能够塑造新的商业模式。

(3) 防范行业领导者的报复行动，评估领导者可能的反制措施，并制定相应的对策。

(四) 相关分析法

相关分析法是在分析某个问题或因素时，将与该问题或因素相关的其他问题或因素进行对比，分析其相互关系或相关程度的一种分析方法。相关分析法需要根据影响企业商业模式的各种因素，运用有关商业模式设计的一般知识，采用影响因素与商业模式一一对应的方法确定企业的商业模式。利用相关分析法，可以找出相关因素之间规律性的联系，研究如何降低成本，达到价值创造的目的。例如，亚马逊通过分析传统书店，在网上开办电子书店；eBay的网上拍卖也来自传统的拍卖方式。

(五) 关键因素法

关键因素法是以关键因素为依据来确定商业模式设计的方法。商业模式中存在多个因素影响设计目标的实现，其中若干个因素是关键的和主要的。关键因素法通过对关键成功因素的识别，找出实现目标所需的关键因素集合，确定商业模式设计的优先次序。关键因素法主要有以下五个步骤。

(1) 确定商业模式设计的目标。

(2) 识别所有的关键因素，分析影响商业模式的各种因素及其子因素。

(3) 确定商业模式设计中不同阶段的关键因素。

(4) 明确各关键因素的性能指标和评估标准。

(5) 制订商业模式的实施计划。

(六) 价值创新法

对于一些从未出现过的商业模式设计，往往需要进行创新，即通过价值要素的构建、组合等设计出新的商业模式。这一点在互联网企业表现得尤为明显。例如，盛大网络最先创建网络游戏全面免费、游戏道具收费的模式，开创了网游行业新的商业模式——CSP(come-stay-pay)。至今各大网游公司依旧沿用这一商业模式。Airbnb和优步创建的通过共享资源而获取收益的模式，也成为现今流行的一种商业模式。

三、商业模式的设计过程

商业模式设计大致可划分为四个阶段：构思设想阶段、实践探索阶段、检查评估阶段、修正提升阶段。

(一) 构思设想阶段

构思设想阶段主要是进行商业模式设计的思想准备。商业模式设计可以从模仿学习开始，先借鉴国内外已经成功的商业模式，再根据企业的实际情况加以改进和创新。这种方式比较简单，由于有前人的探索，可行性较高，但缺乏创意。创业企业大多是在寻找可重复和升级的商业模式。通过商业模式设计，企业可以创造一套适合自己的商业模式，甚至是颠覆性创新的商业模式，用全新的思维去改变目前的市场规则。这种方式比较难，但一旦成功便可能使企业成为独角兽企业，前途无限。

商业模式设计以商业画布为基础，将企业商业模式的各要素和其相互关系画出，形成商业模式的初步模型。创业者要用最简单的语言把自己要干的事说清楚，把客户、供应商、合作伙伴等利益相关者的关系描述出来。这一阶段的关键是确定企业的目标客户和价值主张，企业要确定自己到底要为哪部分客户服务，锁定在哪个细分市场；要确定用什么产品与服务赢得客户青睐，解决了客户的什么痛点。必要的市场调研和客户消费心理研究可以提高商业模式的可行性。当产品的小样出来后，企业可以进一步与目标客户沟通，检验自己的想法是否有实际意义。

(二) 实践探索阶段

实践探索是在商业模式确立的基础上，进行实践性尝试与确认。这一阶段要特别重视企业价值创造性，明确自己的重要伙伴、关键业务和核心能力；确保企业按照构思的路径，可以有效地产出产品与服务，从而创造出价值。这个阶段的核心是产品与服务。一个产品可分为三个层次：一是核心产品，是指提供给消费者的基本效用，如产品基本功能，核心产品是客户购买的直接理由；二是形式产品，如品质、款式、价格、商标、包装；三是附加产品，如售前/售后服务、电话咨询服务、送货上门、安装等。以上每个层次都能增加顾客价值。产品设计完成后还需要进行测试，完成小试、中试和批量生产等环节。

当然，本阶段还有一件非常重要的事，即将企业的产品和服务卖出去，实现销售，使企业有实际收入。从客户需要到客户购买是一个复杂的过程，关系到客户的购买动机、需求迫切性和重要性、购买便利性和支付能力等问题，这一过程中的定价、渠道和促销均很重要。为了提高销售环节的效率和成功率，打动目标客户，企业应先做市场，再做销售。在做市场调研时，可以从小规模的市场开始。销售前还需要做周密的销售计划，要按照不同的销售渠道、不同的地域划分市场，开展销售。

(三) 检查评估阶段

本阶段需要在实践基础上，进一步验证商业模式是否可行，检查每一个要素，并明确核心要素。这一阶段要特别重视企业价值的获取，确定企业能否获得预期利润。创业企业必须整合相应的外部资源，并考虑让价值链上各个利益相关者都能获得必要的利益，与企业一起分享商业模式创造的价值。

这一阶段最重要的是关注财务报表中的各项指标，如销售量、销售额、毛利润、净利润、固定成本、可变成本等。虽然初创企业前期并不一定盈利，但如果预期的正常售价不能抵消产品或服务的直接成本，企业后期即使扩大了规模，也很难获得利润，除非之后可以通过垄断等手段提高价格。对于风险投资者来说，在审核和检验一个创业项目时，他们最关心的问题是如何实现销量倍增，也就是关注生产和销售是否具有扩展性。

(四) 修正提升阶段

本阶段需要根据评估结果，开展商业模式修正，从而提升商业模式的可行性和优势。企业可以根据价值创造的情况，进一步思考其为客户提供的独到价值是否充分体现，从而进一步修改商业模式。例如，需要强化什么要素？可以消除或弱化什么要素？要将客户并不在意的、费力不讨好的产品功能与服务尽量减少或降低标准，即把客户用不到的功能去掉。企业运营的流程也可以依据这种思想进行重整。当然，最重要的是明确企业创新了什么要素，那些独创的方面是否具有持续性，能否转化为核心能力。

四、商业模式设计工具

(一) 商业模式画布

商业模式并不仅仅是各种商业要素的简单组合。商业模式的构成要素之间必然存在内在联系，一个好的商业模式可以把这些要素有机地联系在一起，从而阐明某个企业或某项活动的内在商业逻辑。只有其内部构成要素协调一致，才能阐明价值发现、价值匹配、价值获取的商业逻辑。

奥斯特瓦德提出的商业模式设计框架很好地回答了商业模式涉及的上述三个基本问题，可以帮助厘清商业模式。该框架包含9个关键要素：客户细分、价值主张、渠道通路、客户关系、收入来源、核心资源、关键业务、重要伙伴和成本结构。参照这9个要素即可描绘分析乃至设计和重构企业的商业模式，如图7-1所示。

图7-1　商业模式画布

1. 价值主张

价值主张是用来描绘为特定客户细分创造价值的系列产品或服务，主要回答以下问题。

(1) 应该向客户传递什么样的价值？

(2) 正在帮助客户解决哪一类问题？

(3) 正在满足哪些客户需求？

(4) 正在为细分客户群体提供哪些产品和服务？

价值主张通过迎合特定细分群体的需求来创造价值。价值既可以是定量的，也可以是定性的，主要包括以下十方面。

(1) 新颖：创造客户从未感受和体验过的新需求。

(2) 性能：改善产品或服务的性价比。

(3) 定制：满足个别客户或客户细分群体的特定需求。

(4) 满意：帮助客户把某些事情做好，使其满意。

(5) 设计：产品因优秀的设计脱颖而出。

(6) 尊贵：客户可以通过使用某一特定品牌以示尊贵。

(7) 价格：以更低的价格提供同质化的价值，以满足价格敏感型客户细分群体。

(8) 成本：帮助客户节约成本。

(9) 便捷：把产品或服务提供给以前接触不到的客户。

(10) 简洁：使提供物更适用或易于使用。

2. 客户细分

客户细分即企业经过市场划分后所瞄准的客户群体，应关注以下问题。

(1) 正在为谁创造价值？

(2) 谁是重要客户？

一般来说，可以将客户细分为以下5种群体类型。

(1) 大众市场：价值主张、渠道通路和客户关系都聚集于一个大范围的客户群组，客户具有大致相同的需求和问题。

(2) 利基市场：价值主张、渠道通路和客户关系都针对某一利基市场的特定需求定制，常常在供应商——采购商的关系中找到。

(3) 区隔化市场：客户需求略有不同，细分群体之间的市场区隔有所不同，所提供的价值主张也略有不同。

(4) 多元化市场：经营业务多元化，以完全不同的价值主张迎合需求完全不同的客户细分群体。

(5) 多边平台或多边市场：服务于两个或更多的相互依存的客户细分群体。

3. 渠道通路

渠道通路企业用来接触并将价值主张传递给目标客户的各种途径。通道类型有：销售队伍、在线销售、自有店铺、合作伙伴店铺和批发商，需要思考如下问题。

(1) 通过哪些渠道可以接触到我们的客户细分群体？

(2) 如何接触他们？

(3) 渠道如何整合？

(4) 哪些渠道最有效？

(5) 哪些渠道成本效益最好？

(6) 如何把渠道与客户的接触和沟通过程进行整合？

4. 客户关系

客户关系是指企业与其客户之间所建立的联系，主要指信息沟通反馈。客户关系类型表现为：交易型关系、关系型关系、直接关系、间接关系等，应该思考的问题如下。

(1) 客户细分群体希望建立和保持何种关系？

(2) 哪些关系已经建立？

(3) 建立这些关系的成本如何？

(4) 如何把它们与商业模式的其余部分进行整合？

5. 收入来源

收入来源是用来描绘企业从每个客户群体中获取的现金收入(扣除成本后的利润所得)，主要回答以下问题。

(1) 怎样的价值能让客户愿意付费？

(2) 客户现在付费购买什么？

(3) 客户是如何支付费用的？

(4) 客户更愿意如何支付费用？

(5) 每个收入来源占总收入的比例是多少？

一般而言，收入来源可分为以下7种类型。

(1) 资产销售：销售实体产品的所有权获得收入。

(2) 使用收费：通过特定的服务收费。

(3) 订阅收费：销售重复使用的服务收费。

(4) 租赁收费：通过暂时性排他使用权的授权收费。

(5) 授权收费：通过知识产权的授权使用收费。

(6) 经纪收费：提供中介服务收取的佣金。

(7) 广告收费：提供广告宣传服务获得的收入。

6. 核心资源

核心资源是指企业运行其商业模式所需要的资源和能力。核心资源主要有：实体资产、知识资产、人力资源、金融资产，应思考的问题如下。

(1) 价值主张需要什么样的核心资源？

(2) 渠道通路需要什么样的核心资源？

(3) 客户关系需要什么样的核心资源？

(4) 收入来源需要什么样的核心资源？

7. 关键业务

关键业务是指为了确保其商业模式可行，企业必须做的最重要的事情。关键业务一般分三类：设计和制造产品、构建平台或网络、提出问题的解决方案，应思考的问题如下。

(1) 价值主张需要哪些关键业务？

(2) 渠道通路需要哪些关键业务？

(3) 客户关系需要哪些关键业务？

(4) 收入需要哪些关键业务？

8. 重要伙伴

重要伙伴是指企业为有效提供价值与其他企业形成的合作关系网络。合作关系主要有：上下游伙伴、竞争关系、互补关系、联盟伙伴、合资关系、非联盟合作关系，应思考的问题如下。

(1) 谁是我们的重要伙伴？

(2) 谁是我们的重要供应商？

(3) 我们正在从伙伴那里获取哪些核心资源？

(4) 合作伙伴都执行了哪些关键业务？

(5) 我们为合作伙伴带来了什么价值？

9. 成本结构

成本结构是指运行某一商业模式所引发的所有成本。成本结构有两种类型：成本驱动型成本结构和价值驱动型成本结构。前者侧重低价的价值主张，后者侧重增值型的价值主张和高度个性化服务，应思考的问题如下。

(1) 什么是商业模式中最重要的固定成本？

(2) 哪些核心资源花费最多？

(3) 哪些关键业务花费最多？

根据9个要素间的逻辑关系，商业模式的设计可以分以下四步进行。

第一步，价值创造收入：提出价值主张、寻找客户细分、打通渠道通路、建立客户关系。

第二步，价值创造需要基础设施：衡量核心资源及能力、设计关键业务、寻找重要伙伴。

第三步，基础设施引发成本：确定成本结构。

第四步，差额即利润：根据成本结构，调整收益方式。

值得注意的是，因为客户关系决定于价值主张和渠道特性，核心能力和成本往往是关键业务确定后的结果，所以9个要素中的客户关系、核心能力、成本结构这3个要素难以形成商业模式创新。

(二) 精益创业画布

拓展阅读｜7-2

精益创业——探索商业模式的工具

埃里克·莱斯提出的精益创业理论为人们提供了一种探索商业模式的工具。既有企业已经有了经过验证的商业模式，而新创企业必须探索未知的商业模式。对于新创企业来说，精益创业这个工具有三个构成部分。①基本的商业计划。需要注意的是，在精益创业的框架里，再完美的商业计划也仅仅是假设，需要创业者不断地验证。②用户开发。用户开发与产品开发是同步的，甚至要早于产品开发。在精益创业的框架里，用户居于核心地位，产品根据用户的需求来开发。埃里克·莱斯特别告诫创业者们，因缺乏用户而失败的新创企业远多于因产品开发失败的新创企业。③精益研发。在用户和产品开发的过程中，要科学试错、快速迭代，以最小的成本找到可行的商业模式。

一般来说，新创企业的发展会经历四个阶段(见图7-2)。第一和第二阶段是商业模式探索阶段。其中，第一阶段是发散式探索，不确定性极高，需要尝试多个方向，快速转向，不断试错。第二阶段是聚焦探索，这一阶段已初步确立商业模式原型，需要在两三个原型中选择商业模式。这两个阶段对新创企业来讲是一片空白，其现金流自然是负的，因此需要新创企业在现金流耗尽之前尽快确立商业模式，这是新创企业能否存活的关键。很多企业往往熬不过这一阶段。到第三阶段，商业模式已经确立，将从一家新创企业逐步发展到第四阶段，成为一家正常经营的企业。

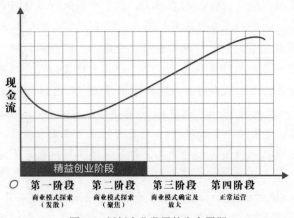

图7-2　新创企业发展的生命周期

精益创业的逻辑框架

精益创业的逻辑框架由用户探索、用户验证、用户积累和企业运营一系列反馈循环活动组成(见图7-3)。其中，用户探索、用户验证和调整转型是三个关键的循环。从用户探索到用户验证，若没有通过验证，则进入下一轮用户探索和用户验证，如此循环往复，直到通过用户验证，才能初步确立自己的商业模式。过了这个阶段，才能开始执行商业模式。必须明白，新创企业并不是大企业的缩小版，大企业执行已知的商业模式，而新创企业要探索未知的商业模式。很多新创企业失败的原因就在于混淆了对商业模式的探索和执行。

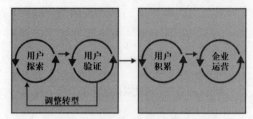

图7-3 精益创业的逻辑框架

(1) 第一个循环——用户探索。基本任务是定义用户痛点假设和解决方案假设。定义用户痛点假设要善于发现用户痛点，并观察痛点的大小及持续性。每一个痛点都是一个机会，用户痛点的大小决定了商业模式的空间，其持续性决定了商业模式的持续性。用户痛点和最终商业模式是否成立紧密相关。

定义解决方案假设需要关注两点：一是解决方案和用户痛点的匹配度，即方案能否解决这个用户痛点；二是解决方案和用户痛点的吻合度，即产品和市场的匹配度。

(2) 第二个循环——用户验证。关键任务是验证用户的痛点假设和解决方案假设。与天使用户之间的大量互动是验证假设的重要途径。用户验证可以通过三个步骤完成：第一步，设计最小可行产品；第二步，数据收集与测度，并且与预设的指标进行比较；第三步，学习与迭代，在此过程中不断获取认知。这三个步骤是不断循环往复的。

第一步，设计最小可行产品(MVP)。为天使用户设计一个具有最核心功能的产品或方案，这个产品不是完美的，但是天使用户渴望得到的。天使用户的特征是：有急切的痛点感受，愿意购买早期产品，愿意反馈中肯的建议，也愿意四处推广产品。

第二步，数据测度与收集。在MVP的基础上，收集数据来验证MVP的实际效果，即有多少用户真的需要这个产品。测度的工具主要有：①对比测试，也就是AB测试，通过对比不同的方案和产品，选择用户真正想要的；②同期群分析，分成不同时期的用户，对每一个用户群的行为和趋势进行更加精准地分析；③净推荐值，等于产品支持者的百分比减去诋毁者的百分比。这个数值是评估产品发展潜力的风向标，较高的净推荐值有可能转化为较高的推荐系数(推荐系数=通过推荐带来的新用户数量/老用户数量)。如果推荐系数低于1，则这种模式很难成功，后续很难产生爆炸式增长；如果推荐系数超过1，则有可能发生指数型增长。

第三步，学习与迭代。无论多伟大的产品，都是通过不断迭代产生的。在这个迭代的过程中，要把握几个原则：①产品的功能必须靠用户催生，而非简单堆积；②尽量限制添加的功能数量，要克制给产品不断增加功能的欲望；③整个学习和迭代的过程是开放、透明的。

(3) 第三个循环——调整转型。如果用户验证阶段没有通过痛点假设和解决方案假设验证，那么就要回到第一个循环用户探索，直到通过验证找到可行的商业模式。这是商业模式探索的重要反馈机制，通过调整，不断迭代，就会不断加强对用户、产品和市场的认识，就更有可能找到可行的商业模式。此时最关键的就是快速和敏捷。速度越快，商业模式探索的成本越低，对现金流的需求也越小，成功的可能性就越高。

慕尔雅以精益创业理论为指导，对奥斯特瓦德的"商业模式画布"进行了改造，提出了适合大学生社会群体创业的"精益创业画布"设计框架，如图7-4所示。

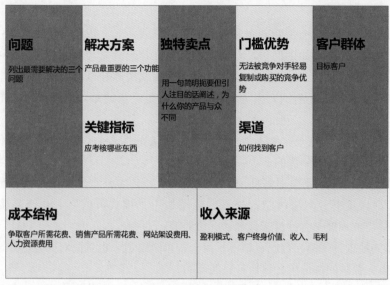

图7-4 精益创业画布

(资料来源：根据网络资料整理)

慕尔雅认为，没有创业和企业经营经验的创业者必须关注和研究的商业模式要素有：问题、解决方案、关键指标、独特卖点、门槛优势、渠道、客户群体分类、成本分析和收入分析。

1. 问题和客户群体

创业者要基于解决客户的问题进行创业。问题和客户群体的匹配是商业模式设计的核心，通常应该放到一起来考虑，需考虑的方面如下。

(1) 针对每个目标客户群体，阐述他们最需要解决的1～3个问题。

(2) 列出现存备选方案。你的产品没出现时，客户是如何解决这类问题的？

(3) 找出其他可能与目标客户进行互动的客户。

(4) 锁定潜在的早期客户，尽量细分目标客户群体，细化典型客户特征。

2. 独特卖点

这是商业模式设计最重要也是最难的部分。对于创业者来说，迎接的第一个挑战不是卖产品，而是得到潜在客户关注。因此，独特卖点必须精练为寥寥数语，要与众不同，要有打动人的新意。当然，独特卖点不需要也不可能一开始就很完美，而需要逐步完善，应考虑的方面如下。

(1) 找出你的产品的不同之处，从首要解决的问题出发寻找独特卖点。

(2) 针对早期客户做设计，避免产品平庸化和大众化。

(3) 专注于产品的最终成效，即产品能为客户带来什么好处。

(4) 认真选择常用于营销、宣传品牌的词语，并高频率使用。

(5) 明确地阐述你的产品是什么，客户是谁，为什么选择你的产品。

3. 解决方案

针对每个问题提供相对简单的方案，不要急于制定详细的解决方案，制作一个最小可行产品即可。因为随着对提出问题的验证和测试，可能会重新定义问题，这是创业活动中的常见现象。如此循环往复，将解决方案不断完善。

4. 渠道

无法建立有效的客户渠道是新创企业失败的主要原因之一。新创企业的首要任务是学习，而不是扩张，因此，刚刚开始的时候，任何能把产品推荐给潜在客户的渠道都可以利用。如果企业的商业模式需要大量客户才能成功，那么从一开始就考虑好渠道的扩张问题非常重要。要尽早把渠道建立起来并进行测试。渠道有很多种，需要注意的是，有些渠道根本不适合本企业。在选择早期渠道的时候，一般会考虑以下问题。

(1) 免费与付费。免费还是付费不能一概而论，要认真考虑到底哪种渠道适合你的企业。从本质上讲，没有渠道是真正免费的。

(2) 内联与外联。内联式渠道是使用"拉式策略"，让客户自然而然地找到你，如博客、SEO、电子书、白皮书、网络讲堂；外联式渠道使用"推式策略"，让产品接触客户，如SEM、传统媒体广告、展销会、直接打电话、访谈等。

(3) 亲力亲为地进行推销。自己直销不仅是一种营销渠道，也是面对面与客户交流的学习手段。新创企业首先要做的就是学会销售自己的产品。

(4) 不要过早地寻求合作伙伴。虽然可以借用大企业的渠道和信誉来推广，但如果没有切实可行的产品，又怎能赢得合作伙伴呢？

(5) 做口碑之前先留住客户。创业者要做出有口碑的产品。

5. 收入分析

创业初期的产品是一件最小可行产品，是否适合一开始就收费销售呢？这是很多创业者在初期阶段都感到很困惑的一个问题。收费是检验商业模式风险的最重要部分，只有将产品真正销售给客户，客户愿意为该产品付费，才能客观地检验商业模式的可行性。收入分析需要注意以下方面。

(1) 价格也是产品的一部分，可以通过客户对价格的态度，对产品和商业模式进行调整。

(2) 什么样的价格适合什么样的客户，商品的价格也决定了客户群体细分。

(3) 让客户付费购买产品也是一种初级形式的商业模式验证。

6. 成本分析

产品从制作到推向市场的过程会发生各种支出，要把这些都列出来。同时，要想准确预测企业将来会产生哪些开销是很困难的，应该把重点放在如下方面。

(1) 访谈30～50个客户需要多少成本？

(2) 制作并发布最小可行产品需要多少成本？

(3) 现在的资金消耗率是多少？用固定成本和变动成本来分析。

然后，要把收入和成本分析结合起来，计算出一个盈亏平衡点，以此估算需要花费多少时间、精力和金钱才能达到这个平衡点，从而帮助确定商业模式的优先顺序。

7. 关键指标

任何一个企业，总能找到少数几个关键指标来评估其经营状况。这些指标不仅能衡量企业的发展，还可以帮助找出客户生命周期中的重要时段。戴夫·麦克卢尔提出的"海盗指标组"是一个经常用到的关键指标评估框架。虽然海盗指标组是为软件公司设计的，但它也适用于很多其他行业。这个框架包括五个阶段：获取(acquisition)、激活(activation)、留客(retention)、收入(revenue)、口碑(referral)，如图7-5所示。

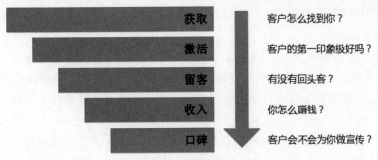

图7-5 海盗指标组

(1) 获取，是指把普通访客转换成对产品感兴趣的潜在客户的过程。

(2) 激活，是指感兴趣的潜在客户对产品的第一印象感到满意。

(3) 留客，评估的是产品的"回头率"或者说客户的投入程度。这个指标是用来评估产品和市场匹配程度的关键指标。

(4) 收入，评估的是客户为产品付钱的情况。

(5) 口碑，是一种比较高级的客户获取渠道，满意的客户会再推荐或者促成其他潜在用户来使用你的产品。

8. 门槛优势

在商业模式中，人们常常把"首创"称为优势，其实，首创很可能是劣势。因为开辟新市场(风险控制)的艰难重任落在了创业者的肩膀上，而紧紧跟随的后来者随时都有可能将其全套招数收入囊中——除非创业者能不断超越自我和跟风者，而这就需要真正的"门槛优势"了。要知道，福特、丰田、微软、苹果等都不是首创者。杰森·科恩提出了一个有趣的观点，他认为任何可能被山寨的东西都会被山寨，特别是当别人看到你的商业模式确实可行时。真正的门槛优势必须是无法轻易被复制或者购买的。符合这个定义的门槛优势如下。

(1) 内部消息。

(2) "专家级客户"的支持和好评。

(3) 超级团队。

(4) 个人权威。

(5) 大型网络效应。

(6) 社区。

(7) 现有客户。

有些门槛优势一开始只是提供给客户的价值，但是随着时间的推移，其逐渐发展成了独有的优势。

例如，大型鞋类网上商城Zappos的CEO谢家华就非常注重让员工和客户满意。这一点体现在这家公司的各种(从表面上来)似乎不符合商业常理的政策上：客服代表可以花无限多的时间来和客户交流沟通，只为让客户满意；公司实行365天退货政策，并包双向邮费。这些政策让Zappos品牌脱颖而出，还为其吸引了大批愿意帮忙宣传的忠实客户。而这也是2009年亚马逊花费12亿美元收购Zappos的重要原因之一。

制作精益画布除了需要考虑以上所提出的要素，还要注意以下几项原则。

(1) 快速起草第一张画布。不要在第一版画布上消耗太多的时间，最多不要超过15分钟。制作画布是为了把你脑海里所想的东西迅速记录下来，然后确定哪个部分风险最大，再让他人来验证你的模式。

(2) 部分内容空着也没关系。别总想着要给出"正确"的答案，要么马上写下来，要么空着。空着的部分可能是商业模式中风险最大的部分，应该从这里开始进行验证。像"门槛优势"这样的部分可能需要多花点时间才能找到。画布本来就是很灵活的，可以随着时间的推移来逐步完善。

(3) 尽量短小精干。要想用一句话说清楚一件事很难，用一段话则简单得多。画布的空间限制正好可以让你把商业模式的精华部分提炼出来，目标是只用一张纸来描述你的商业模式。

(4) 以当下的角度进行思考。写创业计划书需要花大力气预测未来，不过准确预测未来是不可能的。你应该以非常务实的态度来制作画布，根据目前的发展阶段和掌握的情况来填写内容。

(5) 以客户为本。精益创业画布以客户为主要驱动力，在描述商业模式的时候，只需要围绕客户做文章就足够了。很快你就会看到，仅仅调整一下客户群体，商业模式都会发生翻天覆地的变化。

拓展阅读 | 7-3

❧ 以创新图生存，牧原书写了中国现代生猪养殖史 ❧

2022年6月22日，是牧原人创业30周年的日子。30年前，牧原集团在南阳市内乡县马山口镇河西村诞生；30年后，它成长为全球数一数二的现代生猪养殖企业。

两个微观变化，创造了中国现代生猪养殖高度

30年前的1992年，东方风来满眼春。牧原集团创始人秦英林夫妇辞职下海，回村养猪创业。客观上讲，这只是那个火热时代拥有创业梦想的千千万万个知识青年平凡的商业故事。

然而，不平凡的是，古老的中国生猪养殖业里，从此有了两个历史性的微观变化：一是养猪行业里第一次有了大学生；二是利用科学知识规模化养猪从此开启。

从今天看，秦英林夫妇选择对了创业的行业。彼时，城市才是大学生辞职创业的集中地，因为那里才是商业需求最紧缺的地方，而他们选择了逆向创业——回到家乡，而且选择创业最空白(较少大学生愿意选择养猪创业)的行业地带。当然，这与牧原集团创始人所学专业也有一定关系。

秦英林夫妇一进入生猪养殖行业，就显露出了知识养猪的市场优势，很快突破了一万头的养殖规模，并评为"中国十大青年农民"，成为中国农村里的创业明星。

秦英林探索了适合中国现代生猪养殖工业化、规模化养殖模式，特别是超大规模立体养殖带来的繁育、营养、猪舍、健康管理、环保等产业难题。2021年，能繁母猪规模、出栏规模两大数据均证实，牧原集团站到了世界生猪养殖第一位。

以创新图生存，书写了中国现代生猪养殖史

创新是牧原集团30年发展最大的驱动力。不过，他们并不膜拜创新。在秦英林看来，模仿、改良、合作都是企业技术进步的手段，只有当企业到达了无人之境——前无标兵，后有追兵之时，创新才是领军企业驱动行业进步的核心工具。

但是，并不能因此认为牧原是在模仿借鉴中长大的。事实是，在企业的核心竞争力打造上，这家企业提供了中国现代生猪产业转型升级的原创技术。

比如，牧原研发了解决中国种猪"卡脖子"问题的二元回交育种技术；研发了解决中国对国外大豆严重依赖问题的低蛋白日粮技术；研发了解决非洲猪瘟防控问题的"三防猪舍"技术；研发了超大规模立体化集约化智能化养殖的楼房猪舍、超寒地带生猪饲养无供热技术、臭气治理技术，等等。依靠原创技术，这家企业真正意义上改造了中国生猪养殖产业，实现了从农耕生产方式到现代工业生产方式的跨越。

当然，企业创新是需要敢于担当风险、勇于付出代价的。仅仅近两年时间内，牧原创新试错成本就达70亿元到80亿元。

现在，牧原对标国际先进的生猪养殖国家——丹麦，从育肥料比、育肥成活率、保育日增重、出生活仔数等细小维度上寻找差距，对标追赶。

在科技革命与产业变革的当下，骑在趋势背上驱动行业进步，已成为牧原人的新追求。如今，牧原创新的目光已聚焦到数字化、智能化养殖技术的突破上。

本土营养与世界智慧，成就中国风格的现代管理

所谓本土营养，是指养殖一线管理中导入中国古老的师徒制。每年的教师节，牧原都会举办拜师大典，以最隆重的方式传递技艺、传承文化。这从2021年拜师大典的主题中就能清晰地体现：言传身教明正典范，标杆复制成本领先。

牧原在吸纳中外管理文化的同时，还非常注重吸收信息技术对现代管理提供的支持。比如，当公司走向大规模发展之时，管理信息化、数字化已成为公司管理中的核心工具。

牧原从企业管理的本质——利润创造出发，探索利润导航、自我管理的创新之路，把管理交给员工自己，特别是实现管理精细化，把微观管理做到了极致，追求管理到每一头猪、每一栏猪舍、每一名员工，每一位段长。

公司从企业基业长青的维度来思考企业创新成长的发力点，构建了企业基业长青路径图，把企业放置到企业可持续健康成长的维度来审视当下管理决策的价值取舍。

在企业传承上，牧原在集团层面建立了新老班子双核心制，采取以老带新的办法，搭建企业二代与职业经理人共同成长的传承构架，驱动年轻的领导核心尽快进入管理角色，为企业管理注入更强劲的新鲜血液。

(资料来源：根据网络资料整理)

第三节 创业计划概述

不论创业者的创业初衷是什么，创业梦想的实现都要以计划为依托，在创业之前制订创业计划是必不可少的。创业者的创业计划首要是生存，而企业战略的核心目标也是生存，所以从某种意义上来说，创业计划其实就是企业生存目标下的战略初始形态。尽管有些创业者并没有为他们新创建的企业撰写创业计划书，尽管有些管理专家认为创业计划书从打印机输出的那一刻起就过时了，但是对于面临资本束缚的创新型企业来讲，撰写创业计划不仅是必要的，而且是其获得创业资本和资源的重要工具。

一、创业计划的概念

创业计划又称"商业计划"，是全方位描述与创建新企业有关的内外部环境条件和要素的书面文件，是成功创建新企业的"导航仪"。创业计划旨在说明创建一家新企业的现状、预期需求及预计结果。它涵盖了新创企业的各个方面：市场营销、生产运营、产品研发、管理、财务、关键风险，以及一个完成目标任务的时间表。所有这些方面的描述，将描绘出新创企业的清晰面貌——企业是什么？发展方向是什么？如何实现新创企业的预期目标？因此，创业计划不仅是创业者成功创建新企业的运营路线图，还是管理新创企业的"第一号"纲领性文件和执行方案；既为创业者行动提供指导和规划，促使创业团队及雇员团结一心地工作，又为创业者与外界沟通提供基本依据。

二、创业计划书的作用

(一) 为企业内部使用者提供清晰的企业目标和战略蓝图

(1) 对于创业者而言，计划书促使创业者初步验证创意的可行性(程序化的计划过程，使简单思想具体化和数量化，从而考虑问题更加严谨)；计划书为公司(特别在困难的创业阶段)提供一个可参考的战略行动计划。

(2) 对于管理团队和员工而言，计划书为公司员工描述公司的发展方向(将新企业推销给员工)；促进管理团队合作；提供了将来经营状况的评价指标，为创业者加强对管理团队的管理提供依据。

(二) 吸引外部使用者，特别是投资者和银行

(1) 对于投资者而言，一个好的创业计划书有助于企业获得所需资金。创业者可使用计划书来激发投资者的兴趣，从文字上证明创业者对市场和商业机会进行了必要的研究。

(2) 对于潜在供应商而言，计划书可以帮助企业获得供应商的信任和理想的信贷条件、生产设备调整等。

(3) 对于潜在的客户而言，计划书能使其进一步相信新企业可以成为一个长期合作伙伴。

(4) 对于政府而言，可依据计划书提供各种可能的优惠政策和资金扶持。

(三) 是创业团队及雇员团结一心的方式和手段

计划书无论对创业团队还是普通员工都具有十分重要的意义。尽管市场的快速变化经常发生，创业计划也会根据变化的情况适当调整，但是撰写创业计划书的确非常有用，会使得团队成员团结一心，为了共同的创业目标而努力，同时发现团队中可能存在的问题。创业计划书的论证撰写，使团队成员更加团结，配合更加默契，使普通员工和创业者保持配合一致的运动过程，保持统一、有目的的行动方向。因此，创业计划书的撰写过程和创业计划本身同样有价值，是使创业目标变成现实的重要途径，是使普通员工理解企业目标、完成企业计划的重要措施。

三、创业计划书的类型

创业计划书根据创业者所要达到的目的不同而有不同的类型。不同类型的创业计划书对创业机会描述的详尽程度和侧重点有所不同，但是，对于创业过程所要面对的机会、资源、团队等关键要素的描述区别不是很大。

(一) 宣传期的创业计划书

宣传期的创业计划书一般篇幅比较短小。它适用于创业的早期宣传阶段，测试创业项目的吸引力，吸引早期的利益相关者。其内容和执行总结有相似之处，重点是对企业商业模式、核心竞争力、团队优势和核心财务数据的描述，用最简短的方式提高投资者约见的概率。

拓展阅读 | 7-4

❧ 一页纸创业计划书 ❧

在一次天使见面会上，北京创盟的河北创业者李鹏的发酵罐气流能量回收项目引起了风投的兴趣。Lu, Hayes&Lee, LLC Managing Partner的Glen Lu在会后和李鹏交流了半个多小时。当时吸引风投目光的是李鹏的一份一页纸计划书。

关键词：专利产品；国内空白；年节电100亿度；政府强力推广。

公司简介：本公司成立于2005年8月，从事节能节电业务，拥有自己的技术与知识产权，包括电机节电器技术、发酵罐排放气流压差发电的多项专利。

项目简介：发酵罐排放气流压差发电与能量回收。发酵罐是药厂与化工企业普遍使用的生产工具，用量非常之大，如华北制药，石药、哈药这样的企业，每家企业使用的大型(150吨以上)发酵罐均在200台以上。因生产需要，发酵罐前端需要压气机给罐内压气，压气机功率一般在2000千瓦～10000千瓦，必须24小时运转，每年电费在900万元～4000万元，为满足发酵罐生产，需要多台压气机工作。所以，压气机耗电花费通常是这些企业很大的一项费用支出。经发酵罐排放的气流仍含有大量的压力能，会浪费在减压阀上，如安装我公司研制的发酵罐排放气流压差发电与能量回收装置，可以回收压气机耗费电能的三分之一左右。

同行简介：目前该技术国际统称TRT，应用于钢厂的高炉煤气压力能量回收。主要的供货商有日本的川崎重工、三井造船，德国的GHH，国内的陕西鼓风机厂。预计年销售额在20亿以上。

进展简介：本项目关键技术成熟并已由我公司掌握，我公司已经与某制药集团达成购买试装与推广协议，项目完成时，预计可以在该集团完成5000万元以上的销售额。

项目优势如下。

(1) 我公司已申请该项目的多项专利。

(2) 市场中先行一步，属市场空白阶段。

(3) 符合国家产业政策，各地政府鼓励节能减排指标，该项目属于节能减排项目。

(4) 各地方政府有节能奖励，如二电办有1/3的投资补贴，制药集团可获得约1600万元政府补贴。

(5) 可以申请联合国CDM(清洁生产)资金(每减排一吨二氧化碳可以申请10美元国际资金，连续支付5年)，制药集团可每年节能6000万度，减排二氧化碳6万吨，可获得国际资金供给300万美元。

项目的用户利益如下。

(1) 减少电力费用支出，以某制药集团为例，如全部安装该装置，一年可以节约电费3000万元～36000万元，收回投资少于两年。

(2) 项目很少维护，无须增加人员，寿命在30年以上，可以为用户创造投资15倍以上的价值。

(3) 项目降低原有噪声20分贝以上，符合环保要求。

(4) 其他政府奖励。

项目的目标用户与市场前景为：本项目目前主要针对国内药厂、化工厂；从和某集团达成的初步协议看，集团内需求量为100多套，而全国存在同样状况的有多家药厂，再加上许多化工行业也采用了相同或类似的生产工艺，其均为我公司的目标市场。

(资料来源：根据网络资料整理)

(二) 融资期的创业计划书

融资期的创业计划书相对于宣传期的创业计划书要更加详尽，可以充当企业运营蓝图。融资期的创业计划书目的在于筹集资金，不单单是信息披露，更是一种业务构思的规划。创业者应该详细地阐述产品或服务的特点、企业核心竞争优势、商业模式和营销规划、核心团队介绍、详细的财务预测和分析、明确的资本退出方案等。

(三) 运营期的创业计划书

运营期的创业计划书是最为详尽的，其主要针对的读者是企业内部成员，能对企业经营管理起到指导作用。相对于前面两种创业计划书，它要包含详尽的组织管理计划、企业整体发展规划、营销计划、财务计划等。每一部分都要进行详细的规划和安排，在企业发展之前充分地分析和规划企业将要面临的问题和现状，依据企业自身资源，制订科学合理、实用性强的计划安排，减少企业发展中的弯路和错误。

创业者应该根据撰写创业计划书的目的而有所侧重。例如，撰写创业计划书的目的是融资，则应当在市场分析、竞争对手及财务预算等方面详细阐述。这样做可以使投资者更加清晰明了地知道企业如何在既定的时间内取得高额利润。撰写创业计划书的目的如果是供内部员工阅读，那么应该着重体现企业未来的发展规划、远景及使命，甚至还可以强调企业文化，从文化层面上来增强员工对企业的归属感，激励员工各司其职、各尽其责。

在创业过程中，融资期的创业计划书是比较重要和常用的。创业计划书不仅是融资的工具，更是创业者梳理创业思路、整合创业资源的过程，创业计划书最好由创业者自行完成，这样才能具有真正的价值。

第四节 创业计划书的撰写

一、创业计划书撰写的原则和步骤

创业计划书往往是投资者或者其他利益相关者对企业的第一印象，如果计划书不完善或漏洞百出，则很容易让投资者猜测企业本身也不完善或有缺陷。在将创业计划书送交投资者或其他任何与新创企业有关的人审阅前，要留意创业计划书的结构、内容、版式的完整性和整洁性。撰写创业计划书不是找外部专家完成了事，创业者或者创业核心成员必须参与其中，尤其是创业带头人。

(一) 创业计划书撰写的原则

创业者要把创业计划书的撰写过程看成一个完善反思的过程，一个历练团队、明晰思路的过程。创业计划书撰写的原则如下。

1. 真实完整，用数据说话

创业计划书内容的真实性是前提，所有数据应具有合理的出处，支撑论据要合情合理。对于文字、数字还有图表而言，投资者更倾向于观看数字和图表，若数字、图表清晰明了，则阅读效率高。如果数字和图表都有良好的上升趋势，则说明企业的整体发展具有较好的市场前景，是投资者比较容易关注的类型。在撰写创业计划书时，一定要确保数据的真实性，不要有任何的数据修饰和造假行为。这些行为一旦被投资者发现，新创企业不仅会失去投资者的投资，更会失去企业经营中最重要的诚信。

2. 慎用模板，避免生搬硬套

尽管有许多软件为撰写创业计划书提供了不少便利，但是每一个故事、每一个案例都应有自己的独特性。只是把模板上的图表和数据直接替换，再将这样的创业计划书直接呈递给投资者的做法是不可取的。每一个项目都有其与众不同的地方，完全套用模板会失去创业项目本身的特色和创新点。因此，对于软件和模板要选择性应用，对于内容相对固定的企业组织结构设计、财务报表格式等可以借鉴应用，而对于体现创业项目差异化的部分，如产品或服务描述、竞争分析、营销计划、商业模式等部分，一定要由创业者自己撰写，以突出创业项目的特点和优势。

3. 内容完整，结构合理

一份好的创业计划书至少要包括以下内容：计划摘要、产品与服务、团队和管理、市场预测、营销策略、生产计划、财务规划、风险分析等，不应该遗漏任何要素。创业计划书在呈现形式上要求条理清楚、叙述流畅，因此，创业计划书必须遵循一定的常规结构。尽管某些创业者试图在每件事情上都表现出创造力，但偏离创业计划常规结构形式是有风险的。因为投资者一般都很忙，他们期望看到能很容易就找到关键信息的创业计划书。如果这些关键信息在应该出现的地方没有出现甚至缺失，则会使投资者产生大海捞针的感觉，那么他很可能会直接放弃。

4. 表达精准，突出重点

在撰写创业计划书时，应尽可能使用通俗易懂的语言，简明扼要地叙述问题，尽量少用专业领域的术语。有些创业计划书的内容很多，很多投资者很难从头到尾、方方面面地阅读一遍，因此，创业计划书一定要突出企业独特价值。在创业计划书的撰写过程中，重要的是合理安排撰写结构，内容前后衔接得当，结构安排合理，数字、图表辅助文字讲述，突出创业项目的表述重点，方便阅读。

5. 格式清晰，装帧简洁大方

创业者必须仔细琢磨创业计划书的装帧与格式，使它看上去鲜明醒目，又没有过分装饰。创业计划书的读者知道创业者资源有限，也期望他们能节俭办事。活页装订是一种很好的选择，但要给创业计划书配上透明封面和封底。撰写创业计划书时，要避免纠缠于文字处理程序的设计功能，如黑体字、斜体字、不同的字号和颜色等。过度使用这些工具，会使创业计划书显得业余。

另外，在完成创业计划书后，撰写者需要仔细检查，避免表达和语法的错误，确保不遗漏任何关键信息。因为把缺失重要信息的创业计划书送交投资者的现象屡见不鲜，如没有阐述产业发展趋势、企业需要多少资金、资金的使用目的等。

(二) 创业计划书撰写的步骤

1. 初步构想，逐渐细化

创业团队首先应对业务发展有明确的界定，构想阶段的重点是关注与产品或服务有关的细节，例如，产品处于什么样的发展阶段；它的独特性何在；销售产品有何途径；消费者群有哪些；生产成本和售价如何确定；企业发展新的现代化产品的计划是什么；如何把出资者拉到企业的产品或服务中来等。上述因素都是在创业计划书撰写之前应该详细考虑的，成熟的创业者应该有完整的创业构想。

2. 市场调查，知己知彼

没有调查就没有发言权，创业者要细致分析经济、地理、职业及心理等因素对消费者选择产品和服务时的影响。具体到进行市场调研的时候，调研者要同潜在顾客展开接触，搜集相关信息，如顾客购买此类产品的时间周期、谁在决定是否购买、如何防范别人模仿你的产品或服务、新创企业的产品或服务凭什么吸引目标市场中的消费者，以便制定销售策略。

市场调查还包括对竞争对手的调查，例如，竞争对手都是谁；竞争对手的产品与本企业的产品相比，有哪些相同点和不同点；竞争对手所采用的营销策略是什么。在调查阶段，创业者还必须做好财务分析和筹资分析，即要量化本公司的收入目标和公司战略，详细而精确地考虑实现目标所需的资金。

市场调查可以分为实地调查与收集二手资料两种方法。实地调查可以得到创业所需的一手真实资料，但时间及费用耗费较大；收集二手资料较易，但可靠性较差。创业者可根据需要灵活采用合适的调查方法。

3. 方案起草，通盘统筹

创业者要依据创业执行总结，对创业企业的市场竞争及销售、组织与管理、技术与工艺、财务计划、融资方案，以及风险分析等内容进行全面编写，初步形成较为完整的创业计划方案。在撰写的过程中，还必须通盘统筹，思考以下关键问题。

(1) 创业计划书是否显示创业团队具有管理公司的经验？

(2) 是否显示新创企业有能力偿还借款？

(3) 是否显示已进行过完整的市场分析？

(4) 是否容易被投资者所领会？

(5) 是否在短时间内激发阅读者的兴趣？

4. 检查修改

创业计划书所反映的内容要完整、科学、合理；各个部分要合理编排，整洁美观，简明扼要，条理清楚，逻辑严谨。可以采用交叉审核的办法，重点查看文字描述、语言措辞、数据计算等是否准确；表格图形、资料引用、模型格式是否正确等。内容检查要从投资者角度出发。

二、创业计划书撰写的基本框架和内容

(一) 创业计划书撰写的基本框架

尽管创业计划书的类型各异，但核心部分应该包括图7-6所列的大部分内容，而且格式也应尽量保持一致。在这些看似千篇一律的格式中，还要突出有价值的信息，以便投资者等相关利益人在速读中找到感兴趣的内容。当然，这一结构内容也可以根据目的及具体阅读对象不同而有所变动。

创业计划应清晰简练，并且完整地提供有关新创企业关键部分的信息，但也要注意篇幅不要太长。也就是说，它必须具有一定的篇幅以确保提供充分信息，同时又要避免冗长以便吸引读者。图7-6中所提供的创业计划书基本框架是一个涵盖了创业计划各个方面的计划书大纲，为创业者撰写计划书提供参考。对于创业者而言，撰写的计划书不用涵盖图7-6中的所有部分，而要根据自身创业项目的特点合理选择。

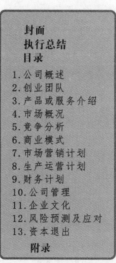

封面
执行总结
目录
1. 公司概述
2. 创业团队
3. 产品或服务介绍
4. 市场概况
5. 竞争分析
6. 商业模式
7. 市场营销计划
8. 生产运营计划
9. 财务计划
10. 公司管理
11. 企业文化
12. 风险预测及应对
13. 资本退出
附录

图7-6 创业计划书基本框架

(二) 创业计划书撰写的内容

1. 封面

创业计划书的封面除了要设计简洁、美观，还要包含一些必要的信息。首先要包含企业的

名称；其次是要有创业者的联系信息，如企业地址、联系电话、企业网址、电子邮件等；最后是提醒阅读者保密等事项信息。如果创业者已经有独特的商标，则可以把商标融合到封面设计中，以凸显企业的品牌和文化。为了封面的美观，也可以将创业者的联系信息和保密事项等信息放到创业计划书的内封中，这样既保持了计划书封面的美观，也方便投资者寻找创业者的联系信息。

2. 执行总结

执行总结是最为精简的创业计划书，读者可以通过阅读执行总结对创业项目有一个整体的了解。执行总结一般包括：商机描述、产品或服务、行业概要、目标市场、竞争优势、经营模式，以及盈利模式、团队及资源支撑等方面的信息。在写作上应注意的是，该部分是计划书中最主要的部分，应放在计划书的最前面；但它不是最先完成的，应该先完成计划书的其他部分，在对计划书的其他部分有深入了解之后，最后完成执行总结。创业者在撰写时务必要记住，执行总结并非创业计划书的引言或前言，恰恰相反，它是整个创业计划书高度精练的概述。

3. 目录

投资者阅读创业计划书时，往往喜欢采用"查找式"的跳读方式，而不是从头读到尾。建立一个目录能帮助读者更容易找到自己感兴趣的信息。目录的详细程度与创业项目及创业者所要达到的目标有关。

4. 公司概述

把创意转化成商业组织，首先要完成的事情就是成立公司。在创业计划书中，公司概述一般包括以下方面：公司名称、注册时间、公司规模、公司性质、技术力量、项目介绍、员工人数、组织结构等。在创业计划书中对公司概况的介绍，只需要从总体架构上进行言简意赅的陈述。若创业者还处在创意阶段，没有到注册公司的行动阶段，则要在公司概述中阐述公司的使命和愿景。此外，还要向读者展示创业者在创业历程中所取得的成就，列举在创业发展中重要的、具有里程碑意义的事件。里程碑事件是指企业显著的或重大事件，投资者比较常用的做法是根据里程碑事件来考察企业状况。

5. 创业团队

许多投资者和创业计划书审阅者会首先浏览执行总结或者摘要，然后直接翻到管理团队部分评价企业创建者的实力，看团队能否胜任创业项目。投资者阅读过的有创意、有市场的创业计划，远多于他所能实际资助的数量。因此，赢得融资支持经常不是因为创意或市场，而是投资者认为创业团队为开发创意做了更充分的准备。

创业团队通常包括企业创建者和关键管理人员。创业计划书应该提供每个创业团队成员的个人简介，个人简介应该显示出该成员为何能够胜任，为何能对企业成功做出特殊贡献；对创业团队的某些特征，应该加以强调，例如，投资者更喜欢以前曾经共过事的团队成员。这种考虑在于，如果人们以前共过事而现在决定共同创建新企业，这通常意味着他们之间相处融洽、彼此信任。创业团队成员的完整简历可以作为附录置于创业计划书末尾。

打造一个优秀的团队，应该明确的是团队成员要互补，并且有能力、愿意承担多重责任。这里强调的是"愿意"和"适合"。"愿意"是指团队成员能够从内心认可产品及创业团队的思维方式，要抱有创业心态加入队伍。新创企业不像成熟企业那样，做每件事情都有专业人士支持，每个人只关注特定专业范围内的事务。在新创企业里，在创业环境下，团队成员可能身兼数职，甚至没有明确的专业分工，他们除了关注自己的领域，还要随时帮助自己并不擅长的领域中的其他成员。因此，如果没有创业精神和心态，整个团队能够高效运转是不可想象的。"适合"是指创业团队成员不一定要有在大公司工作的经验。虽然具有丰富经验对于完成项目是很有利的，但来自大公司的成员反而会在新创企业有文化上的冲突，例如，新创企业成员之间的分工界限可能不那么明确、支持系统也不那么完善，甚至企业里的负责人也需要充当一般员工角色。

6. 产品或服务介绍

这一部分着重向读者介绍创业项目的卖点。应该包含的内容有：基于市场的产品或服务的提出，新的产品或服务解决了消费者的何种需求，或者填补了哪一部分市场的空缺，突出产品或服务的特色。如果开展的是一项服务，可以陈述服务的流程；如果是科技类创业，应当向读者介绍新技术能如何解决市场上现存的问题，带来何种便利。在描述过程中要避免采用过于专业性的术语。

一般而言，产品或服务的开发应遵循一定的开发路径，包括产品创意、原型化、试生产和全面投产。创业者应当结合项目的实际情况，设计、规划、安排产品开发流程。所取得的进度要体现在创业计划书中，这样读者会有比较清晰的认识。在创业计划书中，创业者应该着重描述产品或服务所处的发展阶段，并提供后续的进度安排。

7. 市场概况

一般而言，创业者需要先从宏观的大环境下展开思考：所提出的产品或服务，其行业变革的驱动因素是什么，政治和社会环境因素是否会对创业者的产品或服务带来导向性的影响。基于这样的市场环境，再从微观的角度分析市场规模、市场增长速度、行业和产品在成长周期中所处的阶段、购买者的数量和规模、竞争对手的情况。市场概况中还应该包含客户分析，这也是创业者必须重视的一环。创业必须以问题为导向，解决客户的问题是创业的价值所在。创业者需要通过人口统计、心理统计、行为特征等信息进行分析。通过分析，创业者可以判断什么原因能让客户产生购买产品的强烈动机。

行业分析要求创业者从行业定义入手，对其所属行业有一个清晰界定。在分析中，行业定义要宽泛一些才能够清晰地看到商机的巨大潜力；在实际操作中，行业定义必须聚焦于一个细分市场。完成行业分析后，还要进行行业性质的探讨。如果行业在增长而且没有主导企业，那么这个行业就是新兴市场；如果行业内有小企业正在被几家主导企业收购，那么这样的市场被称为整合中的市场；如果行业内有领军企业，它们的竞争状态比较稳定，几家企业统治整个市场，但增速缓慢，那么这样的行业就是成熟市场。创业者应该理性、客观地分析整个行业，关注创业项目能够解决的市场问题，最好用数据和图表来表达，彰显商业机会发展前景。

8. 竞争分析

竞争分析所包含的内容应当与产品或服务的独特性，以及新产品的市场定位紧密相连。产品或服务定位是相对于竞争对手而言的。例如，如果你打算开一家新型冷饮店，那么你应该解释你的冷饮店与其他店有何不同，根据产品特点和客户需求进行市场定位。创业者可以结合行业分析，强调产品如何满足客户的需求，例如，产品的内涵价值是什么；你的产品能给客户带来什么不一样的满足或者价值；你的产品为什么比别人的好，主要包括质量、价格、配送、某项技术、专利产品或者营销渠道等，应从这些方面清晰有力地说明产品的竞争优势。从消费者的喜好和需求出发，提供满足消费者需求的产品或服务，就能塑造与其他同类产品差异化的竞争优势。

9. 商业模式

商业模式是创业计划书中一个十分重要的部分，也是投资者极为关注的部分。商业模式用简要的语言描述的创业项目是从开始到经营再到盈利的一个完整的商业逻辑。商业模式是一个整体，各部分相互联系，形成一个良好的商业循环。创业者在设计创业项目的商业模式时，是建立在对创业项目充分了解的基础之上的。

10. 市场营销计划

营销计划是产品或服务到达用户的有效桥梁，是为了制定策略，能在未来控制和应对市场环境的变化，获得持续的客户和销售额。很多人容易把销售和营销混为一谈，实际上，销售只是营销的一部分，而营销是一个系统。营销以用户需求为中心，把如何有效地创造和满足用户需求作为首要任务，目的是让产品或服务受用户的欢迎，是一种由外至内的思维方式。营销是一种战略性的思考，以创造力为中心，注重建立持续性的销售系统，关心用户需求和企业的可持续发展。营销计划主要包括以下几部分。

(1) 产品构思及设想。主要描述产品或服务，确定市场需求，对产品或服务的整体市场进行简要说明。

(2) 市场调研。市场调研既可以放在营销计划之中，也可以作为计划书的辅助材料单独进行，这部分对于创业项目的可行性论证十分重要。市场调研主要对消费者、竞争对手和市场的基本情况进行调研和分析。

(3) 市场定位和用户选择。市场调研后，可以根据市场情况对产品或服务的市场进行细分，确定目标用户，为营销策略的制定打下基础。

(4) 营销策略制定。常用的营销策略有4P营销组合，即产品(product)、渠道(place)、价格(price)和促销(promotion)。营销活动是否成功，产品或服务是核心，价格是工具，渠道是途径，促销是推进器。营销活动的范围和方式需要根据产品或服务、企业发展的不同阶段，以及市场环境的变化不断调整。

(5) 销售预测。通过市场分析所获取的销售预测可以促进风险投资者理解营销目标和财务报表。这些预测数据包括预期市场份额、销售额、市场增长率等。

11. 生产运营计划

生产运营是一个选择厂址、购买原材料、组织生产产品或服务的过程。在创业计划书生产运营计划中需要介绍的内容和详尽程度完全取决于创业者的产品或服务本身。例如，对于工业类企业而言，生产运营计划应当包括的具体内容有厂址选择、工艺流程、设备引进、生产周期标准和生产作业计划的编制、物料需求计划及其保障措施、劳动力供求、库存管理，以及质量控制方法等。可是，对于创意服务类企业而言，其相较产品类企业运营成本低，在创业计划书中则可以强调创意本身，应该阐明自己的优势、员工的特点等。无论是工业类还是创意类产品，在创业计划书中撰写生产运营计划部分时，创业者都应该从以下几方面思考：新产品或服务的成本结构是怎么样的；如何保证产品或服务的质量；如何保证原材料或物料的供应。

12. 财务计划

财务计划是针对创业项目的发展制定的一套可靠、全面的财务规划，以反映企业预期的财务业绩。财务计划是从财务角度对创业计划书的支持和说明。风险投资者会期望从财务计划部分判断企业未来经营的财务预期，以此作为判断自身投资风险的一个依据。一份详尽、周全的财务计划对创业者尤为重要。如果财务计划准备得不好，会给风险投资者留下缺乏经验的印象，可能会降低新创企业的估值，同时也会增加新创企业的经营风险。

财务计划需要花费较多的时间和精力由专业财务人员来制订和具体分析，主要包括资产负债表(balance sheet)、利润表(profit and loss)、现金流量表(cash flow statement)和盈亏点分析(breakeven analysis)。此外，一些具体的财务数据信息也十分重要，如销售收入、销售成本、管理费用、销售费用、应收账款、应付账款、存货周转率和资产利用率等。财务计划除了需要给出新创企业3～5年的财务方面的安排计划，还需要分析盈亏平衡点，以及资金的来源和使用。

13. 公司管理

投资者在对创业计划书进行风险评估时，公司的性质、管理制度、组织结构、股权划分、薪酬体系都会影响其判断。同时，高素质的管理人员和良好的组织结构是公司管理的重要保障。创业者在撰写这个部分时，不仅需要包含与公司成立相关的所有要素的介绍(其中包括对公司组织结构的介绍，可以附上组织结构图、各部门的功能和职责范围、各部门的负责人及主要成员、公司的薪酬体系等)，更重要的是使投资者相信创业者具备良好的领导能力，能够保障组织的良好运转。建议可以对以下几个问题进行思考。

(1) 新创企业适合什么样的公司性质和组织形式？

(2) 企业内部的组织结构应该如何设计？

(3) 各部门的负责人和雇员如何安排？

(4) 采用何种薪酬体系能最大限度地调动员工的积极性？

(5) 公司股权如何划分？

14. 企业文化

企业文化又称组织文化，是组织的价值观、信念、意识、符号、处事方式等组成的特有的文化形态。企业可以通过一系列活动来塑造文化形态。当一种文化形态形成后，就成为员工行为和关系的规范，是组织内部所有人共同认同的价值观。良好的企业文化会对企业的凝聚力产生重大作用，它的功能体现在四个方面：导向功能、规范(约束)功能、凝聚功能和激励功能。在创业计划书的撰写中，创业者需要明确企业的使命。企业使命明确了企业存在的原因，以及企业渴望成为什么。尤其是社会福利类企业，在企业使命和愿景部分应突出彰显企业社会责任。

15. 风险预测及应对

刚开始创业的时候，不可避免地要承担风险。当业务开始的时候，创业者内心已经明确做出判断，这是可以承担和克服的风险。很多人都说创业者就是冒险家，他们有着较高的风险偏好。但是真正的创业者，他们并不喜欢风险，而且会尽量避免风险并把风险降至最低。这部分内容已在前文有较详尽的阐述。在创业计划书中有必要对所预测的风险及拟采取的应对举措尽可能实事求是地加以分析。由于风险的产生和大小有极大的不可预测性，因此预先的判断和分析可能是不准确的，但创业者对于这一问题的预先思考和判断，对于以后风险的应对，以及投资者的进入和后续的支持有至关重要的作用。

16. 资本退出

投资者都对风险收益格外关心。在撰写创业计划书时，创业者应该提供资本退出的方案，也就是说，创业者需要呈现给投资者，在什么时候他们的投资将退出，并且届时能够获得回报。资本退出的形式有：首次公开上市(IPO)退出、并购退出、回购退出和清算退出。创业者在提出资本退出方案的时候需要注意以下问题。

(1) 企业面临的风险及其带来的影响是什么？

(2) 面对风险，企业应采取怎样的应对方案？

(3) 新创企业首选的退出方式有哪些？

(4) 每一项的投资回报率是多少？

17. 附录

撰写创业计划书的一个原则是言简意赅地传递企业的经营计划。在正文中呈现出来的数据需要有文档的支撑，这时候就需要在附录中把各种有关文档列出来，给读者和投资者提供决策的依据。一般而言，创业计划书的附录包括但是不局限于以下内容：主要合同资料、信誉证明、分支机构列表、市场调查结果、主要创业者履历、技术信息、生产制造信息、宣传资料、授权书、获奖和专利、政策文件等。创业者在撰写时，需要在以下两方面引起注意。

(1) 创业计划书必须和附录分开。

(2) 附录需为创业计划书提供必要的补充资料。

三、创业计划书的撰写和展示技巧

(一) 创业计划书的撰写技巧

在撰写创业计划书时如果能对以下几个问题有清晰的认识，则一方面可以提高创业计划书的易读性，另一方面可以提高企业融资的成功率。

第一，五分钟的考试。一般来说，风险投资家或评审专家阅读一份创业计划书的时间在五分钟左右，他们主要关注业务和行业性质、项目性质(借钱还是风投)、资产负债表、团队、吸引人的地方等内容。因此，创业者在撰写创业计划书时要着重从这五个方面展开设计说明。

第二，内容要完整。一份好的创业计划书起码要包括如下内容：计划摘要、产品或服务、团队和管理、市场预测、营销策略、生产计划、财务规划风险分析。创业计划书不应该遗漏任何要素。

第三，投资项目中最重要的因素是人。对于创业团队，一定要根据团队组建原则和优秀团队特征等知识点进行如实描述，对团队成员的构成及其分工情况进行重点介绍。

第四，提高撰写水平的途径是阅读他人的创业计划书。撰写创业计划书之前阅读十几份他人撰写的创业计划书将会有很大帮助。

第五，记住43.1%规则。一位风险投资家一般会希望在5年内将其资金翻6倍，相当于每年的投资回报率(ROI)大约是43.1%。因此，一份承诺40%～50%回报率的创业计划书对于风险投资家来说比较靠谱。如果是借款则需要有还本付息计划。

第六，熟悉吸引投资者的方法。取得风险企业家名录是一种事半功倍的方法，可以帮助创业者增进对风险投资者的认识和了解，以便有针对性地展开融资活动。

第七，正确对待被拒绝。审阅创业计划书是风险投资者日常工作的一部分，拒绝大多数的创业计划也是风险投资者的工作常态，创业者没必要因为创业计划被拒绝而伤心欲绝，而应该把其当作不断完善创业计划书的手段。如果创业者在每一次被拒绝之后，都能够很好地采纳风险投资者的建议，进一步优化其创业计划，则被拒绝一次就离被接受近了一步。

第八，把握创业计划书最重要的内容。对于投资者来说，创业计划书中最重要的内容永远是资产负债表及团队的介绍。资产负债表可以说明企业的财务状况，企业能否及时偿债，以及企业有多少尚未分配的利润归属于投资者；对创业团队的介绍则是创业项目能否成功的关键。

第九，把本收回来。任何人进行投资，其最低的要求都是把本金收回来，因此，在融资时能够基于这条原则进行阐述，使投资者在最短时间内将本金收回，得到资金的概率会大为增加。

(二) 创业计划书的展示技巧

展示创业计划是创业者展示自己能力的大好机会，同时也是创业投资者考察创业者的关键阶段。尽管项目好坏才是创业投资者考虑的主要方面，但是大多数情况下，创业投资者不会将资本交给一个连自己的创意都表达不清楚的人。在做好推测对方可能提出的问题、如何应对展示期间可能出现的意外状况，以及确定展示重点等信息调查与前期准备工作后，创业计划书进入实质展示阶段。

1. 在展示过程中保持条理清晰，要有针对性

在展示中，应突出市场前景以吸引投资者的注意力。如果没有特殊要求，展示者不要过分强调技术因素或故意使技术环节复杂化。此外，创业者还需要注意掌握以下几个细节：在展示前不要发放有关管理经营费用的材料；在展示中用热情洋溢的语言表达，积极与投资者互动，但不要与投资者发生争执；展示即将结束时，插入一些表格资料向与会者说明公司的财务状况；展示期间积极记录，展示后重新整理会议记录与讲演内容等。

2. 展示过程要严格控制时间

在规定的时间内将项目中有吸引力的部分充分地展现给投资者，吸引投资者的兴趣，这就需要在有限的时间内把握好陈述的关键部分，并且有一定的技巧性，切忌泛泛陈述。一般来讲，口头陈述仅需要使用10～15张幻灯片，创业者的常见错误就是因准备的幻灯片过多而不得不在规定时间(一般为30分钟)内走马观花地完成陈述，使投资者无法充分了解需要的信息。因此，创业者在陈述的过程中不要追求全面，要抓住重点，尤其是投资者可能感兴趣的部分。下面提供了一份展示内容结构。

(1) 概述：主要内容包括产品或服务的简要介绍、演讲要点的简单介绍、这项商业活动带来的潜在收益(商业的、社会的及财务的)的简要介绍。这张幻灯片应该使观众对于你这项创业计划及它的潜在价值有总体上的认识，可以适时插入一些故事或统计数据向人们展示这项计划的重要性。

(2) 问题(尚待解决的问题和未满足的需求)：这部分是陈述的核心内容。主要内容包括说明亟待解决的问题，通过调查研究实证问题的严重性。这张幻灯片首先得提出问题，接着说明你的公司的成立就是为了解决这个问题。

(3) 解决方式：说明你公司的方案就是问题的解决办法，展示你的解决方法与其他解决方案相比较的独特之处。展示你的解决方案能够在多大程度上改变顾客的生活，是更丰富还是更高效或更实用。说明为了防止他人短期内抄袭你的方案，你设置了什么障碍。

(4) 机会、目标市场：主要内容包括明确具体目标市场，描述保证目标市场广阔前景的商业和环境趋势。最好能用图表展示目标市场的规模、预期销售额(最少三年)和预期市场份额，说明怎样达到你的销售额，准备好解答对于数据的疑问。这张幻灯片清楚地定位具体目标市场，如果你认为有必要，可用图示表明怎样进行市场细分；用语言展示你对目标市场及消费行为已经相当了解；具体说明保证目标市场广阔前景的相关趋势。

(5) 技术：如果有需要，可以介绍你的技术、产品或服务的独特之处。展示你产品的图片、相关描述或样品，如果可以的话，演讲时最好能展示产品的样品。说明可能涉及的知识产权问题。这张幻灯片并非必需，但通常情况下都会有。你必须介绍自己的技术、产品或服务的不寻常之处，务必使用通俗易懂的语言。

(6) 竞争者：主要内容包括详述你的直接、间接、未来竞争者。展示你的竞争分析方格，通过竞争分析方格说明你与竞争对手相比的竞争优势。说明为什么你的竞争优势是持久的，如果你的退出策略是被某个实力更强的竞争对手收购，不妨在这里提出这种可能性。这张幻灯片展示你面临的竞争格局，不要保守地陈述你目前及将来面临的竞争情况以致可信度降低。

(7) 市场和销售：主要内容包括描述你的总体市场计划；描述你的定价策略；说明你的销售过程，说明行业内消费者(厂商)的购买动机是什么，怎样唤起消费者对你的产品或服务的注意，产品怎样抵达最终消费者，是自己培育销售力量还是与中间商合作。这张幻灯片从描述你的总体市场计划开始，说明你的定价策略，是使用成本加成定价法还是价值定价法；阐明你的价格与竞争对手相比如何，说明你的销售过程。

(8) 管理团队：主要内容包括介绍你现有的管理团队，介绍他们的个人背景与专长，以及对这份事业的成功发挥了怎样的重要作用，介绍团队如何展开合作。说明管理团队现存的缺陷，以及你打算如何弥补。观众会把优秀的管理团队看作你事业成功的一个关键因素。如果你已集结一支优秀的队伍，可以简要地谈谈你是如何用自己的理念感染他们的。

(9) 财务规划：主要内容包括介绍未来3～5年你总体的收入规划及现金流规划。务必保证有人对细节问题询问时，有实际的数据支持。对你的数据要了如指掌，准备对数据背后的假设进行解释，按行业规范给出你的预计销售利润率。

(10) 现状：用数据突出已经取得的重大进展，介绍发起人、管理团队、前期投资者已经向企业投了多少资金，说明这些资金是如何被使用的，介绍企业现有的所有权结构，介绍企业的产权形式。投资者特别关注你的资金使用是否有效率，不要削减已取得成果的价值。

(11) 财务要求：主要内容包括介绍你想要融资的渠道及资金的使用方式，对渠道和资金使用的介绍要尽可能具体，尤其是资金的使用方式。介绍资金筹得后预期能取得的重大进展，这张幻灯片具体介绍你想要融资的数目及资金的使用方式。如果你的演讲对象是股权投资者，那么你就得准备阐述拟让渡出多少股份；如果想获得银行贷款，则要交代清楚想获得银行贷款的期限。

(12) 总结：当演讲接近尾声时，要总结一下在风险创业和创业团队中最具优势的地方(最多三点)，要介绍企业的退出策略。如果面对的是银行股权投资者，则要征求反馈信息。主要内容包括：总结企业的最大优势；总结创业团队的最大优势；介绍企业的退出战略；征求反馈，如果有可能的话召开后续会议。

四、创业计划书的常见问题及对策

在撰写创业计划书的过程中，由于撰写者对创业计划书内容的不熟悉，对国家相关法律法规不够了解，对相关知识掌握得不够充分等，往往会存在一些共性的问题，在此予以总结，以使创业者的创业计划书更加完善。

(一) 企业概况

本部分的常见问题有企业名称不符合要求，或者属于特许经营范畴的项目未经过授权，或者注册资金的选择不符合有关规定。创业者应关注经营范围特许的相关规定，普通投资者无法进入的蓝海领域，包括供水、供气、供热、公共客运等领域；另外，烟草需要有专卖许可，食品行业需要有经营许可及卫生许可等。酒吧和歌厅等可能不适合学生创业，其对社会关系的要求太高。

(二) 产品和服务

本部分的典型问题有：技术不过关(未过中试)，未能提供专利证明或未提供技术授权，缺乏售后服务的考虑等。

对产品或服务进行描述时，如果涉及核心技术，应保证技术已经通过中试，最好通过终试，而不仅仅是实验室中的产品；如果使用的是他人的技术，应提供技术授权书或者转让证书。对于学生创办的大部分企业，很难说一开始就从技术上超越现有企业，因此，完善售后服务，以及和客户建立良好信任关系往往是企业打开销路的第一步，何况现在严重供大于求，以客户为中心的客户关系管理更加重要。

(三) 商业构想与市场分析

本部分的典型问题有：目标人群混乱，需求不确定，市场调研不深入，缺乏对竞争对手的了解等。

创业者需要在进行项目论证时，通过设计有针对性的调查问卷，进行充分的市场调查。然后根据调查资料的整理结果进行科学的市场细分，确定企业拟进入的细分市场；同时广泛搜寻竞争对手的相关信息，分析企业相对于竞争对手的竞争优势，制定有针对性的营销策略。

(四) 企业选址

本部分的典型问题有：企业地址的选择不方便目标人群，或者成本过高等。

撰写创业计划书时，很多人依然基于传统的营销理论，站在4P——产品或服务(product)、地址(place)、价格(price)、促销(promotion)的角度对企业选址进行论述，选在方便创业者的地点，缺乏对客户需求的考虑。建议撰写者站在4C的角度重新考虑选址的问题，根据企业的顾客(customer)及其愿意接受的价格(cost)，在客户方便(convenience)购买的地方经营，并且通过加强沟通(communication)进一步了解并满足顾客需求。

(五) 营销方式

本部分的典型问题有：定价过低，市场推广策略简单化、平面化，营销策略急于求成等。

创业者一定要了解"一分价钱一分货"的道理，太低的定价也许给消费者带来"产品质量一般"的印象，而不一定能够增加产品销售量。大学生创业者可以通过增加售后服务等措施增强企业的竞争力。尽可能采用富有创意的营销策略，采用不同的营销措施，吸引消费者的注意力，提高产品的销售量；一步一个脚印地将营销工作做好，而不是异想天开地急于求成。

(六) 法律形式

本部分的典型问题有：对各种法律形式的特点不甚了解，做选择时比较盲目、想当然；对一人有限责任公司较陌生。

建议创业者认真学习、充分了解不同法律形式的特点及利弊，进行合理选择。

(七) 股份构成

本部分的典型问题表现为两个极端：股东一股独大，或者股东过于分散。

企业应该建立合理的利益分配机制，通过设置恰当的股份结构，既有利于经营过程中决策的及时性，又保证投资者在企业中利益的均衡。一股独大不利于调动其他投资者的积极性，股权过于分散可能会使决策周期过长，丧失投资良机。

(八) 组织架构和创业团队

本部分的典型问题有：团队成员背景单一，团队成员分工不合理等。

团队成员背景单一则缺乏学科跨度、经验跨度、资源跨度等，在组建创业团队时应尽可能选择不同专业、特长、性格、资源的人进行合作。高校学生参加创业计划竞赛时，高科技产品的创业团队最好有研究生参与。

(九) 成本预测

本部分的典型问题也表现为两个极端：成本估测过高，或者成本估测过低。

成本估测过高，可能会影响创业的信心和决心，使原本不错的项目被放弃执行；成本估测过低，则会使项目运作开始后发生亏本现象，甚至导致企业倒闭。因此，创业团队应该在制订生产计划时，对创业项目的成本进行深入细致的调查思考、精确周密的计算分析，使创业项目的成本预测接近实际。

(十) 现金流管理

本部分的典型问题有：现金支出估计不足，未留有一定的风险资金。

现金就像能使企业这台发动机运转的燃料。有些企业主缺乏管理现金流量的能力，导致企业经营中途抛锚。建议创业团队制订现金流量计划，在现金流量计划中明确地显示出每个月预计会有多少现金流入和现金流出。制订现金流量计划将帮助你的企业保持充足的动力，使你的企业在任何时候都不会陷入现金短缺的困境。大多数企业每天都要收取和支付现金，成功的企业主都要制订现金流量计划。当然，制订现金流量计划并非易事，会受到很多因素的制约，要考虑到顾客的赊账、采购过程中的赊账，以及企业某些费用是非现金形式的，如设备折旧等。如果这些因素你没有考虑到，没有提前准备好现金，那么你的企业可能难以正常运转。

(十一) 盈利情况

本部分的典型问题表现为过于乐观。

很多创业计划书在盈利能力描述部分给出的预测数据过于乐观，给人以外行的感觉。比如，动辄40%～50%的毛利，1年左右的投资回收期，20%左右的净利率等。建议创业团队在成本预测较为准确的情况下，正确估计盈利情况。

(十二) 资产负债表

本部分的典型问题为资产负债表的数据两边不平衡，以及利润表和现金流量表的勾稽关系不正确等。

资产负债表的编制原理是"资产=负债+所有者权益"，可是这一最基本的公式并不为大部分创业者所熟悉，以致编出的预计报表漏洞百出，或者资产负债表的数据两边不平衡(等式左右两边不相等)，或者缺乏报表之间应有的对应关系等。建议创业团队向专业教师进行咨询。

拓展阅读 | 7-5

∽ 猪八戒网估值超110亿元的秘方 ∾

猪八戒网创始人朱明跃还是《重庆晚报》首席记者。10年里，从6个人的"草台班子"到中国领先的众包服务平台，估值超110亿元、占同行业80%市场份额、拥有2400多名员工，猪八戒网这只"猪"在互联网的风口上真实上演了"飞起来"的创业史。

2004年，受博客中国的影响，新媒体的发展趋势引起朱明跃的思考："能不能将创意点子这种虚拟的东西拿到网上去卖？互联网+服务业有没有未来？"

不过，他对网站设计一窍不通，抱着试一试的想法，在网上发了一个帖子，悬赏500元找人做一个网站。很快一个程序员接了单，几天后，猪八戒网诞生了。与淘宝、京东不同的是，在这个平台上卖的是创意，是无形的服务。

2006年10月，朱明跃辞去《重庆晚报》的工作，在重庆上清寺一间简陋的平房里创立了猪八戒网，当时创业团队只有6人。

"猪八戒网选择的路径看上去很美，可是，事情没有想象的那么简单。"朱明跃很快发现，真正的创业和规划完全不一样。如今如日中天的猪八戒网，历经了与"西天取经"一样的苦难。

首先，服务是非标准的，每个创意各不相同，交易起来不像空调等标准化的产品那么简单；其次，消费者的消费是低频次的，一个企业只需要一个标识；最后，买家和卖家的对话存在难度，要让非专业的人掏腰包购买专业人士的服务。

"创办猪八戒网是一个媒体人创业的无知无畏，创业的过程无比艰辛。"朱明跃说，"我又不甘心走回头路，只有坚持做下去。"

可是资金的匮乏，让他几近崩溃。最困难的时期，整个团队吃饭都成了问题，团队的主要目标是"解决吃饭"。

当时的朱明跃能够想到的盈利方式就是抽佣，这也是当时同类网站的主流模式。买家悬赏设计logo，卖家做出方案，交易成功了，猪八戒网站抽取其中的20%作为佣金。

从表面上看，这是一个能发挥互联网优势的好模式，但是朱明跃很快发现抽佣存在着严重的瓶颈。抽佣意味着网站要分别人的"蛋糕"，买卖双方都希望"跳单"，频频发生的"私奔"让线下交易远远高于线上，这不仅影响了佣金收入，更大的危机在于降低了交易规模。致命的是，交易规模是其整个商业模式的逻辑起点。雁过拔毛的佣金让买卖双方"绕开收费站"，规模上不去，企业发展受到限制。

推行佣金制的时刻，正是猪八戒网最为艰难的时刻。幸运的是，就在猪八戒网开始运营的第二年，有人看好其前途，进行了500万元的天使投资。

凭借着500万元，公司苦苦支撑了4年。

在此期间，猪八戒网的对手也因为走着同样的路而面临同样的困惑，但对手退出行业，猪八戒网"剩者为王"。猪八戒网站终于在2011年4月，得到了IDG资本为其进行的A轮投资。

实际上，IDG在2007年左右就注意到了猪八戒网，但当时并不看好其商业模式，直到2011

年，IDG投资人到重庆考察其他项目，意外发现猪八戒网竟然还活着，考察后，最终决定投资猪八戒网。

坚持是猪八戒网"守得云开见月明"的重要原因。在朱明跃看来，青年创业者更应重视"坚守"的价值，因为创业过程中，总会遇见各种各样的难题，创业者不要轻易放弃。

任何行业都会经历竞争中的洗牌。在朱明跃看来，与一批完全和自己的商业模式或运营模式一模一样的公司竞争，最重要的是要确保自己能够活下来，这是根本。否则，在第一阶段完全同质化的竞争中就会败下阵来。

但是，"坚持"并不是猪八戒网"灰姑娘"故事中唯一的"水晶鞋"，更重要的那一只"鞋子"是：创新。这是一次异常彻底的创新，经过深思熟虑后，猪八戒网决定彻底免掉佣金，然后去寻找新的替代性的收入来源。

10年里，猪八戒网经过了7次"腾云行动"，不断掀起新一轮的创新。

"什么叫'腾云行动'？它是公司内部项目的行动代号，只要这四个字一出，就意味着我们的整个产品运营体系、组织架构推倒重来。"朱明跃说。因为猪八戒网从事的是一个严重低频、非标准、非专业买家做复杂购买的交易平台，没有可以学习借鉴的榜样，完全靠自己摸着石头过河。

这7次"腾云行动"，目的地只有一个：寻找一个可以把这个复杂的服务交易规模化的平台。

每"腾云"一次，解决一个问题，就上了一个台阶，猪八戒网不断和自己较劲。经过一次次的产品创新，终于做出了一个买家和卖家都认为比较"好用"的产品平台。

除了产品方面的创新，猪八戒网还坚持做商业模式的创新，以走出"佣金"模式的沼泽。

"当时佣金在8000万元左右，几乎是90%的收入。可我只能砍掉这'有毒'的佣金，尽管这可能意味着生存压力，财务报表也无法向投资人交代。"朱明跃说，2015年6月15日，猪八戒网平台正式宣布免除佣金。

很多互联网公司的商业模式创新表现为行业并购"近亲结婚"，猪八戒网则更加专注向企业服务领域纵深挖掘。挖掘"免佣金"所带来的海量用户形成的大数据中隐匿着的巨大商业价值。

猪八戒网将其总结为"数据海洋+钻井平台"模式，其"钻井"从某个角度看，就是对海量用户的延伸需求提供进一步的服务。

在10年的"苦熬"生涯中，猪八戒网并未赚到真金白银，但留下了大量的用户和数据，这构成了他"在数据的海洋中钻井"的基础。

朱明跃说："过去，买家会悬赏征集各种标识等，接下来会做什么？我们发现，几乎百分之百的都会做商标。这就是新的商机，我们为他做商标。"

2015年下半年，猪八戒网以4000万元战略投资知识产权社区思博网，与猪八戒网原有的金牌业务"猪标局"成立"八戒知识产权"。成立不到一年的时间里，"八戒知识产权"达到月均接单11000件，发展为国内首屈一指的商标代理机构，这就是大数据的力量。

随后，猪八戒网不断往各服务领域纵深。比如，买家设计完毕后，名片、包装、海报都需要印刷。猪八戒网与纳斯达克上市印刷企业浙江胜达集团、佛山彩印通三强联手，打造"八戒印刷"。

买家们成立了公司，需要做账，猪八戒网出资1.5亿元，投资财务服务平台"慧算账"，于是有了"八戒财税"。

去掉佣金后，猪八戒网反而找到了更广阔的商业机会。"创新商业模式，就是'猪八戒'估值超过110亿元的原因所在。"朱明跃说，"不变戏法，就是死路一条。"

"猪八戒网的发展历程，见证了创新的结果，创新是创业者'最管用的药方'。"朱明跃说。创新不仅仅驱动一家企业的发展，还驱动创业者转型升级，拓展自己的事业，为全国乃至全球的企业提供创意活动。

(资料来源：根据网络资料整理)

回顾与思考

1. 什么是商业模式？怎样设计商业模式？

2. 如何认识创业计划书？创业计划书如何撰写？

课后训练

1. 利用商业模式画布将你的创业项目的商业模式呈现出来。

2. 搜集一份获奖的创业计划书，阅读后讨论其获奖的原因。针对已有的创业项目，制作一份12页左右的路演PPT，并尝试进行项目路演。

第八章

资源整合、创业融资
与新企业设立

- ○ 了解创业资源的获取途径及技巧
- ○ 掌握创业资源整合的模式
- ○ 了解创业融资的方式和渠道
- ○ 掌握新企业设立的一般流程

☑ 引例

☙ 王聚会：放弃百万年薪，要做纯无机功能性涂料的全国第一 ☙

创新与科研这条道路是一条充满险阻与未知挑战的路，唯有不忘初心，方能到攀登更高的山峰。2022年，砥砺奋进，继续前行，我们的征途是星辰大海。

——王聚会

西南科技大学材料学院硕士，高级工程师，国企上市公司高管；做过水泥厂的技术员、工程师、中层管理者、副总和总经理，曾是北京金隅集团提拔最快的子公司总经理；6年前辞职创业，彼时48岁，他就是王聚会，郑州聚合缘新材料科技有限公司创始人，一位高龄、高管、高工的"三高创客"。

有技术有团队不差钱，就想自己做点事

创业就像一颗种子，早在2012年，就埋在了王聚会心里。但是，真正让这颗种子发芽是源于一次行业内的学术会议。2015年10月，王聚会应邀去南方某城市参加一次非金属粉体行业的学术会议。会议中，一位教授讲到了地质聚合物涂料技术，专业科班出身并有着多年行业经验的王聚会立马意识到这是一个商机。

"地质聚合物是一种可以代替水泥的新型材料，因为成本太高没有在水泥行业得到普及。但是如果能够应用到涂料技术中，就能够解决成本问题。"王聚会回忆说，"如果地质聚合物代替有机物的胶黏剂，将颠覆现有的乳胶漆产品技术，彻底解决装修污染问题，这是一个造福百万家庭的好事，不管多难也不能放弃。"

虽然教授的技术还停留在实验室阶段，产品并不成熟，但王聚会认定：无机环保涂料一定是未来的方向。于是，2016年，48岁的他果断辞去国企上市公司高管的职务，放弃令人艳羡的百万年薪，毅然加入创业大军，组建研发团队，开始创立自己的品牌。

"工资足以让我衣食无忧，创业不是为了挣快钱，就是不甘心，想自己做点事。"王聚会说，"我有专业技术，也有愿意跟随的团队，最重要的是，我对这个产品的市场有信心。"

搞研发、拿专利，创业五年不设销售部

烈焰、水枪、水泥墙、测试仪、老厂房……这不是赛博朋克2077，这是聚合缘"实力过硬，说话才硬"的产品发布会现场。

2021年4月，在郑州高新区的一个老厂房里，王聚会向到场的媒体和体验者演示了"聚合缘"产品0甲醛、防水、耐火等一系列硬核实验。此时，距离"聚合缘"无机聚合墙壁涂料第一批产品试制成功已过去5年。5年前，当第一份涂料样板拿到国家建筑装修材料质量监督检验中心的合格检测报告时，王聚会却做了一个决定：产品暂不对外销售。

"公司直到现在没有专设销售部。"王聚会说，"过去这几年，我们主要的精力都放在产品的性能提升上。"

迄今，公司所研发的纯无机功能涂料，已拿到30多份行业内权威机构出具的检测认证，申请了20多项发明专利和实用新型专利(其中14项已经获得授权)，参与了6项行业标准及团体标准的起草编制。

2019年，王聚会以"生态壁材——新一代多功能型内墙装饰涂料"项目参加了"豫创天下"河南省创业创新大赛和中国第九届创新创业大赛，分别获得郑州市创业组二等奖、河南省创业组优秀奖。

2021年12月21日，聚合缘"碱激发胶凝材料基纯无机内墙功能涂料"科技成果评估会在北京召开，通过住建部评审，成为2022年全国建设行业科技成果推广项目。这是国内第一家通过住建部评审的无机涂料产品。

做公益、打样板，品牌才是企业的护城河

和市场销售上的低调相比，王聚会在做公益和打样板上可谓是积极又主动。

这两年，王聚会以公司名义先后向武汉金银潭医院、河南省人民医院、河南大学附属医院、西南科技大学、郑州大学、郑州一中等10多家医院和46所学校捐赠累计数千公斤的净味产品及地下壁材，捐赠物资价值折合人民币500多万元。

"一个企业的护城河，大家都认为是技术、是专利，我并不这样认为。"作为技术型老总，王聚会说，"一个企业最有效的护城河是品牌，因为品牌需要用时间积累，需要用口碑沉淀。"

说起对产品的宣传时，王聚会这样回答："我想利用新媒体进行传播，而非传统的投放广告宣传的方式，在营销模式上会选择短视频推广+渠道经销。"据了解，公司已经专门成立了新媒体部，但不在抖音卖产品，只为自己的品牌宣传。

"从创业开始，我就下决心要做自己的品牌。聚合缘的目标是：要做到纯无机功能性涂料细分领域中的国内第一品牌。"王聚会如是说，语气铿锵，目光坚定。

(资料来源：根据网络资料整理)

第一节　创业资源的获取、开发与整合

大部分创业者的失败都与资源的整合和融资环节的不协调相关。因此，从这个角度来看，创业也被认为是创业者感知机会后的资源整合行为，遵循从感知机会到组建创业团队、并获取创业必需资源的逻辑。创业管理大师熊彼特认为，创业者的功能就是实现新组合。因此，创业资源的整合是创业者实现成功创业必须斟酌的问题。创业者一开始创业不可能也没有必要拥有他所需的全部资源，为克服资源和经验不足等"新创缺陷"，新创企业往往需要从创业网络中汲取和整合各种创业资源。同时，资源管理理论也认为，资源整合能够对新创企业的资源和能力进行补充与丰富，并促使新创企业更好地适应环境的变化，因而能推动新创企业向前发展，提高新创企业绩效。

一、创业资源的获取

(一) 获取创业资源的途径

获取创业资源的途径一般来说可以分为市场途径和非市场途径两大类。市场途径获取资源的方式包括资源购买、资源联盟和资源并购等，非市场途径获取资源的方式主要有资源吸引和资源积累等。

1. 通过市场途径获取资源

通过市场途径获取资源的方式包括资源购买、资源联盟和资源并购。

(1) 资源购买是指利用财务资源杠杆通过市场购入的方式获取外部资源。主要包括购买厂房、装置、设备等物质资源，购买专利和技术，聘请有经验的员工及通过外部融资获取资金等。当创业所需要的资源有活跃的市场，或者有类似的资源进行交易时就可以通过购买的方式获得。

(2) 资源联盟是指通过联合其他组织，对一些难以或无法自己进行开发的资源实行共同开发。很多创业培训被安排在孵化园或咖啡厅，其实就是一种资源联盟的方式，一方面培训方节约了场地租用金；另一方面孵化园或咖啡厅通过提供场地获得了很多潜在的客源，无形中为自己做了宣传。很多培训机构依托高校或研究机构研发培训体系，也是资源联盟的典型表现，借助外脑和专家合作，既可以节约培训机构的研发经费，又可以使培训体系具有前沿性和系统性，高校或科研机构的人员则可以将自己的研究成果转化成生产力，为社会创造价值。

(3) 资源并购是通过股权收购或资产收购，将企业外部资源内部化的一种交易方式，资源并购的前提是并购双方的资源，尤其是知识等新资源，具有比较高的关联度。

2. 通过非市场途径获取资源

通过非市场途径获取资源的方式主要有资源吸引和资源积累等。

(1) 资源吸引指发挥无形资源的杠杆作用，利用新创企业的创业计划，通过对创业前景的描述，利用创业团队的声誉来获得或吸引物质资源(厂房、设备)、技术资源(专利、技术)、资金、人力资源(有经验的员工)。

(2) 资源积累指利用现有资源在企业内部通过培育形成所需的资源，主要包括自建企业的厂房、装置、设备，在企业内部开发新技术，通过培训来增加员工的技能和知识，通过企业自我积累获取资金等方式。一般来说，人力资源和技术资源的积累非常重要，可以保证企业拥有发展需要的关键人才及核心技术。

(二) 创业资源获取的影响因素和获取技巧

1. 创业资源获取的影响因素

影响创业资源获取的因素主要有创业导向、商业创意、资源配置、管理能力、社会网络和工作经验等。

(1) 创业导向。

创业导向是一种态度或意愿，这种态度或意愿会导致一系列创业行为。创业导向会促进对机会的识别和开发，进而促进对资源的获取。因此，创业者要注重创业导向的培育和实施，充分关注创业者特质、组织文化和组织激励等影响创业导向形成的重要因素，采取有效的方式获取资源，并在资源的动态获取、整合和利用过程中，区分不同资源，充分发挥知识资源的促进作用。

(2) 商业创意。

商业创意为资源获取提供了杠杆，但获取资源还有赖于创意的价值被资源所有者认同。换言之，一种能被资源所有者认同的、有价值的商业创意，才有助于降低创业者获取资源的难度。

(3) 资源配置。

由于资源的异质性、效用的多维性和知识的分散性，人们对于相同的资源往往具有不同的效用期望，有些期望难以依靠市场交换得到满足，因此，如果通过资源配置方式创新，能够开发出新的效用，使之更好地满足资源所有者的期望，创业者就有可能从资源所有者手中获得资源使用权，以开展生产经营活动。例如，孟加拉国的一位设计师利用厚纸板和旧的塑料瓶设计了一款"生态空调"，不用消耗任何电力，就可以在一定范围内有效降低房间的温度，为数十万无法使用电力空调的穷困人们带去福音，帮他们顺利度过炎炎夏日。

(4) 管理能力。

创业者的管理能力是企业软实力的主要表现，创业者管理能力越强，企业获取资源的可能性越大。创业者的管理能力可以从其沟通能力、激励能力、行政管理能力、学习能力和协调能力等多方面予以衡量。

(5) 社会网络。

社会网络是机构之间及人与人之间比较持久的、稳定的多种关系结合而成的网络关系。在社会网络中处于优势地位的创业者，具有较好的社会关系依托，可以有选择地了解不同对象的效用需求，有针对性地对不同对象传递不同的商业创意，有目的地取得不同资源所有者的理解和信任，最终成功地从不同网络成员那里取得所需资源，为自己进行资源配置提供基础。

(6) 工作经验。

特定产业中的先前经验有助于创业者分析创业所需的资源类别，从而使其更容易识别资源、获得资源。

2. 获取创业资源的技巧

为了及时、足额并以较低的成本获得创业所需要的资源，创业者需要掌握一定的创业资源获取技巧。

(1) 充分重视人力资源的获取。

人力资本在创业资源中的决定性作用要求创业者必须充分重视人力资源的获取，创业者一方面应努力增强自身能力，另一方面应充分重视创业团队的建设。一支相互了解、才华各异、能力互补、目标一致、彼此信任的团队是创业资源中最为重要的资源，也是创业成功必不可少的保证。因此在创业初期，创业者需要在人力资本的积累和获取上花大量时间。

(2) 以能用和够用为原则。

创业者在筹集资源时应坚持能用的原则，只有满足企业需求、可以支配并使其充分发挥作用的资源，才是需要花力气筹集的资源。另外，在筹集创业资源时应该本着够用的原则，既满足企业经营所需，又不会因为筹集过多而使企业承担较高的成本。只有能为企业所用的物资，才可以成为企业的资源。

(3) 尽可能筹集多用途资源和杠杆资源。

一般来说，时间资源、人力资源是用途最多也是最具有杠杆性质的资源。创业者要善于进行时间管理，把有限的时间用在刀刃上；要善于通过授权，将精力集中于关键的决策上；既要善于有效发挥团队成员的作用，又要善于利用团队成员的能力撬动更多其他资源。当代大学生应该具有善于发现的眼睛和善于创新的大脑，以便更多地变废为宝，为实现经济的可持续发展贡献自己的力量。

拓展阅读 | 8-1

❧ 创业路漫漫，青年立志辟新天 ❧

崔高阳，男，2020届河南工业大学机械制造与自动化专业本科毕业生。在校期间创立河南嵩旗科技有限公司，毕业后相继筹建中机重工(南京)和郑州粮威信息技术有限公司。

在崔高阳创业之初，难题一个接着一个纷至沓来。没有足够的订单，拿不出充足的资金，没有工厂愿意加工产品……每一个摆在他面前的难题都能轻易封锁住他的创业之路。

为了解决工厂代工的问题，崔高阳带着图纸跑遍了加工厂，他曾连续半个月跟在注塑厂老板身后，一有机会就谈合作，终于注塑厂老板勉为其难地答应了崔高阳，先试产看效果再决定后续的合作。

崔高阳抓住这次来之不易的机会，与工人同工同寝，虚心向工人师傅请教，在抓生产质量的同时，又快速学习掌握了注塑机的操作技术。在崔高阳为期一周的监督生产下，生产出的产品达到了极高的标准。

有了第一次的成功后，崔高阳再接再厉。他用自己企业的技术优势与其他工厂协同作业；他也与一些个体户合作，形成联动机制，共同完成了公司产品小批量的生产任务；他还与运输公司合作，完成了跨区装配工作。

为了筹集资金，崔高阳积极参与学校、政府及相关部门举办的创新创业大赛等一系列活动，在这些平台中结识了志同道合的人。他通过向别人展示自己的梦想，不断与别人交换意见，最终和一些有资源并且愿意帮助创业者的人达成了共识。

崔高阳抓住一切机会发展自己的团队、落实自己的项目，通过互惠合作，他的公司慢慢变成了一个有一定规模的企业。创业路上的苦不是三言两语便能说清的，而崔高阳却颇感愉悦，他始终相信，这些汗水一定能浇灌出美丽的花朵。

(资料来源：根据网络资料整理)

二、创业资源的开发

创业资源开发是指创业者开拓、发现、利用新的资源或其新的用途的活动。开发创业资源需要一个比较完善的机制，并重点关注对企业发展较为重要的人力资源、客户资源、技术资源和信息资源的开发。

(一) 人力资源开发

创业者可以通过充实自己、拓展人脉等方式充分进行人力资源的开发。

1. 充实自我

创业者及其团队成员是创业企业最重要的资源，也是人力资源开发的核心。创业者及其团队可以通过学习能力、沟通能力、领导能力、管理能力的训练不断提升自我，满足企业日益发展的需求。

2. 开发人脉资源

社会人脉资源对于项目管理、资源筹集、风险控制等具有很重要的作用，需要构建合理的机制、进行科学的规划来开发。

(1) 认真规划人脉资源。

在制定人脉规划时，应注意人脉资源结构的科学合理性，关注性别结构、年龄结构、行业结构、学历与知识素养结构等；要平衡物质和精神方面的需要，并重视心智方面的需要；要注意人脉的深度、广度和关联度。创业者应充分利用朋友或他人介绍等方式拓展人脉资源，从长远考虑，关注人脉资源的成长性和延伸空间。

(2) 积极拓展人脉资源。

一般来说，人脉资源的拓展主要有熟人介绍、参加社团、利用网络等途径。

① 熟人介绍。熟人介绍是一种事半功倍的人脉资源扩展方法，它可以提升人与人之间产生信任的速度，提高合作成功的概率，降低交往成本，是人脉资源积累的一条捷径。

② 参加社团。在参加社团时，人与人的交往和互动是在"自然"的情况下进行的，这有助于建立情感和信任，而且，社团里面的公益活动、休闲活动可以产生人际互动和联系。如果能在社团中谋到一个组织者的角色，就可以得到服务他人的机会，在为他人服务的过程中，又可以自然地增加与他人联系、交流和了解的时间，使人脉自然延伸。

③ 利用网络。网络现在已经成为社会交往最便捷、廉价，也是应用范围最广的手段之一。网络使得人们之间的交往更加便利，在网络上人们会变得更加真实，因此，利用网络可以扩大自己的朋友圈，利用网络也可以了解到他人的真实需求和想法。

(3) 科学经营人脉资源。

建立和维持人脉资源需要坚持互惠互利、诚实守信、善于分享和"2/8原则"。

① 互惠原则就是在人际交往中要努力做到利人利己，形成一种双赢的人际关系模式。

② 调查发现，在人际交往中，一般人都喜欢与诚实、直爽、表里如一的人打交道，最痛恨的是欺骗和虚伪。因此，创业者在人际交往中应坚持诚实守信的原则，将信用作为处理人际关系的必守信条。

③ 分享是一种最好的建立人脉资源的方式，分享的东西越多得到的就会越多。

④ 在开发人脉资源时不能平均使用时间、精力和资源，而必须区别对待，必须对影响或可

能影响我们前途和命运的20%的"人脉"另眼相看，在他们身上花费80%的时间、精力和资源。

对于新结交的人脉资源一定要学会维持和经营，将其长期维持下去。

(二) 客户资源开发

创业企业只有成功地将产品和服务销售出去，找到自己的客户，才能够在资本市场上获得收益。因此，客户资源开发对于创业企业有着至关重要的作用。

1. 主动开发新客户

要争取到新客户，需要创业者或者拥有资源，或者投入更大的成本进行"攻关"，这种成本包括创业者的精力和时间等，而且为争取到重要客户，创业者往往需要亲自用诚意获取客户信任。创业者和新创企业可以通过特殊待遇或优惠、模仿、设计、广泛搜寻、循序渐进等策略开拓新客户。

新创企业可以通过向早期的顾客提供广泛的服务，或者免费的辅助服务、培训等，或者向那些其他企业不愿提供服务的客户提供服务，雇佣其他企业不愿意雇佣的人等方式，筹集创业初期所需要的资源。也可以通过模仿一些大规模、更成熟的公司的外在形式，使人们对新创企业的稳定性产生一种不假思索的信任。或者通过精心设计沟通的语言和方式，向不同的资源拥有者展示创业者或新创企业的形象。

新创企业常常为找到最"合适"的资源供给者，充分调用各方面的关系进行宣传，想方设法接触尽可能多的客户，直到找到最佳人选。可以以一桩小买卖为开端来获得大生意，让资源供给者先做出小的投入，然后争取其进一步的购买和投入。通过与客户大量接触的机会，有意识地记录潜在客户的特征，分析其需求，在适当的时候向其介绍企业的产品或服务。

2. 精心维系老客户

企业可以通过增加客户的忠诚度，加大客户的转移成本，以用户锁定等方式留住老客户。这就需要企业的产品或服务有一定独特性，使客户产生黏性，不愿轻易转用其他企业的产品或服务。

(三) 技术资源开发

技术资源开发的方式包括企业通过提高自己的科研能力自行进行技术创新，以及通过整合社会的技术资源达到提高其技术能力的目的两种方式。

通过自主研发的方式获得创业所需资源，可能是大部分科技型创业企业采用最多的获取技术资源的方式，尤其是高校毕业生的机会型创业。在校大学生可以将自己做实验或钻研过程中的发现或发明创造转变成生产力，进行自主创业。在高技术领域，通过自主研发的方式，或者说技术持有者自己创业的案例最为多见。如果创业者并不掌握创业所需的专门技术，就需要吸引技术持有者加入自己的创业团队。另外，挖掘失效专利技术潜在的商业价值或者通过外购、合作研究的方式均可进行技术资源的开发。

(四) 信息资源开发

一般来说，企业信息资源的开发和利用可以通过信息分析、信息综合和信息预测三个步骤实现。而提高对信息资源开发利用的效率，同样需要企业采取一定的对策和措施。

1. 确立信息资源开发利用的目标

有效开发利用信息资源，必须确立信息资源管理的理念和目标，使其与企业的战略发展目标一致。一般来说，信息资源开发利用的目的是综合利用信息资源辅助企业的高层决策，为企业管理和决策提供有效的企业内外部信息，做出快速、准确的市场应对与决策，取得整体综合效益，使企业在竞争中立于不败之地。

2. 加大对信息人才的培养和有效利用

企业信息资源开发利用成功的关键在于人才和人才资源开发，企业信息化需要一支善于交流、善于开发利用信息资源的优秀管理人员和技术人员的队伍。因此，企业必须投入一定的资金，通过加强人才培训、技术交流，同时通过与科研机构、高等院校等进行厂校联合、"结对子"等手段来发现、培养一批富有开拓创新意识、掌握新技术并且具有很强实践能力的高层次技术骨干；还可设立奖励基金，对信息人才的主动性和创造精神给予奖励，提高全体职工的信息知识水平。利用各种方法提高员工的综合素质，增强开发利用信息资源的有效性。

3. 开发过程中确立自己的竞争优势

谁掌握的信息资源全面、准确、及时，谁就能在市场竞争中赢得主动、获得胜利。企业为在竞争中确立优势，必须重新审视与价值链上其他相关企业的联系，充分掌握相关的信息，以做出正确的分析和决策。企业可以从市场信息资源开发机构获取信息，并对企业自身信息系统不断进行改进、发展和完善，同时还必须进行必要的组织机构调整，做好人员安排、计划组织、资金保证等，并突出为企业生产经营服务的理念，突出信息的层次性。

4. 加大网络信息资源的开发

网络信息资源与常规的信息资源相比具有更加丰富、更加便利的优势。网络上的信息资源数量庞大、内容丰富、关联度强，不同时间(过去、现在、将来)、不同空间(企业内外、国内外)及不同内容的信息均可在网上有效传播。企业要想获取大量的外界信息，实现共享信息资源，就要充分利用基于网络的信息服务平台，加快企业信息资源的整合，大力发展企业信息网络建设。同时，加大网络信息资源的开发深度与广度，在对其进行整合时，要将以往各行各业的非正式信息交流、半正式信息交流与正式信息交流汇集到一个网络上，为人们同一时间的查询提供便利。

三、创业资源的整合

(一) 创业资源整合的过程

创业过程实际上就是创业者建立、整合和拓展资源的过程。在这个过程中，创业者需要平衡、取舍，需要对新创企业所需的资源进行识别、控制、利用和开拓。

1. 创业资源识别

创业者首先要明白自己的资源整合能力，以及企业所拥有的最初资源。创业资源中也存在假象，即不适合企业发展的方面，这就要求创业者具有辨别真伪的能力，不能对所有资源都来者不拒，与此同时，创业者还要厘清哪些是战略性资源，哪些是一般性资源。之后，还要对资源的数量、质量、可利用程度进行分析。要做到这些，通常要求创业者具备一定的行业知识和社会关系网络。

资源识别方式分为两种：自下而上和自上而下。

(1) 自下而上是指创业者拥有详细、具体的创业计划，依据创业计划对资源进行识别，从而把资源整合在一起创造价值。

(2) 自上而下是指创业者首先勾勒出组织愿景及这一愿景如何实现，而后识别自身所拥有的资源和环境中能提供的所需资源，以此实现组织愿景。

2. 创业资源控制

实际上，所有成功的创业者在新创企业成长的各个阶段，都会做到用尽可能少的资源推进企业向前发展。同时，对于他们而言，资源的所有权并不是关键，关键是对其他人资源的控制、影响程度。资源控制的范围通常包括自有资源和外部资源。

自有资源大多存在于创业者和创业团队，如教育背景、声誉、行业知识、资金和社会网络等。其中，团队成员中的人脉和技术对企业的成功举足轻重。

外部资源通常可以通过购买和并购获得。资源购买主要通过市场购入所需资源；资源并购则是通过股权收购或者资产收购，将企业的外部资源内部化。

为了提高创业绩效，创业者需要尽可能利用手头资源和自身能力去获取并控制那些目前无法得到的资源。如可以通过资源联盟的形式，联合其他组织对一些难以或无法自行开发的资源共同开发。

3. 创业资源利用

在完成了对资源的获取和控制后，创业者需要不断挖掘、利用创业资源。

首先是资源配置。由于资源在未整合之前大多是零碎的、散乱的，要发挥其价值、产生最佳效益，就必须运用科学方法对各种类型资源进行细化、配置和激活，将有价值的资源有机融合起来，使之具有较强的系统性和价值性。

其次是利用资源优势来赢得市场。创业者需要协调各种资源之间的关系，匹配有用的资源、剥离无用的资源，使资源相互匹配、相互增强、相互补充，使之转化为企业内部的独特优势，从而为企业赢得市场，提高创业绩效。

4. 创业资源开拓

创业资源的开拓是在协调资源的基础上，进一步开发潜在资源为己所用；是将以前没有建立起联系的资源建立联系，不仅整合已有资源，而且将新获取的资源与已有的资源进行充分整合。因此，对资源的开拓不仅是实现财富的创造，而且是在已有资源的基础上拓展企业资源库，进一步识别企业自有和外部资源，拓展资源的范围和功能，从而为下一步的资源识别、获取、配置和利用奠定基础。这也是企业持续竞争优势的源泉。

总之，创业资源识别、资源控制、资源利用和资源开拓这四个子过程相互依存、相互联系。资源识别是创业资源整合的起步阶段；资源控制是创业者根据原有计划和资源识别结果，要尽可能利用手头资源和自身能力去获取并控制那些目前无法得到的资源，从而为资源的配置和利用奠定基础；资源利用要按需分配，将资源放到企业最需要的位置上，使之转化为企业内部的独特优势，同时应避免资源沉淀；资源开拓则为下一轮的循环奠定基础。

(二) 创业资源整合的模式

创业资源整合是通过对不同来源、不同层次、不同结构、不同内容的资源，进行选择、汲取、配置、激活和有机融合，从而形成新的核心资源体系的过程，这是一个复杂的动态过程。

基于对新创企业资源整合实践的分析和总结，学者们提出了创造性整合、杠杆、拼凑、步步为营四种被普遍接受的资源整合模式。

1. 创造性整合

创造性整合是指在资源束缚条件下，创业者为了解决新问题、实现新机会，发现已有资源的新用途，并利用新途径创造出新的独特服务和价值。事实上，创业者可以通过在已有元素中加入一些新元素来形成在资源利用方面的创新行为，进而取得令人惊奇的成果。

2. 杠杆

杠杆是指当企业内生资源不足或短期内难以获取，而外部资源存在闲置或浪费时，企业通过核心能力构建资源杠杆，以快速撬动外部资源为己所用的方式。这里的杠杆可以是资金、资产、时间、能力、关系和品牌。对于创业者而言，教育背景、相关经验、个性品质、专业技能、信誉、资格等个人的能力和素质最容易产生杠杆效应。杠杆效应能以最小的付出或投入来获取最多的收获效益，杠杆资源效应体现在以下几个方面：比别人更加延长地使用资源；更充分地利用别人没有意识到的资源；利用他人或者其他企业的资源来完成自己创业的目的；将一种资源补足另一种资源，从而产生更高的价值；利用一种资源获得其他资源。

3. 拼凑

拼凑是指通过对手头有限资源的创造性整合和利用，因陋就简、自力更生地进行创业。事实上，潜在创业者并不是真正的"一无所有"，而是因为不敏感或能力不足而对自己手头拥有的东西视而不见。其实，不少成功创业者都是创业资源方面的拼凑高手，他们善于用发现的眼光，洞悉身边各种资源的属性，然后将它们创造性地整合起来。这种整合有时是突如其来的情况下摸索前行的结果。

4. 步步为营

"步步为营"是杰弗里·康沃尔在其专著《步步为营：白手起家的艺术》中提出的资源利用的重要方式。他指出，步步为营经济实用，它不仅适用于小企业，还适用于高成长企业和高潜力企业。具体到创业资源整合实践中，"步步为营"是指创业者分多个阶段投入资源，并在每个阶段投入最有限的资源。这样，创业者一方面要有能力设法将资源的依赖降到最低，从而将成本降到最低，另一方面创业者还要能够自主、自立、自强，以便减少对外部环境的依赖。这实质上体现的是一种能力，一旦具备这种能力，创业者也就在向成功步步靠拢。

拓展阅读 | 8-2

❧ 牛根生创业整合资源 ❧

没有任何资源，难道就不能做事情，不能创业，不能赚大钱吗？我们不能被眼前的困难吓倒，而要明白一个道理，资源是可以整合的，没有工厂，可以借别人的工厂生产，没有品牌，就先做别人的品牌，然后积累了一定基础后，做自己的品牌，同时也可以整合其他品牌资源。例如，别人说"怕上火就喝王老吉"，你就说"上火就喝降火王"，当别人喝王老吉的时候，同时也想到你。基本上企业的任何资源都可以整合。

现在这个时代，靠一个企业独立经营，单打独斗，力量是十分有限的，一定要整合各方面的资源才能把一个企业做大。

牛根生是这方面的牛人，牛根生刚开始只是伊利的一个洗碗工，凭着自己的勤奋和聪明做到生产部门的总经理，后来因各种原因离开伊利。但是他那个时候都40多岁了，去北京找工作，人家嫌弃他年纪大。没有办法又回到呼和浩特，邀请原来伊利几个同事，一起出来创业，人有了，但是没有奶源，没有工厂，没有品牌，每一项都是致命的。

于是牛根生开始整合资源，通过人脉关系找了哈尔滨一家乳制品公司，这家公司设备都是新的，但是生产的乳制品质量有问题，同时营销渠道这一块也没有打通，所以产品一直滞销。牛根生马上找到这家公司的老板说："你来帮我们生产，我们这边都是伊利技术高层，帮忙技术把关，牛奶的销售铺货我们也承包了。"这位老板一听，马上答应下来。而且他们几个一起出来创业的伙伴也有了落脚的地方，解决了生存的问题。

第二个问题，没有品牌怎么办？在乳制品这个行业，没有品牌很难销售，因为品牌代表着安全可靠。于是牛根生借势整合一番后，打出口号"蒙牛甘居第二，向老大哥伊利学习"。口号一出，让伊利情何以堪，却又哭笑不得。一个不知名的品牌马上挤入全国前列。牛根生不只是盯着伊利，而是把自己和内蒙古的几个知名品牌联系起来，说："伊利、鄂尔多斯、宁城老窖、蒙牛为内蒙古喝彩！"因为前三个都是内蒙古驰名商标，蒙牛放在最后，给人的感觉就是内蒙古的第四品牌。牛根生整合品牌资源，迅速让蒙牛没有花一分钱就成为知名品牌。

第三个问题。没有奶源怎么解决，自己买牛去养，牛很贵，也没有那么多人员去照顾，于是蒙牛整合了三方面的资源——农户、农村信用社和奶站。用信用社的钱借给奶农，蒙牛担保，而且蒙牛承诺包销路；蒙牛又找到奶站，奶牛生产出来的奶由奶站接收。蒙牛定时把信用社的钱还了，把利润又给了奶农，还趁机喊出一个口号：一年养10头牛，过的日子比蒙牛的老板还牛。

我们能做的事情，不是自己想做就能做，即使自己做也很难做好，而且会花费太多的人力物力。这个时候，我们就要整合资源，发挥自己的长处，整合别人的优势。用更少的成本创业，或者说零成本创业都有可能。

(资料来源：根据网络资料整理)

第二节 创业融资决策

创业融资决策是指为企业发展而筹集所需要的大量资金，定出最佳的融资方案。融资决策是每个企业都会面临的问题，也是企业生存和发展的关键问题之一。科学的融资决策有利于企业的可持续发展。在进行融资决策前，不仅需要考虑维持企业运营所需要的资金额度还需要考虑融资渠道的选择问题。

一、创业融资额度的估算

创业企业需要多少资金？何时需要这些资金？这些资金能撑多久？从何处、向谁筹集资金？这个过程应该怎样编排？这些问题对公司的任一发展阶段，对任何一个创业者来说，都是至关重要的。确定资本的需求量是每一个创业者在融资前都需要明确的关键问题，可以分为以下几个步骤进行。

(一) 估算启动资金

启动资金主要用于购买企业运营所需的资产及支付日常开支，是创业的初始必备资金。对启动资金进行估算，需要创业者充分了解市场行情。一方面，要保证启动资金足够企业运营；另一方面，要想方设法节省开支，以减少启动资金的花费，如在满足经营要求的情况下，可以采取租赁厂房、采购二手设备等方法节约资金。

(二) 测算营业收入、营业成本和利润

对营业收入的测算是制订财务计划和财务报表的第一步。可立足于市场研究、行业营业状况及试销经验，利用购买动机调查、推销人员意见综合、专家咨询、时间序列分析等多种预测技巧，估计每年的营业收入。之后，要对每年的营业成本、营业费用及一般费用和管理费用等进行估计。但是，一般新创企业在最初几年的市场成本相当大，营业收入与其成本不可能成正比，因此，对于第一年的全部经营费用都要按月估计，每一笔支出都不可遗漏。在预估第二、第三年的营业成本时，首先应该关注那些保持稳定的支出，如果对第二、第三年的销售量的预估比较明确，则可以根据营业百分比法，即根据预估净营业量按固定百分比计算折旧、库存、租金、保险费、利息等项目的数值。

在完成上述项目的预估后，就可以按月估算出税前利润、税后利润、净利润，以及第一年利润表的内容，之后则进入预估财务报表的阶段。

(三) 预估财务报表

新创企业一般可以采用营业百分比法预估财务报表。这一方法的优点是能够比较便捷地预测出相关项目在营业额中所占的比率，预测出相关项目的资本需求量，但是，由于相关项目在营业额中所占的比率往往会随着市场状况、行业管理等因素发生变化，因此，必须根据实际情况及时调整有关比率，否则会对企业经营造成负面影响。

预估财务报表包括预计资产负债表和预计利润表。通过预计资产负债表，可预测资产、负债及留用利润有关项目的数额，进而评估企业需要的外部融资的数额。通过预计利润表，可预测留用利润这种内用筹资的数额，同时还可为预计资产负债表预测外部筹资额提供依据。

(四) 预计现金流量表

现金流量是新创企业面临的主要问题之一，逐月估计现金流对新创企业来说非常重要，且如何精确地算出现金流量表中的项目是一个难题。为此，在预计财务报表时需要根据创业时的时间点设置各种情境，如最乐观的估计、最悲观的估计及现实情况估计。这种预测有利于潜在投资者更好地了解创业者如何应对不同的环境，使创业者能更熟悉经营的各种因素。

(五) 结合企业发展规划预测融资需求量

创业者应当具备一定的财务知识，了解相关的财务指标，大致掌握预估融资需求量的方法。融资需求量的确定不是一个简单的财务预算问题，它是将现实与未来综合考虑的决策过程。创业者在基本财务数据的基础上，应当综合考虑企业所处的经营环境、市场状况、内外部资源条件及创业计划等因素。

二、创业融资渠道的选择

(一) 融资渠道比较

据有关数据显示，85%的初次创业者都存在资金不足的问题。但资金不足并不表示不可以创业，因为创业者可以有很多途径获得资金。创业融资渠道即创业者筹集创业资金的途径，或者称为企业经营所需资金的来源。尽管可供使用的外部经济资源很多，但由于每一次融资行为都有其自身的特征，而且创业融资渠道也存在各自的限制条件，这些都将决定企业在创业融资过程中能够或应该采取什么样的融资渠道。

创业融资按照融资对象可以分为私人资本融资、机构融资、政府创业扶持项目融资、互联网平台融资和其他融资。

1. 私人资本融资

(1) 个人资金。

创业者创业资金的第一来源永远是个人资金。个人资金具有使用成本低、可用时间长等优势，通常是创业项目的大部分启动资金。创业者投入尽可能多的自有资金，一方面在于这可以使创业者在新创企业中持有较多的股份，在创业成功后获得较高的创业回报；另一方面，还在于其他资金提供者在提供资金的时候也会考虑创业者个人资金的投入情况。创业者个人资金的投入本身就是一种信号，它告诉其他投资者创业者个人对商机的信心，以及谨慎使用企业资金的承诺。

(2) 亲戚朋友借款或投资。

当创业者自身资金不足时，亲朋好友是其创业融资的重要来源。亲戚朋友的资金和个人资金有着很大的相似之处，一方面，由于亲情因素，创业者更容易以低成本获得和使用亲戚朋友的资金；另一方面，亲戚朋友对创业者本人和他的创业项目比较熟悉，双方都比较透明，一般风险投资中的信息不对称情况在这里得到了克服。特别是在企业初创时期，亲戚朋友是重要的资金来源。这种融资通常是非正式的，创业者承诺在他们有能力的时候还钱。但是，为了避免不必要的纠纷，创业者应当将有利和不利方面事先告知。

(3) 天使投资。

天使投资是自由投资者或非正式机构对有创意的创业项目或小型新创企业进行的一次性前期投资，是一种非组织化的创业投资形式。天使投资有三个方面的特征：一是直接向企业进行权益投资；二是不仅提供现金还提供专业知识和社会资源方面的支持；三是投资程序简单，短期内资金就可以到位。典型的天使投资者是以前的创业者，美国天使投资者对每个企业的投资一般在1万～20万美元，这些企业所在的地域与他们工作和生活的地点很近，他们也非常熟悉企业所处的行业。由于天使投资者较少受财务利益的驱动，所以他们要求的回报往往少于风险投资家。

2. 机构融资

(1) 风险资本。

风险资本是指由职业的创业投资者管理的专门进行创业投资的资本，可分为专业风险投资公司、风险投资家和大企业附属的风险投资公司三种。专业风险投资公司是通过承担高风险获取高收益的专门从事创业投资的机构，一般在企业中以入股的形式投入资金，最后以上市或转让的形式退出创业企业，套取现金。风险投资家是从大型机构投资者筹集资金并将这些资金投资到新企业的组织工作人员。风险投资企业一般采用有限合伙制的结构，在某一固定时期内建立起一种基金，一般是十年。

(2) 商业银行贷款。

向银行贷款是我国企业最常见的一种融资方式。就创业者而言，目前我国商业银行推出的个人经营类贷款为其提供了便利。个人经营类贷款包括个人生产经营贷款、个人创业贷款、个人助业贷款、个人小型设备贷款、个人周转性流动资金贷款、个人临时贷款等类型。但由于创业企业的经营风险较高，价值评估困难，银行一般不太愿意冒太大的风险向创业企业提供贷款。这类贷款发放时往往要求创业者提供担保，包括抵押、质押及第三人担保。

(3) 中小企业间的互助机构贷款。

中小企业间的互助机构贷款是指中小企业在向银行融资的过程中，根据合同约定，由依法设立的担保机构以保证的方式为债务人提供担保，在债务人不能依约履行债务时，由担保机构承担合同约定的偿还责任，从而保障银行债权实现的一种金融支持制度。从1999年试点到现在，我国已经形成以中小企业信用担保为主体的担保业和多层次中小企业信用担保体系。经过近几年的探索和规范，特别是在国家优惠政策等的推动下，各类担保机构资金稳步增加。

3.政府创业扶持项目融资

创业者还要善于利用政府扶持政策，从政府方面获得融资支持。近年来，各级政府为了支持企业的快速成长，不断采取各种方式扶持科技含量高的产业或者优势产业，相继设立了一些基金和专项基金，如专门针对科技型企业的科技型中小企业技术创新基金，专门为中小企业"走出去"准备的中小企业国际市场开拓资金，科技部的"863"计划，各高校设立的大学生创业基金等。

(1) 科技型中小企业技术创新基金。

科技型中小企业技术创新基金是经国务院批准设立、用于支持科技型中小企业技术创新的政府专项基金，通过拨款资助、贷款贴息和资本金投入等方式，扶持和引导科技型中小企业的技术创新活动。根据中小企业项目的不同特点，创新基金的主要支持方式如下。

① 贷款贴息。政府对已具有一定水平、规模和效益的创新项目，原则上采取贴息方式支持其使用银行贷款，以使其扩大生产规模。一般按贷款额年利息的50%～100%给予补贴，贴息总额不超过100万元，个别重大项目不可超过200万元。

② 无偿资助。主要用于中小企业技术创新中产品的研究、开发及尝试阶段的必要补助，科研人员携带科技成果创办企业进行成果转化的补助，资助金额一般不超过100万元。

③ 资本金投入。对于少数起点高，具有较广创新内涵、较高创新水平并有后续创新潜力，预计投产后会有较大市场，有望形成新兴产业的项目，可采取成本投入方式。

(2) 再就业小额担保贷款。

为帮助下岗失业人员自谋职业、自主创业和组织起来就业，对于诚实守信、有劳动能力和就业愿望的下岗失业人员，针对他们在创业过程中缺乏启动资金和信用担保、难以获得银行贷款的实际困难，由政府设立再担保基金。下岗失业通过再就业担保机构承诺担保，可向银行申请专项再就业小额贷款。该政策从2003年年初起陆续在全国推行，其适用对象有：国有企业下岗职工；国有企业失业职工；国有企业关闭破产需安置的人员；受最低生活保障并失业一年以上的城镇其他失业人员。该类贷款额度一般为2万元。

此外，各地方政府还颁布了多种地方性优惠政策，例如，早在1997年杭州市创办高科技企业孵化基地时，就规定对通过资格审查进驻基地的企业将提供免3年租费的办公场所，并给予一定的创业扶持资金；全国各地许多地方，如上海的张江高科技园区、北京的中关村高科技园区等都有类似的创业优惠和鼓励政策。巧妙地利用这些政策和政府扶持，可以达到事半功倍的效果。

4. 互联网平台融资

(1) 互联网金融。

利用互联网金融筹资方便快捷，几分钟就能到达账户。如支付宝、微信和P2P借贷等，是目前互联网金融平台上比较火爆的借贷方式。但在2013年，大量P2P公司跑路倒闭，对于创业者而言，这些风险也需要考虑。

(2) 众筹。

众筹是指用"团购+预购"的形式，向网友募集项目资金的模式。众筹利用互联网传播的特性，让个人可以对公众展示他们的创意，争取大家的关注和支持，从而获得资金援助。

5. 其他融资

特许经营是指特许者将自己所拥有的商标、商号、产品、专利和专有技术、经营模式等以合同的形式授予被特许者使用。被特许者按合同规定，在特许者统一的业务模式下从事经营活动，并向特许经营者支付相应的费用。之所以把特许经营作为创业融资的一种手段，是因为目前很多银行也积极参与特许经营，为创业者提供贷款，如浦发银行个人创业贷款是支持联华便利的——只需投资7万元便可做个小老板。这种助业贷款可以达到一举多得的效果——银行的信贷资金可以获得比较安全的投放渠道；借款人通过银行贷款可以达到投资创业的目的；企业达到了销售自己产品的目的。

拓展阅读 | 8-3

❧ 拼多多 ❧

从《非诚勿扰》到《欢乐喜剧人》，什么电视节目火，拼多多就会斥资冠名赞助。可以说，原本"日暮西山"的传统电视媒体，一定很爱拼多多这样的"大豪"。虽然电视媒体逐渐在被丰富多彩的生活边缘化，但有不少大众还是很认电视广告的，他们认为能上电视的那肯定是好。正因为如此，拼多多很舍得砸钱让观众在电视上看到自己。而拼多多有这个底气，主要还是因为手里有大把的银子。且不说段永平、丁磊等人的天使投资，仅从公开融资数据上看B轮融资，拼多多获得的融资就达到1.1亿美元。B轮融资共分为四次融入，每隔几个月就拿几千万美元。所以，拼多多虽然一直亏损，但是根本就不差钱。

段永平，"小霸王""步步高"的掌舵者、投资人；丁磊，网易创始人；王卫，顺丰创始人；孙彤宇，阿里巴巴创始人之一、淘宝网缔造者之一。这四位中国商界的风云人物都是电商拼多多的天使投资人。除了获得资金，拼多多还通过获得腾讯的投资而顺利进入腾讯视野，以优惠价格全面利用微信的流量实现爆发式增长。所以，融资融的不仅仅是钱，还有更多附带资源。而这些附带资源，对于急需资源的新企业来讲，有时候可能比钱的价值更大。从这一点上讲，拼多多站队腾讯是聪明的选择。从融资的必要性来说，拼多多所探索的商业模式基本清晰以后，需要在规模上快速扩张，这就需要投入大量的资金进行市场营销，也需要不断融入资金，确保增长的速度足够快，进而把想要复制的潜在竞争对手甩在后面。可见与大量烧钱的互联网公司不同，拼多多的运营保持良性现金流周转。新企业在手里不差钱的时候融资比差钱的时候融资，谈判的砝码会更多。拼多多就是在做一件符合常识的事情，对接很大程度上被忽视的电视观众的消费需求，让他们在平台上可以安心、方便地买到性价比高的商品。拼多多的这种简单经营逻辑让它在短短三年时间内迅速积累了3亿用户。拼多多未来的挑战还有很多，作为一个快速崛起的新企业，除了把已经建立起的优势进一步发挥，如果能够把自己的短板补上，还可能迎来又一步飞跃。拼多多作为一家专注于C2B拼团的第三方社交电商平台，用户通过发起和朋友、家人、邻居等的拼团，以更低的价格，拼团购买商品。2016年9月，拼多多和拼好货合并，用户破亿。拼多多是人们了解创业融资与投资的一个很好的案例。

(资料来源：根据网络资料整理)

(二) 融资渠道的选择

创业融资需求具有阶段性特征，生命周期不同阶段具有不同的风险特征和资金需求，不同融资渠道能够提供的资金数量和风险程度不同。因此，创业者在融资时，需要将不同阶段的融资需求和融资渠道进行匹配，提高融资工作的效率，以获得创业所需资金，化解企业融资难题。

1. 种子期融资渠道的选择

在种子期，企业具有高度的不确定性，很难从外部筹集资金。创业者个人资金、亲戚朋友借款或投资、天使投资、众筹、中小企业间的互助机构贷款及政府创业项目扶持可能是采用较多的融资渠道。

2. 启动期融资渠道的选择

在启动期，创业者更常使用天使投资、众筹、风险投资、商业银行贷款及中小企业间的互助机构贷款，同时，还可以通过政府创业项目扶持的方式筹集资金。

3. 成长期融资渠道的选择

企业已经有了前期的经验基础，发展潜力逐渐显现，资金需求量较以前有所增加，融资渠道也有了更多选择。在早期成长阶段，企业获得常规的现金流用来满足生产经营之前，多采用风险投资、中小企业间的互助机构贷款，还可以通过商业银行贷款及政府创业项目扶持的方式筹集生产经营所需部分资金。在成长期后期，企业的成长性得到充分展现，资产规模不断扩大，产生现金流的能力进一步提高，有能力偿还负债的本息。此时，创业者多采用各种负债的方式筹集资金，获得经营杠杆收益。

4. 成熟期融资渠道的选择

企业进入成熟期以后，资产规模不断扩大，在市场上已有一定的知名度。此时，若需要资金进一步扩大市场，创业者更常使用风险投资、中小企业间的互助机构贷款、政府创业项目扶持、商业银行贷款等，也可以综合采用多种渠道筹集资金。

表8-1展示了企业生命周期不同阶段与融资渠道的选择。其中，深色区域代表该阶段采用较多的融资渠道，浅色区域代表该阶段也可以采用的融资渠道。

表8-1　企业生命周期与融资渠道的选择

融资渠道	生命周期			
	种子期	启动期	成长期	成熟期
个人资金				
亲戚朋友借款或投资				
天使投资				
众筹				
风险投资				
中小企业间的互助机构贷款				
政府创业项目扶持融资				
商业银行贷款				

三、创业融资方式的选择

(一) 融资方式的比较

根据资金来源的性质不同,融资可以分为债权性融资和股权性融资两种。

1. 债权性融资

债权性融资是借款性质的融资,资金所有人提供资金给资金使用人,然后在约定的时间收回资金(本金)并获得预先约定的固定报酬(利息)。资金所有人不过问企业的经营情况,不承担企业的经营风险,其所获得的利息也不因企业经营情况的好坏而变化,如前面提到的银行贷款、亲友借款等。

2. 股权性融资

股权性融资是投资性质的融资,资金提供人拥有企业的股份,按照提供资金的比例享有企业的控制权,参与企业的重大决策,承担企业的经营风险,一般不能从企业抽回资金,其所获得的报酬根据企业的经营情况而变化,如天使投资、风险投资等。

债权性融资和股权性融资各有优缺点,其比较如表8-2所示。

表8-2　债权性融资和股权性融资优缺点的比较

融资方式	比较	
	优点	缺点
债权性融资	创业者保有企业有效控制权;创业者独享有未来可能的高额回报;债权方无权过问企业经营和管理	需要提供抵押或担保;企业要按时清偿贷款和利息;具有较大的资金压力;负债率高、再筹资和经营风险大
股权性融资	无须提供抵押或担保;投资人同企业共同承担风险并为企业提供资金以外的资源	创业者失去部分企业的控制权,重大决策需要投资者参与;降低企业决策效率;上市企业融资时需要披露信息;投资者参与企业的股份分红

(二) 融资方式选择技巧

1. 债权性融资技巧

债权融资形成企业的债务资本，也称借入资本，是企业依法取得并依约运用、按期偿还的资本。向亲友借款、向银行借款、向非银行类金融机构借款、交易信贷和租赁、向其他企业借款等是常用的债权融资方式。

创业者可以根据企业需要，结合筹集资金的目的，选择筹集长期或短期的资金。一方面，使资金的来源和运用在期间上相匹配，提高偿还债务的能力；另一方面，尽可能降低资金的筹集成本，提高创业企业的经济效益。

(1) 债权融资需考虑的问题。

创业者如果想通过借款的方式筹集资金，需要从以下几个方面进行分析。

第一，考虑经营过程中的获利是否能够超过借款的利息支出及其他费用支出。如果企业在日后的经营过程中赚取的利润能够支付借款的利息和其他费用支出，且还有剩余，则借款经营对企业较为有利，可以给创业者带来财务杠杆收益。

第二，慎重考虑借款期限。借入资金的归还期限应与其投资的资产回收期限相匹配，保证企业在日后归还投资时，不会影响正常的生产经营。

第三，确定合理的借款金额。借款经营成本较低且具有财务杠杆效应，但每期会有固定的资金支出。创业者在决定借款前一定要对其风险和收益进行充分权衡，并根据企业实际的资金需要量确定一个合适的借款金额。

第四，充分考虑借款可能的支出。对于创业者来说，想获得借款，一般都需要提供抵押或担保，如果创业者缺乏债权人认可的抵押资产，则可以申请担保公司为其借款进行担保。但担保公司作为营利性的企业会收取部分担保费用，如果创业者拟通过担保公司担保的方式取得借款，则还需要将担保公司的担保费用计入未来的经营成本，以有效地避免经营风险。

第五，选择合适的银行。创业者应事先通过各种渠道对银行的风险承受力、银行对借款企业的态度等信息进行了解，以选择最适合新创企业借款的银行。

(2) 增加获得债权融资的机会。

增加获得债权融资的机会，需要创业者首先了解债权人在发放贷款时主要考虑的因素，以便有针对性地进行应对，还要从团队、项目、创业计划等方面做好充分准备。

① 了解债权人在评估贷款申请时考虑的问题。一般来说，贷款人在收到借款人的借款申请后，会从许多方面对借款人的资质进行评估，以决定是否放款。这些因素包括以下几方面。

第一，借款人的信用。银行在评审企业贷款申请时，要考虑借款人的信用6C，即借款人品质(character)——考察申请人对待信用的态度，包括过去的信用记录；偿还能力(capacity)——审查申请人的收入情况以确定其是否有能力偿还借款；资本结构(capital)——审查申请人的个人财产，包括存款、不动产及其他个人财产；经营条件(conditions)——地区、国家的经济状况对贷款的难易程度有很大影响；担保物(collateral)——是否有担保和抵押财产，以及这些财产的质量也是银行要考虑的重要方面；事业的连续性(continuity)——借款企业持续经营的前景。银行要考虑借款人能否在日益竞争的环境中生存与发展。在信用6C中，借款人的品质最为重要。

第二，贷款类型和还款期限。贷款机构会考虑借款人的贷款类型，是短期借款(期限在一年内的借款)还是长期借款(还款期超过一年的借款)，同时还要对借款人提出的还款方案进行分析，以确认借款人的还款能力。

第三，贷款目的和用途。贷款人为保证自己的资金安全，一般会对贷出资金的用途进行规定，并要求借款人不能将资金用于法律、法规限制或禁止的项目上，力求资金的使用符合规定用途。

第四，资金的安全性。除了对借款人的以上情况进行考察，贷款机构还会对创办企业未来的销售情况和现金流状况进行预测，以分析企业未来是否有足够的现金流用于偿还贷款本息。

② 从团队、项目、创业计划等方面进行充分准备。不论从何处筹集债权融资，创业者要增加获取款项的可能性，都需要具备一些基本的条件，并从以下几方面入手。

第一，优秀的创业团队。创业者是创办企业的核心和关键因素，优秀的创业团队是项目成功实施的保障，创业团队需要证明其具备经营企业的能力，需要向贷款机构(人)展示其具备拟开展业务领域里的经验或知识，以吸引债权人的目光和资金。因为债权人的资金可能会投给具有一流团队和二流项目的企业，但一般不会投给具有一流项目和二流团队的企业。所以，优秀的创业团队是吸引债权人资金的首要条件。

第二，可行的企业想法。吸收债权人资金的第二个要件是创业团队要拥有一个可行的企业想法。一个好的企业想法是实现创业者愿望和创造商业机会的第一步，但只有经过评估可行的企业想法才能够成为商业机会，给创业者带来经济和社会效益。

第三，完善的创业计划。完善的创业计划是创业者吸引资金的重要文件。创业者应该请专业人士帮其准备一份让金融机构感到值得研究的创业计划，以增加获得贷款的可能性。

第四，高质量的抵押资产。按照《贷款通则》第十条的规定，除委托贷款以外，贷款人发放贷款，借款人应当提供担保。处于筹备期或初创期的企业，一般不符合贷款人要求的资信条件，难以取得信用贷款，而需要以一定的资产做抵押。如果创业者或其团队成员拥有高质量的抵押资产，则其取得贷款的概率会大大提高。

2. 股权性融资技巧

股权融资形成企业的股权资本，也称权益资本、自有资本，是企业依法取得并长期持有，可自主调配运用的资金。广义上的股权融资包括内部股权融资和外部股权融资。外部股权融资的方式包括个人积蓄、亲友投入、合伙人资金和天使投资等。内部股权融资主要是企业的内部积累。

创业企业在创建的启动阶段及较早发展阶段，内部积累显得格外重要。采用内部积累方式融资符合融资优序理论的要求，也是很多创业者的必然选择。内部积累的资金来源主要是企业在经营过程中赚取的利润。鉴于创业企业在资金实力、经营规模、信誉保证、还款能力等方面的限制，创业企业往往会通过不分红或少分红的方式，将企业的经营利润尽可能通过未分配利润的形式留存下来，投入到再生产过程，为持续经营或扩大经营提供必要的资金支持。

股权融资是创业企业最基础，也是创业者最先采用的融资方式。股权融资的数量会影响债权融资的数量，股权融资的分布会影响创业企业未来利润的分配与长远发展。创业者在进行股权融资决策前应了解增加获得股权融资概率的方法，融资决策时应考虑投资者的特点和专长。

(1) 股权融资需考虑的问题。

创业者是否要通过合伙或组建公司的形式筹集资金，对于企业日后的产权归属和企业发展有着极为重要的作用。由于合伙企业既是资合又是人合，所以对于合伙人的选择尤为重要，如果创业者拟吸收合伙人的资金，则一定要认真考虑合伙人的专长和经验，以更好地发挥团队优势，各尽其才。在吸引风险投资商投资时，创业者要分析其声誉的大小、专注投资的领域，以及其对投资企业的态度，选择最适合企业发展的投资商。

无论通过何种方式吸引股权投资，对合作者的专长和特质都要进行充分了解，以期寻求更长久的合作，谋求企业更好发展。另外，对企业控制权的把握也是创业者必须考虑的因素，转让多少控制权能够既吸引投资又有利于对企业日后经营的控制，是创业者必须慎重选择且关乎企业健康发展的最重要的问题之一。

(2) 增加获得股权融资的机会。

无论是吸收合伙人的出资、采用组建公司的方式还是吸收其他企业或风险资本的投资，要增加获得股权资本的概率，需要创业者具备以下基本条件。

第一，有一个好的项目。一个好的项目是吸引股权资金的基本条件，创业者首先应能够找到一个吸引人的、有着广阔发展前景和足够利润空间的项目，且能够证明自己有足够的实施该项目的能力。

第二，有自己在该项目的投入。创业者对项目的投入，可以是资金方面的(包括房屋、设备等固定资产的投入)，也可以是其他方面的，如技术和劳务的投入。创业者对项目的投入说明了其对项目的信心。

第三，有较高的逆商。游说他人在自己看好的项目上投资，需要创业者具备足够的应对拒绝和应对挫折的勇气。创业者应该多进行尝试，包括多次申请或向多个潜在投资者申请，尤其在吸引风险投资上。创业者一方面应多联系一些投资公司，并且有针对性地向其提供自己的创业计划；另一方面应对自己联系的投资公司进行跟进，以增加获取资金的机会。

四、创业融资的注意事项

为了防患于未然，保证融资的成功率更高，创业者应当注意以下方面的问题。

(一) 融资多少最适合

投资人能给我融多少钱？这个问题可能是所有创业者在融资前最为关注的问题。事实上，投资者通常反问创业者，你想要多少钱？

创业者常常会过分高估创意或技术的商业价值，而低估价值实现过程中的风险，所以会出现创业者和投资人对创业企业估值之间的巨大落差。有的创业者希望一次性获得一大笔投资，一劳永逸，但这基本是不可能的。

为了获得融资，创业者需要客观地估算启动资金，测算营业收入、营业成本和利润。虽然有专门的财务人员，但创业者自己也要对这些做到心中有数。

需要指出的是，融资需求量不是一个简单的财务测算问题，而是一个将现在与未来综合考量的决策过程，必须在财务数据之上全面考察企业的经营环境、市场状况，尤其是企业的中远期战略部署，处处都体现着创业者的智慧。

除此之外，还要给下轮融资预留时间，预防下一轮融资过程中公司的资金链断裂，公司的银行账户余额应该能够维持公司15个月的运营。所以，通常你需要把计算出来的融资额度乘以1.5，这才是你要的答案。

(二) 坦然面对拒绝

创业如逆水行舟，挫折、打击是创业中的一部分。在融资过程中，创业者难免会遭到投资人的拒绝。

创业者要学会把投资人当磨刀石，可以通过投资人的挑战，来重新打磨你的项目，完善你的产品，调整你的商业模式。投资人提出的那些尖锐问题，那种扑面而来的压力，会让你越来越能够克服自己的弱点，越来越清晰自己的方向。将来在真正的市场中遇到危急情况所面临的压力，会比投资人的拷问严重得多。你会面临无数的挑战，可能会发不出工资，可能会有竞争对手来抄袭你的产品，可能公司明天就面临倒闭，等等。如果你不能变得很强大、很坚强，怎么可能创业成功，投资人为什么要把钱投给你？

(三) 融资时机十分重要

风险投资本质上是锦上添花，很难做到雪中送炭。创业项目持续增长，前途光明，就会受到追捧，而当业务欠缺成长性，发展不够好时，则会被市场和资本抛弃。因此，引入资本的时机就变得非常重要。融资就是要出让股份，换取企业生存。

许多人在阳光灿烂时，只想好好享受阳光，等到下雨时才想起修屋顶，则为时已晚。如果在急需资金的情况下仓促地去融资，可能会导致融资条件不佳，企业只会陷入弱国无外交的境地。比如被过低地估值，无奈地释放股权、失去更多的公司股份。所以，面对瞬息万变的市场，创业者要在企业经营状况良好时抓住融资的好机会，利用融到的资金扩大市场占有率并招贤纳士。同时要节省资金使用，保持健康的现金流管控，为企业过冬做好准备。

(四) 做好融资前准备工作

在了解了创业融资过程中的常见问题，计算出创业所需资金，熟悉了不同的融资渠道之后，创业者需要综合自身拥有的资源情况，遵循创业融资的原则，充分分析股权融资和债权融资的利弊，做出科学的融资决策。需要注意的是，创业融资不只是一个技术问题，还是一个社会问题，应从建立个人信用、积累社会资本等方面做好准备。为了顺利拿到融资，应先做好以下工作。

1. 明确商业模式

创业是否成功的首要因素并不是资金，创业最重要的是想清楚企业的发展。很多大学生想要创业，但只有少数人对于想要创办的企业有清晰的思路和实际的规划。

2. 建立个人信用

千万不要抱着投机的想法去尝试融资，最后损失的只能是你个人的信用。资本的圈子并不大，个人的信用比什么都重要。良好的信用记录意味着更多的伙伴会与你一起奋战，更多的业务资源、资本愿意信任你，与你一起共进退。

3. 积累人脉资源

中国是一个关系型的社会，我们比西方社会更加注重人情。创业者要善于多渠道地积累自己的人脉资源。除了自己亲朋好友的推荐，还可以参加行业会议或创业训练营等各种社会活动和商业活动，这些都是接触投资人的好机会。

五、创业融资过程的管理

创业融资决策是企业根据其价值创造目标需要，利用一定时机与渠道，通过科学分析和决策，借助企业内部或外部的资金来源渠道和方式，筹集经营和发展所需资金的行为和过程。它不仅改变了公司的资产负债结构，而且影响了企业内部管理、经营业绩、可持续发展及价值增长。

融资决策受到融资方和投资方，以及其他因素的共同影响，使得融资行为过程在时间、目的和手段等多方面显得非常复杂。这个过程概括起来包括以下7个阶段。

(一) 明确融资指向

1. 获得资金

融资决定了公司的发展速度，尤其是在非常关键的节点上。

2. 获得资源

从资源的角度来说，基本上分为以下三类。

(1) 投后管理。一线基金都有专业的投后团队，一方面帮企业招人，另一方面帮企业进行下一轮融资。此外，在不干涉企业经营决策的基础上，还会参与董事会的部分决议，给企业必要的指引。

(2) 产业协同。不考虑企业未来是否盈利，更多地追求企业和自己在现有资源上的协同性，即"战略投资人"。

(3) 资源对接。将投资过的创业者融成一个小圈子，把自己认识的创始人或合资过的投资方对接给创业者，寻求各创业者之间的业务合作。

3. 获得背书能力

从企业未来的发展来看，找一家专业的机构投资会比找一家一般性的投资机构在未来具有更明显的背书能力。

(二) 分析融资种类

1. 债权性融资

一是借亲朋好友的钱。创业具有非常大的不确定性风险，创业者采用这种方法等于将风险转嫁给无法共同承担的第三人。二是传统借贷。大多创业企业现金流压力巨大，定期偿付的债务极有可能导致现金流紧缺，最终资金链断裂，这会对早期创业项目造成毁灭性的打击。

2. 股权性融资

天使投资、风险投资等专业投资机构会跟创业者绑定得更紧密，创业企业相当于从投资机构得到一个加力的杠杆。在竞争白热化的创业市场，先融资成功的创业者将取得绝对优势(人才战、价格战)，这也是融资最大的目的。

(三) 规划融资时间

1. 融资周期

一般来说包括：行业周期，分析确定行业周期的规律和市场成长空间；企业成长周期，分析确定企业成长规模和发展速度；产品周期，论证产品在市场中的竞争力水平和生命周期。

2. 融资时长

天使轮创业者拿到投资意向书(term sheet，TS)一般需要20多天，然后签订股权认购协议或增资协议(share purchases agreement，SPA)到最后打款至少1个月，而到A轮至少2个月。所以在一切顺利的前提下，创业者应预留2~4个月的现金。

3. 融资节奏

这里强调的是"全职融资"。一旦决定融资,创始人至少要花60%的精力,一般会花费一整个月时间全身心投入。有的创始人不确定要不要融资,心态不定,会极大地影响创业者声誉,也会打击企业员工的士气。

(四) 确定双方报价方式

1. 讨价还价

创业者需要先规划报价,再和风险投资机构(VC)讨价还价。例如,某公司进行A轮融资,预计招人费用需500万元、推广费用需500万元。此时,需要假设一个融不到钱时的底线价(如600万元),同时还要设个上限(否则钱花不掉还浪费股份,最后被迫低价出卖,而且VC会觉得创业者对未来没有预判),如设1200万元。最终,你的报价就大致落在600万元到1200万元。

2. 市场决定

如果所有风险投资都觉得你报价高了,那就是真的高了,这是市场的选择。此时不建议锁定价位或估值。如果你预判市场会低迷,这时拿钱便可以安全"过冬"。如果没有预判,一旦你的竞争对手比你先拿钱,你的融资节奏很可能会被严重影响,所以拿到钱才是重中之重(当然也不能接受过低的估值)。另一种情况是竞价,如果多家投资人给你投资意向书,你就可以适度调高价格。当然,这也要讲策略。

(五) 路演

1. 为路演做好充分准备

把融资当作一个项目,想清楚故事怎么打磨,同时还能保证公司业务平稳向上。另外,有些CEO属于专才,对核心数据没有概念,所以在做融资之前,创业者必须记牢全部核心数据。

2. 积极主动,快速推进

创业者可以采取主动积极策略,争取得到资金或经营建议。

(六) 选择投资人

1. 速度

在如今的市场环境下,速度大于价格,快速到账是重中之重。投资速度是选择投资人的重要因素。

2. 认同

当有多家机构有投资意向且速度、价格相当时,就要判断彼此是否"合得来"。一方面要看他是否真正理解,另一方面要看他提出的新思路是不是你想要的。

3. 条款

条款关系到投资人的权利,以及投资人对公司治理的干预程度。因此,除了要理解条款本身,更要理解条款背后的含义。

(七) 决策

1. 决策流程

机构决策流程分两类:一类是投资经理上会前就给出投资意向书,此时变数比较大,还是需要多见一些投资人;另一类是上会决策后才出投资意向书,此时成功概率会大很多。

2. 确定意向

尽职调查(即对相关公司的审慎调查)前，一切都需如实汇报。一旦尽职调查前后有偏差，很可能会导致负面的影响。

3. 团队稳定

创业者要用一切方法稳定团队，因为融资期间若发生团队解散会带来灭顶之灾。

拓展阅读 | 8-4

双汇国际控股有限公司并购案

双汇国际控股有限公司，注册于中国香港，其自身不从事实体运营，实体运营业务为控股子公司双汇集团。双汇集团位于河南漯河，前身为当地地方国企漯河肉联厂。由于连年亏损，在1984年进行企业改革，逐步建立了现代企业制度，实现了飞跃式的发展，成了中国规模较大的肉类加工企业，并拥有上市公司"双汇发展"。双汇集团在中国内地拥有众多的生产基地和强大的产品分销渠道，在17个省市拥有22个生产基地、200多家区域销售公司和3000多家"双汇连锁店"，同时和众多大型商超合作。双汇集团着眼国际化，在韩国、俄罗斯和东南亚等国家和地区建立了办事机构，对外出口高端猪肉。双汇集团致力于全产业链经营，在饲料加工、生猪养殖、屠宰分割、肉制品加工、物流配送和商业连锁各个环节，集工业、商业、物流于一体，是"横向一体化、纵向一条龙"的新型肉类经营业态。

史密斯菲尔德食品公司成立于1936年，总部位于美国弗吉尼亚州，是全球数一数二的猪肉生产、加工及供应商，在纽约股票交易所上市，拥有58100名员工。史密斯菲尔德公司拥有完整的产业链条，包括生猪饲养和屠宰、猪肉分割和高低温猪肉制品的加工，但其业务偏重产业链的前端：生猪繁育和养殖，每年生猪出栏总数达1600万头，每日生猪屠宰量约11万头。史密斯菲尔德公司拥有先进的食品安全技术：一流的产品源追溯技术、食品加工过程的全环保技术及先进的全产业链的管理能力，使得其猪肉制品具有很高的安全性。史密斯菲尔德目前产品主要在美国销售，同时在国际市场也有部分出口，主要销往墨西哥和东亚地区，因而史密斯菲尔德的品牌具有很高的知名度。

双汇和史密斯菲尔德早在2002年就开展了业务往来，最早在2009年次贷危机爆发后，双汇就向深陷亏损的史密斯菲尔德表达了收购的意向。2013年3月双汇与史密斯菲尔德就并购交易一事进行秘密谈判。2013年5月双汇与史密斯菲尔德谈判的消息泄露，引来了其他企业的参与。泰国正大食品和巴西食品公司JBS集团纷纷宣布愿意以更高的报价收购史密斯菲尔德。2013年5月29日，史密斯菲尔德与双汇达成并购协议，并等待相关部门审批，最终在9月份完成了交易。

在本次并购交易中，双汇为了取得史密斯菲尔德公司管理层和工会的支持，做出了"短期内对并购后企业不进行大的整合"的承诺，减少了并购的阻力。交易完成后，史密斯菲尔德继续以"史密斯菲尔德食品"名称经营，保持原来的上下游产业关系，并保留原来管理层和员工。同时给予留任高管4800万美元的奖金，并承诺加大对史密斯菲尔德的资金投入，帮助其改善经营、持续发展。

满足国内市场需求，布局国际原料生产

随着我国经济发展和人民生活水平的提高，我国猪肉消费量快速增长。我国猪肉市场前景广阔，然而由于食品安全问题频发，国人对海外高品质猪肉的需求不断增加。此外，生猪生产要素和消费市场分布很不均衡，使得生猪生产不能发挥最大的效益。美国是全球第二大猪肉生产国，拥有成熟的生猪养殖技术和先进的农场管理经验，由于规模化养殖产生的成本节约及美国玉米价格较低，美国生猪饲养成本很低。因此，通过并购史密斯菲尔德，双汇一方面可以将低成本、高品质的猪肉引进中国，获取较高利润；另一方面可以弥补双汇现有产业链中生猪养殖环节的劣势，增加自有养殖的比例，保证食品的安全性。

引进先进的管理经验和生产技术，转型升级，提升品牌

双汇虽然经过多年的快速发展，但是其在高端产品上与国外品牌相比没有明显优势，在国内又受到雨润、金锣等企业的竞争，使得其进一步的发展受到阻碍。双汇缺乏附加值较高的高端产品，在于其缺少先进的生产技术和管理经验，同时又没有全产业链来保障优质的原料和安全第一的生产过程。通过收购，双汇可以获得史密斯菲尔德成熟的技术和高端品牌，可以直接将其优质产品引入国内，迅速占领国内高端市场。同时，可以吸收史密斯菲尔德先进的技术和管理经验，进行产品和生产的转型升级，提高产品品质，并培育本土的高端品牌。

充分发挥协同效应和互补效应

双汇是中国数一数二的猪肉加工企业，拥有良好的成本控制能力和分布全国的销售渠道。而史密斯菲尔德拥有低成本的生猪资源、先进的屠宰和食品安全技术，以及高端品牌。双方通过优势互补，双汇向史密斯菲尔德提供庞大的营销网络，对方向双汇提供优质原料和先进技术，以此降低生产成本，提高食品安全度和品质，从而极大提高企业利润。

充分利用杠杆融资，顺利完成资金募集

双汇并购史密斯菲尔德这一交易所需要的资金总额大约为79亿美元，创下了当时中国企业对美国企业并购的最大规模纪录。然而从并购双方营业收入、资产等方面看，此次并购是典型的"蛇吞象"交易。就双汇自身的资产规模来看，想通过传统的股权融资或者债务融资来完成资金募集几乎是不可能的，必须采用杠杆并购融资方式。从实际融资过程看，双汇仅仅投入了4.79亿美元的自有资金，然后通过将其国内资产双汇发展的股权和并购后的史密斯菲尔德公司的资产分别抵押给中国银行为首的8家银行和摩根士丹利，获得了79亿美元的融资，顺利完成了并购资金的募集，保障了并购交易的成功。

保持了企业的正常经营，同时财务风险可控

一般来说，并购交易都会对主并企业当期及后续经营造成较大的影响，当并购融资决策失误时会导致企业债务风险持续高涨、运营能力和盈利能力大幅下滑，甚至存在亏损的可能性。双汇并购交易对其2013年的企业经营也造成了一定的影响，但是在并购交易完成后，双汇国际的各项财务指标均逐步恢复到良性状态，这说明双汇并购融资安排并没有影响企业的正常经营活动。同时，本次并购融资中采用的杠杆并购融资方式使双汇承担了很大的财务风险，一旦后续双方整合不顺利或者经济环境有不利影响，则会使双汇陷入财务危机。双汇也充分认识到了自己处于危险之中，于是在并购交易完成后立刻安排了新的融资计划。通过IPO和债务置换，双汇降低了资产负债率和现有债务结构的融资成本，优化了公司资本结构，减轻了债务偿还压力，使得本次并购融资产生的财务风险处于可控制范围。

(资料来源：根据网络资料整理)

第三节　创建新企业

无论基于何种动机创业，有着多么完美的创业计划和愿景，关键都在于行动。要有合适的载体去实施，最常见且正规的方式就是创办自己的企业。创办企业要做相当多的准备，如学习相关的法律知识，了解注册申请的流程和要求。企业开办起来后期管理更为重要。新办企业有非常高的失败率，要么是由于开办之前准备不足，要么是由于后期管理出了问题。

一、新企业的属性

作为创业者，要成立一家企业，清楚有关企业的一些基本知识是非常有必要的。比如企业的基本内涵是什么，为何要成立企业，何时适合成立企业，企业成立的标志是什么，等等。只有清楚了这些有关企业的基本内容，进入企业成立的实质阶段才更有意义。

(一) 企业的含义与分类

企业是社会发展的产物，随着社会分工的发展，企业不断发展壮大起来，现在已经成为市场经济活动的主要参与者，构成了市场经济的微观基础。企业一般是指以盈利为目的，以实现投资人、客户、员工、社会大众的利益最大化为使命，运用劳动力、资本、土地、信息技术等各种生产要素向市场提供商品或服务，实行自主经营、自负盈亏、独立核算的具有法人资格的社会经济组织。其实有关企业的含义十分丰富，不同的学科对企业的内涵也有不同的认识，经济学认为企业是创造经济利润的机器和工具；社会学认为企业是人的集合；法学认为企业是一组契约关系；而商科和管理学则认为企业是一类组织、一种商业模式。

在我国，按照投资人的出资方式和责任形式，企业主要存在三大类基本组织形式：独资企业、合伙企业和公司制企业，公司制企业是现代企业中最主要的最典型的组织形式。此外，企业也有其他的多种分类形式。例如，按所有制结构可分为全民所有制企业、集体所有制企业、私营企业和外资企业；按规模可分为特大型企业、大型企业、中型企业、小型企业和微型企业；按公司地位和隶属关系类型可分为母公司、子公司；按经济部门可分为农业企业、工业企业和服务企业等。

根据企业的组织形式我们可以看出，企业并不等同于公司，在《现代汉语词典》中企业被解释为：从事生产、运输、贸易等经济活动的部门，如工厂、矿山、铁路、公司等。因此，凡是公司均为企业，但企业未必都是公司。公司只是企业的一种组织形态，依照中国法律规定，公司指有限责任公司和股份有限责任公司，具有企业的所有属性。

(二) 企业成立的影响

企业成立的影响可以从宏观和微观两个层面来看。从宏观层面来看，企业是市场经济活动的主要参加者和直接承担者，市场经济活动的顺利进行离不开企业的生产和销售活动，离开了企业的生产和销售活动，市场就成了无源之水，无本之木。因此，企业的生产和经营活动直接关系着整个市场经济的发展。离开了企业，社会经济活动就会中断或停止。同时，企业是社会经济技术进步的主要力量。企业在经济活动中通过生产和经营活动，不仅创造和实现了社会财富，而且也是先进技术和先进生产工具的积极采用者和制造者，这在客观上推动了整个社会经济技术的进步。此外，企业是解决社会就业，使人们参与社会生产和分配的基本途径。因此从宏观层面来看，企业俨然已成为国民经济的细胞，不可或缺。从微观层面来看，新企业的成立是创业者对识别的商业机会进行商业化，参与市场活动并开始实现创业机会价值的途径和平台，不仅可以给创业者带来丰厚的经济报酬，也能在很大程度上实现创业者的个人价值和理想抱负。

(三) 企业成立的衡量与界定

新企业(或新创企业)是指创业者利用商业机会并通过整合资源所创建的一个新的具有法人资格的实体，它能够提供产品或服务，并处于自成立后至成熟前的早期成长阶段。新企业成立意味着以组织身份参与市场活动并开始实现创业机会价值。

但有关新企业成立的标准目前学术界和实业界并没有统一的界定，根据相关文献整理，目前判断新企业成立主要有三个流派：产业组织学派、种群生态学派、劳动力市场参与学派。综合三个流派的观点，一般有三个维度衡量新企业的成立：存在雇佣性质的员工关系，产生第一笔销售，注册登记成合法实体。

此外，在管理学研究中，也有部分研究以企业成立的时间作为新企业界定的标准，全球创业观察(GEM)界定的新企业指成立时间在42个月以内的企业。部分学者认为新企业跨度长短取决于所处行业、资源等因素，这个时间最短3～5年，最长8～12年。国内外越来越多的学者认为企业成立前六年是决定其生存与否的关键时期，因此以6年或更短时间界定新企业。另外，也有学者认为8年是企业创建后的过渡期，新企业应以8年为界。

(四) 新企业成立的条件和时机

成立新企业需要什么条件？什么时间成立比较适宜？这是创业者普遍关心的问题，但是这个问题也没有统一的定论。

蒂蒙斯教授在1999年提出了包含创业机会、创业团队、创业资源三个核心要素的创业过程模型，三个核心要素构成一个倒立的三角形，相互依存，相互补充。根据蒂蒙斯的观点，创业机会、创业团队、创业资源是创业最核心的三个要素，从这个角度来看，创业者识别到了具有潜力和商业价值的创业机会，组建好了创业团队，并且整合到了创业所需要的物质资源，便是成立新企业的最佳时机，但是我们认为这种情况太过理想化。现实中，有的创业者认为只要发现了一个创业机会就可以立刻去注册成立一个新企业，但这样可能过于草率，还没有达到真正成立企业的条件和时机，容易使新创企业成立不久就夭折。

那创业者究竟何时成立新企业比较理想呢？我们认为需要综合考虑一定的外部条件和内部条件。外部条件包括：创业者识别到了有利的商业机会并进行了初步的分析评价，具备成立新企业的经济技术等外部环境，有能源和原材料等必要条件等。内部条件包括：创业者具有一定的创业能力和素质，具有成为创业者的动机，具有较小的创业机会成本，已经获得某种特许权或者已经开发出能够创造市场的产品或者成立新企业能够形成某种特有的竞争优势等。

二、新企业组织形式的选择

(一) 企业的组织形式

在创建新企业前，创业者应该事先确定企业的法律组织形式。企业法律组织形式一般包括个体工商户、个人独资企业、合伙企业、有限责任公司(含一人有限责任公司)、股份有限公司这五类。

1. 个体工商户

个体工商户不具有法人资格。依照相关法律规定，公民在法律允许的范围内，依法经核准登记，从事工商业经营的，为个体工商户。个体工商户是我国特有的一种公民参与生产经营活动的形式，也是个体经济的一种法律形式。个体工商户可比照自然人和法人享有民事主体资格，但个体工商户不是一个经营实体。

2. 个人独资企业

个人独资企业是依法在中国境内设立，由一个自然人投资，财产为投资人个人所有，投资人以其个人财产对企业债务承担无限责任的经营实体。个人独资企业不具有法人资格，虽然可以有字号，并可以对外以企业名义从事民事活动，但也只是自然人进行商业活动的一种特殊形态，属于自然人企业范畴。

3. 合伙企业

如果两个或两个以上的人共同创业，那么可以选择合伙制作为企业的法律组织形式。《中华人民共和国合伙企业法》规定，合伙企业是指依法在中国境内设立的由各合伙人订立合伙协议，共同出资、合伙经营、共享收益、共担风险，并对合伙企业债务承担无限连带责任的营利性组织。

合伙企业包括普通合伙企业和有限合伙企业两种形式。两者最大的区别在于有限合伙企业有两种不同的所有者：普通合伙人和有限合伙人。其中，普通合伙人对合伙企业的债务和义务负责；而有限合伙人仅以投资额为限承担有限责任，且一般不享有对组织的控制权。另外，普通合伙企业合伙人可以用货币、实物、知识产权、土地使用权或者其他财产权利出资，也可以用劳务出资，但有限合伙企业的有限合伙人不得以劳务出资。以下主要介绍普通合伙企业。

除了要有合伙企业的名称、经营场所，以及从事合伙经营的必要条件，设立普通合伙企业还应当具备以下几个条件。

(1) 合伙企业必须有两个以上合伙人，合伙人应当具备完全民事行为能力，且能够依法承担无限责任。

(2) 合伙人应当遵循自愿、平等、公平、诚实信用原则订立合伙协议，合伙协议应载明合伙企业的名称、地点、经营范围、合伙人出资额权责情况等基本事项。

(3) 合伙人应当按照合伙协议约定的出资方式、数额和缴付出资的期限，履行出资义务。合伙人出资可以用货币、实物、土地使用权、知识产权或者其他财产权利，上述出资应当是合伙人的合法财产及财产权利。合伙人以劳务出资的，其评估办法由全体合伙人协商确定。

4. 有限责任公司(含一人有限责任公司)

公司是现代社会中最主要的企业形式。它是以营利为目的，由股东出资形成，拥有独立的财产，享有法人财产权，独立从事生产经营活动，依法享有民事权利，承担民事责任。公司以其全部财产对公司的债务承担责任。所有权与经营权分离是公司制的重要产权基础。与传统"两权合一"的业主制、合伙制相比，创业者选择公司制作为企业法律组织形式的一个重要原因就是仅以其所持股份或出资额为限对公司承担有限责任。另外，公司制存在双重纳税问题，即公司盈利要上缴公司所得税，创业者作为股东还要上缴企业投资所得税或个人所得税。《中华人民共和国公司法》(以下简称《公司法》)规定，我国的公司分为有限责任公司(包括一人有限责任公司)和股份有限公司两种类型。

(1) 一人有限责任公司。一人有限责任公司是指只有一个自然人股东或者一个法人股东的有限责任公司。一人有限责任公司的本质特征与公司相同，即股东仅以其出资额为限对公司债务承担责任，公司以其全部财产独立承担责任，当公司财产不足以清偿其债务时，股东不承担连带责任。此为一人有限责任公司与个人独资企业的本质区别。

(2) 有限责任公司。有限责任公司的股东以其认缴的出资额为限对公司承担责任，公司以其全部资产对公司的债务承担责任。创业者设立有限责任公司，除了要有固定的生产经营场所和必要的生产经营条件，还应当具备下列条件。

① 股东符合法定人数。《公司法》第二十四条规定，有限责任公司由五十个以下股东出资设立。

② 股东出资。自2014年3月1日起，公司登记实行注册资本认缴制。除法律、行政法规及国务院决定对特定行业注册资本最低限额另有规定的外，取消有限责任公司最低注册资本的限制，也就是说理论上可以"一元钱办公司"。不再限制公司设立时全体股东(发起人)的首次出资比例，不再限制公司全体股东(发起人)的货币出资金额占注册资本的比例，不再规定公司股东(发起人)缴足出资的期限，也就是说理论上可以"零首付"，股东可自主约定出资方式和货币出资比例。高科技、文化创意、现代服务业等创新型企业可以选择灵活的出资方式。

③ 股东共同制定公司章程。法律对有限责任公司章程有明确的要求，要求应当载明的事项包括：公司名称和住所，公司经营范围，公司注册资本，股东的姓名或者名称，股东的权利和义务，股东的出资方式和出资额，股东转让出资的条件，公司的机构及其产生的办法、职权、议事规则，公司的法定代表人，公司的解散事由与清算办法，股东认为需要规定的其他事项。

④ 有公司名称，建立符合有限责任公司要求的组织机构。

5. 股份有限公司

股份有限公司的全部资本分为等额股份，股东以其认购的股份为限对公司承担责任，公司以其全部资产对公司的债务承担责任，设立股份有限公司要有公司名称，要建立符合股份有限公司要求的组织机构，要有固定的生产经营场所及必要的生产经营条件，股份发行、筹办事项要符合法律规定。除此之外，根据我国《公司法》规定，设立股份有限公司还应当具备下列条件。

(1) 发起人符合法定人数。设立股份有限公司，应当有2人以上200人以下为发起人，其中须有半数以上的发起人在中国境内有住所。

(2) 发起人认缴和募集的股本达到法定资本最低限额。股份有限公司的注册资本为在公司登记机关登记的全体发起人认购的股本总额。自2014年3月1日起，不再限制公司全体股东(发起人)的货币出资金额占注册资本的比例，除法律、行政法规及国务院决定对特定行业注册资本最低限额另有规定的外，取消股份有限公司最低注册资本500万元的限制。

(3) 股份发行、筹办事项符合法律规定。

(4) 发起人制定公司章程。

总之，不同法律组织形式的企业具有不同的成立条件、承担不同的责任形式等特征。

(二) 企业不同法律组织形式的比较

个体工商户主要以个人财产对个体工商户在经营中产生的债务承担法律责任。个体工商户在法律上属于自然人，不属于法人。股份有限公司由于成立要求高，审查标准严格，一般的创业者很难达到条件，因此采用股份有限公司的法律形式的创业者极为稀少。在创业实践中，常见的企业的法律组织类型有个人独资企业、合伙企业和有限责任公司三种，这三种法律组织类型的对比如表8-3所示。个人独资企业和合伙企业因创业者须承担无限责任，风险相对较大，所以选择这两种企业法律组织形式的大学生创业者相对要少一些。有限责任公司因其承担有限责任，已成为绝大多数创业者比较乐意采用的企业法律组织形式。

表8-3　企业不同法律组织形式的优缺点对比

企业法律类型	法律依据	优点	缺点
个人独资企业	个人独资企业依据《中华人民共和国个人独资企业法》设立程序设立，受该法调整，由一个自然人投资设立	一般规模较小、设立条件宽松，设立程序较简单，进入或退出市场也较灵活，保密性好	由于受个人出资的限制，企业规模往往较小，承担无限责任，经营风险较大，适用于小型超市、餐饮、理发、咨询、花店、报刊、零售等行业
合伙企业	合伙企业依据《中华人民共和国合伙企业法》设立，受该法调整，由两个或两个以上合伙人共同出资设立，合伙人一般为自然人	合伙人对执行合伙企业事务享有同等的权利，可以由全体合伙人执行合伙企业事务，也可以由合伙协议约定委托一名或者数名合伙人执行合伙企业事务；合伙企业相对公司来说最主要的优点是避免双重纳税	合伙人以其投入合伙企业的财产以外的其他财产对合伙企业债务承担连带清偿责任，风险大；合伙人之间配合的紧密程度直接影响企业生产运营，有时候决策很难达成一致
有限责任公司	公司制企业依据《公司法》设立，受该法调整，由一个以上投资人共同出资设立，投资人可以是自然人，也可以是法人	股东以其出资额为限，对公司承担责任，即负有限责任；有利于募集资本，扩大生产规模；所有权与经营权可以分离，可以聘请专家对企业实施经营管理决策	税负相对较重，往往需要缴纳双重所得税；组建程序复杂，费用较高；保密性较差；公司会有一系列的政府监管、程序等要求

拓展阅读 | 8-5

❧ 亚德公司的创业管理 ❧

亚德公司是一家民营高科技股份公司，公司的董事总经理陈健毕业于某师范大学物理系，他与朋友张明、李俊共同创办了这家公司。公司创立之初，他们三人口头商定：陈健、张明、李俊各占50%、30%、20%的股份，而当时，公司实际投入的5万元启动资金全部由陈健个人借款筹得。创业初期，陈健任经理，负责全面工作；张明任技术主管，负责技术与生产事宜；李俊任营销主管，负责产品销售事宜。陈健利用自己所学的物理专业知识，在剖析市场中现有产品的基础之上，很快研制出了自己的产品，并申报获得了5项国家专利。由于公司经营得当，到了第五年，公司的资产就达到了3000多万元，年销售额达到了5000多万元，员工人数达到了近300人，公司按照有关规定更名并重新注册，登记为现在的亚德公司。

对于陈健来说，公司发展带来的喜悦并没有冲淡他对公司未来发展的困惑，他遇到了许多令人困惑的问题，其中之一是创业元老的分歧。

首先是张明不辞而别与他人合伙开办新企业，利用从亚德公司移植的技术，生产与亚德公司直接竞争的产品，其起因在于创业初期陈健与张明、李俊口头达成的关于公司股份的分享比例未落实。实际上，由于陈健一心想做大规模，从未真正关注过这一比例及与其相关的股东决策、分红等权益的兑现问题。而张明、李俊认为，陈健对公司的技术、生产、营销等大权在握，当初的口头协议不等于正式法律文件，心中总是担心这种股权最终会变成一张永远画在墙上的饼。在张明离开之前，陈健与张明达成了正式协议，以80万元现金作为补偿，算是割断了以前口头达成的所有股份。

但由于新企业经营不善，张明不到半年又回到公司工作，这让李俊心中产生了些许不平，张明比自己多得到了公司80万元现金补偿，虽然今后自己也许能从公司得到远比张明高得多的回报，但这毕竟还是不确定的事情。

(资料来源：郗婷婷.创新创业基础[M].北京：清华大学出版社，2021.)

三、注册新企业的一般流程与选址

按照现行法律法规，创业者注册新企业需要遵循一定的流程，并需要到相应的政府部门登记审批。各地办理单位或所使用的App不一致会略微有所不同，在此以河南省注册公司为例。

(一) 注册新企业的一般流程

1. 公司核名

手机下载"河南掌上登记"或"河南掌上工商"，注册并实名认证。除独资公司以外的公司，所有股东都需要注册并实名认证。认证完本人信息后按照系统提示进行"名称自主申报"(以上操作均是核名流程，不代表任何用途)。核名期间需上传"租赁协议"扫描件图片、法人或多个股东的身份证原件正反面的高清图。

此过程中，申办人需提前准备2～10个公司名称，写明经营范围、出资比例。公司名称要符合规范，例如，郑州(地区名)+某某(企业名)+贸易(行业名)+有限公司(类型)。

2. 经营项目审批

如果新创企业的经营范围中涉及特种行业许可项目，则需报送相关部门报审盖章。特种许可项目涉及旅馆、印铸刻字、旧货、典当、拍卖等行业，需要消防、治安、环保等行政部门审批。特种行业许可证办理，根据行业情况及相应部分规定的不同，分为前置审批和后置审批。

3. 申领营业执照

工商部门对企业提交的材料进行审查，确定符合企业登记申请的，经核定后发放"工商企业营业执照"，并公告企业成立。法人本人携带身份证原件前往辖区工商部门领取营业执照。

4. 公司公章刻印

企业办理工商注册登记后携带营业执照副本原件及复印件、法人身份证原件及复印件，进行公司公章刻印。公司用章包括公章、财务章、法人章等(如公司开票还需刻发票章)。

5. 办理税务登记证

电脑下载"电子税务局"(此软件为每月的综合申报)，并进行实名认证和财务制度的备案。如有公司需要开票，开票公司应根据本公司性质购买税控盘，购买税控盘请拨打航天金穗客服询问辖区网点。税控盘购买完以后携带营业执照副本原件及公章、法人章、财务章、发票章即可前往辖区税务局进行"税控盘首次录入信息"。下载"自然人扣缴客户端"(此软件为每月个人所得税申报)，添加法人或多位股东的个人信息，并报送至系统。

6. 银行开户

新创企业需设立基本账户，可根据企业的具体情况选择开户银行。银行开户应提供的材料包括营业执照正副本原件及复印件、法人身份证原件及复印件、印鉴章(公章、财务章、法人章)，独资法人或多人公司所有人到场签字并采集信息。银行对公账户开设完毕以后需及时去税务部门签署三方协议。

(二) 新企业的选址

创业者选择新企业的注册与经营地点涉及两方面：一是选择地区，包括不同国家和地区、一个国家内的不同地理区域或城市；二是选择具体地址，包括商业中心、住宅区、路段、市郊等。前者主要考虑国家、地区、城市的经济、技术、文化、政治等总体发展状况；后者重点考察市场因素、交通因素、商圈因素、物业因素、价格因素、资源、消费群体、社区环境、商业环境等。例如，肯德基当年进入中国市场时，面临的一大难题就是选择哪个城市作为投资目标地。通过分析人口状况，商业、文化与政治及城市影响力，肯德基比较了北京、上海、广州、天津的整体环境，最后选择北京作为开拓中国市场的基地。当选择具体店铺位置时，家乐福必定遵循它的"标准"——十字路口，这是考察商圈的结果。此外，新企业及其产品的名称对消费者有直接影响，创业者在企业正式成立之前，必须精心设计。

1. 影响新企业选址的因素

新企业选址是一个较复杂的决策过程，涉及的因素比较多。归纳起来，影响选址的因素主要有五个方面，即经济因素、技术因素、政治因素、社会文化因素和自然因素。

(1) 经济因素。经济因素是新企业选址需要考虑的最重要因素。在关联企业和关联机构相对集中地区的新企业容易成功。波特在研究了全球产业竞争力的"钻石模型"后指出，某一领域内相互关联的企业和机构在选址上进行集中后可以形成所谓"团簇"，这是一个地区经济竞争力的标志。若一家企业有幸建在一个好的企业聚集区，区内的各家企业间就会产生一种竞争与合作的关系。一方面，竞争对手之间展开激烈的竞争以求在竞争中胜出并保住市场；另一方面，在相关行业的企业及地方机构间还存在着广泛的合作关系，一群具有竞争力的企业和一系列高效运转的机构共同实现该地区的繁荣。因此，新企业在选址时都应考虑将自己建在一个好的产业"团簇"中。

此外，经济因素要具体考虑市场和商圈等因素。

对于市场因素，可以从顾客和竞争对手两个角度来考虑。从顾客角度看，要考虑经营地是否接通顾客，周围的顾客是否有足够的购买力。对于零售业和服务业，店铺的客流量和客流的购买力决定着企业的业务量。从竞争对手角度看，经营地点的选择有两种不同的思路：一是选择同行聚集林立的地方，同行成群有利于人气聚合与上升，如服饰一条街、建材市场、家电市场、小商品市场等；另一种思路则是"别人淘金我卖水"，别人都蜂拥到某地去淘金，成功者固然腰缠万贯，失败者也要维持生存，如果到他们中间去卖水，肯定稳赚不赔。

考虑商圈因素，就是指要对特定商圈进行特定分析。如车站附近是往来旅客集中的地区，适合发展餐饮、食品、生活用品；商业区是居民购物、聊天、休闲的理想场所，除了适宜开设大型综合商场，特色鲜明的专卖店也很有市场；影剧院、公园名胜附近，适合经营餐饮、食品、娱乐、生活用品等；在居民区，凡能给家庭生活提供独特服务的生意，都能获得较好发展；在市郊地段，不妨考虑向驾车者提供生活、休息、娱乐和维修车辆等服务。从商圈因素来看，还需要考虑金融机构等配套设施建设的便利性。

(2) 技术因素。新技术对高科技创业企业成功的作用是显然的，但技术本身的进步却更加难以预测，从某种意义上说，技术市场的变化最为剧烈和最具不确定性的因素。因此，为了能够了解和把握技术变化的趋势，许多企业在创业选址时，常常考虑将企业建在技术研发中心附近，或建在新技术信息传递比较迅速、频繁的地区。例如，美国的硅谷在20世纪50年代以后逐渐成为美国电子工业的基地，其不仅是高科技创业企业的"摇篮"，而且以电子工业为基础所形成的"高科技风险企业团簇"被认为是"20世纪产业集群的典范"。其成功的经验和运行范式广为世界各国所模仿。北京中关村也在21世纪初逐渐成为我国高科技创业的重要基地。

具有较强社会资本的产业团簇内的企业要比没有这种资本的孤立的竞争者更加了解市场。因为这些企业是与其他关联实体间不断发展的，是建立在信任基础上的，并且是面对面的客户关系，能够帮助企业尽早了解技术进步、市场上的零部件及其他资源的供求状况。融洽的关系能够使新企业通过不断地学习和创新及时改善产品服务和营销观念，以进一步增强企业的存活力。当然，以技术为依托的社会资本积累过程往往是一个渐进过程。

(3) 政治因素。政府对市场的规制也是值得创业者重视的一个方面，创业者充分考虑现在已经存在的及将来有可能出现的影响到产品或服务、分销渠道、价格及促销策略等法律和法规问题后，再选择将企业建在政府支持该产业的地区。当投资者到国外设厂时，更应该考虑不同国家的政治环境，如国家政策是否稳定、有无歧视政策等。

(4) 社会文化因素。由于人们生活态度的不同，人们对安全、健康、营养和环境的关心程度也就不同，这些都会影响创业者所生产产品的市场需求，特别是当创业者准备生产的产品与健康或环境质量等有密切关系时更是如此，此时应优先考虑将企业建在其企业文化与所生产产品能得到较大认同的地区。

(5) 自然因素。选址也需要考虑地质状况、水资源的可利用性、气候的变化等自然因素。有不良地质结构的地区，会对企业安全生产产生影响。水资源缺乏的地区对于用水量大的企业来说，会对其正常生产产生不利影响。

上述各种因素对不同的行业企业来说有不同的考虑侧重点，如制造业的选址和服务业的选址的侧重点就不同。制造业侧重考虑生产成本因素，如原料与劳动力；而服务业侧重于考虑市场因素，如顾客消费水平、产品与目标市场的匹配关系、市场竞争状况等。总之，无论影响企业选址的因素有多少，无论不同企业给予不同因素的权重如何变化，一般企业的选址都会在城市、郊区、乡村、工业区四者中进行选择，这四者中除郊区是城市与乡村的折中状况无须比较外，其他优缺点比较如表8-4所示。

表8-4 企业所在地之优缺点差异比较

比较	城市	乡村	工业区
优势	1. 接近市场，产销联系紧密 2. 劳动力来源充足 3. 交通运输系统健全 4. 各类用品购置容易 5. 公共设施良好，员工的教育、娱乐、住宿、交通、医疗等设备可由市区供应 6. 消防保安服务到位 7. 与银行保持良好关系 8. 卫星工厂及提供劳务机构容易寻找 9. 高级人才及顾问易聘任	1. 地价低廉，土地容易获得 2. 劳动成本较低 3. 厂房易于扩充 4. 建筑成本较低 5. 污染噪声管制较少 6. 人员流动率低 7. 交通不致拥挤	1. 公共设施完备 2. 建筑成本低 3. 工业区内厂商易于合作 4. 员工的教育、娱乐、住宿、交通、医疗等设备可由社区供应 5. 卫星工厂及提供劳务机构容易寻找
缺点	1. 劳动力成本高 2. 人员流动率大 3. 场地不容易获得 4. 厂房扩充受限较大 5. 建筑成本高 6. 交通拥挤，噪声污染管制严格	1. 交通不便 2. 员工教育、娱乐、住宿、交通、医疗等设备需由企业自行供应 3. 保安消防需由企业自行负责 4. 高级人才顾问不易聘任 5. 零星物品不易就近购买 6. 卫星工厂及提供劳务机构不易就近寻觅	1. 人员流动率高 2. 雇员工资高 3. 厂房不易扩充 4. 交通拥挤 5. 与消费者距离较远，不易建立知名度
适合产业	1. 各种服务业 2. 加工销售业	1. 大型企业 2. 制造或初级加工业 3. 噪声污染不易控制的工业 4. 占地较多的工厂	视工业区专业规则状况而定

由表8-4可见，将企业的地址简单描述为城市、乡村、工业区类型，其实是对影响选址的经济、技术、政治、文化因素的初级分类。因此，创业者可以先根据不同类型地区的固有优势和劣势做出初步比较，再考虑那些对其企业类型有重要影响的细分因素，然后进行决策。

2. 选址的步骤

一个科学而行之有效的选址过程，一般遵循收集和研究市场信息、评价多个地点、确定最终地点等步骤。

(1) 收集和研究市场信息。

在创业的早期阶段，不只选址阶段，信息对创业者来说是非常重要的。有研究表明市场信息的使用会影响企业的绩效，而市场信息与选址决策的关系更是显而易见。因此根据已经列出的影响选址的五项因素，创业者自己或借助专业的中介机构收集市场信息是出色地完成选址决策的第一步。

首先，创业者应考虑从二手资料中收集信息，因为对于创业者而言，最明显的信息来源就是已有数据或第二手资料。这些信息可以来自商贸杂志、图书馆、政府机构、大学或专门的咨询机构。在图书馆可以查到已经发表的关于行业、竞争者、顾客偏好的去向、产品创新等信息，甚至也可以获得有关竞争者在市场上所采取的战略方面的信息；互联网也可以提供有关竞争者和行业的深层信息，甚至可以通过直接接触潜在消费者而获得必要的客户信息。

其次，创业者还应亲自收集新的信息，获取第一手资料。获得第一手资料的过程其实就是一个数据收集过程，可使用多种方法，包括观察、上网、访谈、聚点小组、实验及问卷调查等。其中，聚点小组是一种收集深层信息的非正规化的方法。一个聚点小组由10～12名潜在顾客组成，他们被邀请来参加有关创业者研究目标的讨论。聚点小组的讨论以一种非正规的、公开的模式进行，这样可以保证创业者获得某些信息。

最后，要对收集到的各方面的信息进行汇总、整理。通常，单纯对问题答案进行总结可以得到一些初步的印象，接着对这些数据进行交叉制表分析可以获得更加有意义的结果。

(2) 评价多个地点。

通过对市场上各种信息的收集、汇总、整理，以及简单的定性分析后，创业者应该已经得出若干个新企业厂址的候选地，这时便可以借助科学的、定量的方法进行评价。目前最常用的有关选址的评价方法有量本利分析法、综合评价法、运输模型法、重心法和引力模型法等。

量本利分析法只是从经济角度进行选址的评价。实际上影响选址的因素是多方面的，同时各种因素也不一定完全能用经济利益来衡量，因此采用多因素的综合评价方法是选址评价中一个常用的方法。多因素评价就是先给不同的因素以不同的权重，再依次给不同选择下的各个因素打分，最后求出每个方案的加权平均值，哪个方案的加权平均值最高，哪个就是最佳方案。当选址对象的输入与输出成本是决策的主要变量时，运输模型是一个很好的决策方法。运输模型的基本思想是：通过建立一个物流运输系统，选择一个能够使整个物流运输系统的运输成本最小的生产或服务地址。此模型尤其适合输入与输出成本对企业利润影响巨大的情况。

在服务业选址中，市场因素是主要的选址决策变量。对顾客的吸引力，是服务企业区位优势的体现。曾有学者总结过服务企业创业区位选择中应该坚持的以下两大原则。

第一，占有总顾客60%的顾客高度集中区，组成主要贸易区；而与此相连的20%顾客集中区，组成次级贸易区，另外的20%则为外围区。服务企业选址应优先考虑将自己建在主要贸易区。

第二，大商店比小商店具有更大的吸引力，即大商店有大的贸易区；大商店在给定的贸易区内具有较高的销售穿透性，而这种市场穿透性随着距离的增加而减弱。因此，创业者可考虑要么将自己的企业建大，要么将自己建在大商店附近。而这种"引力模型"恰好能够体现服务业这一决策特征，可以用来进行服务设施的选址决策。

(3) 确定最终地点。

创业者依据已经汇总整理的市场信息，根据其所要进入的行业特点及自己企业的特征，借助以上的一种或几种方法进行评估，最终完成选址决策，从而迈出创业中至关重要的第一步。

回顾与思考

1. 创业资源整合的模式有哪些？

2. 创业融资有哪些渠道？

3. 融资方式选择的技巧有哪些？

4. 企业的组织形式有哪些？在创业实践中，常用的企业组织形式是什么，其优缺点如何？

■ **课后训练**

　　1. 分享你的资源整合故事。

　　老师提出问题："你有过整合资源的行为吗？"认为自己有过整合资源的同学向大家分享自己的创新故事。

　　2. 分享你知道的或者看过的融资案例。

　　3. 作为一名大学生，你认为在大学期间应该如何积累创业资源。

第九章

双创大赛赛事解读

学习目标

- 了解各级各类创新创业大赛
- 掌握中国国际"互联网+"大学生创新创业大赛主要内容
- 掌握"挑战杯"全国大学生课外学术科技作品竞赛和中国大学生创业计划竞赛主要内容
- 掌握创新创业大赛筹备过程

引例

点姜成金——黄姜皂素绿色制造

秦巴山区的"穷",危困产业的"痛",牵引着他们身影奔波。革命老区的"红",生态保护区的"绿",鼓舞着他们励志笃行。村民脱贫的喜悦,产业振兴的希望,奏响着他们的青春最强音!他们,就是华中科技大学生命科学与技术学院的"黄姜团队"。

历经10余年科研攻关,该团队首创了生物法绿色制造皂素新技术,并实现了科技成果转化,打破了秦巴山区特色产业——黄姜产业40年的技术瓶颈,解决了黄姜产业的污染难题。

关乎国计民生,黄姜皂素不可或缺

黄姜皂素可用于生产400多种甾体激素药物,被誉为"药用黄金"和"激素之母",主要从黄姜中提取,而甾体激素药物是仅次于抗生素的第二大化学药物,能有效解决人体炎症风暴问题。全球甾体激素类药物每年销售总额超过一千亿美元。

"在我国,黄姜资源主要分布在秦巴山区,曾是我国脱贫攻坚主战场之一。"团队负责人邱海亮介绍道。黄姜产业曾经是秦巴山区支柱产业之一,惠及姜农120万人,世代姜农依靠黄姜为生。

然而,传统黄姜加工企业使用大量硫酸和汽油,资源浪费、废弃物多、污染严重:每生产100吨黄姜皂素所排废物量相当于5000万人一天生活所排废物量,处理成本至少750万元。由于高昂的治理成本和生态环境保护需要，全国200多家黄姜企业关停至不足10家，剩余企业也很难盈利。黄姜企业大量关停，黄姜无人收购，价格暴跌，姜农失去了经济来源直接返贫，姜农逐渐从120万人缩减至38万人。"药物必须产，绿水青山也必须保。"在这样的困境下，华中科技大学的黄姜团队承担起皂素生产技术及工艺革新使命。

与时代同行，肩负使命共复兴

"发展产业是脱贫的根本之策"，为尽快解决黄姜产业的健康发展和百万姜农的民生问题，早在2009年湖北省科技厅就立项支持华中科技大学生命科学与技术学院余龙江教授团队开展科技攻关，解决黄姜皂素加工的污染问题，也是在余教授指导下，黄姜团队开始"组团"。

从接触黄姜开始，黄姜团队成员大量研究文献、积累知识，频繁出差调研，与多家生产一线企业交流，学习了解不同企业中不同的黄姜加工工艺，总结各个企业生产工艺的优缺点；探究不同批次产品的差异；了解不同产地、不同时间采挖的黄姜的异同；探究如何减少污染、怎样降低成本，等等。同时，通过在实验室开展系统的研究，团队逐步了解了整个黄姜的产业发展历史、黄姜加工工艺及其优缺点。团队从整个工艺的缺点出发，开展关键技术研究与中试试验，最终创建了微生物两步法生产皂素，解决了传统工艺能耗高、产品收率不稳定的问题，并减少了污染排放量。但团队并不满足于现有成果，而是以高收率、低成本的绿色制造为目标，继续深入研究，不断改进生产技术及工艺。

经过4年不懈努力，从实验室没日没夜的实验、检测、分析，到企业一线艰苦环境下每天24小时守候发酵罐、取样、分析，黄姜团队在科技助农的路上倾洒了太多青春泪水和汗水，最终交织成奋斗画面。

黄姜团队从上百株野生菌株中选育出系列高效功能微生物，创新了生物预处理工艺，与多家企业进行合作，使得预处理工艺耗时从2～3天缩短为3～4小时，且皂苷提取率提高10%以上，达到微生物低成本清洁生产皂素的目的，进一步减少了污染排放量。同时，实现了黄姜淀粉和纤维素渣的充分利用，提高了产品附加值。

不忘初衷，绿色制造不负使命

没有最优，只有更好。

黄姜团队又通过3年的关键技术科技攻关，创建了微生物高效转化皂苷为皂素的新技术及工艺，可使黄姜皂素生产全过程完全不用酸，且黄姜皂素收率高，显著优于传统酸解法，有机溶剂用量和水用量大幅减少。同时，为国内皂素生产企业的绿色发展和鄂、陕、豫等地百万姜农的生存发展，以及南水北调中线工程水源地丹江口水库水质保护做出了重要贡献，社会效益及生态环保效益显著提高。"我们是农民的儿子，深知农民的艰辛。"这是黄姜团队经常挂在嘴边的一句话，也时时刻刻提醒着他们自己要永葆初心，矢志不渝展宏图。

皂素行业的高门槛，可以凭借的先进技术，让团队在创业和帮扶姜农脱贫致富的路上充满信心。

"我们在竹溪县与企业合作建立了一条200吨皂素标准生产线试运行，年利润可达2800万元，惠及姜农5600余户，每吨皂素可盈利13.8万元，可以有效促进姜农种植增收，带动当地农民劳动就业和脱贫致富。"邱海亮认为，创业并非简单的事，需要从多方面衡量所选择的创业之路是否可行：首先，要判断所选的项目能否顺应国家的发展需求及人民的需求；其次，所选的创业项目需要具备行业特色，无论是技术还是服务，创业者都要考虑其发展前景，如项目的可替代性和复制性，以及利润空间；此外，创业需要优秀的团队。一个公司就像一棵树，有根、主干、枝、叶、花，最后才可能有成熟的果实。一个优秀的团队少不了领头人、指引者、管理者和实干者共同发力。

"发挥所长帮助贫困地区脱贫致富、产业振兴，是我们的使命和责任，每一个'小家'过上幸福生活，'大家'才能获得真正长久的幸福。"脚下沾有多少泥土，心中就沉淀多少真情，黄姜团队立志把科研论文写在祖国大地上，努力成为新时代红色精神传承者，引领并带动秦巴山区连片贫困区经济发展和乡村振兴。

(资料来源：根据网络资料整理)

第一节　创新创业大赛的时代背景、意义与类型

一、创新创业大赛的时代背景

自从"互联网+"行动计划及大众创业、万众创新的理念正式提出后，国家各部委依照各自职责在全国范围内针对在校生、社会人士、企业及留学生等举办侧重点不同的各种创新创业大赛，搭建创新创业资源的集聚平台，深化产学研用的结合，提高科研成果转化率，推动高校人才培养模式的改革，激发区域经济发展活力，引领全民创新创业的潮流，为弘扬创新文化、营造创业氛围起到了积极的促进作用。

全球正处于以大数据、人工智能和物联网为主要驱动力的新一波数字化经济浪潮中，新科技正以"互联网+"模式快速渗透融合进入各行业和领域，重塑商业形态，变革社会体制，改变生活方式。经济领域的持续性提速创新需要适应和引领新经济的人才结构做支撑，高校作为人才培养的主阵地，新人才针对性培养和社会性供给成为急需解决的教育瓶颈。高校要高度重视创新创业实践，通过举办全国大学生创新创业大赛，办好全国职业院校技能大赛和支持举办各类科技创新，创意设计创业计划等专题竞赛来强化创新创业实践；要创新人才培养范式，将创新创业教育融入人才培养全过程。由教育部牵头的中国国际"互联网+"大学生创新创业大赛，秉承以赛促学，以赛促教和以赛促创的理念，鼓励大学生紧跟时代脉搏，顺应国家和地区发展战略，在双创实践中全面锻炼各项能力，在实践中了解民情国情，践行创新驱动发展和扩大就业。如今，大学生创新创业大赛已经成为各高校促进就业与开展创新创业教育、推进教学质量改革，实现教、学、研、产结合的重要手段。

2018年，国务院颁布的《关于推动创新创业高质量发展打造"双创"升级版的意见》(国发〔2018〕32号)中强调，要"打造创新创业重点展示品牌"，继续扎实开展各类创新创业赛事活动，办好全国大众创业、万众创新活动周，拓展"创响中国"系列活动范围，充分发挥中国"互联网+"大学生创新创业大赛、中国创新创业大赛、"创客中国"创新创业大赛、"创青春"中国青年创新创业大赛等品牌赛事活动的作用。我们应对各类赛事活动中涌现的优秀创新创业项目加强后续跟踪支持。其他创新创业大赛在大众创业、万众创新的国家创新战略背景下纷纷举办，有些创新创业大赛发动高校积极参赛，有些则面向社会人员举办，全国上下已掀起创新创业大赛高潮。

二、创新创业大赛的意义

创新创业大赛在世界各地均有举办，近几年来，我国高校热情高涨地举办了各种创新创业大赛，随着新时代的到来，高校如何培养人才，提升人才综合素质，为国家提供合格的创新人才显得格外重要。

(一) 对国家来说是一种创新国家战略

创新是民族进步之魂，创新型青年人才是国家发展希望之所在。大学生是实施创新驱动发展战略和推进大众创业、万众创新的主力军，既要认真扎实学习、掌握更多知识，也要投身创新创业、提高实践能力。因此，对国家而言，创新创业大赛可培养一大批大众创业、万众创新的主力军，推动高等教育从就业教育向创新创业教育转型，为国家发展和民族振兴提供强大的人才和智力支撑，是推动创新的国家战略，也是促就业、保增长、求稳定的重要推手。创新创业大赛是创新创业教育的抓手和突破口，可促进高校在产教融合、专创融合、技术转化和资源整合等方面的教育改革，促进创新型高校建设，解决社会供需矛盾。

(二) 对高校来说是以赛促教的载体

创新创业大赛是深化高等学校创新创业教育改革的重要载体，是推动高校毕业生更高质量创业就业的重要举措，是我国创新创业教育改革的生动实践，可极大激发大学生投身创新创业的热情。引导各类学校主动服务国家战略和区域发展，开展课程体系、教学方法、教师能力、管理制度等方面的综合改革，切实提高学生的创新精神、创业意识和创新创业能力，推动人才培养范式深刻变革，形成新的人才质量观、教学质量观、质量文化观，达到以赛促教、以赛促学、以赛促改、以赛促创的教育成效。

(三) 对学生来说是职业核心能力提升的平台

对大学生而言，参加创新创业大赛能提升大学生的信息处理、文字撰写、组织统筹逻辑思辨、归纳演绎、人际交往、人文审美等职业核心能力，获取更多、更好的就业创业机会，明确今后的职业生涯规划。当然，大学生还可以从中得到一些实惠，如丰厚奖金、学分转换和获奖加分等。参加过创新创业大赛的学生不管今后是否创业，他们都会在参加创新创业大赛后站在创业者的角度去做项目策划、市场营销、财务预算等工作，也学会了做创业计划书、宣传视频和路演PPT，甚至会站在一个投资人的角度去审视项目的科学性和可行性。这些都不是在理论课程中能够得到锻炼的，这种倒逼输入型的方式让学习自主发生，给予学生更多的赋能。第三届中国"互联网+"大学生创新创业大赛金奖项目"StepBeats"得主浙江大学李晨啸认为，大赛就是"摇篮"，给大学生提供一个想象力爆发的舞台，同时，也是一条个人成长的快车道，大学生可以通过这个比赛去尝试创业，看看到底有没有这方面的能力。对于金华职业技术学院2016届毕业生徐家兴来说，参加第四届中国"互联网+"大学生创新创业大赛，可以说"拯救"了他的家族产业。他带队的"糖古非遗之路"项目，不仅获得了大赛银奖，还直接盘活了家里的传统糕点生意。

(四) 对教师来说是教学相长的手段

对教师来说，创新创业大赛是一个师生合作综合能力的比拼，高校教师通过在创新创业大赛中的高度参与,能更全面地提升教学能力,实现专创高度融合。有些高校已经将教师参加创新创业大赛与职称评聘相结合,更是有利于激发广大教师参与的积极性。

三、创新创业大赛的类型

目前,中国高校的创新创业大赛正如火如荼地进行,大学生创新创业大赛类型众多,主要体现为以下几种,如表9-1所示。

表9-1　创新创业大赛的部分类型

类型	赛事名称	参赛对象	参赛时间	参赛方法	参赛形式
国家级	中国国际"互联网+"大学生创新创业大赛	1. 普通高等学校在校生(可为本专科生、研究生,不含在职生),毕业5年以内的毕业生 2. 职业院校(含职业教育本科、高职高专、中职中专)学生(不含在职生)、国家开放大学学历教育学生(不超过30周岁) 3. 职业院校全日制在校学生或毕业5年内的毕业生、国家开放大学学历教育在读学生或毕业5年内的毕业生 4. 普通高级中学在校学生 5. 中国港澳台地区及国际赛道的参赛对象说明请见官网	每年4月—11月	大赛官网注册报名	团队/学校/企业(原则上不超15人/团队)
	"挑战杯"全国大学生课外学术科技作品竞赛	凡在举办竞赛终审决赛的当年7月1日以前正式注册的全日制非成人教育的各类高等院校在校中国籍专科生、本科生、硕士研究生和博士研究生(均不含在职研究生)都可申报作品参赛	每两年举办一次,以第十七届为例,2021年3月—10月	在"挑战杯"竞赛官方网站上报送作品及申报书	课外学术科技或社会实践活动成果,可分为个人作品和集体作品
	中国大学生工程实践与创新能力大赛	参赛选手须为普通高等教育本科院校正式注册的全日制在校学生,各省级组委会根据大赛组委会参赛名额分配原则确定参加大赛的参赛队	以第七届为例,2021年8月—9月	在大赛官网注册报名	每队参赛学生为3~4人,各参赛队指导教师1~2名(不分先后顺序),各校可设领队老师1名
省市级	"郑创汇"国际创新创业大赛	参赛对象为国内外大学生(取得国家承认学历的高校毕业生、在校大学生、留学人员)创办的团队和成立5年内的企业	每年4月—11月	参赛项目请登录大学生创业网进行网络报名	已注册企业成立时间不超过5年;核心团队不少于3人
行业类	华为中国大学生ICT大赛	1. 现有"华为ICT学院创新人才中心"合作高校及其他重点高校本科、研究生在校学生,采用报名选拔制 2. 参加全球总决赛选手必须通过HCIA或以上级别的华为认证,方向不限 3. 由3名学生和1名指导老师组成,学生及指导老师须来同一所高校	每年9月—11月	线上报名	3名学生加1名指导老师,不超过4人

(一) 中国国际"互联网+"大学生创新创业大赛

为贯彻落实国务院办公厅发布的《关于深化高等学校创新创业教育改革的实施意见》，教育部会同13个部委联合举办中国"互联网+"大学生创新创业大赛(简称"互联网+"创新创业大赛)，旨在深化高等教育综合改革，激发大学生的创造力，培养造就大众创业、万众创新的主力军，推动赛事成果转化，促进"互联网"新业态形成，主动服务经济提质增效升级，以创新引领创业、创业带动就业，推动高校毕业生更高质量就业。2015—2019年共举办了五届中国"互联网+"大学生创新创业大赛，2020年第六届该赛事更名为中国国际"互联网+"大学生创新创业大赛。该赛事已成为覆盖全国所有高校、面向全体大学生、影响最大的高校创新创业大赛。2015年第一届大赛有20万名大学生、3.6万个项目参赛，截至第七届大赛累计已有约2533万名大学生和603万个团队参赛。

(二) "挑战杯"创新创业大赛

"挑战杯"是全国大学生系列科学技术作品竞赛的简称，是由共青团中央、中国科学技术协会、教育部和中华全国学生联合会共同主办的全国性大学生课外学术实践竞赛。目前共有三个并列赛事：一是"挑战杯"中国大学生创业计划竞赛；二是"挑战杯"全国大学生课外学术科技作品竞赛(简称"大挑")，这两个项目的全国竞赛交叉轮流开展，每个项目每两年举办一次；三是"挑战杯——彩虹人生"全国职业学校创新创效创业大赛(简称"职挑")。这三大赛事具有导向性、示范性和群众性，均每两年举办一次，分为国家和省两级赛事。

(三) 中国大学生工程实践与创新能力大赛

中国大学生工程实践与创新能力大赛是列入《教育部评审评估和竞赛清单(2021年版)》(教政法厅函〔2021〕2号)的重要赛事，是全国大学生工程训练综合能力竞赛的升级和完善。根据《教育部高等教育司关于委托2018—2022年教育部工程训练教学指导委员会举办2021年中国大学生工程实践与创新能力大赛的通知》(教高司函〔2021〕6号)，2018—2022年教育部工程训练教学指导委员会成立"2021年中国大学生工程实践与创新能力大赛组委会"。2021年中国大学生工程实践与创新能力大赛在第七届全国大学生工程训练综合能力竞赛前期工作基础上开展。

本项赛事面向适应全球可持续发展需求的工程师培养，服务于国家创新驱动与制造强国战略，旨在强化工程伦理意识，坚持基础创新并举、理论实践融通、学科专业交叉、校企协同创新、理工人文结合，打造具有鲜明中国特色的高端工程创新赛事，建设接轨世界工程实践教育发展方向的精品工程，构建面向工程实际、服务社会需求、校企协同创新的实践育人平台，培养服务制造强国的卓越工程技术后备人才，开启中国大学生工程实践与创新教育新征程。

(四) 省市区牵头的创新创业大赛

如今，全国各大省市区、行业协会都在牵头举办创新创业大赛。河南省还有一些高校覆盖面并不太广的创新创业赛事，包括河南省教育厅组织开展的"新时代·新梦想"河南省大学生创新创业优秀项目选拔赛、河南省人力资源和社会保障厅联合省发展改革委、省教育厅、省科技厅、省总工会、团省委、省妇联、省残联和邮储银行河南省分行共同主办的"豫创天下"创业创新大赛，以及省退役军人事务厅、省妇联、各地市政府等举办的创新创业竞赛。

(五) 行业/协会创新创业大赛

如"创客中国"创新创业大赛、"中国创翼"创新创业大赛、全国农村创业创新项目创意大赛、中央企业熠星创新创意大赛、"创青春"中国青年创新创业大赛、中国妇女手工创业创新大赛、华为中国大学生ICT大赛等赛事，这些主要来自行业/协会组织。

拓展阅读 | 9-1

2021全国普通高校大学生竞赛分析报告发布

2022年2月22日，中国高等教育学会高校竞赛评估与管理体系研究工作组发布2021全国普通高校大学生竞赛分析报告，其中包含本科院校大学生竞赛榜单13个、高职院校大学生竞赛榜单10个、省份大学生竞赛榜单3个。部分榜单见表9-2。

表9-2　榜单一览表

类型	序号	名称	发布数量
本科	1-1	全国普通高校大学生竞赛第六轮总榜单	前300
	1-2	2017—2021年全国普通高校大学生竞赛榜单(本科)	前300
	1-3	2021年全国普通高校大学生竞赛榜单(本科)	前100
	1-4	2017—2021年全国"双一流"建设高校大学生竞赛榜单	全部
	1-5	2017—2021年全国地方本科院校大学生竞赛榜单	前100
	1-6	2017—2021年全国综合类本科院校大学生竞赛榜单	前20
	1-7	2017—2021年全国理工类本科院校大学生竞赛榜单	前20
	1-8	2017—2021年全国人文社科类本科院校大学生竞赛榜单	前20
	1-9	2017—2021年全国农林类本科院校大学生竞赛榜单	前20
	1-10	2017—2021年全国医药类本科院校大学生竞赛榜单	前20
	1-11	2017—2021年全国师范类本科院校大学生竞赛榜单	前20
	1-12	2017—2021年全国"民办及独立学院"大学生竞赛榜单	前20
高职	2-1	全国普通高校大学生竞赛第六轮总榜单(高职)	前300
	2-2	2017—2021年全国普通高校大学生竞赛榜单(高职)	前300
	2-3	2021年全国普通高校大学生竞赛榜单(高职)	前100
	2-4	2017—2021年全国"双高计划"建设高职院校大学生竞赛榜单	全部
	2-5	2017—2021年全国一般高职院校大学生竞赛榜单	前100
	2-6	2017—2021年东部地区高职院校大学生竞赛榜单	前20
	2-7	2017—2021年中部地区高职院校大学生竞赛榜单	前20
	2-8	2017—2021年西部地区高职院校大学生竞赛榜单	前20
	2-9	2017—2021年东北地区高职院校大学生竞赛榜单	前20
	2-10	2017—2021年全国民办高职院校大学生竞赛榜单	前20
省份	3-1	全国普通高校大学生竞赛第六轮总榜单(省份)	前15
	3-2	2017—2021年全国普通高校大学生竞赛榜单(省份)	前15

根据相关管理原则，基于竞赛数据采集、综合评价和专家委员会投票情况，确定1项赛事退出榜单，原56项竞赛继续纳入榜单(榜单内已有竞赛的子赛纳入但不计算项目数)，见表9-3。

表9-3 2021全国普通高校大学生竞赛榜单内竞赛项目名单

序号	竞赛名称
1	中国国际"互联网+"大学生创新创业大赛
2	"挑战杯"全国大学生课外学术科技作品竞赛
3	"挑战杯"中国大学生创业计划大赛
4	ACM-ICPC国际大学生程序设计竞赛
5	全国大学生数学建模竞赛
6	全国大学生电子设计竞赛
7	中国大学生医学技术技能大赛
8	全国大学生机械创新设计大赛
9	全国大学生结构设计竞赛
10	全国大学生广告艺术大赛
11	全国大学生智能汽车竞赛
12	全国大学生交通运输科技大赛
13	全国大学生电子商务"创新、创意及创业"挑战赛
14	全国大学生节能减排社会实践与科技竞赛
15	中国大学生工程实践与创新能力大赛
16	全国大学生物流设计大赛
17	外研社全国大学生英语系列赛——英语演讲、英语辩论、英语写作、英语阅读
18	全国职业院校技能大赛
19	两岸新锐设计竞赛•华灿奖
20	全国大学生创新创业训练计划年会展示
21	全国大学生化工设计竞赛
22	全国大学生机器人大赛——RoboMaster、RoboCon、RoboTac
23	全国大学生市场调查与分析大赛
24	全国大学生先进成图技术与产品信息建模创新大赛
25	全国三维数字化创新设计大赛
26	世界技能大赛
27	世界技能大赛中国选拔赛
28	"百门子杯"中国智能制造挑战赛
29	中国大学生服务外包创新创业大赛
30	中国大学生计算机设计大赛
31	中国高校计算机大赛——大数据挑战赛、团队程序设计天梯赛、移动应用创新赛、网络技术挑战赛、人工智能创意赛
32	蓝桥杯全国软件和信息技术专业人才大赛
33	米兰设计周——中国高校设计学科师生优秀作品展
34	全国大学生地质技能竞赛
35	全国大学生光电设计竞赛
36	全国大学生集成电路创新创业大赛
37	全国大学生金相技能大赛
38	全国大学生信息安全竞赛
39	未来设计师•全国高校数字艺术设计大赛
40	全国周培源大学生力学竞赛

(续表)

序号	竞赛名称
41	中国大学生机械工程创新创意大赛——过程装备实践与创新赛、铸造工艺设计赛、材料热处理创新创业赛、起重机创意赛、智能制造大赛
42	中国机器人大赛暨RoboCup机器人世界杯中国赛
43	"中国软件杯"大学生软件设计大赛
44	中美青年创客大赛
45	RoboCom机器人开发者大赛
46	"大唐杯"全国大学生移动通信5G技术大赛
47	华为中国大学生ICT大赛
48	全国大学生嵌入式芯片与系统设计竞赛
49	全国大学生生命科学竞赛(CULSC)——生命科学竞赛、生命创新创业大赛
50	全国大学生物理实验竞赛
51	全国高校BIM毕业设计创新大赛
52	全国高校商业精英挑战赛——品牌策划竞赛、会展专业创新创业实践竞赛、国际贸易竞赛、创新创业竞赛
53	"学创杯"全国大学生创业综合模拟大赛
54	中国高校智能机器人创意大赛
55	中国好创意暨全国数字艺术设计大赛
56	中国机器人及人工智能大赛

本轮大学生竞赛评估遵循公平、公正、公开的原则，秉承"质量为本、谨慎推进"的工作思路，根据获奖贡献、组织贡献和研究贡献三个方面相关数据进行计算，其中，单项竞赛中单校获奖数超过20项按照奖项等级从高到低取前20项计分。

据统计，全国共有1197所本科院校进入2017—2021年本科榜单。哈尔滨工业大学位列榜首，浙江大学和华中科技大学分列第二名和第三名，第四到第十名分别是西安交通大学、武汉大学、电子科技大学、东北大学、山东大学、西南交通大学、上海交通大学。

在学校类型分布上，理工类高校表现最抢眼，有71所进入前100，156所进入前300；其次是综合类高校，有24所进入前100，76所进入前300；再次，师范类有4所进入前100，32所进入前300；农林类有1所进入前100，17所进入前300；最后，人文社科类和医药类没有高校进入前100，仅有17所人文社科类院校和2所医药类院校进入前300。结果还显示，"双一流"建设高校(截至2022年2月14日数据)在榜单中名列前茅，108所"双一流"建设高校进入前300，其中62所院校进入前100，221所地方院校进入前300，其中52所院校进入前100。

从区域来看，东部地区优势明显，得分占总分的42.64%，中部地区为23.67%，西部地区为22.97%，东北地区为10.72%。在东部地区各省份中，除海南省由于高校数量较少，占比较低外，各省份的贡献占比在5.53%~15.93%；中部地区各省份贡献占比在9.84%~23.56%；西部地区各省份贡献占比差异较大，最低的只有1.32%，最高的达到19.25%，提示了西部地区的"不均衡"态势。东北地区辽宁省、吉林省、黑龙江省分别为44.91%、28.23%和26.86%。

从各省高校进入前300榜单的情况来看，进入高校数量前3的为：江苏省(24所)、浙江省(23所)、北京市(21所)；进入高校数量占比前3的为：重庆市(40.00%)、浙江省(39.66%)、上海市(35.90%)。从进入前100榜单的情况来看，进入高校数量前3的为：江苏省(11所)、北京市(8所)、浙江省、上海市并列(7所)；进入高校数量占比前3的为：上海市(17.95%)、江苏省(15.58%)和海南省(14.29%)。

表9-2中2017—2021年普通高校大学生竞赛榜单(高职)共列入全国1108所高职院校(鉴于职业属性,职业大学纳入高职榜单计算)。金华职业技术学院列榜首,深圳职业技术学院和重庆电子工程职业学院分列第二名、第三名,第四到第十名分别是芜湖职业技术学院、南京工业职业技术大学、福建信息职业技术学院、郑州铁路职业技术学院、江西环境工程职业学院、广东轻工职业技术学院、陕西工业职业技术学院。

从高职学校类型上看,理工类有55所进入前100,158所进入前300;综合类有28所进入前100,80所进入前300;人文社科类有13所进入前100,46所进入前300;农林类有4所进入前100,12所进入前300;师范类、医药类均未有高校进入前100,分别有3所、1所进入前300。从高职学校层次上看,"双高计划"建设中的高水平高职学校(A档、B档、C档)有36所进入前100,54所进入前300;高水平专业群建设高职学校(A档、B档、C档)有38所进入前100,102所进入前300。

从区域来看,东部地区得分占总分的40.42%,中部地区为28.01%,西部地区为25.36%,东北地区为6.21%。在东部地区10个省份中,江苏省、广东省、山东省、浙江省贡献占比相对较高,分别为19.08%、16.28%、15.94%、12.65%,其余省份贡献占比在2.65%~9.50%;中部地区6个省份贡献占比在10.63%~20.90%;西部地区12个省份贡献占比差异较大,最高的达到18.01%,最低的仅有0.62%;东北地区3个省份贡献占比相对均衡,辽宁省、黑龙江省、吉林省分别为45.32%、32.53%和22.15%。

从各省份高校进入前300的情况来看,进入高校数量前3的为:江苏省(28所)、山东省(25所)和浙江省(22所),进入高校数量占比前3的为:浙江省(43.14%)、重庆市(34.09%)、西藏自治区(33.33%)。前100榜单中,进入高校数量前3的为:江苏省(11所)、浙江省(9所)、安徽省(8所),进入高校数量占比前3的为:浙江省(17.65%)、重庆市(16.00%)、北京市(15.91%)。

(资料来源:根据网络资料整理)

第二节 中国国际"互联网+"大学生创新创业大赛

一、大赛历年发展概览

第一届·2015年·长春·吉林大学

以"互联网+成就梦想,创新创业开辟未来"为主题,在吉林大学成功举办,参赛项目主要包括"互联网+"传统产业、"互联网+"新业态、"互联网+"公共服务和"互联网+"技术支撑平台四种类型。首届"互联网+"大赛采用校级初赛、省级复赛、全国总决赛三级赛制。在校级初赛、省级复赛基础上,按照组委会配额择优遴选项目进入全国决赛。全国共产生300个团队入围全国总决赛,其中创意组100个团队,实践组200个团队。大赛共吸引了31个省份及新疆生产建设兵团1878所高校的57253支团队报名参加,提交项目作品36508个,参与学生超过20万人,带动全国上百万大学生投入创新创业活动。冠军项目是哈尔滨工程大学的"点触云安全系统"项目。

第二届·2016年·武汉·华中科技大学

第二届中国"互联网+"大学生创新创业大赛由教育部、中央网络安全和信息化委员会办公室、国家发展和改革委员会、工业和信息化部、人力资源和社会保障部、国家知识产权局、中国科学院、中国工程院、共青团中央和湖北省人民政府共同主办，总决赛由华中科技大学承办。本届大赛主题为拥抱"互联网+"时代，共筑创新创业梦想。大赛自2016年3月启动，吸引了全国2110所高校参与，占全国普通高校总数的81%，报名项目数近12万个，参与学生超过55万人。冠军项目是西北工业大学的"翱翔系列微小卫星"项目。

第二届中国"互联网+"创新创业大赛总决赛(冠军争夺赛)视频，前往哔哩哔哩网站即可观看。

第三届·2017年·西安·西安电子科技大学

2017年3月27日，教育部在西安电子科技大学举行新闻发布会宣布，第三届中国"互联网+"大学生创新创业大赛已正式启动，与往届相较，本届比赛增加了参赛项目类型，鼓励师生共创。大赛由教育部、中央网络安全和信息化委员会办公室、国家发展和改革委员会、工业和信息化部、人力资源和社会保障部、知识产权局、中国科学院、中国工程院、共青团中央和陕西省人民政府共同主办，西安电子科技大学承办。本届主题为搏击"互联网+"新时代壮大创新创业主力军。冠军项目是杭州光珀智能科技有限公司研发的一代固态面阵激光雷达。

第三届中国"互联网+"创新创业大赛总决赛(冠军争夺赛)视频，前往哔哩哔哩网站即可观看。

第四届·2018年·厦门·厦门大学

第四届中国"互联网+"大学生创新创业大赛由教育部、中央网络安全和信息化委员会办公室、国家发展和改革委员会、工业和信息化部、人力资源和社会保障部、生态环境部、农业农村部、国家知识产权局、国务院侨务办公室、中国科学院、中国工程院、国家乡村振兴局、共青团中央和福建省人民政府共同主办，厦门大学承办。本届以"勇立时代潮头敢闯会创，扎根中国大地书写人生华章"为主题，于2018年3月29日在厦门全面启动。第四届中国"互联网+"大学生创新创业大赛总决赛2018年10月13日开赛。冠军项目是北京理工大学的"中云智车——未来商用无人车行业定义者"项目。

第四届中国"互联网+"创新创业大赛总决赛(冠军争夺赛)视频，前往哔哩哔哩网站即可观看。

第五届·2019年·杭州·浙江大学

2019年6月13日，第五届中国"互联网+"大学生创新创业大赛在浙江正式启动，本届大赛由教育部、中央统战部、中央网络安全和信息化委员会办公室、国家发展和改革委员会、工业和信息化部、人力资源和社会保障部、农业农村部、中国科学院、中国工程院、国家知识产权局、乡村振兴局(2021年更名为国家乡村振兴局)、共青团中央和浙江省人民政府共同主办，浙江大学和杭州市人民政府承办。第五届中国"互联网+"大学生创新创业大赛共有来自全球五大洲124个国家和地区的457万名大学生、109万个团队报名参赛，参赛项目和学生数接近前四届大赛的总和。冠军项目是清华大学的"交叉双旋翼复合推力尾桨无人直升机"项目。

第五届中国"互联网+"创新创业大赛总决赛(冠军争夺赛)视频，前往哔哩哔哩网站即可观看。

第六届·2020年·广州·华南理工大学

2020年11月17—20日，第六届中国国际"互联网+"大学生创新创业大赛在广东华南理工大学举行，大赛以"我敢闯、我会创"为主题，打造了一场汇聚世界"双创"青年同场竞技、相互促进、人文交流的国际盛会。本届大赛由教育部、中央统战部、中央网络安全和信息化委员会办公室、国家发展和改革委员会、工业和信息化部、人力资源和社会保障部、农业农村部、中国科学院、中国工程院、国家知识产权局、国家乡村振兴局、共青团中央和广东省人民政府共同主办，华南理工大学、广州市人民政府和深圳市人民政府承办。报名参赛项目与报名人数再创新高，内地共有2988所学校的147万个项目、630万人报名参赛；包括内地本科院校1241所、科研院所43所、高职院校1130所、中职院校574所。相比2019年，参赛项目与人数均增长25%，红旅赛道项目数增幅54%。中国港澳台地区报名参赛项目已超过2019年的总数，达到256个。冠军项目是北京理工大学的"星网测通"项目。

第六届中国"互联网+"创新创业大赛总决赛(冠军争夺赛)视频，前往哔哩哔哩网站即可观看。

第七届·2021年·南昌·南昌大学

2021年10月13日，第七届中国国际"互联网+"大学生创新创业大赛总决赛在南昌大学正式拉开帷幕。经过激烈角逐，1085个项目入围总决赛，广大学子通过线上线下的形式齐聚南昌切磋创新创业成果。大赛以"我敢闯、我会创"为主题，共有来自121个国家和地区的4347所院校、228万余个项目、956万余人次报名参赛，极大提升了大学生创新创业的激情与热情，实现了"更中国、更国际、更教育、更全面、更创新"的办赛目标。本次大赛有来自五大洲1263所学校的5531个项目、15611人报名参赛，包括牛津大学、剑桥大学、哈佛大学、斯坦福大学、麻省理工学院等世界前100强的大学组队参赛。冠军项目是南昌大学的"中科光芯——硅基无荧光粉发光芯片产业化应用"项目。

第七届中国国际"互联网+"大学生创新创业大赛(冠军争夺赛)视频，前往哔哩哔哩网站即可观看。

二、最新大赛解析

(一) "互联网+"创新创业大赛目的

"互联网+"创新创业大赛项目的开发要围绕着"选择做什么""解决什么问题""怎么解决问题""谁来解决问题"这些核心问题展开，需要打破边界和连接共生，解放思想，想方设法开发"互联网+"创新创业大赛项目。每所高校在"互联网+"创新创业大赛项目的开发上各有方法，但主要通过思创融合、科创融合、专创融合、产教融合这四种途径进行开发研究。

1. 思创融合

自习近平总书记在2017年给参加第三届中国"互联网+"大学生创新创业大赛"青年红色筑梦之旅"的大学生回信后，"互联网+"创新创业大赛增加了"青年红色筑梦之旅"赛道，该赛道成为全国最大思政教育和创新创业教育融合的平台和载体。"青年红色筑梦之旅"赛道遵循思创融合思路，以立德树人为宗旨，提炼农村和城市社区需求，提出创新创业的解决方案，产出创新创业项目，培养社会主义可靠接班人。

2. 科创融合

科创融合项目评估维度：科研成果与发明专利。通过该途径开发的项目已经准备转化落地，呼吁运营，有数据，有实际产品、样品，有天使用户，商业模式有创新、市场应用前景广。

科创融合项目产生流程：在科研成果转化的基础上，构思应用场景，创造跨界设计方案，制作创意原型，设计大赛项目。老师需要将课程成果反向路演，学生要设计创意性应用场景。步骤为1个导师带领：5人/组×10组=50人，围绕一个领域或一个问题，产生10个项目想法。1组训练：原始资料准备，提炼与发布需求，创新解决方案，强化过程对抗，产生结果。30组训练：10个项目/组×30组=300个项目，优化其中的50%，即产生150个项目。

3. 专创融合

高校创新创业教育改革大力推进专创融合，即促进专业教育与创新创业教育的高度融合，将原有的专业教育加入创新创业教育内容和模块，挖掘专创融合的深度和广度。专创融合项目开发主要聚焦专业前沿，融入创业思维，注重课程设计，改革考核模式，由原有的结果考核向过程考核转变，由原有的作品考核转向产品和商品的考核，引入产业需求，对接市场真实项目，推进专业实践。

专创融合项目的产生流程主要是在对学科专业、市场趋势、案例探究进行研判的基础上，聚焦专业和市场的垂直领域，通过跨学科、头脑风暴等方式方法，打造原型样稿或展示，推导出创新创业项目，实现"专业融合、赛教融合"的实践教学。

4. 产教融合

产教融合是目前国家正在大力推进的一项教育改革工作，为"互联网+"创新创业大赛提供了政策支持和项目开发路径指导。产教融合项目开发遵循对接产业和市场需求，面向企业问题，对接办学特色和竞赛标准，采取非标准化考核方式，强化项目过程控制，促进项目可视化的思路，协同校企合作平台和校外实践基地，加强专业对接产业，深入挖掘企业需求，利用双选会议和校友资源等路径开发产业教融合项目。

产教融合项目主要依托用人单位、校友企业、产业协会进一步得到发展诉求，通过跨学科制定方案、设计思维和原型设计，确定"互联网+"创新创业大赛项目架构。

不管是采取思创融合、科创融合、专创融合还是产教融合的开发途径，都要求高校对现有的教育教学进行项目式教学的教学方法改革，这是一种在深度学习的基础上，不断提高项目团队在解决现实问题、团队协作、运用多种思维、使用信息技术使用、社会化、更新迭代等方面的核心能力，真正实现项目教学的效果。

(二) 比赛内容、赛程安排等方面优化和调整

1. 赛道设置出现变化

第八届比赛的赛道设置有所变化，各赛道参赛条件中的措辞也有所变化，具体变化如下。

(1) 在高教主赛道中取消了师生共创组，单设本科和研究生两大组别，分设创意、初创和成长组。赛道提高了本科生项目入围比例，在本科生初创组和成长组中，明确项目负责人须为参赛企业法定代表人，并对负责人及团队的股权要求进行了适当调整。

(2) 正式设立产业命题赛道，将产业命题赛道直接作为附件列入通知。同时对参赛对象进行调整，允许跨校组建、师生共同参赛，通过产业出题、高校揭榜、同题共答、真题真做的方式，打通高校智力资源和企业发展需求。

(3) 红旅赛道的主题和目标有更新。活动主题由"青春领航乡村振兴，红色筑梦创业人生"变为"红色青春筑梦创业人生，绿色发展助力乡村振兴"，新增了绿色发展的要求。而活动目标则从"建党百年"转为服务"党的二十大"，从开展"四史"教育转为服务"新农村、新农业、新农民、新生态"建设，从引导师生服务乡村振兴和打造思政大课、实践大课转为引导师生扎根基层创新创业和推动农业农村现代化建设。

2.比赛项目出现变化

本次比赛各赛道对于参赛项目的要求出现变化，项目内容与"新工科、新医科、新农科、新文科"建设深度融合。具体项目变化如下。

(1) 高教主赛道按照"四新"分类。在高教主赛道中，本科生、研究生两大组别均按照新工科、新医科、新农科、新文科四种类型报名参赛。

(2) "红旅"活动通过"四新"赋能。项目要求以"四新"助力"新农村、新农业、新农民、新生态"建设，引导师生扎根基层创新创业。

(3) 产业命题赛道结合"四新"征题。要求企业围绕"四新"对应的产业和行业领域，基于企业发展真实需求进行命题申报。

3.评审规则出现变化

本届大赛将进一步回归和突出育人本质，在评审规则设置方面，更突出教育导向，加大教育分值所占比重，"引领教育"将成为重要考察点。在评审过程中，更加聚焦学生在创新创业实践中的成长与发展，对项目的创意过程、专业知识运用情况、专业教育与创新创业教育结合情况、学科交叉融合情况等进行多维度考察。

4.奖项设置出现变化

(1) 除产业命题赛道外，其余各赛道晋级国赛的奖项数没变。而产业命题赛道总奖项数有较大增长，由100项增加至300项。其中，金奖数由15项增至30项、银奖数由35项增至60项、铜奖数由50项增至210项。

(2) 在高教主赛道中，删除了最具人气奖单项奖。

(3) 对指导教师的奖励更加明确。在高教主赛道、红旅赛道和职教赛道中明确了获得金奖的指导教师为优秀创新创业导师(限前五名)。

三、大赛的筹备

参赛流程

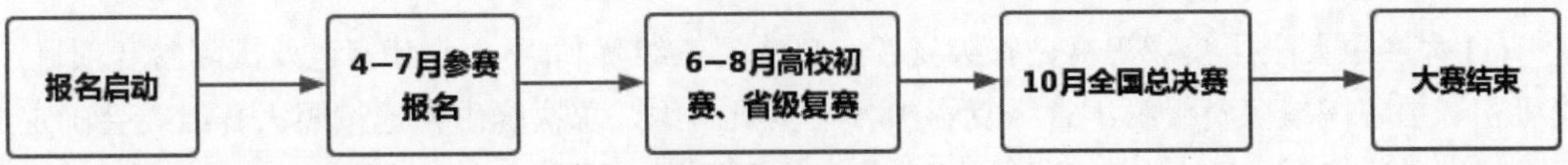

报名启动 → 4—7月参赛报名 → 6—8月高校初赛、省级复赛 → 10月全国总决赛 → 大赛结束

图9-1　参赛流程

(一) 赛程安排

1.参赛报名(4月—7月)

参赛团队通过登录全国大学生创业服务网或微信公众号任一方式进行报名。

2.初赛复赛(6月—8月)

各地各学校登录全国大学生创业服务网进行大赛管理和信息查看。省级管理用户使用大赛组委会统一分配的账号进行登录,校级账号由各省级管理用户进行管理。初赛复赛的比赛环节、评审方式等由各校、各地自行决定。各地应在8月15日前完成省级复赛,并完成入围总决赛的项目遴选工作(推荐项目应有名次排序,供总决赛参考)。国际参赛项目的遴选推荐工作另行安排。

3. 全国总决赛(10月)

大赛设金奖、银奖、铜奖;另设省市组织奖、高校集体奖及若干单项奖。入围总决赛的项目将通过网评和会评,择优进入总决赛现场比赛,决出各类奖项。大赛组委会通过全国大学生创业服务网、国家24365大学生就业服务平台为参赛团队提供项目展示、创业指导、人才招聘、资源对接等服务,各项目团队可登录上述网站查看相关信息,各地可利用网站提供的资源,为参赛团队做好服务。

(二) 参赛要求

(1) 参赛项目能够紧密结合经济社会各领域现实需求,充分体现高校在新工科、新医科、新农科、新文科建设方面取得的成果,培育新产品、新服务、新业态、新模式,促进制造业、农业、卫生、能源、环保、战略性新兴产业等产业转型升级,促进数字技术与教育、医疗、交通、金融、消费生活、文化传播等深度融合。

(2) 参赛项目应弘扬正能量,践行社会主义核心价值观,真实、健康、合法。不得含有任何违反《中华人民共和国宪法》及其他法律法规的内容。所涉及的发明创造、专利技术、资源等必须拥有清晰合法的知识产权或物权。如有抄袭盗用他人成果、提供虚假材料等违反相关法律法规和违背大赛精神的行为,一经发现即刻丧失参赛资格、所获奖项等相关权利,并自负一切法律责任。

(3) 参赛项目只能选择一个符合要求的赛道报名参赛,根据参赛团队负责人的学籍或学历确定参赛团队所代表的参赛学校,且代表的参赛学校具有唯一性。参赛团队须在报名系统中将项目所涉及的材料按时如实填写提交。已获本大赛往届总决赛各赛道金奖和银奖的项目,不可报名参加本届大赛。

(4) 参赛人员(不含产业命题赛道参赛项目成员中的教师)年龄不超过35岁。

(5) 各省级教育行政部门及各有关学校要严格开展参赛项目审查工作,确保参赛项目的合规性和真实性。审查主要包括参赛资格,以及项目所涉及的科技成果、知识产权、财务状况、运营、荣誉奖项等方面。

(三) 比赛赛制

(1) 大赛主要采用校级初赛、省级复赛、总决赛三级赛制(不含萌芽赛道及国际参赛项目)。校级初赛由各院校负责组织,省级复赛由各地负责组织,总决赛由各地按照大赛组委会确定的配额择优遴选推荐项目。大赛组委会将综合考虑各地报名团队数(含邀请国际参赛项目数)、参赛院校数和创新创业教育工作情况等因素分配总决赛名额。

(2) 大赛共产生3500个项目入围总决赛(中国港澳台地区参赛名额单列),其中,高教主赛道2000个(国内项目1500个、国际项目500个)、"青年红色筑梦之旅"赛道500个、职教赛道500个、萌芽赛道200个、产业命题赛道300个。

(3) 高教主赛道每所高校入选总决赛项目总数不超过5个，"青年红色筑梦之旅"赛道、职教赛道每所院校入选总决赛项目各不超过3个。产业命题赛道每道命题每所院校入选项目总数不超过3个。萌芽赛道每所学校入选全国总决赛的项目总数不超过2个。

拓展阅读 | 9-2

❧ "互联网+"创新创业大赛参赛常见问题与解决办法 ❧

1. 第八届大赛参赛人员年龄限制有什么新变化？

答：规定参赛人员年龄不超过35岁(1987年3月1日之后出生)，进一步突出大学生创新创业大赛的赛事特色。

2. 验证个人信息时显示"您的信息未通过学籍验证"该怎么办，应如何修改？

答：学生填写的个人信息应与学信网上的学籍信息保持一致(尤其是学历层次、所在院校、入学时间、毕业时间)，才可验证通过(可填写非最高学籍信息)。若提示未通过验证，学生可登录学信网查看个人学籍信息后，登录大赛报名官网，在个人中心的设置板块中修改学籍信息，提交后重新认证。如对学籍学历有疑问，可发送咨询邮件至kefu@chsi.com.cn，进行咨询。

3. 什么学籍学历可以报名参加大赛？

答：在校或毕业5年内的中职中专、高职高专、职业教育本科、普通本科、博硕士研究生、国家开放大学学历教育学生均可参加大赛。但各赛道及赛道内各组别对参赛对象的学籍学历有不同要求，报名时请按照不同赛道、不同组别的学籍学历要求进行报名参赛。

4. 已经完成注册并完善个人信息，如何判断自己的学籍学历信息是否需要通过校验？如需校验，如何知道是否已通过校验？

答：登录大赛官网，进入个人中心，个人头像及姓名旁边如出现绿底白字的"学籍校验通过"，则表示学籍学历通过验证可以参赛；如出现红底白字"学籍校验不通过"，则表示学籍学历未通过验证；如未出现任何学籍校验信息，则表示无须进行学籍学历校验，可通过既定流程参赛。

5. 普通本科生、研究生(在校或毕业5年内)，可以报名哪个赛道？

答：在校或毕业5年内的普通本科生、研究生可报名参加高教主赛道、"青年红色筑梦之旅"赛道、产业命题赛道。

6. 职业教育本科、高职高专生(在校或毕业5年内)可以报名哪个赛道？

答：在校或毕业5年内的职业教育本科、高职高专生可以报名参加高教主赛道、"青年红色筑梦之旅"赛道、职教赛道、产业命题赛道。

7. 本科院校的高职高专生(在校或毕业5年内)可以报名参加哪些赛道？

答：在校或毕业5年内的本科院校的高职高专生可以报名参加高教主赛道、"青年红色筑梦之旅"赛道、职教赛道、产业命题赛道。

8. 五年制大专，前三年是否可用大专身份报名参赛？

答：五年制大专，前三年在读学生只能用中专身份报名参赛。第四、五年在读学生，毕业生可用大专(报名系统中请选择高职高专)身份报名参赛。但均需符合所报赛道及组别的参赛要求。

9. 报名参加红旅赛道公益组或创业组的项目，对注册年限是否有限制？

答：报名参加红旅赛道公益组的项目，注册公司年限不限；报名参加红旅赛道创业组的项目，须在大赛通知下发之日前已完成工商等各类登记注册，且均需符合所报赛道及组别的参赛要求。

10.什么是学校科技成果转化项目？

答：学校科技成果转化项目是指创业团队所使用的核心科技成果的所有权是学校的项目。

11.肄业/休学/退学导致的学籍学历校验不通过，怎么办？

答：须提供之前就读学校的就读证明(证明该生曾在该校就读，提供姓名+身份证号+登录账号)并加盖公章，将扫描件发送到指定的邮箱。通过官方微信公众号进行咨询，并获取指定的邮箱。

12.项目涉及的知识产权信息需要填报吗？项目曾经获得过国家级或省部级奖项信息需要填报吗？

答：均需要填报。知识产权信息包括：专利、论文、软件著作权、作品著作权、商标信息。如曾获奖项举例：国家自然科学奖一等奖、重庆市技术进步奖一等奖。

以上填报的信息须与项目计划书涉及的内容保持一致。

(资料来源：根据网络资料整理)

第三节 "挑战杯"全国大学生课外学术科技作品竞赛和中国大学生创业计划竞赛

"挑战杯"赛事展示了我国各高校的育人成果，推动了高校学生与社会间的交流与合作，已成为高校学生课外科技文化活动中的一项主导性活动，越来越受到广大学生的欢迎和各高等院校的重视，在社会上产生了广泛而良好的影响，成为促进高校科技成果向现实生产力转化的有效方式。

一、大赛历年发展概览

(一)"挑战杯"全国大学生课外学术科技作品竞赛

第一届•1989年•北京•清华大学

清华大学首次设立校内"挑战杯"竞赛。1989年，在国家教委的支持下，清华大学等34所高校和全国学联、中国科协及部分媒体联合发起举办了首届"挑战杯"大学生课外科技活动成果展览暨技术交流会。

第二届•1991年•杭州•浙江大学

本届竞赛由共青团中央、中国科协、全国学联主办。"挑战杯"全国大学生课外学术科技作品竞赛名称正式确定并沿用至今。这届竞赛初步建立了选拔、申报、评审的竞赛机制，确立了组委会和评委会各自独立运作的竞赛机构，形成了两年一届、高校承办的组织方式。

第三届•1993年•上海•上海交通大学

竞赛开幕前夕，国家领导人亲笔为竞赛题写杯名，竞赛影响更加广泛。通过本届竞赛的举办，"挑战杯"竞赛的各项机制得到进一步完善和加强。

第四届·1995年·武汉·武汉大学

国家领导人为本届竞赛题词，周光召、朱光亚等100名著名科学家为大赛寄语勉励。

第五届·1997年·南京·南京理工大学

国家领导人为本届"挑战杯"竞赛题词。中国香港大学生首次组团参与竞赛活动。

第六届·1999年·重庆·重庆大学

重庆市政府成为主办方之一，这是省级政府首次参与赛事主办。中国香港地区9所高校的40件作品直接进入终审决赛。竞赛协议项目43个，转让总金额超过1亿元，转让金额超过前五届总和。

第七届·2001年·西安·西安交通大学

这是"挑战杯"竞赛首次在西北地区举行终审决赛。西安外事学院成为第一所参加"挑战杯"竞赛的民办高校。

第八届·2003年·广州·华南理工大学

各地高校的师生代表及企业界、新闻界人士共计近万人参加了开幕式。共有18件"挑战杯"参赛作品成功转让，总成交额达到1300万元。其中单件作品最高成交额800万元。

第九届·2005年·上海·复旦大学

本届"挑战杯"竞赛成为前九届竞赛中参赛高校最多、参赛作品最多的一届，共有1107件入围复赛。中国台湾地区高校首次正式组团参赛。设立飞利浦科技多米诺大赛，成为国内大学生校级的首次多米诺正规赛事。首次以公开答辩的方式进行最后评审。

第十届·2007年·天津·南开大学

300多所高校的3000多名师生参加了决赛，全体参赛学生向全国大学生发出"努力成为推动创新型国家建设的生力军"的倡议。决赛期间，举办了学生学术科技作品展、创新型人才培养系列论坛、天津滨海新区开发开放报告会、学生科技成果转化洽谈会、中国港澳台高校学生座谈会。109位两院院士在内的161位海内外知名人士为竞赛题词。

第十一届·2009年·北京·北京航空航天大学

本届"挑战杯"有1106件项目(其中文科616件；理科490件)进入终审决赛，入围高校达432个。竞赛信息化是本届挑战杯竞赛特点之一，组委会邀请专家组开发竞赛官方网站、完善全国大学生科技成果信息服务平台，第一次在挑战杯引入网络申报、网络评审的机制，全程实现网络信息化服务。

第十二届·2011年·大连·大连理工大学

本届"挑战杯"自3月启动以来，相继开展了校级、省级、全国级三级竞赛，并首次采用了逐级报备制度。截至6月底，共有1900多所高校的近5万件作品实现了网络报备。经全国评委会预赛、复审，最终有来自305所高校的1252件作品进入终审决赛。

第十三届·2013年·苏州·苏州大学

本届"挑战杯"有450余所高校的4000余名师生代表参赛参展。近百家企业与所关注的参赛作品作者进行了投资意向洽谈，部分项目现场签订了投资合作协议书。

第十四届·2015年·广州·广东工业大学、香港科技大学

本届共有超过2000所高校举办校级赛事，并有超过200万青年学生参与。经过省级赛事选拔，内地1569件作品参加国赛。共评出1239件获奖作品，其中38件特等奖作品、124件一等奖作

品、318件二等奖作品、759件三等奖作品；累进创新奖评出了33件获奖作品，其中5件金奖作品、12件银奖作品、18件铜奖作品。

第十五届·2017年·上海·上海大学

第十五届竞赛于2017年在上海大学举办。竞赛自启动以来，共有2000多所高校举办校级赛事，并有200多万大学生参与。经过省级比赛、全国初评和复审，共有314所高校的755件作品进入终审决赛。终审决赛最终评出特等奖作品39件，一等奖作品102件，二等奖作品315件，三等奖作品773件，累进创新奖作品24件。

第十六届·2019年·北京·北京航空航天大学

第十六届竞赛于2019年在北京航空航天大学举办。竞赛自启动以来，共有1573所高校举办校级赛事，并有近300万青年学生参与。经过省级赛事选拔，内地1513件作品参加国赛。终审决赛共评出1217件获奖作品，其中35件特等奖作品、105件一等奖作品、286件二等奖作品、786件三等奖作品、14件累进创新奖作品；中国港澳地区评出了21件获奖作品，其中3件一等奖作品、8件二等奖作品、10件三等奖作品。

第十七届·2021年·成都·四川大学

第十七届竞赛于2021年在四川大学举办。2022年3月26日至28日完成终审决赛，29日在国家公证人员监督公证下，完成了成绩统计和奖次评定工作。竞赛评审委员会就内地作品评出特等奖作品49件、一等奖作品109件、二等奖作品320件、三等奖作品755件；就中国港澳地区作品评出特等奖作品1件、一等奖作品2件、二等奖作品6件、三等奖作品18件。

(二) 中国大学生创业计划竞赛历年概览

第一届·1999年·北京·清华大学

竞赛汇集了全国120余所高校近400件作品。大赛的举办使"创业"的热浪从清华园向全国扩散，在全国高校掀起了一轮创新创业的热潮，孕育了视美乐、易得方舟等一批高科技公司，产生了良好的社会影响。

第二届·2000年·上海·上海交通大学

竞赛共收到来自全国24个省137所高校的455件作品。在社会各界的关心支持下，一批创业计划进入实际运行操作阶段，技术、资本和市场的结合向更深的层次推进。

第三届·2002年·杭州·浙江大学

竞赛共收到来自全国29个省、自治区、直辖市244所高校的参赛作品共542件。据统计，部分参赛作品开赛前就吸引了部分风险投资，金额达10400万元，其中签订合同的项目6件，签约金额4640万元。

第四届·2004年·厦门·厦门大学

竞赛共收到来自全国29个省、自治区、直辖市276所高校的603件作品，其中100件作品进入了终审决赛。中国台湾地区首次派队参加，中国香港和中国澳门地区的大学也应邀观摩。"挑战杯"创业计划竞赛在短短4届、5年的时间里就达到了空前的规模，获得了良好的社会效应、人才效应和显著的经济效应，把大学生创业浪潮推向了新的高峰。

第五届·2006年·济南·山东大学

竞赛共收到全国共81所高校的110件作品参与总决赛角逐。本届竞赛在深化高校教育体制改革的同时，着力培养和提高大学生科技创新和自主创业的能力，全面提高大学生的综合素质，鼓励大学生将科研成果转化成社会先进的生产力，创造更多社会和经济价值。

第六届·2008年·成都·四川大学

竞赛共收到来自全国356所高校的600余件作品。本届竞赛显示出三个鲜明特点：一是项目数量多，本届竞赛参赛团队的项目数量创造了"挑战杯"竞赛的历史新纪录；二是参赛作品涉及学科领域广，水平普遍较高，体现了较强的应用性和实践性，具有较高的学术水平和应用价值；三是许多作品都具有前瞻性，体现了科学发展的思想，蕴含了人文关怀精神，充满了对民生问题、社会协调进步和可持续发展的关注。

第七届·2010年·长春·吉林大学

竞赛收到123所高校的182件作品参与决赛评审。本次"挑战杯"创业大赛显示出三个鲜明特点：一是网络虚拟运营商首次亮相，学生在虚拟商业社会中完成企业从设想、规划、注册、创建、运营、管理等所有决策；二是复赛评审实现无纸化办公，简化了评审过程中复杂的评分、计分、排名过程，充分保证了竞赛评审的公平公正和迅速便捷；三是创业项目签约风投之多，一共有46件大学生创业项目签约风投，签约金额达到1.37亿元。

第八届·2012年·上海·同济大学

本届参赛作品首次被分为"已创业"和"未创业"两类，并实行校、省、全国逐级报备制度，力求进一步突出竞赛设计的科学性与竞赛作品的实用性，即在主体赛事中，对于已创业类作品的考察，将更加注重商业运营效果；而对于未创业类作品，则更加注重市场发展潜力。本届挑战杯创业在奖项设置方面，增加媒体、公众评价等环节，并设立最具创意奖、最具潜力奖、最具人气奖、最受媒体关注奖等单项奖。此外，本届竞赛建立了协同合作的三区联动平台，将依托有关地方政府，遴选并设立第一批5个示范性大学生创业园区，在创业项目落户、临时办公场所租借、启动资金扶持等方面有多项专项独享政策，同时加强与有关方面特别是创业投资公司、金融机构等方面的合作，为高校学生通过参与竞赛实现创业提供支持。

第九届(第一届"创青春")·2014年·武汉·华中科技大学

为适应大学生创业发展的形势需要，共青团中央、教育部、人力资源和社会保障部、中国科协、全国学联决定，在原有"挑战杯"中国大学生创业计划竞赛的基础上，自2014年起共同组织开展"创青春"全国大学生创业大赛，每两年举办一次。

2014年"创青春"全国大学生创业大赛终审决赛经过网上书面评审、决赛现场答辩，全国评审委员会最终评出第九届"挑战杯"大学生创业计划竞赛金奖项目68个(含中国港澳地区金奖项目3个)，银奖项目142个(含中国港澳地区银奖项目7个)，铜奖项目404个(含中国港澳地区铜奖项目9个)；创业实践挑战赛金奖项目35个，银奖项目70个，铜奖项目210个；公益创业赛金奖项目20个，银奖项目41个，铜奖项目119个。本次大赛专门增添了两个专项比赛——MBA、移动互联网创业专项竞赛，并且2项专项竞赛无须组织省级预赛。

第十届(第二届"创青春")·2016年·成都·电子科技大学

2016"创青春"全国大学生创业大赛于2016年2月正式启动，吸引了全国2200余所院校参与。经过初审、复赛的层层选拔，最终399个创业项目从全国11万个项目中脱颖而出，进入决赛。大赛评委会最终评定出金奖项目134个，银奖项目262个，铜奖项目726个。

第十一届(第三届"创青春")·2018年·浙江·浙江大学

2018年"创青春"全国大学生创业大赛实行校、省、全国三级赛事体制，共有全国2999余所高校举行校级赛事，近百万大学生提交了15万余件参赛作品。2018年"创青春"全国大学生创业大赛评审委员会通过网络评审、公开答辩，大赛评委会最终评定69个项目为创业计划竞赛金奖，35个项目为创业实践挑战赛金奖，20个项目为公益创业赛金奖。

第十二届•2020年•哈尔滨•东北林业大学

大赛自6月启动以来，共吸引了2786所学校的17.9万个项目报名参加，参赛学生92.4万。经过评审，1439个参赛作品入围全国决赛，432个参赛作品入围全国决赛终审答辩。"挑战杯"系列竞赛目前具有如下作用。

(1) 吸引广大高校学生共同参与的科技盛会。从最初的19所高校发起，发展到1000多所高校参与；从300多人的小擂台发展到200多万大学生的竞技场，"挑战杯"竞赛在广大青年学生中的影响力和号召力显著增强。

(2) 促进优秀青年人才脱颖而出的创新摇篮。竞赛获奖者中已经产生6位国家重点实验室负责人，20多位教授和博士生导师，70%的学生获奖后继续攻读更高层次的学历，近30%的学生出国深造。他们中的代表人物有：第二届"挑战杯"竞赛获奖者、国家科技进步一等奖获得者、中国十大杰出青年、北京中星微电子有限公司董事长邓中翰，第五届"挑战杯"竞赛获奖者、"中国杰出青年科技创新奖"获得者、安徽科大讯飞信息科技股份有限公司董事长刘庆峰，第八届及第九届"挑战杯"竞赛获奖者、"中国青年五四奖章"标兵、南京航空航天大学2007级博士研究生胡铃心等。

(3) 引导高校学生推动现代化建设的重要渠道。成果展示、技术转让、科技创业，让"挑战杯"竞赛从象牙塔走向社会，推动了高校科技成果向现实生产力的转化，为经济社会发展做出了积极贡献。

(4) 深化高校素质教育的实践课堂。"挑战杯"已经形成国家、省、高校三级赛制，广大高校以"挑战杯"竞赛为龙头，不断丰富活动内容，拓展工作载体，把创新教育纳入教育规划，使"挑战杯"竞赛成为大学生参与科技创新活动的重要平台。

(5) 展示全体中华学子创新风采的亮丽舞台。中国香港、中国澳门、中国台湾众多高校积极参与竞赛，派出代表团参加观摩和展示。竞赛成为青年学子展示创新风采的舞台，增进彼此了解、加深相互感情的重要途径。

二、大赛的构成与主要内容

(一) "挑战杯"全国大学生课外学术科技作品竞赛

竞赛的基本方式：高等学校在校学生申报自然科学类学术论文、哲学社会科学类社会调查报告和学术论文、科技发明制作三类作品参赛；聘请专家评定出具有较高学术理论水平、实际应用价值和创新意义的优秀作品，给予奖励；组织学术交流和科技成果的展览、转让活动。

参赛要求：凡在举办竞赛终审决赛的当年6月1日以前正式注册的全日制非成人教育的各类高等院校在校专科生、本科生、硕士研究生(不含在职研究生)都可申报作品参赛。

申报参赛的作品必须是距竞赛终审决赛当年6月1日前两年内完成的学生课外学术科技或社会实践活动成果，可分为个人作品和集体作品。申报个人作品的，申报者必须承担申报作品60%以上的研究工作，作品鉴定证书、专利证书及发表的有关作品上的署名均应为第一作者，合作者必须是学生且不得超过2人；凡作者超过3人的项目或者不超过3人，但无法区分第一作者的项目，均须申报集体作品。集体作品的作者必须均为学生。凡有合作者的个人作品或集体作品，均按学历最高的作者划分至本专科生或硕士研究生类进行评审。增加作品自查环节，申报学校签订承诺书，承诺作品符合"挑战杯"竞赛申报作品的要求，接受竞赛组委会抽查。本校硕博连读生(直博生)若在决赛当年6月1日以前未通过博士资格考试的，可以按硕士研究生学历申报作品。没有实行资格考试制度的学校，前两年可以按硕士研究生学历申报作品。

申报参赛的作品分为自然科学类学术论文、哲学社会科学类社会调查报告和学术论文、科技发明制作三类。自然科学类学术论文作者限本专科生。哲学社会科学类社会调查报告和学术论文限定在哲学、经济、社会、法律、教育、管理6个学科内。科技发明制作类分为A、B两类：A类指科技含量较高、制作投入较大的作品；B类指投入较少，且为生产技术或社会生活带来便利的小发明、小制作等。

参赛作品涉及下列内容时，必须由申报者提供有关部门的证明材料，否则不予评审。动植物新品种的发现或培育，须有省级以上农科部门或科研院所开具证明。对国家保护动植物的研究，须有省级以上林业部门开具证明，证明该项研究的过程中未产生对所研究的动植物繁衍、生长不利的影响。新药物的研究须有卫生行政部门授权机构的鉴定证明。医疗卫生研究须通过专家鉴定，并最好附有在公开发行的专业性杂志上发表过的文章。涉及燃气用具等与人民生命财产安全有关用具的研究，须有国家相应行政部门授权机构的认定证明。

参赛作品必须于申报前将作品项目名称、参赛学生和指导教师等关键信息在校内官方网站主页上进行不少于5天的公示，并将公示截图随作品一同报送。

参赛作品必须由两名具有高级专业技术职称的指导教师(或教研组)推荐，经本校学籍管理、教务、科研管理部门审核确认。

每个学校选送参加竞赛的作品总数不得超过6件，每人限报1件，作品中研究生的作品不得超过作品总数的1/2。参赛作品须经过本省(自治区、直辖市)组织协调委员会进行资格及形式审查和本省(自治区、直辖市)评审委员会初步评定，方可上报全国组委会办公室。各省(自治区、直辖市)选送全国竞赛的作品数额由主办单位统一确定。每所发起学校可直接报送3件作品(含在6件作品之中)参加全国竞赛。

(二)"挑战杯"中国大学生创业计划竞赛

竞赛的基本方式：高等学校在校学生通过申报商业计划书参赛，有条件的团队可在此基础上进行商业运营实践；聘请专家评定出具备一定操作性、应用性，以及良好市场潜力和发展前景的优秀作品，给予奖励；组织作品和成果的交流、展览、转让活动。

参赛要求：凡在举办竞赛终审决赛的当年7月1日以前正式注册的全日制非成人教育的各类高等院校在校专科生、本科生、硕士研究生和博士研究生(均不含在职研究生)都可参赛。

参加竞赛作品分为已创业(甲类)与未创业(乙类)两类；分为农林、畜牧、食品及相关产业，生物医药、化工技术、环境科学、电子信息、材料、机械能源、服务咨询等七组。实行分类、分组申报。

拥有或授权拥有产品或服务，并已在工商、民政等政府部门注册登记为企业、个体工商户、民办非企业单位等组织形式，且法定代表人或经营者为符合规定的在校学生、运营时间在三个月以上(以预赛网络报备时间为截止日期)的项目，可申报已创业类(甲类)。

拥有或授权拥有产品或服务，具有核心团队，具备实施创业的基本条件，但尚未在工商、民政等政府部门注册登记或注册登记时间在三个月以下的项目，可申报未创业类(乙类)。

参赛形式：以学校为单位统一申报，以创业团队形式参赛，原则上每个团队人数不超过10

人。对于跨校组队参赛的作品，各成员须事先协商明确作品的申报单位。对于经授权的发明创造或专利技术，在报名时需提交具有法律效力的发明创造或专利技术所有人的书面授权许可、作品鉴定证书、专利证书等。对于已注册运营项目的，在报名时需提交相关证明材料(含单位概况、法定代表人情况、营业执照复印件、税务登记证复印件、组织机构代码复印件等材料)。

参赛作品涉及下列内容时，必须由申报者提供有关部门的证明材料，否则不予评审。

(1) 动植物新品种的发现或培育，须有省级以上农科部门或科研院所具证明。

(2) 对国家保护动植物的研究，须有省级以上林业部门开具证明，证明该项研究的过程中未产生对所研究的动植物繁衍、生长不利的影响。

(3) 新药物的研究须有卫生行政部门授权机构或具有同等资质机构的鉴定证明。

(4) 医疗卫生研究须通过专家鉴定，并最好附有在公开发行的专业性杂志上发表过的文章。

(5) 涉及燃气用具等与人民生命财产安全有关用具的研究，须有国家相应行政部门授权机构的认定证明。

每个学校选送参加主体竞赛的作品总数不得超过3件(专项竞赛名额另计)，每人(每个团队)限报1件。参赛作品须经过本省(自治区、直辖市)组织协调委员会进行资格及形式审查和本省(自治区、直辖市)评审委员会初步评定，方可上报全国组织委员会办公室。各省(自治区、直辖市)选送全国竞赛的作品数额由主办单位统一确定。

三、大赛的筹备

作品申报方式以网上申报为主，传统纸质申报为辅。作品申报、学校和省级组委会审核均在网上进行，当年报名通道开启后参赛学生、学校及省级组委会可登录国赛网站，按导航提示进行操作。同时，各省级组委会还须组织参赛学生从网上下载申报书，打印纸质版本进行作品申报。

申报工作开始前，各省级团委学校须核对本省份参赛高校名单，如发现在网站高校库出现缺失，请于申报开始前及时登录网站进行添加。各省级团委学校必须使用省级管理员账号登录网站，导出校级管理员账号，并派发给本地区各参赛高校。各高校相关负责人员使用校级管理员账号登录网站。参赛学生用户名为自行注册的邮箱，学校用户名为5位国标码。

参赛学校负责组织本校参赛学生登录竞赛网站进行项目申报。参赛学生须仔细填写个人信息、作品信息等，根据需要上传论文、表格、图片、视频、获奖证明、专利证明等资料，确认后在线提交。申报方式以竞赛网站项目申报流程说明为准。

参赛学校凭全国组委会分发的账户和密码登录竞赛网站，在网上审核本校参赛作品，并在线提交给省级组委会。发起高校的直送作品在线直接提交给全国组委会。在此期间，如作品审核未通过，可用预审核功能"打回"给作者，作者可进行修改；一旦审核通过，则不能再修改。

省级组委会凭全国组委会分发的账户和密码登录竞赛网站，在网上审核本地报送作品，并在线提交给全国组委会。在此期间，如作品审核未通过，可用预审核功能"打回"给作者，作者可进行修改；一旦审核通过，则不能再修改。

根据《竞赛章程》第二十二条规定，作品完成全国竞赛申报后，作品题目、作者、指导教师等关键信息不得变动。应充分考虑国赛决赛的时间，对相关情况有所预判，确保申报工作的准确性和严肃性。一经作品申报、校级审核、省级审核后，包括作者姓名、人数、排序等关键信息均不得变动。

纸质材料寄送,作品通过全国组委会审核后将获得项目编号,须凭此编号打印纸质版本并寄送全国组委会秘书处。

非直报项目的参赛者网站导出PDF格式的《作品申报书》(附带作品文本,一式3份)打印后交省级组委会,省级组委会对纸质版作品申报书审核后,加盖相关公章,附上本地选送作品《汇总目录表》一并寄送至全国组委会秘书处。

直报项目的参赛者登录网站导出PDF格式的《作品申报书》(附带作品文本,一式3份)打印后交校级组委会,校级组委会对纸质版作品申报书审核后,加盖相关公章,附上本学校选送作品《汇总目录表》一并寄送至全国组委会秘书处。

第四节 "中国创翼"创业创新大赛

一、大赛的概况及主要内容

"中国创翼"青年创业创新大赛由中国宋庆龄基金会、人力资源和社会保障部联合主办,包括:主体赛事;创业创新路演赛,专项赛事;"欧格玛"杯大学生营销策划赛。参赛对象为年满18周岁但不超过40周岁的境内高校青年学生、社会青年、中国港澳台青年及海外留学青年。大赛为优秀项目提供资金、政策、融资、众筹、商业合作及宣传推广等支持,组委会为大赛设立数百万奖励基金。2021年以"创响新时代、共圆中国梦"为主题的第四届"中国创翼"创业创新大赛在江西省景德镇市举办。本次大赛共计4万多个创业项目报名参赛,同比增长将近40%。数十万创业者参与大赛,92个项目分获一、二、三等奖和优秀奖。

大赛围绕复赛、半决赛和总决赛,在承办地组织系列活动,包括创业主题日、行业决赛、行业论坛、创业培训、项目对接、产品展示等。鼓励新型创业服务机构、支持单位和相关媒体充分发挥各自作用,积极参与大赛的相关活动,并为参赛团队和企业提供导师、培训、创投、金融等深度服务。

(一) 参赛条件

1. 主体赛创新项目组报名参赛条件

(1) 截至当年6月15日,尚未在市场监督管理部门登记注册的创业团队或登记注册未满1年的初创企业或机构。

(2) 参赛项目具有创新性的技术、产品或经营服务模式,具有较高成长潜力,且项目的技术、产品、经营均属于同一参赛主体。

(3) 参赛项目须为原创性创新项目,不存在知识产权争议,不会侵犯第三方的知识产权、所有权、使用权和处置权。

(4) 参赛者须为该项目的第一创始人或核心团队成员。

2. 主体赛创业项目组报名参赛条件

(1) 截至当年6月15日,在市场监督管理部门登记注册满1年且未满5年的企业或机构。

(2) 参赛项目具有创新性的技术、产品或经营服务模式,具有较高成长潜力,且项目的技术、产品、经营均属于同一参赛主体。

(3) 参赛项目须为原创性创新项目，不存在知识产权争议，不会侵犯第三方的知识产权、所有权、使用权和处置权。

(4) 参赛者须为该项目的第一创始人或核心团队成员。

3. 创业扶贫专项赛报名参赛条件

(1) 截至当年6月15日，在市场监督管理部门登记注册未满5年的企业或机构。

(2) 参赛项目带动建档立卡贫困人口或残疾人就业不少于30人(小微企业占总人数的比例不少于20%)。省级以下选拔赛各地可适当降低报名条件。

(3) 北京、上海等地确无此类项目的，可推荐对口援助地区的项目参赛。

(4) 参赛项目具有创新性的技术、产品或经营服务模式，具有一定成长潜力，且项目的技术、产品、经营均属于同一参赛主体。

(5) 参赛项目不存在知识产权争议，不会侵犯第三方的知识产权、所有权、使用权和处置权。

(6) 参赛者须为该项目的第一创始人或核心团队成员。

报名由各省自行组织，按主体赛创业项目组、主体赛创新项目组、创业扶贫专项赛分类报名，不得兼报。

(二) 评审标准及规则

突出"创新引领创业，创业带动就业"的导向，重点关注项目的创新性、示范性、引领性及带动就业、扶贫等社会价值。"创新"主要围绕项目的产品、技术、经营模式、管理方式等评分，"创业带动就业"主要围绕项目直接提供的就业岗位数量、带动上下游产业就业规模等方面进行打分，"扶贫"主要围绕项目吸纳贫困群体或残疾人就业数量、对贫困地区经济发展贡献等方面评分。

全国选拔赛和决赛项目评审采用现场路演方式进行。现场路演评分的组织规则及评定标准将在大赛组织实施细则中明确。

二、大赛的筹备

(一) 第一阶段：大赛启动和组织发动

在组织工作布置会中解读大赛方案和组织实施规则，征求意见建议，通报大赛筹备情况，部署工作，明确要求。各省级组委会负责同志参加。会后，下发大赛通知，各省开始筹备大赛相关工作，提前宣传预热。

大赛在2月—3月启动，大赛组委会统一编发新闻通稿，通过各类媒体广泛发布大赛启动消息。各省按要求成立省级组委会，制定本级大赛实施方案，广泛开展宣传发动等工作。

报名阶段由各省自行组织，按主体赛创业项目组、主体赛创新项目组、创业扶贫专项赛分类报名，不得兼报。各省级组委会依据大赛报名参赛条件，对报名参赛的项目进行资格审核，将审核结果上报至大赛组委会，同时，以短信、电话或邮件方式告知本省参赛者。

(二) 第二阶段：省级选拔赛

主体赛省级选拔赛由各省级组委会负责组织，原则上需采取项目路演方式举办地市级、省级选拔赛，有困难或特殊情况不能举办的，需经大赛组委会同意后，按照统一规则，采取专家集中评审等方式对本省参赛项目进行打分排名。评委由省级组委会确定，各省如有需要，可向大赛组委会申请提供评审专家支持(专家费用由各省承担)。

各省按照大赛组委会统一分配名额确定本省优秀项目参加主体赛全国选拔赛。共约200个项目进入全国选拔赛，其中创新项目组100个，创业项目组100个。大赛组委会确保每省不少于2个项目参赛(创新项目组和创业项目组各1个)，2个(不含)以上的名额，根据各省近三年年份新登记企业(机构)数量，由大赛组委会设计计算方式，确定各省份名额后，在大赛官网上公布，并电话通知各省。

创业扶贫专项赛每个省份推选1个优秀项目直接参加全国决赛，全国共32个项目参赛。项目产生方式由省级组委会自行确定，鼓励省级组委会通过比赛选拔，也可直接推荐优秀项目参赛。

(三) 第三阶段：全国选拔赛和决赛

主体赛全国选拔赛、决赛和创业扶贫专项赛全国决赛由大赛组委会统一组织实施。

创新项目组和创业项目组各分两组同时进行(每组约50个项目，每个项目参赛不超过3人)，采取现场路演方式进行。各组获得前15名的项目进入全国决赛，其他项目获得"中国创翼"创业创新大赛"创翼之星"奖。

主体赛创新项目组、创业项目组和创业扶贫专项赛同时进行(主体赛每组30个项目，创业扶贫专项赛32个项目，每个项目参赛不超过3人)，采取现场路演方式进行。主体赛决赛每组各评出一等奖2名、二等奖6名、三等奖10名、优秀奖12名；创业扶贫专项赛决赛评出一等奖2名、二等奖6名、三等奖10名、优秀奖14名。决赛结果产生后，大赛组委会将择期举办颁奖典礼和闭幕式。

拓展阅读 | 9-3

❧ 牛盾网络创始人高春龙：用心铸就网络安全之"盾" ❧

作为与中国互联网共同成长起来的一代人，高春龙和网络渊源颇深。他先后毕业于清华大学电气工程自动化专业、卡内基梅隆大学信息网络安全专业，并曾在国家网络安全部门任职十余年，高度垂直的专业履历让他对捍卫国家网络安全有了更深刻的见解。如今他是杭州牛盾网络技术有限公司的CEO，他的团队带来的"牛盾云安全"项目在第三届"中国创翼"创业创新大赛浙江省选拔赛创业组比赛中击败各路劲旅，斩获了第一名。

2017年9月，成立不到两年的牛盾网络通过工信部评审，取得了"内容分发网络(CDN)业务经营许可证"(即"CDN牌照")，这也意味着若牛盾网络在自有产品生态图中开辟了更广阔的疆域。自2016年年底我国正式进入"CDN牌照"时代以来，陆续有7批共24家企业成功拿到了牌照，而其中不乏阿里云计算公司、腾讯云计算公司这样的行业龙头企业。

牛盾网络成立以来，已形成"平台＋应用"的云计算和大数据产品体系，可提供云主机、云存储、CDN和大数据等全线云计算产品，与此同时，公司也从产品领域向行业上下游延伸，为行业客户提供安全、可定制的云计算行业解决方案，并已与政务、教育、医疗、金融和制造等行业的多家大型企业达成长期合作意向。依靠核心技术能力，牛盾网络已经与包含众安在内的众多保险客户建立了长期稳定的安全合作关系，并积累了丰富的经验。

2019年3月，牛盾网络与深圳市智家高科技有限公司签署战略合作协议，围绕物联网智能家居安全开展合作。双方此次携手，旨在依托各自优势，共同推动安全智能家居产业升级，引领安全智慧生活。

智能家居作为高度数据化、信息化时代的产物，其产品设计需要互联互通才能为用户带来更多便利。然而随着智能家居产业的蓬勃发展，其安全问题也逐渐显现，即便在智能家居发展相对成熟的美国市场，人们对智能家居的安全性同样充满担忧。智能家居的设计需要有更高的安全意识，否则，一旦智能家居网络被入侵，不仅用户家庭住址、谈话内容等隐私信息会泄露，还可能对用户的人身安全与财产安全造成威胁。

"此次合作是网络安全行业与物联网行业在智能家居领域的强强联手。"高春龙告诉记者。双方会致力于通过身份鉴别、访问控制、数据加密、漏洞扫描、渗透测试等多项安全技术，全方位解决智能家居的平台安全、设备安全和通信安全，让用户在享受智能家居带来便利的同时，更好地保证安全，让真正安全的智慧家居走进千家万户。

采访中高春龙也谈到，在第三届"中国创翼"创业创新大赛中，大赛评委的点评让他受益匪浅。在信息安全行业竞争日益激烈的今天，企业必须明确自身的竞争优势，并在深耕技术的前提下找到适合自身发展的商业模式，未来才能越走越远、越走越好。

(资料来源：根据网络资料整理)

第五节 "郑创汇"国际创新创业大赛

一、大赛的概况及主要内容

2021"郑创汇"国际创新创业大赛年度总决赛在郑州高新区擂响战鼓。在全国300多个创新创业项目中脱颖而出的10个优质项目"论剑"郑州，再次掀起一场创新创业新热潮。

本届赛事，由河南省科学技术厅、郑州市人民政府指导，郑州市科学技术局、郑州国家高新技术产业开发区管委会联合主办，郑州高新区枫杨园区运营中心、郑州创新创业联盟、融易众创孵化器联合承办，郑州市200多家创新创业孵化载体共同协办。作为第二届中国•河南开放创新暨跨国技术转移大会的郑州高端科技创新资源对接洽谈专场、2021年全国大众创业万众创新活动周系列活动之一，大赛以"双创升级，活力郑州"为主题，全面整合海内外优质项目资源，引进一批优质创新创业项目落户郑州发展，打造极具活力的创新创业中心。2021年，"郑创汇"国际创新创业大赛的举办，吸引了来自全球各地的创业英雄郑州"论剑"。"郑创汇"已连续举办七届，七年来，涌现了一批优秀的创新创业项目，极大地释放了社会创新创业活力，为郑州经济发展提供了有力支撑，也成为郑州市创新驱动发展的一个展示窗口。

二、大赛的筹备

参赛对象为国内外大学生(取得国家承认学历的高校毕业生、在校大学生、留学人员)创办的团队和成立五年内的企业。

参赛条件为截至比赛前尚未注册公司或者已经注册公司的团队或企业，已注册企业成立时间不超过五年；参赛项目的产品、技术及相关专利归属参赛团队，与其他企业无项目产权纠纷；核心团队成员不少于3人；计划赛后6个月内在郑州注册成立企业；前四届郑州创新创业大赛获奖项目不得重复参赛。

比赛设立一、二、三等奖，其中，一等奖1名、二等奖2名、三等奖3名。

参赛项目须遵守以下规则：①具有技术创新性、可行性，在市场环境中的可操作性，以及投资预算的合理性；②不得抄袭、盗用他人成果，一旦发现，立即取消参赛资格，一切法律责任由参赛者自行承担。

报名阶段：自评符合参赛条件的参赛项目登录大学生创业网进行网络报名。统一进行注册和统一身份后，应提交项目书并对所填写信息的准确性和真实性负责，组委会对参赛项目进行初选，确定晋级项目。赛事官网是报名参赛的唯一渠道，其他渠道报名无效。

初赛阶段：评委线上通过对项目申报书的评审，选出20个项目晋级复赛。

复赛阶段：组织晋级复赛的项目进行路演，由评委对路演项目进行评审(路演6分钟、评委提问5分钟)，选出12个项目晋级决赛。

决赛阶段：组织晋级决赛的项目进行路演，由评委对路演项目进行评审(路演6分钟、评委提问5分钟)，评选出最终获奖项目。

第六节　大学生创新创业大赛的筹备

一、大赛好项目的来源与遴选

(一) 大赛项目来源

1. 原始孵化项目

原始孵化项目主要是高校学生自身产生的好创意和较为成型的产品原型或服务模式，并围绕项目开展田野调查、市场分析、财务分析、团队组建等创业实践活动，经过一定时间的孵化后形成具有较为成熟和完善的商业模式和盈利模式的创新创业项目。原始孵化项目要突出原始创新性，可以利用"互联网+"的思维方式和技术在研发、生产、销售、管理等方面寻求创新和突破。

从创新创业大赛评委的角度来看，比较受评委青睐的创新创业项目其想法主要来源于科研成果转化、热门行业领域、身边的现实需求、技术发展趋势等方面，它们的本质均在于对有价值问题的探索。因此，我们可以站在政策导向、区域经济发展需求、技术趋势和行业趋势等交集角度，先找到创业者想做的，再找到创业者能做的。创业者可以通过"十四五"规划、政府工作报告等文件分析政策趋势；通过研读国内外行业研究报告分析行业趋势；通过新产品、新服务、新模式、新产业和新业态分析市场趋势；在新能源、新材料、信息技术、生命科学等领域中寻找技术趋势；再基于自身资源，发现自己想做的和能做的。在"互联网+"时代，原始孵化项目可能会来源于无人机、工业互联网、物联网、机器人、共享经济、区块链、云计算、AI、文化创意、大数据、新能源、VR/AR等领域。

2. 科研转化项目

创新创业大赛一个重要的目的是以赛促创，搭建科研成果转化新平台，积极推动赛事成果转化和产学研用紧密结合，促进"互联网+"新业态形成，服务经济高质量发展。需要留意的是，科研成果转化项目参加创新创业大赛不是单纯的技能或技术方面的比拼，有关创业的相关元素也需要加以强化。

3. 校友项目

创新创业大赛一般鼓励毕业5年以内的学生积极参赛，因此高校可以依托学校校友会资源，努力寻求符合条件的毕业生参赛。当然，寻求校友参赛的项目需要注意参赛申报人须为企业法定代表人，在大赛通知发布之日后进行变更的不予认可，且已完成工商登记注册的参赛项目的股权结构中，企业法人代表的股权比例不得少于10%，参赛成员合计股权比例不得少于1/3。

4. 政校行企合作项目

高校孵化的创新创业项目只有走出校园，得到政府部门、大型企业或行业协会认可并赢得项目合作才易有良性发展的前景。有了政府和企业背书，其可行性和科学性才能得到社会市场检验。同时，政校行企合作的创新创业项目吸纳各方营养，做强做大具有天然优势，自然成长预期性较好，更为评委和投资人所青睐。

5. 学科优势项目

创业团队按照学科优势，探究专业深度和广度，将学科中某些技术或研究成果加以创业运营和运用，或者跨学科整合项目，这些均具有不可替代性，可以充分体现学校的专业背景和学科优势。学科优势项目可以采取分组方式开展训练，例如，将一个班级分为30个组，每个组产生10个项目，就有300个项目；再对300个项目进行优化，按照10%的优化率，即可产生30个项目。

(二) 创新创业大赛好项目的共性

回顾往届"互联网+"创新创业大赛、"挑战杯"创新创业大赛、"创客中国"创新创业大赛、"全国移动互联"创新创业大赛等大型大赛参赛作品，所有金奖项目几乎都是万里挑一的项目。金奖项目之所以优秀，自然具备了好项目的特质和共性。对大量金奖项目进行样本分析后发现，金奖项目能从众多项目中脱颖而出，受到评委和投资人青睐，除了项目团队的共同努力，所有项目还有着良好的基因。

一般来说，好项目主要得益于四个元素：①在产品服务、市场需求、关键技术和商业运营上具有可行性；②以用户为导向体验产品服务；③拥有难以复制的壁垒；④经过市场验证。尤其是拥有商标专利、原型产品、卓越团队、运营数据和自主研发的新产品和技术，更是锦上添花。因此，归纳起来，创新创业大赛的好项目主要具备以下共性。

1. 科技含量高

所有创新创业大赛鼓励高校老师和学生将科研成果转化成创新创业项目参加比赛，具有高科技含量的创新创业项目在大赛中容易成为评委和投资人所追捧的项目。这些优秀项目甚至可以对国家经济领域某个环节起到更新换代的作用。

2. 商业壁垒高

商业壁垒包括技术壁垒、品牌壁垒、政治壁垒、资金壁垒、资源壁垒、贸易壁垒、地域壁垒等，不同行业的壁垒有所区别。一般来说，成功的项目其商业壁垒都很高，会建立起项目本身的"护城河"，不容易被其他创业者挤压、复制和超越。

3. 创业团队强

所有事情都需要"人"去完成，创新创业实践和创新创业大赛说到底是创业团队的事。因此，创新创业项目不管处于创业的哪个阶段，创业者和创业团队都是最为重要的。一般来说，好项目的项目团队价值观高度统一，组织结构和股权结构较为合理，团队的互补性和协同能力较强，评委老师可在专门考验团队默契度和精神面貌的环节中看出项目团队的整体水平。

4. 落地运营实

创新创业大赛不仅注重项目的创新创意，还注重项目的实质性创业落地运营。不能落地运营的项目，其创意只是天马行空，毫无意义和价值。所有好项目都是将一些技术创新或者思想创意转化成实际市场需求，不断优化和完善商业模式，拓展市场空间和容量，获取创新创业项目好的经济效益和社会价值。

5. 持续发展好

好项目具有良好的持续发展性，大体上来说，这些项目都是在未来发展趋势良好的朝阳行业领域的项目，其定位决定了其未来的发展方向。好项目良好的持续发展性主要体现在以下方面：在价值方面，它们对中国经济社会发展具有持续稳定的社会价值；在资源方面，它们有可持续使用的资源；在能力方面，所有项目成员都具备使命理解能力、系统策划能力、资源整合能力、制度设计能力、沟通合作能力、应急应变能力等创业核心能力；在制度方面，项目有政府及企业一系列的相关制度保驾护航。

6. 具有复制性

好的创新创业项目虽然有其高端的科技含量，但是高科技含量的项目并非不可复制。成功的项目必须是可以复制的，项目产品或服务本质上是解决市场痛点的标准化方案，标准化的价值就在于可复制性和可控性。毕竟一个人的经验和精力均是有限的，只有将他的经验、理念或者知识转化成可复制的标准化方案，包括书籍、课程及演讲等，项目的价值才能被无限放大，才能对社会产生深远影响。

7. 市场容量大

市场容量是指在不考虑产品价格或供应商策略的前提下，市场在一定时期内能够吸纳某种产品或服务的单位数目。好的创新创业项目所表现出的特质也是市场容量要足够大，如果没有很大的市场容量，创新创业项目则难以有更大的发展空间，就如脸盆再大也养不出鲸鱼一样。

8. 增长速度快

创新创业大赛好项目的增长速度一定要快，它的销售额、客户量、利润额、市场占有率等各种关键指标的上升速度要快、幅度要大，要呈现出一个明显的上升趋势。尤其是高教主赛道的初创组和成长组参赛项目一定要走到行业细分领域的前列，才具有十足的发展潜力，才会被投资人和评委看好。

当然，在投资人和评委眼中，适合大学生的好项目应该具备轻资产、大市场、快增长、小投入、牛团队、高科技等特质，这就需要解决想法(想要解决的问题)、产品(什么可以解决问题)、团队(谁来解决问题)、实践(如何解决问题)等关键性问题才能真正寻求到好项目。

(三) 创新创业大赛项目的遴选

如何从众多创新创业项目中遴选出具有竞争力的项目，其中有一定的遴选原则和方法。为项目流的汗越多，参加比赛时流的眼泪就越少。如果选择的仅是小的生存型项目，那么不管参赛过程中将参赛材料做得多漂亮，也难以取得佳绩，更别说今后的创业运营实践能走多远、能做多大。

1. 创新创业大赛项目的遴选原则

(1) 符合政策趋势原则。

创新创业大赛项目首先一定要符合国家及地方的相关产业政策。如果选择的是违背国家和地方政策的项目，那么不要说在创新创业大赛中难以取得好成绩，今后更是难以实实在在地运营。国家和地方政策会对一些国家新兴产业和关乎国计民生的行业领域予以税收、资金、人才、场地等方面的支持，选择国家和地方政府大力支持的创新创业项目则有机会获得相关扶持，处于初创期的大学生发展其创新创业项目就能如虎添翼。例如，当国家大力发展数字文化产业时，电子竞技、VR/AR、益智机器人等创新创业项目可趋势发展；国家对新材料产业有扶持政策，石墨烯电池、高温超导材料、碳纤维材料、生物材料、航天材料等项目可获得国家政策支持，等等。如果创新创业项目是不利于国家生态环境发展的项目，与国家大气污染治理等政策相违背，这种项目则不适合参赛也不适合今后运营。因此，我们的创新创业项目要以能否解决人民日益增长的美好生活需要和不平衡不充分的发展之间的矛盾为参考点，紧跟党和国家的政策导向创业。

(2) 满足市场需求原则。

创新创业项目与市场息息相关，它一定要满足市场需求，尤其以刚性需求为佳，同时这个市场要足够大。而且项目要符合市场发展趋势，没落市场的创新创业项目难以出彩。例如，随着三孩政策放开，婴幼儿托育拥有上千万级市场容量，早育早教的艺术培训、月子照护、推拿、游乐、绘本阅读等细分市场中产生的创新创业项目即为顺势而为的好项目；同时，国家老龄化越来越严重，针对老年人的养老和健康等服务也是不错的创新创业项目。但如果创新创业项目是改良版的黑板刷，在面对全社会运用信息化教学设备的趋势下，就难以有大的市场需求。

(3) 具有双重价值原则。

所谓双重价值，是指创新创业项目既要有经济效益又要有社会价值，这样的创新创业项目会具有较高的产品服务附加值。有一些创新创业项目具有较高的经济效益，但是社会价值相对偏低，这需要对创新创业项目的社会价值加以提炼；有一些创新创业项目具有较高的社会价值，但经济效益相对偏低，这需要对项目的商业模式和盈利模式进行调整。同时，创新创业项目考量双重价值时还要考虑创新创业项目的利润率，同样是培训项目，K12艺术培训项目与亲子早教项目的利润率分别为10%和20%，显然亲子早教项目在经济效益方面更具有说服力。

(4) 拥有竞争优势原则。

竞争优势原则指创新创业项目要充分凸显自身优势，做自己最擅长和最熟悉的领域，创新创业项目要在创新性、实践性、专业知识、资源整合、行业经验、市场占有率等众多方面处于领先地位，让评委和投资人看到项目可赢得更多市场份额的优势和能力。如果创业者和主要的团队成员都学艺术专业，则难以支撑化学环保项目，也难以说服评委和投资人；如果团队成员来自计算机专业，那创业团队的电子信息类项目则具有较强的可信力；如果创业团队选择竞争激烈的K12艺术培训市场，而其创新创业项目本身没有创新点，则难以在激烈的市场竞争中脱颖而出，但要是换成科学实验等K12培训细分的蓝海市场领域(指在空白市场空间和未知的市场空间里，竞争者相对少甚至没有)，项目则会更具有竞争优势。

(5) 吸引投资关注原则。

创新创业大赛项目评委大多数是投资人，在遴选创新创业项目时要充分站在投资人角度，对竞赛项目的投资规模是否大、投资周期是否长、投资回报率是否高、投资回收周期是否短、投资风险是否小等维度加以思考。投资规模不大、投资周期不长的创新创业项目容易启动，投资回报率高、投资回收周期短、投资风险小的创新创业项目更容易得到投资人喜欢。如果一个科技含量高的项目需要投资上百亿元且难以预测其产品销售额和利润额，估计会难以吸引投资人关注。

2. 创新创业大赛项目的遴选方向

(1) 寻求解决市场痛点的创新创业项目。

创新创业项目首先要对市场进行深入分析，对项目所处的产业链中存在的市场痛点有所了解，并提出对应的解决方案。因此，创新创业大赛项目要寻找那些市场价值链条中还存在空间的市场项目；寻找现有产业链中运营效率低下或存在技术难题的某些环节或节点；也可寻找现存项目里用户体验不好或用户需求没能得到充分满足的市场项目；还可寻找具有未来预期成长性的刚性需求项目。第二届中国"互联网+"大学生创新创业大赛的亚军项目——"Insta360全景相机"创始人刘靖康认为，做产品最合理的方式应该是先找到目标市场和客户，看他们的痛点是什么、目前已有的最好解决方案是什么，再来看自己能拿出怎样的产品满足他们的需求，让他们未解决的问题得以解决。其实所谓的"竞争优势"都不是绝对的，我们能做的就是根据市场和客户的需求，不断去创新创造、去满足，从而达到相对超前的竞争优势。

值得注意的是，创新创业大赛项目中有不少项目存在"伪痛点"现象，这需要从五个维度去判断项目的痛点是否为"伪痛点"：一是解决难度，如果产品或服务不能解决市场痛点或解决难度很大，这对于项目本身就是一个"伪痛点"；二是使用频次、时长，客户多频次、长时间使用产品或服务来获得某种满足的需求是真需求；三是需求强烈度，目标客户需要使用产品或服务的强度较高，如果不使用产品或服务就会有不舒适之感；四是市场容量，思考项目满足的是小众化需求还是大众化需求、整个目标客户群体有多大、付费能力有多大；五是市场环境，思考产品或服务是否符合当前市场环境，其最好处于产品生命周期的上升阶段。

(2) 重点选择具有创新点和亮点的项目。

创新创业大赛是一场竞技，如何从上百万个创新创业项目中脱颖而出，只有重点提炼出创新创业项目的创新点和亮点，让评委和投资人眼前一亮，从审美疲劳中深深记住你的创新创业项目，才能达到"人无我有，人有我优"的效果。创新点和亮点糅合在项目的原始素材中，需要创业团队去发现和提炼，可从用户体验、技术性、商业体量、专业优势、区域特色等角度去思考和挖掘，尤其是要深入挖掘创新创业项目是否在知识产权、卓越创业团队、强大创始人、运营合作伙伴、自主研发等方面有着真正的技术门槛或运营壁垒，这些门槛或壁垒是否不易被模仿或短时间内不易被超越。

(3) 侧重落地实施性强的项目。

创新创业项目参加大赛要重视项目的落地实施性，纸上谈兵的创新创业项目难以冲破大赛的重重关卡。创新创业项目要在实践运营中探寻真实的市场容量，检验商业模式的逻辑，通过真正的市场社会实践而非调查来验证项目的合理性和成长性，进一步精准定位目标客户和使用场景，树立自身项目的市场壁垒和竞争优势。

(4) 关注对标性培育和素材积累多的项目。

创新创业大赛项目的落地实施不是盲目的运营实施，项目要提前两三年进行部署，有意识、有目的地开展对标性培育，并结合自身项目优势和特点，针对不同赛道评分要点，选择适合的赛道开展相应的素材积累，以此佐证项目的实践运营效果，促进项目及时纠偏。尤其是中国国际"互联网+"大学生创新创业大赛中的"青年红色筑梦之旅"赛道，其强调一定要参加"青年红色筑梦之旅"活动后方可参赛，对此项目的佐证素材的积累尤显重要。

(5) 根据项目情况分组分类布局。

创新创业大赛根据大赛规则，一般从校赛初赛推荐至省赛复赛是有推荐比例的。目前，不少高校每年校赛的参赛项目有成千上万个，推荐到省赛复赛的项目有上百个，受分配名额的约束，项目选择的赛道与组别起着非常重要的作用，参加创意组的项目主要是原始制作性的产品与服务，侧重天使投资人的评审眼光；参加创业组的项目注重产品或服务与市场的匹配度、运营数据、商业模式、可复制性、可持续性等；参加师生共创组的项目更侧重科研成果的技术性和高端性，以及转化情况；参加公益组的项目侧重公益活动及公益商业模式；参加商业组的项目更是将经济效益与社会价值相提并举。面对众多赛道和组别，不妨采取田忌赛马的方式进行项目布局，取得比赛的最佳成绩。

3. 创新创业大赛项目的遴选步骤

创新创业大赛最核心和最基本的是要选好创新创业项目，选择创新创业项目时要基于用户思维，站在评委角度，围绕价值需求和价值主张这两大因素，注重项目需求的真实性、商业的价值性、落地的可行性及包装的创新性。采取以下遴选步骤即可选出有可能取得好成绩的创新创业大赛项目。

(1) 创新性和实践性分析。

创新创业大赛的竞争性特性决定了参赛项目要想从众多竞争者中脱颖而出取得好成绩，其创新性和实践性是首先需要评估的要素，因此创新性和实践性分析成为遴选创新创业项目的第一步。创新性主要从技术创新、技能创新、岗位创新、模式创新、原始创新等角度加以考查，可以是单一创新性，也可以是多个创新点，尤其是处于行业领域前沿的领跑者或者填补市场空白的创造者，其在创新创业大赛中更能成为评委和投资人的青睐对象。

当然，如果项目只是不着边际的创意思维或者想法，没有实实在在落地，没有真实开展实践活动，甚至连基本的市场调查都没有实施，这样的项目则难以说服评委和投资人，在他们眼里只是停留在假想状态的想法而已。如"青年红色筑梦之旅"赛道明确要求参赛项目有切切实实的"青年红色筑梦之旅"实践活动，要求参赛项目扎根于乡村振兴、脱贫攻坚及社区治理等活动中，为祖国伟大复兴贡献青春力量。

(2) 市场真实需求分析。

创新创业大赛项目遴选的第二步就是要从市场痛点出发，客观分析市场真实需求，是刚性需求还是一般需求、是紧迫需求还是潜在需求，创新创业大赛项目如果解决的是紧迫性的刚性需求，则是解决市场痛点的好项目。例如，2016年第二届中国"互联网+"大学生创新创业大赛总决赛金奖项目"无水活鱼"解决了市场活鱼的运输问题。市场需求一定要是真实需求而不是伪需求，因此，创业计划书中要做好用户访谈和问卷调查，沉下心了解用户的真实需求、用户规模及用户画像，而非创业者的自我设想。

(3) 市场容量和趋势分析。

第三步就是要分析和研究创新创业大赛项目所面临的市场容量和市场空间有多大，以及其市场发展趋势如何。有些创新创业项目仅调研分析本社区的市场容量，还有些创新创业项目的市场分析没有细分领域，其实，市场容量和趋势分析不仅要有本地市场分析，还要有国内外市场分析，这可以通过调研分析、抽样调查及文献分析予以解决。如果10家企业做市场容量为1亿元的项目，就算平均分配市场份额，利润率达25%，利润也只有250万元，这样的项目做不大、做不强，还浪费精力。如果市场容量有100亿元，同样的市场份额和利润率就可实现利润2.5亿元，这样的项目才有更多期待。

(4) 项目竞争优势分析。

第四步要对创新创业大赛项目进行竞争优势分析，竞争优势大的项目取得优异成绩的概率大，竞争优势小的项目可能没有机会入围。项目竞争优势分析主要可以从技术管理、创业团队、竞争等维度展开。

在技术竞争优势方面，该项目是否为高科技含量项目，是否拥有难以取代的攻关技术，是否具有专利和计算机软件著作权等知识保护，是否是对现有技术的更新迭代？如果这些问题的答案都是肯定的，那技术竞争优势十分凸显。在管理竞争优势方面，初创企业或初创项目在管理上存在薄弱环节，需要评估项目在研发管理、生产管理、流程管理、财务管理、客户管理、人员管理、制度管理等方面是否具有优势。创业团队是创新创业项目取得好成绩的关键，也是创新创业项目顺利实施的重要因素，需要评估创始人是否强大，创业团队要在专业性、互补性、创新性、协作性、执行力、学习力等方面具有优势。这些主要是项目内在的纵向比较分析，但创新创业项目还需要进行竞争优势分析，这需要重点进行竞品分析，充分了解竞争对手的技术水平、产品研发计划、生产加工能力、产品制造成本、知识产权情况、存在的不足、发展的瓶颈等相关信息，这样才能更全面地分析项目的竞争优势何在。

(5) 商业盈利能力分析。

创新创业大赛项目遴选步骤的第五步就是要分析该项目的商业盈利能力，这需要对创新创业项目的成本收益表进行仔细审核，先计算出包括研发、人工、房租、材料、生产、折旧、办公、营销、各种税费和其他费用的成本费用，再核算创新创业项目的产品或服务的年销售额、年净利润额、年利润率等主要财务指标，预判项目的盈利能力。如果项目产品或服务的年利润率为25%以上，则说明盈利能力较强；如果为50%甚至100%以上，则是一个具有高附加值。

(6) 投资性和成长性分析。

最后一步是分析创新创业项目的投资性和成长性。如果该项目的投资回收周期在两三年内则为较理想状态，投资收益率为30%甚至50%以上最好，因此要对创新创业项目回收周期、投资收益率、内部收益率等财务指标加以评估，预判项目是否为投资少、回收快、附加值高的投资性和成长性较好的项目。同时，创新创业项目的投资性和成长性分析还要充分考量项目的风险，包括政策风险、技术风险、市场风险、资金风险、管理风险、人才风险等，项目本身能清楚认识其存在的风险，并提出应对风险的措施和预案，待对这些综合因素予以全面评估后即可确定参赛项目，然后针对评审要素和标准加以打磨和呈现，如此便有望取得优异成绩。

二、创业计划书的制作

一份完整的创业计划书在内容上要全面、简明扼要，在格式上要清晰明朗，在设计上要大方美观。撰写创业计划书在第七章中已经做过详细说明，本部分主要侧重以下9个方面的技巧。

(一) 清楚地了解读者

读者决定了创业计划书的侧重点(见表9-4)，创业计划书要加强其针对性，就要根据不同的读者有所侧重。

表9-4 创业计划书不同读者的关注点

读者类型	对创业计划书关注的重点
创业投资人	市场优势、创业团队、投资报酬、退出方式
银行	财务计划、贷款偿还、担保条件、风险预防
创业管理者	公司前景、公司章程、决策机制、薪酬方案
创业团队	创业前景、公司战略、股权结构、公司章程
合作伙伴	公司前景、市场优势、合作条件
应聘的关键员工	公司前景、员工发展、薪酬方案

(二) 根据不同类型确定写作重点

根据不同行业的特点和服务类型，创业计划书可分为专利类、产品类、服务类和概念类4种类型。不同类型创业计划书的写作重点稍有区别(见表9-5)。

表9-5 不同类型创业计划书的写作重点

类型	适用范围	创业计划书的写作重点
专利类	自己有某领域的专利技术，但缺乏资源、资金等	专利的价值分析和投资价值分析等
产品类	产品制造的创业计划，又可细分为硬件产品类和软件产品类	生产技术的先进性、适用性、稳定性，以及市场分析与营销策略、管理团队等
服务类	以服务为目的	服务宗旨、服务的差异性与竞争优势、管理团队、财务状况、风险控制等
概念类	有好的概念或商业模式，但缺乏资金或资源	概念的可行性、潜在的用户、可创造的客户价值、未来发展前景等

(三) 结合项目特点凸显优势

优势即创新创业项目的核心竞争力，一份创业计划书能否实现其目标主要取决于它的优势是否明显。由此可见，创业计划书要善于提炼优势。在优势的提炼上，要注意内容、内涵与表现形式的有机结合，即内容上要有创新创意，内涵上要丰富实在，表现形式上要生动形象、言简意赅。

(四) 事实数据要客观实用

创业计划书是严谨科学的计划书，要求客观真实。尤其创业计划书中涉及数据的地方，更是要真实可靠，必要的时候要提供定量分析和引用权威机构的资料来源，或者是经过科学调查得出一手数据。

(五) 语言表达要深入浅出

创业计划书面对不同层面的读者，要充分考虑其理解能力和水平。有一些创业者比较喜欢用大量的专业术语、精细的设计方案、完整的技术分析报告去打动读者，但效果并非想象中那么美好，所以创业计划书在语言表达上要深入浅出，让更多的读者读懂和了解。

(六) 撰写思路要简洁清晰

创业计划书的撰写思路要简洁清晰，能让读者尽快找到自己所需的信息，以及问题所在及其解决办法。因此创业计划书要用内在的逻辑思维将信息点简洁、清晰地表达出来。

(七) 撰写风格要统一

一般来说，创业计划书由创业团队中的几个人合作撰写完成，每个人的撰写风格不一样。但是创业计划书应该是一个和谐的整体，创业计划书要由一个人进行统稿，从而避免写作风格的不统一甚至写作上主次不分、头重脚轻的现象发生。

(八) 重要信息要注意保密

创业计划书里会涉及诸多商业机密，因此，创业计划书要注意保护关键的技术和商业机密，不要将一些关键的数据和方案直接写进创业计划书，但要对其提及并合理解释，使读者确信这些关键数据和方案真实存在，而非虚构。

(九) 避免项目内容雷区

比如，"项目背景"中的市场分析要与创新创业项目自身具有强相关性，避免小脚穿大鞋；寻找"市场痛点"时要通过调研或者对比分析得出真正的市场痛点，而不是"伪痛点"，并点明创新创业项目产生的正确时机；"产品服务"要针对市场痛点提出相对的解决方案，这个方案一定要对应市场痛点，通过选取关键维度开展横向竞品对比分析，阐述创新创业项目的产品服务是什么，以及研发、生产、市场、销售等环节的相关策略，尤其要尽量用数据和图文展示现有阶段所取得的关键性成效；"项目团队"要对成员个人能力与岗位的匹配度有所说明，对科研成果转化项目要说明其知识产权问题；"财务分析"要对财务报表的每个数据进行认真核对和推理，尤其是财务预测不必将预测，周期延长至未来五年甚至十年，因为初创企业或者处于创意阶段的创新创业项目是否能存活还需要市场考验，当然，已经非常成熟的项目除外。

三、路演PPT的制作

(一) 路演PPT的制作要求

项目路演PPT在校赛、省赛和国赛中均有不同要求，省赛和校赛中提交的PPT符合各自省赛、校赛的规定、要求即可，但是到国赛阶段，项目路演PPT有统一明确的规定。项目路演PPT要根据大赛组委会发布的省赛和国赛PPT要求进行相关准备。

(二) 路演PPT的制作技巧

路演PPT与网评PPT有非常多的相似之处，主要区别在于路演PPT是在路演现场播放，项目路演主讲人要做口头汇报和解释说明。因此，相对网评PPT来说，路演PPT的字数更少，版面风格更简洁利落，可以说，路演PPT是网评PPT的浓缩版。路演PPT和网评PPT两者之间的制作技巧可以相互借鉴、相互融通。

(三) 路演PPT的设计

路演PPT就是创业团队的门面，一个逻辑清晰、文字精练、简约而不简单、观点鲜明、视觉美观的PPT会让创新创业项目脱颖而出。这个模块将站在另外一个视角对路演PPT制作进行说明，创新创业大赛项目团队可以根据项目特点有选择性地使用这些设计制作方式方法。

1. 路演PPT的共性逻辑结构和组成布局

其实，网评PPT也好，路演PPT也好，他们都有适合每个赛道、每个组别的PPT逻辑结构和组成布局，具体介绍如下。

(1) 封面。这是路演PPT的第1页，主要是描述项目名称，其中包括参赛组别、创始人、团队成员、指导老师、联系电话、电子邮件等信息，如果想让评委或他人深入了解项目，可附上二维码。其中，项目名称不要直接用公司名字，不建议使用"互联网+"字眼，尽量用一句话描述项目定位和亮点，避免太过于技术化的项目名称。

(2) 项目概要。用1页PPT阐述项目概要，主要是将创新创业项目的亮点和重点呈现出来，让评委直接在第一时间了解项目的大致情况，包括企业创始时间、产品服务，以及目前在创新性、示范性、带动性、营利性等方面所取得的成效

(3) 市场分析。用1～2页PPT分析创新创业项目的行业背景和市场现状，也就是阐明为什么要做这个项目，以及现在市场环境如何。主要内容包括三个方面：一是创新创业项目相关的行业背景、市场发展趋势和真实市场需求，这个行业市场分析要具体且有针对性，与所要做的创新创业项目紧密相关，避免空泛论述；二是描述在目前的市场背景下，存在什么样的痛点、市场需求点或创业机会点；三是强调创新创业项目产品服务的产生恰逢其时，建议该部分多用数据或案例予以简单清晰的说明。

(4) 产品服务。用1页PPT阐述提供的产品服务是什么、要做什么。主要用一两句话讲清楚准备做什么事，最好能配上简单的产业链上下游示意图、产品功能示意图或简要流程图等，让评委对所要做的事一目了然，不要整页PPT都是大段文字。同时，还要说明产品服务是为谁提供，即产品服务的目标客户是谁。建议该部分发挥专业特长，有创新内涵，不要简单追随投资热点，也不要追求大而全的产品服务。

(5) 创新性。用1页PPT介绍产品服务的创新性在哪，是技术创新、技能创新、原始创新、模式创新，还是岗位创新，说明创新创业项目所具有的"护城河"在哪。

(6) 核心竞争力。用1页PPT介绍产品服务的核心竞争力是什么，为什么这件事你能做而别人不能做，为什么你能比别人干得好，你的特别竞争力是什么，项目与众不同的地方是什么等。

(7) 商业模式。用1页PPT构建商业模式图，如果商业模式处于雏形阶段，还要说明产品服务对客户的社会价值，未来如何实现和增强盈利。

(8) 竞品分析。用1页PPT开展横向竞品分析，并选取关键维度做对比分析，要客观真实地反映双方的优势和劣势，凸显创新创业项目的差异化竞争优势。

(9) 市场策略。用1～2页PPT阐释产品服务的研发、生产、营销等环节的相关策略，以应对风云变幻的市场环境。

(10) 项目成效。用1～3页PPT阐述项目运营以来取得的成效，尽量用数据或事实描述创新创业项目在目前阶段已经达成的关键指标，包括产品、研发、销售、利润等环节的进展成效。

(11) 创业团队。用1～2页PPT阐述创业团队成员规模、组成、分工、背景、技能、特长、能力与岗位的匹配度，以及团队的核心竞争优势。如果是科研成果转化项目，则须说明科研成果的专利权人、发明人与团队的关系。

(12) 财务分析与融资计划。在现有财务状况基础上预测创新创业项目在未来1～3年内的盈利情况，并对未来的融资计划做出详细说明，包括需要多少资金，释放多少股份，用这些资金干什么，达成什么目标等。如果之前有融资情况也要进一步说明汇报。建议不要写3年以上的财务预测，除非是非常成熟的创新创业项目。

这个共性的逻辑结构是创新创业大赛项目的要素，也是评委或投资人感兴趣和关注的内容。项目路演PPT的核心目标是"讲清楚"和"有说服力"，形式可多样化。建议每一页提炼一句核心观点，且每页的核心观点连起来即可成为创新创业项目的概要。

2. 路演PPT制作的注意事项

创新创业项目路演，PPT制作质量的好坏有时会直接影响项目汇报的结果，对能否获得好的成绩至关重要。这里提醒一下路演PPT制作的注意事项。

(1) 背景颜色对比不鲜明。有些背景颜色让评委看不清楚项目内容，难以完全了解项目情况，产生心理疲倦。

(2) 路演PPT字体、字号没有区分逻辑层次。如果创新创业项目的文字内容字号大小完全一样，看不出一级标题与二级标题之间的逻辑层次，则难以捕捉重点信息和亮点内容。如果都使用较小的字号，则难以看清楚。正文建议使用30磅左右的字号，以增强关注度。

(3) 文字堆砌太多，让人感觉条理不清晰，找不到重点、亮点。有些路演主讲人汇报时按照堆砌的文字念稿，不仅自己表现急促，而且也容易让评委感到困惑。这需要对文字内容及逻辑层次进行高度凝练。

(4) 插图凌乱，恨不得将所有相关图片放上去。其实，只需要选择一两张有代表性的精美图片加以说明即可。

(5) 页数太多。有些项目的路演PPT多达40页，路演主讲人要在5～10分钟的有限时间里完整、清晰、全面地汇报整个项目，难度十分大。建议路演汇报时长为5分钟的PPT页数控制在10页左右，路演汇报时长为10分钟的PPT页数控制在20页以内，路演汇报时重点介绍项目的主要内容和重点、亮点。

(6) 内容不全。有些创新创业项目路演汇报的内容不全，不能完整地介绍项目。这要求将创业计划书中的主要模块尽可能地呈现在PPT里，但是路演汇报时要突出核心信息，这两者并不矛盾。

(7) 亮点不突出。创新创业大赛项目的路演PPT亮点不突出就难以从众多优秀的创新创业项目中脱颖而出，拿到好成绩。制作路演PPT要围绕创业计划书的主要模块内容，梳理和提炼项目亮点，抓住评委或投资人眼球，赢得高分。

四、视频制作方法与技巧

视频材料是将网评PPT中不好表达的内容以视频形式呈现出来，或者是对网评PPT的重要内容进行高度浓缩后加以形象表现，它是对网评PPT的重要补充与亮点强化。视频是评委审阅参赛材料时的首选。视频的多媒体特征,能够让评委直观生动地了解项目情况,视频的质量和水平,以及呈现的内容是留给评委的第一印象,对参赛项目取得好成绩具有关键作用。创业团队要高度重视项目的视频材料准备,要认真地对视频进行脚本设计,在视频材料中突出项目特色与亮点,增强吸引力。

(一) 视频主要特征

1. 脚本设计到位

脚本是视频制作的第一步,也是视频制作的依据和蓝本。脚本的字词语句、逻辑关系、主次角度、表达语气等是否正确均是判断脚本设计是否到位的维度。创业团队需要对创新创业项目的视频进行认真的脚本设计,使评委能通过脚本直观地了解项目相关情况。

2. 逻辑思维清晰

视频要求时长为1分钟且文件大小不超过20M,这就对逻辑思维有着较多的考量。视频逻辑思维不仅包括商业逻辑、业务逻辑,还包括呈现逻辑,这些逻辑思维要清晰地表达创新创业项目的价值意义、创新亮点、商业模式、项目成效、市场潜力等创业元素。

3. 亮点特色凸显

视频肯定要表达创新创业项目的创新点,但创新点不一定是亮点,亮点更多是相对其他创新创业项目而言所具备的让评委眼前一亮的特点,是创新创业大赛项目的第一优势。十几页甚至上百页的创业计划书的信息是冗长的,视频需要将最有特色和亮点的信息点体现出来,这是对创业团队提炼和表达能力的一种高度考验。

4. 背景干净利落

视频要具备视觉冲击力,则需要干净利落的背景,这样才能凸显视频的高端大气,才能更有力地突出创新创业项目的亮点和特色,更有利于聚焦突出项目所要表达和阐释的信息,让评委能第一时间抓取项目相关信息。

5. 表达通俗易懂

视频的语言表达要通俗易懂,尤其是一些高科技的创新创业大赛项目,它们会涉及专业的技术用语,对于外行的评委来说不一定能看懂、读懂。这就需要在撰写视频脚本时站在大众评审的角度组织语言,让各行各业的评委都能理解,帮助他们更深层次地了解项目。

(二) 视频制作方法

1. 制作方式

创新创业大赛项目的视频时长虽然只有1分钟,但它的制作过程和工序却是一个很大的工程,主要包括创业计划书信息和素材提炼、视频脚本撰写、视频编辑和审核、视频试播和调整等工序。一般来说,视频制作方式可分为委托专业视频制作公司制作和创业团队自己制作。两种相比而言,专业视频制作公司拥有专业的人员和设备,能够更专业地将项目的优点和亮点具象化,给人留下更强的视觉冲击力,有利于得到更高的评分。但是委托专业视频制作公司制作存在成本高、沟通时间长、打磨时间长,以及不一定能达到想要的效果等不足。当然,视频的脚本必须由创业团队撰写,专业视频制作公司只是在制作技能和特效呈现上有更大优势。另一种制作方式是创业团队自己制作,创业团队对自身产生和运营的创新创业项目有更精准的把握,能快速地将项目优点和亮点提炼和呈现出来,而且成本相对较低、制作时间更短,但是制作出来的视频不一定能达到专业的美观效果,尤其是一些没有视频制作相关知识和技能的创业团队，更要慎重选择这种视频制作方式。

2. 制作样式

视频制作主要采取实景录制和虚拟特效设计两种样式，一个视频的完成采取以实景录制为主、虚拟特效设计为辅的融合样式才能呈现较好效果。

实景录制是视频制作的主要部分，占据绝大部分片长，它主要包括真实场景视频、场景化视频、素材剪辑、影棚拍摄等相关的素材和镜头。其中，真实场景视频主要来自项目创意和创业实施阶段留存的视频或照片素材，或者根据脚本内容进行补拍的镜头视频；场景化视频主要指创新创业项目在实践运营或者虚拟运行时留存或补拍的镜头素材，这是对创新创业项目的场景化还原和再现，有助于评委身临其境地了解创新创业项目；素材剪辑既可以是创新创业项目本身的原始素材，也可以是相似项目的工作场景，尤其是在介绍国家政策和市场环境等相关要素时，更多采用视频编辑库中的素材予以衔接和表现；影棚拍摄主要是针对产品服务或团队成员等创业元素在影棚中进行专业拍摄的素材。这些实景录制需要根据脚本中牵涉的话语配合录制相关镜头和采集相关素材。

虚拟特效设计主要针对一些不适合实景展现或实景展现效果不佳的创业元素和维度设计制作，这是对实景录制的一种补充，它主要包括虚拟特技展示和动画视频等，对于一些特殊的产品服务，可以采取虚拟特技展示，如VR/AR创新创业项目适合用虚拟特技展示；虚拟特效设计还可使用动画视频进行展示，主要使用MG动画、场景动画、手绘动画等动画视频。这些虚拟特效设计能给人留下深刻印象，以生动、活泼、可爱的特效形式呈现产品服务等创新创业项目，本身就是一种创新，对于评委来说会有眼前一亮的感觉。但是虚拟特效设计一般要委托专业的影视公司制作，完全属于原创性作品，成本相对来说较高。如果创新创业项目本身就是做文化传媒创意的项目，这个虚拟特效设计就是创业团队专业技能的最佳展现文本。

(三) 制作技巧

1. 脚本设计

创新创业项目视频制作脚本相当于电影拍摄的剧本，它对项目的产品服务、研发过程、项目商业模式、盈利模式及项目运营成效等信息进行撰写，形成有逻辑、有记录的文本，并详细解说每段文字配备的镜头素材要求、镜头时长、制作方法、呈现效果等相关信息，方便视频制作人员了解视频制作的思路和要求，设计制作出合适的视频。其中，高度凝练的主要文本内容要做成字幕呈现，以便评委阅读。因此，脚本设计中需要注意以下几点。

(1) 目标明确。脚本制作一定要目标明确，让制作人明确你的项目思路和产品，无须你太多的帮助就能根据它拍摄出合适的视频。因此，在脚本中除了需要明确规定视频需要的文字、图形、动画、声音、影像等内容，还需要清楚描述它们之间的逻辑结构关系和出现的顺序等。

(2) 重点展示。脚本的核心部分是项目展示的重点内容，包括项目创始、项目实践、项目成效、项目意义及未来预期性等。设计脚本时可以按照不同类别确定展示的重点，例如，服务类的项目可以突出解决什么问题、项目当前进展、服务成功案例等；技术类项目可说明其解决了什么问题、介绍其核心优势和展示应用场景等。不管什么类别的创新创业项目均可重点关注这四方面的撰写内容：一是项目特征，以产品服务类项目为例，展示产品服务的特质特性等最基本的属性，如产品名称、工艺、定位、参数、系列、特殊设计等；二是项目亮点，主要呈现产品服务进行竞品分析后有什么独特的亮点，如项目的创新性、突破性、技术性、功能性等；三是项目成效，描述实践运营的项目已经取得什么成效，为社会带来的社会价值和经济利益，通过技术报告、产品报告、报刊文章等相关证明文件，证明产品服务的示范和体验效果；四是项目愿景，介绍项目今后发展的战略规划和愿景，也就是项目的融资需求和投资回报是什么，这能给评委和投资人带来投资欲望。

(3) 言简意赅。按照视频制作规律，创新创业项目1分钟视频的解说字数适宜控制在270～330字，字数太多容易加快语速，字数太少会浪费宝贵的展示机会。因此，斟酌语句时要围绕亮点是否突出、特色是否明显、数据是否准确等角度来思考，反复斟酌和润色，不多一字不少一字。

(4) 巧用技法。创新创业项目的脚本就如电影剧本，要引起评委的注意，需要采用一定的技法，例如，通过讲故事、举例子、列数字、打比方、做联想、场景示范、对比体验、数据对比等方式方法增强脚本的吸引力和生动性。

2. 精美制作视频

(1) 强大的视觉冲击力。视频制作要充分利用人的阅读习惯，用强大的视觉冲击力在第一时间抓住评委的眼球。这要求整体视觉效果和每一帧的画面、配音、背景都能如广告大片般带给评委视觉盛宴。

(2) 开头响亮。视频开始播放的那一刻需要有一个响亮的开头，既可以是令人眼前一亮的项目名称，也可以是震撼人心的画面、一种悬念、一种印象深刻的声音，这要根据项目的特点加以运用。

(3) 结尾有力。结尾要有一个有力的结束语，既可以是一个口号，也可以是一种愿景，还可以是一种呼唤，给评委留下深深余味。

3. 视频制作雷区

(1) 偷工减料。有些创业团队将参赛视频材料简单理解为网评PPT的视频播放版，直接将网评PPT里面的内容或图片配上声音，甚至更简单地将创业计划书转换成视频形式上传；要么剪辑一个与本创新创业项目无关的类似视频糊弄评委，或者将参加其他创业竞赛时的路演视频直接放给评委观看。

(2) 粗制滥造。如随意用手机拍摄出不清晰的画面，或画面与配音不符，抑或画面、配音和配乐错位呈现等。有些参赛作品的脚本解说与对应图文出现"假大空"现象，此时要尽量做到有图有真相，用翔实且有力度的图片和数据打动评委。

(3) 语音难懂。语音不标准或者播放设备故障，会导致语音难以被理解。其实，参赛作品的脚本解说最好以文字形式呈现在视频字幕上，方便评委阅读，避免信息理解有偏差。

拓展阅读 | 9-4

∾ 路演实操与技巧 ∾

为了使路演取得良好效果，创业团队要开展相关准备工作，主要如下。

1. 精化路演PPT

路演PPT与网评PPT有着呈现逻辑及形式上的区别。网评PPT是翔实、全面的，可能每一页PPT上都是满满的文字或图片，而路演PPT需要将网评PPT的内容进行精简，呈现出干净利落的风格，对于一些长篇内容就以提炼出其核心的字词短语，在现场加以深入阐述即可。

2. 群酌演示文稿

创业计划书是创新创业项目的文本表现，项目路演主要通过口头表达来呈现，需要表达出创业计划书的精华。因此要快速地切入主题，恰当地解释创新创业项目，尤其是在语言结构和表达顺序上要体现出充分的逻辑性和系统性，并引入新鲜的一手素材加以论证，产生具有冲击性的表达效果。这就需要准备一份经过反复群酌、润色和演练的演示文稿来让路演更加顺畅。

3. 预设问题库

当评委看完创业团队的演示后，一般会根据兴趣点、重点、难点、疑点来提问。创业者要根据评委和自己表达的需要，预先设定一些问题，做好问题库并提前做好展现和回答的准备。通过预设问题及答题准备，既可以自我检查出创业计划书中的漏洞，及时修补和完善，又可以帮助创业者在路演时表现得更为顺畅，信心更足。

4. 确定路演主讲人

路演主讲人的选择要慎重，他是整个路演环节的灵魂人物和核心焦点。路演主讲人应尽量是创始人，创始人全程主导和参与创新创业项目的实践和运营，对创新创业项目更加熟悉和充满感情。如果创始人存在一些语言表达障碍，则可以适当选择项目的其他联合创始人，避免选择对创新创业项目完全不熟悉的主讲人做路演工作。

5. 熟悉相关设备

正式路演前，创业团队还应提前到达会场进行准备工作，包括检查设备是否齐全、设备之间是否兼容等，并充分熟悉相关设备的使用，以免因为现场设备故障而出现差错，影响效果。同时，创业团队应备份演讲文稿及打印稿，防止设备出现意外，以备急需。

6. 调整心理状态

路演也是心理较量的过程，要对路演中出现的任何突发环节做好心理准备，对心理紧张、设备故障或评委尖锐提问等情况要随时调整心理状态，轻松应战。

7. 准备路演相关物件

一般来说，路演除了要准备常规的创业计划书、路演PPT和视频等三大件参赛材料，每个参赛项目还可根据实际情况准备一些相关材料和物件，如项目运营实践的特色服装、实验或生产的产品样品或实物、专业精美的项目推荐画册、产品设计册、审计报告等，这些都要根据实际需要进行准备。

8. 做好后勤保障工作

一般来说，创新创业大赛的校赛由所在高校自行举办，校赛阶段的路演环节对于创业团队来说没有繁杂后勤保障，这些工作已经由高校主管创新创业工作的教学单位或职能部门完成。但是省赛和国赛阶段的路演环节一般在指定高校集中举办，除了举办方高校，其余高校参赛团队均要前往大赛现场，这时的后勤保障工作繁杂细致，主要包括提前预订食宿、准备衣物和参赛材料、做好心理跟进和辅导等，应尽量配置一两名跟赛老师和学生协助完成后勤保障工作。

回顾与思考

1. 中国"互联网+"大学生创新创业大赛面向哪些群体，对于参赛资格有哪些具体要求？
2. "挑战杯"大赛中"小挑"和"大挑"的区别是什么？

课后训练

1. 组成团队报名参加本届中国国际"互联网+"大学生创新创业大赛。
2. 组成团队报名参加本年度"创青春"全国大学生创业大赛。

参考文献

[1] 贺尊. 创业学[M]. 3版. 北京：中国人民大学出版社，2020.7.

[2] 刘志阳，林嵩，路江涌. 创新创业基础[M]. 北京：机械工业出版社，2021.

[3] 张玉利，薛红志，陈寒松，李华晶. 创业管理[M]. 4版. 北京：机械工业出版社，2016.

[4] 李家华. 创业基础[M]. 2版. 北京：清华大学出版社，2015.

[5] 芮鸿岩，戴斌荣. 当代大学生创新创业理论与实践[M]. 北京：高等教育出版社，2018.

[6] 张海霞等. 创新工程实践[M]. 北京：机械工业出版社，2020.

[7] 李家华，郭朝辉. 大学生创新创业基础[M]. 北京：高等教育出版社，2020.

[8] 宋要武. 大学生创新创业导论[M]. 2版. 北京：高等教育出版社，2017.

[9] 孙洪义. 创新创业基础[M]. 北京：机械工业出版社，2016.

[10] 李伟. 创新创业教程[M]. 北京：清华大学出版社，2019.

[11] 张香兰，程培岩，史成安，高萍. 大学生创新创业基础[M]. 北京：清华大学出版社，2018.

[12] 郗婷婷. 创新创业基础[M]. 北京：清华大学出版社，2021.

[13] 付志勇，夏晴. 设计思维工具手册[M]. 北京：清华大学出版社，2021.

[14] 王可越，税琳琳，姜浩. 设计思维创新引导[M]. 北京：清华大学出版社，2017.

[15] 吴晓义. 设计思维创新创业原理与实务[M]. 北京：清华大学出版社，2020.

[16] 刘志阳. 创业型经济：中国创业七讲[M]. 上海：上海财经大学出版社，2021.

[17] 刘志阳. 创业型经济：中国创业五讲[M]. 上海：上海财经大学出版社，2021.

[18] 徐阳，张毅. 市场调查与市场预测[M]. 2版. 北京：高等教育出版社，2008.

[19] 喻新安，胡大白，杨雪梅. 河南创新创业发展报告——创新创业带动就业：2021[M]. 北京：社会科学文献出版社，2021.

[20] 中国高校创新创业教育联盟，中国高校创新创业教育研究中心. 创新创业创造释放教育新动能：中国高校创新创业教育联盟论文集[C]. 北京：清华大学出版社，2020.

[21] 李新庚. 创新创业基础[M]. 北京：人民邮电出版社，2016.

[22] 何朝林. 创业意识与创新管理[M]. 长沙：湖南师范大学出版社，2019.

[23] 石瑞宝，赵新燕. 大学生创新创业基础[M]. 北京：清华大学出版社，2020.

[24] 宋京双. 大学生创新创业教育"金课"教程[M]. 北京：清华大学出版社，2021.

[25] 杜永红、梁林蒙. 大学生创新创业教育基础基于互联网+视角[M]. 2版. 北京：清华大学出版社，2019.

[26] 马海君等. 中国国际"互联网+"创新创业大赛指南(2021)[M]. 北京：高等教育出版社，2021.

[27] 钟之静. "互联网+"大学生创新创业大赛蓝宝书[M]. 广州：暨南大学出版社，2020.

[28] 杨京智. 大学生创新创业基础大赛案例版[M]. 北京：人民邮电出版社，2020.

[29] 陈劲，郑刚. 创新管理精要版[M]. 北京：北京大学出版社，2021.